Zäsuren | Caesurae

Zäsuren | Caesurae

Paul Celans Spätwerk | Paul Celan's Later Work

Herausgegeben von Chiara Caradonna und Vivian Liska
Deutsch-Englische Ausgabe

WALLSTEIN VERLAG

Gedruckt mit freundlicher Unterstützung der Geschwister Boehringer Ingelheim Stiftung für Geisteswissenschaften in Ingelheim am Rhein.

Bibliografische Information der Deutschen Nationalbibliothek

Die Deutsche Nationalbibliothek verzeichnet diese Publikation in der Deutschen Nationalbibliografie; detaillierte bibliografische Daten sind im Internet über http://dnb.d-nb.de abrufbar.

www.wallstein-verlag.de
Vom Verlag gesetzt aus der Minion und der Myriad
Umschlaggestaltung: Susanne Gerhards, Düsseldorf,
unter Verwendung der Umschlaggestaltung von Nino Biniashvili, *Yellow notebook*
Technique: drawing, collage
Druck und Verarbeitung: bookSolutions Vertriebs GmbH, Göttingen
ISBN 978-3-8353-3999-6

Inhalt

In Jerusalem – Die Posaunenstelle | The Shofar

Celans Spätwerk | Celan's Later Work – Lektüren | Readings

Celans Spätwerk | Celan's Later Work – Philosophische Annäherungen | Philosophical Approaches

in memoriam Bernd Witte (1942–2022)

Chiara Caradonna and Vivian Liska

Introduction

Daß Jerusalem eine Wende, eine Zäsur sein würde in meinem Leben – das wußte ich.[1]

That Jerusalem would be a turning point, a caesura in my life – that I knew.

Paul Celan in Israel

Five decades ago, Paul Celan, who had been living in exile in Paris since 1948, visited Israel for the first and only time. Invited by old friends of his from his hometown of Czernowitz (in what is now Ukraine), he spent September 30 to October 17, 1969 in the country. On October 9 he spoke in Jerusalem in front of an audience composed of the German-speaking intelligentsia of the time, including Gershom Scholem, whose work Celan had read extensively in the years prior to his visit. The evening began with an introductory speech given by renowned Israeli poet Yehuda Amichai, born in Würzburg in 1924.[2] A few days later, on October 15, Celan gave another reading of his poems, this time in Tel Aviv, where he also made a brief, yet significant, speech. While in Israel he visited a number of other places as well, but it was Jerusalem, above all, that resonated with him, as indicated by his insistent reference to the city in the poems he wrote after returning to Paris.[3]

For Celan the visit to Israel proved to be a profoundly meaningful experience. The first inkling of his intention to visit is in a letter, written in August 1968, to Ilana Shmueli,[4] a close childhood friend who lived in Jerusalem. It was Shmueli who, when he finally arrived slightly over a year later, showed him the city. Their *retrouvailles* were, along with Celan's experience of Jerusa-

1 Paul Celan to Ilana Shmueli, 21 October 1969, in: Paul Celan, Ilana Shmueli, *Briefwechsel*, ed. by Ilana Shmueli and Thomas Sparr, Frankfurt a. M. 2004, 14. Hereinafter: BW.

2 See the brief report by Israel Chalfen in: ibid., 149–152. On the relation between Celan and Amichai see John Felstiner, *Paul Celan and Yehuda Amichai: An Exchange between Two Great Poets*, in: *Midstream* 53 (2007).

3 For a detailed account of Celan's visit see Lydia Koelle, *Paul Celans pneumatisches Judentum: Gott-Rede und menschliche Existenz nach der Shoah*, Grünewald 1997.

4 BW 8.

lem more generally, one of the most important encounters of his final years. Shmueli's deeply personal account of the visit: *Sag, daß Jerusalem ist* (2000) – a quotation from one of Celan's central Jerusalem poems DIE POLE – offers a detailed reconstruction of their walks through the city, whose landmarks feature prominently in Celan's »Jerusalem« cycle.

In his poem DENK DIR, published in 1967 in the *Neue Zürcher Zeitung* in the aftermath of the Six Day War, Celan expressed his concern about and solidarity with Israel. The poem was later published in Celan's collection *Fadensonnen* (1968), the final poem in what was to be the last collection of poems published by Celan in his lifetime.[5] The Hebrew version of the poem, translated by Israeli poet Natan Zach, appeared in the Israeli press in 1967. In DENK DIR, Celan evokes Masada, more particularly the »Moorsoldat von Masada« who, against all odds, a barrier conceptualized in the poem as »barbed wire«, teaches himself *Heimat* (»Er | bringt sich Heimat bei, aufs | unauslöschlichste, | wider | allen Dorn im Draht«, GA 266).[6] In these verses, Celan refers simultaneously to two figures distant from each other in time and space, yet both representing the epitome of Jewish suffering and resistance: the concentration camp inmates behind barbed wire, and the Jews in the desert fortress who defied the Romans and chose collective suicide instead of enslavement. The German word *Heimat* stands in the midst of this temporal meridian between ancient and recent history introduced by a »wider«, as in *Widerstand* – resistance. *Heimat*, a concept so foreign that it has to be learned, like a previously unknown language, thus stands against, but also accomodates the two historical references intertwined in the poem.

The *Fremdwort Heimat* shimmers on the horizon of Celan's visit to Israel as both a word and a *Gegenwort*, a counter-word. Its shimmer – an oscillation between hope and impossibility – illuminates Celan's Jerusalem poems across a variety of tonalities: desire and promise, resilience and strength, belonging and fear, and *Geborgenheit*. Celan was painfully aware that Israel – its establishment, its existence, its safety – was neither secure nor self-evident. The challenge to »teach himself home« became fraught with contradictions – personal, historical, political, and poetical. As Shmueli writes, »Celan knew about the abysses, about the impossibility of ›teaching onself *Heimat*‹, since, for him,

5 See Barbara Wiedemann's commentary on this poem in: Paul Celan, *Die Gedichte*, ed. by Barbara Wiedemann, Frankfurt a. M. 2018, 967 f. Hereinafter GA. See also the interesting letter exchange between Celan and Franz Wurm on alternatives in the wording of this poem, in: Paul Celan, Franz Wurm, *Briefwechsel*, ed. by Barbara Wiedemann, Frankfurt a. M. 1995, 71–82.

6 The poem's English translation by Pierre Joris: »Imagine: | the moorsoldier from Masada | teaches himself homeland, in | the most inextinguishable way, | against | all barbs in the wire.« Paul Celan, *Breathturn into Timestead. The Collected Later Poetry*, New York 2014, 170.

›Fremde‹ and ›Heimat‹ could not be separated from each other anymore. And yet he came with the absurd expectation of realizing these impossibilities, be it for a fleeting moment.«[7]

The tension between his ambivalent longing for a *Heimat* and the impossibility of building a life for himself in Israel – at an existential, psychological, practical, and metaphysical level – became a central concern of Celan's stay.[8] Stricken by the darkness of his mental state, he abruptly cut his visit short and returned to France three days earlier than planned, never making it to Masada. »I didn't deserve it,«[9] he told Ilana Shmueli.

Back in Paris, Celan sent his friend Franz Wurm a succinct description of the experience in Israel and its aftermath: »Seventeen days in Israel: my most intense, for years. Where should I go to now, with this ›over there‹? Paris is hardships and every now and then a little poem. May it be more, someday. There, especially in Jerusalem, was also my strong self.« And then he added: »I will have to go back.«[10] In a letter written the following day, Celan asked himself and Ilana Shmueli a question: »But what will what I am writing down now, after Jerusalem, look like?«[11] He answered with a series of dense poems

7 Ilana Shmueli, *Sag, daß Jerusalem ist. Über Paul Celan: Oktober 1969-April 1970*, Eggingen 2000, 23. Celan described his conflicted stance with regard to the Six-Day War in a letter to Franz Wurm on June 8, 1967: »Israel muß leben und dazu muß alles aufgeboten werden. Aber der Gedanke an eine Kette von Kriegen, an das Markten und Schachern der ›Großen‹, während Menschen einander töten – nein, das kann ich nicht zu Ende denken.« (Celan, Wurm, *Briefwechsel*, 71). Shmueli (*Sag, daß Jerusalem ist*, 79) describes at length Celan's complex stance towards Israel: »Celan wußte, daß die Israel-Politik nach dem Sechs-Tage-Krieg in vieler Beziehung verfehlt war: die nationale Euphorie, die zum großen Teil ins Religiös-Fanatische ausartete und Großisrael als heiliges, von Gott versprochenes Recht beanspruchte. Die Behauptungen mancher Politiker, daß es die ›Palästinenser‹ gar nicht gebe, schienen ihm unzulässig. […] Doch mit seiner Kritik ging Celan äußerst vorsichtig, ja geheimnisvoll um. Er fühlte, daß er dazu kein Recht hatte.« On this topic see also: Lydia Koelle, *Celans Jerusalem*, in: Christoph Jamme, Otto Pöggeler (ed.), *»Der glühende Leertext«. Annäherungen an Paul Celans Dichtung*, München 1993, 276–310; id., *Paris – Jerusalem … et retour. Siebzehn Tage in Israel: Paul Celan »Auf Lichtsuche«*, in: *Exilforschung* 20 (2002), 97–130.

8 This impossibility was, for Celan, the result of numerous factors, not least of which was his precarious health, as he explained in a letter to Shmueli on March 6, 1970 (BW 116): »Wäre ich […] im Vollbesitz meiner Kräfte, ich ginge nach Israel, ohne Illusionen, aber – ich ginge hin. Aber, so wie ich bin, geworden bin, hieße hingehn die Menschen dort behelligen mit Problemen, für die sie, in ihrer Not, kein Organ, keinen Sinn haben können. Mein zerstörtes […] Gedächtnis ist ein schweres Handicap, in Israel, wo ich, das wäre die conditio sine qua non, konkrete, intensive Arbeit leisten möchte, erwiese es sich als ein noch schwereres. –«

9 Shmueli, *Sag, daß Jerusalem ist*, 29.

10 Celan, Wurm, *Briefwechsel*, 220.

11 Celan to Shmueli, 21 October 1969, in: BW 14.

that reflect the places, encounters, and contradictions he experienced in Israel, and especially what he called, in the same letter to Shmueli, »the turning point, the caesura« that Jerusalem had meant for his life. Shortly after this, in April 1970, Celan took his own life.

What Celan sensed before his visit and confirmed afterwards, namely that Jerusalem would be a caesura in his life, has been interpreted in manifold ways and raises numerous questions: How exhilarating and how disastrous was Celan's visit? What were his expectations before he came? What were his disappointments? Were these primarily personal? Political? Religious? Most contentiously: what is the connection between the visit and Celan's suicide a mere six months later? Was it a last moment of hope, love, and happiness? Or was it rather the ultimate failure – ending in what the critic Lydia Koelle recently called a »fiasco«?[12] More significantly for our purposes here: Can one in fact speak of a caesura, a radical turn, in relation to Celan's poetry? And if so, in what sense? How does it manifest itself in terms of his work's form, genre, references, motifs, and tonality? Is it true, as Sieghild Bogumil-Notz suggests, that the Jerusalem poems show a radical change of tone? Breaking with the laconic density of Celan's poems written before his journey, the Jerusalem poems return to song: »Gesang herrscht wieder vor« – and not just any song: »Lieder wurden nicht nur thematisch aufgegriffen, sondern das Sprechen selbst ist vom hohen Ton des hymnischen Gesangs ergriffen«.[13] Can Celan's Jerusalem poems be considered hymns, expressions of a spiritual *Offenbarung*, a revelation, as some critics suggest? Or are they, as others intimate, the ultimate expression of loneliness – »jüdische Einsamkeit«, of the impossibility to continuing to live?[14]

In a larger context, these controversies capture some of the main scholarly and philosophical debates revolving around post-1945 poetry. The responses to Celan's Jerusalem poems reflect opposing views concerning the relationship between biography and poetry; history and poetry; politics and poetry; the role of poetry in the fraught and complicated relationship between Germans and Jews after the Shoah. They are also concerned with more succinct and topical questions, such as the intentions, life or death of the author; the continuity or discontinuity of the poetic tradition after the *Traditionsbruch*; and the very ability to be able to »endure the German rhyme«[15] or song in its aftermath.

12 Lydia Koelle, »Wo soll ich jetzt hin mit diesem Dort?«, in: *Frankfurter Allgemeine Zeitung*, 21 October 2019, 13.

13 Markus May, Peter Goßens, Jürgen Lehmann (eds.), *Celan-Handbuch. Leben – Werk – Wirkung*, Stuttgrart, Weimar 2012, 128.

14 See the brief overview in Otto Pöggeler, *Der Stein hinterm Aug*, München 2000, 57f.

15 Celan, Nähe der Gräber (*Der Sand aus den Urnen*), GA 17.

The essays collected in the first half of the present volume poignantly revisit these questions. Bertrand Badiou provides a rich and detailed description of Celan's visit to Israel based on abundant archival material alongside a comprehensive commentary, while Bernd Witte, countering arguments about its alleged failure, offers a new interpretation of the visit. Sidra deKoven Ezrahi brings a fresh perspective by delving into Celan's encounter and exchange, while in the country, with the Israeli poets Yehuda Amichai and Dan Pagis.

In the opening essay of the second section, Thomas Schestag maps out the presence of Jerusalem in Celan's work, from his early poems and throughout the 1960s, paying particular attention to relevant intertextual references. This is followed by two essays, by Asif Rahamim and Camilla Miglio, who both discuss the question of the relation between space, place, and poetry in the context of Celan's »Jerusalem« cycle, in which tradition and personal experience give way to an idiosyncratic poetic cartography that exposes unexpected aspects of the city's multilayered, conflicted landscape and history.

This conflictual dimension emerges in its most genuinely contemporary political form in the visual interpretation of the »Jerusalem« cycle by Israeli artist Shy Abady, which is accompanied by Galili Shahar's commentary on Abady's images. The provocative question raised by Abady and Shahar is rooted in what Celan himself called, in his *Meridian* speech, the »Akut des Heutigen«, the »acute of what happens today«, and pertains to what Celan barely mentions in his »Jerusalem« poems, namely the presence and suffering of the Palestinian population. Although Yehoshua Tira, the journalist who interviewed Celan in 1969 for the *Haaretz* newspaper, delicately noted Celan's reluctance to discuss Israeli politics, »probably because the topic requires a cautious tone«,[16] Abady and Shahar explicitly inquire after the ethical and political implications of this reticence and their meaning and legitimacy today.

Three essays are then devoted to a particular poem from the »Jerusalem« cycle, DIE POSAUNENSTELLE, a dense and concise poem that constantly inspires new, thought-provoking readings.[17] These three essays present new viewpoints on DIE POSAUNENSTELLE, as they variously frame it in the context of rabbinic literature (Yarden Ben-Zur); of psychoanalytic interpretations of the meaning of the *shofar*, the Jewish ritual horn to which the poem is thought to refer

16 See Jehoshua Tira, *Ein Gespräch mit Paul Celan*, in: Celan, Shmueli, *Briefwechsel*, 147. Celan expresses this reticence quite clearly also in a letter to Yehuda Amichai written on November 7, 1969 in Paris, see Paul Celan, *»etwas ganz und gar Persönliches«. Briefe 1934–1970*, ed. by Barbara Wiedemann, Berlin 2019, 861.

17 See the foreword of the volume that quotes a phrase – the »glühende Leertext« – from DIE POSAUNENSTELLE in its title, in: Jamme, Pöggeler (ed.), *»Der glühende Leertext«. Annäherungen an Paul Celans Dichtung*, 10.

(Adam Lipszyc); and to a possible intertextual relationship to Franz Kafka's short text *In the Penal Colony* (Michael Levine). As these three distinct approaches to DIE POSAUNENSTELLE demonstrate, Celan's poetry remains open to those who wish to engage with it from the »here and now« of their respective hermeneutical standpoint.

The Caesura

Paul Celan's work has served as one of the most demanding prisms crystallizing the theoretical debates mentioned above, with the very notion of caesura serving as a pivotal keyword in these debates.[18]

At its most basic, etymological, meaning, a caesura denotes a cut, for instance of a tree trunk.[19] In poetry, specifically, it refers to the rhythmic interruption within a verse, »a brief point of rest«,[20] that divides the verse itself into differently accentuated ›cola‹.[21] In his preparatory notes for the *Meridian* speech Celan writes: »In den Kolen ist der Sinn oft wahrer gefügt und gefugt als im Reim; Gestalt des Gedichts: das ist Gegenwart des Einzelnen, Atmenden.«[22]

When Celan wrote to Shmueli that he knew »Jerusalem would be a turning point [eine Wende], a caesura« in his life, he chose a word that, in its ambiguity, refers to an incision in life as well as in poetry, two realms that Celan considered to be inseparable, as reflected in his idea of poetry standing »im Nei-

18 See the overview provided by Robert André, *Gespräche von Text zu Text. Celan – Heidegger – Hölderlin*, Hamburg 2001, 12, footnote 24. See also Anja Lemke, *Konstellation ohne Sterne. Zur poetischen und geschichtlichen Zäsur bei Paul Celan und Martin Heidegger*, München 2002, of which the caesura constitutes »the methodical framework« (Ibid., 32). Despite addressing both the debate around Heidegger's political implication during the Nazi regime and critically discussing Philippe Lacoue-Labarthe's notorious definition of Auschwitz as a caesura in Hölderlin's sense of the word (*La fiction du politique. Heidegger, l'art et la politique*, Paris 1987, 63 f.), neither André nor Lemke refer to Lacoue-Labarthe's more recent publications on Hölderlin's caesura, in which he clearly distances himself from Heidegger's Hölderlin-interpretations. See Philippe Lacoue-Labarthe, *Métaphrasis, suivi de Le théâtre de Hölderlin*, Paris 1998, 4.

19 Charlton T. Lewis, Charles Short, *A Latin Dictionary*, http://www.perseus.tufts.edu/hopper/text?doc=Perseus%3Atext%3A1999. 4. 0059 %3Aentry%3Dcaesura. Last retrieved on 15/2/2021.

20 See Adelung, *Grammatisch-Kritisches Wörterbuch der Hochdeutschen Mundart. Ausgabe letzter Hand, Leipzig 1793–1801*, https://www.woerterbuchnetz.de/Adelung?lemid=C00208. Last retrieved on 15/2/2021.

21 See Otto Knörrich, *Lexikon lyrischer Formen*, Stuttgart 2005, s. v. *Zäsur*, 262 f.

22 Paul Celan, *Der Meridian. Endfassung – Vorstufen – Materialien*, ed. by Bernhard Böschenstein and Heino Schmull, Frankfurt a. M. 1999, 108.

gungswinkel seines Daseins«[23] – »in the angle of inclination of his [the poet's] existence«. Moreover, the caesura also stands for both a break with the immediate past, and for a pause that connects past and future and configures them together through a rhythm constituted by turns and ruptures. The two terms – *Wende* and *Zäsur* – used by Celan to describe the impact of his visit may seem redundant, for the two can also be understood as synonymous with each other. However, Celan's addition of *Zäsur* in this passage points to a further specification, an expansion of meaning with respect to the previous *Wende*, especially in light of the fact that the word *Zäsur* rarely appears in his work.

Indeed, while *Wende* features – in the composite word *Atemwende* – prominently as a key poetological concept both in Celan's Meridian speech and in his 1967 collection *Atemwende* (*Breathturn*), *Zäsur* appears only in two short notes,[24] Celan's radio-feature on Osip Mandel'štam, and in two poems, neither of which were published during Celan's lifetime. The second of the two poems, titled ICH TRINK WEIN, is, not surprisingly, part of the »Jerusalem« cycle.[25] Both poems contain explicit reference to Hölderlin, from whose *Notes on Oedipus* Celan seems to have taken the term *Zäsur.* Hölderlin provided a very specific definition of the caesura's place and function in Sophocles' *Oedipus Tyrannus* and *Antigonae*. He expanded the use of caesura beyond its meaning of a »gegenrhythmische Unterbrechung« (counter-rhythmical interruption) in the theory of versification.[26] Specifically, the caesura serves the purpose of balancing out the two halves of the tragedy, which are imbalanced in terms of the weight of the revelations and action they showcase. The heavier section thus threatens to overshadow the lighter one. The caesura, embodied both in *Oedipus Tyrannus* and in *Antigonae* by the intervention of the blind seer Tiresias, who does not participate in the action himself, protects the latter from the former, but also unites them in a way that forces the reader or viewer to consider them as a whole.[27]

Understood in these almost technical terms, *Wende* and *Zäsur* indeed do not have the same meaning, but rather illuminate the same event from different angles. While *Wende* stresses the movement from one state to another, but also their continuity, as in when we turn a page (*ein Blatt wenden*) in order to signify the beginning of a new chapter in our lives (the life still being

23 Ibid., 9.

24 »Zeit als Zäsur«, ibid., 98; »Die Zeit [das nun Wortlose] als Zäsur spannt das im Gedicht Genannte in eine erregende Präsenz«, ibid., 99.

25 GA 572. The first of the two poems is ARS POETICA 62 from December 1962, GA 443f.

26 Friedrich Hölderlin, *Anmerkungen zum Oedipus*, in: id., *Sämtliche Werke*, vol. 5, *Übersetzungen*, ed. by Friedrich Beißner, Stuttgart 1952, 196.

27 Ibid., 196f. See also Friederich Hölderlin, *Anmerkungen zu Antigonae*, in: ibid, 265.

one and the same), *Zäsur* exposes the interruption, the break that divides but also forms the suture between the current and the previous state. Celan's »Jerusalem« can be viewed through both these lenses, and, as a lens itself, it may help to reconsider, as the essays in this volume attempt to do, the decades of life and writing that preceded it – Celan was almost 49 when he visited Israel – as well as the few months that separated this momentous visit from his untimely death.

Celan's Later Work

Although Celan himself fiercely resisted the assessment that his poems were increasingly »hermetic«,[28] his later work is considered particularly dark and inaccessible. Celan insisted on linking these often short, brittle, yet extremely reference-rich poems to the immediate present,[29] yet this link has rarely been systematically tracked. Furthermore, a detailed and coherent overview of his later work has yet to be carried out, despite a number of valuable studies on individual poems from this period.

Evidently, the phrase ›later work‹ is in itself not unproblematic, as Sandro Zanetti rightly points out in his essay *Aus der Zukunft* in the present volume (p. 267). Here, it is used provisionally to indicate the period of time roughly spanning from 1967, the year of publication of *Atemwende*, to 1970, the year of Celan's death. *Atemwende*, which contains poems written between 1963–1965, indeed represents a turning point, marking the development of a new, more compact and autonomous, poetic language – »das dichteste, was ich bisher geschrieben habe«, wrote Celan to his wife Gisèle Celan-Lestrange in March 1967.[30] In spite of his worsening mental health, these final years were, in poetical terms, an extraordinarily productive time, in which Celan wrote three new poetry collections. *Fadensonnen*, published in 1968, was his largest ever, while the second, *Lichtzwang*, was in preparation and almost ready for print at the time of his death.

Against this backdrop, the second half of the present volume is devoted to providing a new impetus to the study of Celan's later work. The three essays in this section offer close readings of specific poems from Celan's later corpus.

28 In a letter from Paul Celan to his publisher Siegfried Unseld, 7 April 1970, in: Celan, *»etwas ganz und gar Persönliches«. Briefe 1934–1970*, 892.

29 Ibid.

30 Paul Celan to Gisèle Celan-Lestrange, 8 March 1967, in: id., *Briefwechsel*, vol. 1, ed. by Bertrand Badiou, Frankfurt a. M. 2001, 479.

Paweł Piszczatowski delves into sources on prehistoric archeology that provided material for three poems from *Lichtzwang*; while Sandro Zanetti employs questions relating to the time and timeliness of reading as well as on the meaning of resistance, *Widerstand*, in his attentive analysis of WIR LAGEN, another poem from *Lichtzwang*. Celan's final poem, REBLEUTE, prompts Christine Frank to expand on what she calls »Celan's Poetics of Reading«. Significantly, all three authors employ different hermeneutic approaches, testifying to the multiplicity of methodologies that all lead to a deeper understanding of Celan's work.

The volume's last sections are devoted to two fields, philosophy and translation, that Celan continued to engage with intensively in the final years of his life. Agata Bielik-Robson offers a philosophical interrogation of Celan's poetical reflection on his own mental illness, while Shira Wolosky frames Celan's thought on time within a larger phenomenological context, linking it in particular to the work of Emmanuel Levinas. Wolosky's analysis paves the way for Chiara Caradonna's review of Celan's infrequent, yet significant and often ironic use of the concept of eternity in his œuvre. Finally, focusing on Celan's approach to translation, Alexandra Richter provides a detailed analysis of his later translations from French, while Thomas C. Connolly returns to the »caesura of Jerusalem« by examining Celan's few translations from Hebrew.

The essays collected in this volume were presented in November 2019 in the framework of an international conference in honor of the 50th anniversary of Celan's visit to Israel. The conference, which took place at the Mt. Scopus campus of the Hebrew University of Jerusalem, was especially poignant. During his stay in Jerusalem, Celan visited the campus, which had newly become accessible to Israelis and Jews as a result of the Six Day War. The changes that have since taken place there, with regards to architecture, demography, and socio-politics, enabled participants to reflect on the interplay of that past with the present, and on the many caesurae that have occured and continue to occur.

We thank Nino Biniashvili for thoughtfully designing the volume's cover with historical photographs of Jerusalem. We would further like to extend our heartfelt thanks to those who, from both near and far, attended the conference in Jerusalem, and who subsequently generously revised their papers for publication in the present volume. Their contributions highlight Celan's later poems in all their intensity and problematic topicality, as they break with the myth of their alleged inaccessibility and afford new points of access, both to the poems and to Jerusalem itself.

In Jerusalem – Biographie | Biography

Bertrand Badiou

Vom Leben zur Existenz

Vorbemerkung

»[...] ein Buch ist das Produkt eines anderen Ichs als dasjenige, welches wir in unseren Gewohnheiten, in der Gesellschaft [...] zum Ausdruck bringen.«
Marcel Proust, *Gegen Sainte-Beuve*, 1908-1909

»Denn wenn leben bereits bedeutet, sich von sich selbst zu *de-koinzidieren* (sonst ist es der Tod), ist *existieren* das neue Verb, das, losgelöst vom Sein, dieses Verschieben als Ressource fördert.«
François Jullien, *Existierend leben. Eine neue Ethik*, 2016

Die Biographie genießt die Gunst des Publikums, aber nicht die der sogenannten »wissenschaftlichen« Gemeinde. Und dennoch verfassen jedes Jahr Mitglieder des akademischen Betriebs Biographie über Biographie; darunter Leute, die sich sonst eher theoretischen Arbeiten widmen. Den Biographen mangele es an geistiger Schärfe, sie hingen sich an Unwichtigem auf, würden scheinbar kausale Zusammenhänge herstellen, um sich so auf »positivistisch«-sterile Weise den Werken und Lebensdaten der Autoren anzunähern. Nichtsdestotrotz bleibt die Biographie ein Werkzeug, ein Werkzeug unter vielen, das den Interpreten zur Verfügung steht. Und die inspiriertesten unter ihnen wissen es auf richtige Weise zu verwenden.

Dem ist hinzuzufügen, dass heute Celans eigenes Misstrauen gegenüber dem Biographischen wohlbekannt ist. Das Gedicht jedenfalls, auch wenn es sich nicht dem Leben entgegenstellt, widersetzt sich dem bloßen Schreiben des Lebens, der »Graphie« des Erlebten, es ist das Gegenteil der einfachen sprachlichen Übertragung der Erfahrung: »Echte Dichtung ist antibiographisch«.

Dabei verhindert dies nicht, dass viele von Celans Gedichten sich um »Biographeme« (im Sinne genauer Informationen über das Leben eines Menschen) kristallisiert hätten: Géricault, Spinoza, Rosa Luxemburg, Mozart, Carl von Ossietzky, Van Gogh, aber auch René Char, Nelly Sachs, Margarete Susman – Schriftstellern, Zeitgenossen, die Teil sind von Celans Umfeld. Es erscheint sicher, dass Celan autobiographisches Material nicht verachtete – er war etwa ein großer Leser des Tagebuchs Kafkas, der Briefe Heines. Seinem Jugendfreund Erich Einhorn, der damals in der Sowjetunion lebte, vertraute er in Klammern Folgendes an, was deutlich macht, wie sehr er um die wirkliche

Komplexität des Biographischen wusste: »Ich habe nie eine Zeile geschrieben, die nicht mit meiner Existenz zu tun gehabt hätte – ich bin, Du siehst es, Realist, auf meine Weise« (Paris, 23.6.1962, PC/EE, 6). Im Vorübergehen zeigt er so den Zensoren und dem von Jdanov vertretenen Sozialistischen Realismus die lange Nase.

In einer Biographie geht es immer um diese so schwer zu fassende Wirklichkeit. Dazu fügt sich Celans Misstrauen dem Medium der Photographie gegenüber, die bis ins Unendliche manipuliert und bauchrednerisch zum Sprechen gebracht werden kann. Man kann sie das Gegenteil dessen sagen machen, was das Licht der Vernunft auf dem Film verewigt hat. Die Presse, der Literaturbetrieb zeigen in Celans Augen, was aus einem Photo bzgl. eines Werkes gemacht werden kann. Photogene Schriftsteller wie Enzensberger zum Beispiel: »Poesie« als Silbenmixung mit fremdwörterreicher Fußnote und photogener Kodderschnauze. Oder: »Definition eines Engagierten: einer, der sich sein photogenes Gewissen vom Leibe (und Wanste) schreibt.« (PN, 30, 28). Der Ausnutzer von Schriftstellerporträts zählt freilich auf die Anziehungskraft der Photogenie und somit auf deren Verkaufskraft.

Wie nach solch einer Einleitung davon sprechen, um das es hier gehen soll? Nicht einer Biographie Celans, sondern – noch schlimmer – einer Bildbiographie! Handelt es sich darum, dieses doppelte Verbot zu übergehen, des bloßen Tabubruchs willen?

Am Anfang antwortete ich auf eine Bestellung des Suhrkamp Verlags. Es sollte eine Art kommentiertes Photoalbum entstehen, um einzelne Aspekte, Momente von Paul Celans Leben nachzuvollziehen. Wagenbach hat das, sehr gut, für Kafka gemacht, Fanny Esterhazy für Arno Schmidt, um nur zwei Beispiele zu nennen. Sehr schnell erschien mir diese Arbeit so öde wie frustrierend. Ich sammelte Bilder und kommentierte sie. Dann, ohne dass ich mir zunächst dessen bewusst wurde, begann ich kleine Texte zu schreiben, Dokumente zu transkribieren, für die ich dann passende Bilder suchte, um sie zu begleiten und sogar anzureichern. Das Projekt war davon umgekrempelt. Die Arbeit zog mich in ein Abenteuer hinein, dessen Weite ich nicht sofort ermessen konnte. Es erschien mir dabei vollkommen notwendig, mich in dem Spannungsfeld, das Celans eigene theoretischen Überlegungen zu dieser Thematik auftaten, zu halten, die ich letztlich als antreibende Tabus verstehen konnte.

In diesem Raum erscheint es mir interessanterweise möglich, die Umstände und die Prozesse in Celans Schreiben mittels dessen, was eine zersprungene Biographie geworden ist, zu zeigen. Der Vorteil dieser Form ist, dass es keiner theoretischen Listen bedarf, um den Schein einer romanhaften Kontinuität zu erzeugen. Die zerbrochene Darstellung des Lebens am Werk erschien seinem Gegenstand angemessen. Durch diese Sammlung von Splittern erschien auch eine Anthologie von Celans Dichtung, und somit ein Durchgang durch sein Werk, seine Gedichte, seine theoretischen und erzählerischen Prosatexte, seine Briefe und Übersetzungen. Das Gedicht ist dennoch das Herzstück meines Unterfangens geblieben. Auf eine gewisse Weise.

Das Leben – oder zumindest was ich biographische Fakten nenne – können doch hinsichtlich ihrer Entstehung einen Zugang zu den Gedichten darstellen. Die ersten Schritte ihres Auftretens, die erste ›Fassung‹ des zukünftigen Gedichts, sein vorsprachliches oder sich mittelbar versprachlichendes Stadium. Celans Leben ist außerordentlich reich an biographischen Fakten, die sich dichterisch niedergeschlagen haben.

Als ein biographisches Faktum verstehe ich zum Beispiel die Begegnung mit einem Menschen, sei es erotischer oder konfrontativer Natur, das Empfangen eines Briefes, mehr oder weniger schwerwiegende Vorfälle, den Tod eines Angehörigen, ein Selbstmordversuch, aber auch das Lesen eines Werkes, eines Zeitungsartikels usw. Gelesene, unterstrichene, herausgeschriebene Wörter in Büchern und Zeitungen, das Hervorheben und Entnehmen des Denkens von Anderen bilden gewissermaßen Vorgedichte (mittelbare Versprachlichung).

Dies ist, worauf es ankommt, die Art und Weise wie das Leben, etwas Erlebtes sich zur eigenständigen Existenz erhebt, so sehr wie möglich zu zeigen, wie das Erlebte, indem es sich freimacht von aller Kontingenz, in der Existenz des Gedichts besteht. In seinem Brief an Einhorn verwendet Celan nicht durch Zufall den Begriff Existenz. Als ob das Geschriebene sich schon nicht mehr auf das Leben an sich bezöge, sondern auf die zur Existenz erhobene Materie. Ich entleihe diese beiden Begriffe dem Philosophen und Sinologen François Jullien, dessen Überlegungen es erlauben, den für Celans Leben und Existenz so wesentlichen Begriff des Stehens ins Auge zu fassen. Es geht um das Stehen in dieser Bildbiographie, und demnach auch um die Art und Weise, in der das Gedicht sich außerhalb des Lebens desjenigen hält, der es schreibt, sich davon freimacht. Eine andere Weise, den Wert dieses zukünftigen Buches zu erfassen: Man muss das Leben eines Schriftstellers betrachten, sei es nur um sich von allen biographischen Überlegungen freizumachen!

Celan soll eines Tages bei einem Gespräch über Hölderlin gesagt haben: »Ich bin die Dichtung.« Es kommt hier natürlich keinerlei Größenwahn zum Ausdruck, sondern das, was für Celan im Schreiben auf dem Spiel steht. Das Ich des gelebten Lebens fällt völlig mit dem dichterischen Sprechen zusammen. Schreiben ist, als Sprechen zu sich zu kommen. Im Stoffwechsel des Gedichts verschwindet das Gelebte zu dessen Gunsten. Es ist also müßig, es als gleich mit dem Gelebten, aus dem es hervorgegangen ist, zu deuten.

Das vorliegende Kapitel ist jenes zu Paul Celans Israelreise zwischen dem 30. September und dem 17. Oktober 1969. Es zeichnet sich nicht durch Neuheiten aus. Es hat zumindest den Nutzen, dass es einige Fakten, Orte, Namen, Personen, die Celan in seine Schriften einfließen ließ, wieder ins Gedächtnis ruft. Es enthält dennoch auch einige unbekannte Schätze, wie einige Briefe David Seidmanns an Gisèle Celan-Lestrange, von vor, während und nach dem Aufenthalt Celans in Israel, sowie einige seltene Bilder von ihm auf dessen Boden.

Ich habe entschieden, diesen Teil des biographischen Materials in seiner Gänze unter folgendem, provokanten Titel zu setzen: *Ilana Israel*, denkend, dass Landschaft und die Züge der Geliebten in gewisser Weise zusammenfallen.

Jerusalem, den 12. November 2019

Abkürzungen, Siglen, Kurztitel

Appelfeld	Aharon Appelfeld: »Je suis ›Le Survivant‹«. Entretien de Aharon Appelfel avec Bernard Loupias, 2008, https://bibliobs.nouvelobs.com/romans/20080311.BIB0929/aharon-appelfeld-je-suis-le-survivant.html
BB	Bertrand Badiou
Br	Paul Celan, *»etwas ganz und gar Persönliches«. Briefe 1934–1970*, hrsg. und kommentiert von Barbara Wiedemann (Berlin 2019)
BPC	Nachlassbibliothek von Paul Celan, Deutsches Literaturarchiv Marbach am Neckar
Chalfen	Israel Chalfen, *Paul Celan. Eine Biographie seiner Jugend* (Frankfurt am Main 1979)
Daive	Jean Daive, *Unter der Kuppel. Erinnerungen an Paul Celan*, üb. von Anke Baumgartner (Basel und Weil am Rhein 2009)
DLA	Deutsches Literaturarchiv Marbach am Neckar
Günzel	Elke Günzel, *Das wandernde Zitat. Paul Celan im jüdischen Kontext* (Würzburg 1995)
GW	Paul Celan, *Gesammelte Werke in fünf Bänden*, hrsg. von Beda Allemann und a. (Frankfurt a. M. 1983)

–i–	Celans Abkürzung von »Idée [Idee]«
Koelle	Lydia Koelle, *Wo soll ich jetzt hin mit diesem Dort? Paul Celans erste und einzige Israel-Reise im Herbst 1969 begann voller Hoffnung und endete in einem Fiasko*, FAZ, 21. Oktober 2019, 13.
NGCL	Nachlass von Gisèle Celan-Lestrange, Paris, Privatbesitz Eric Celan
Nh 29	Notiz- bzw. Arbeitsheft 1969, Nachlass von Paul Celan, DLA
NISh	Nachlass von Ilana Shmueli, DLA
Nk 9	Notizkalender 1960, Nachlass von Paul Celan, DLA
Nk 34	Notizkalender 1968, Nachlass von Paul Celan, DLA
Nk 35	Notizkalender 1969, Nachlass von Paul Celan, DLA
NKG	Paul Celan, *Die Gedichte. Neue kommentierte Gesamtausgabe in einem Band*, mit den zugehörigen Radierungen von Gisèle Celan-Lestrange, hrsg. von Barbara Wiedemann (Berlin 2018)
NPC	Nachlass Paul Celan
NZZ	Neue Zürcher Zeitung
PC/EE	Paul Celan, Erich Einhorn, *»Du weißt um die Steine …«*, Briefwechsel, hrsg. von Marina Dmitrieva-Einhorn (Berlin 1999)
PC/ISh	Paul Celan, Ilana Shmueli, *Briefwechsel*, hrsg. von Ilana Shmueli und Thomas Sparr (Frankfurt a. M. 2004)
PC/PSz	Paul Celan, Peter Szondi, *Briefwechsel*, hrsg. von Christoph König (Frankfurt a. M. 2005)
PN	Paul Celan, *»Mikrolithen sinds, Steinchen«. Die Prosa aus dem Nachlaß*, hrsg. von Barbara Wiedemann und Bertrand Badiou (Frankfurt am Main 2005)
PPNPC bzw. PPNPC-GCL	Pariser Privatnachlass von Paul Celan bzw. Pariser Privatnachlass von Paul Celan und Gisèle Celan-Lestrange, Privatbesitz Eric Celan
Shmueli	Ilana Shmueli, *Sag, daß Jerusalem ist. Über Paul Celan: Oktober 1969 – April 1970* (Eggingen 2000)

Ilana Israel

Die unmögliche Alija

30. September-17. Oktober 1969

Ilana Shmueli zur Zeit ihrer Wiederbegegnung mit Celan 1965–1969
(© Suhrkamp Verlag)

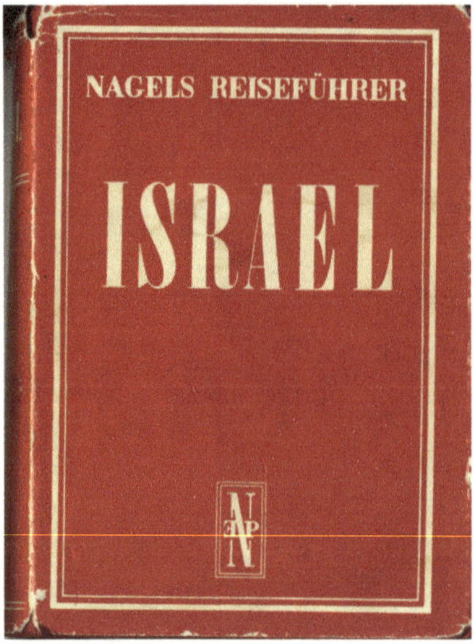

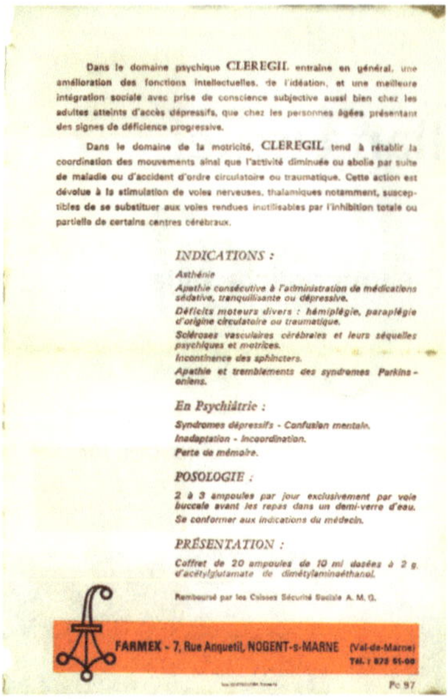

***Nagels Reiseführer Israel*, ed. 1967.** Celans Exemplar, ohne Lesespuren. Umschlag, Landkarte sowie als Lesezeichen verwendete Werbung für »Clérégil«, ein Medikament zur Gedächtnisstärkung eingefügt in Seite 258–259 (PPNPC)

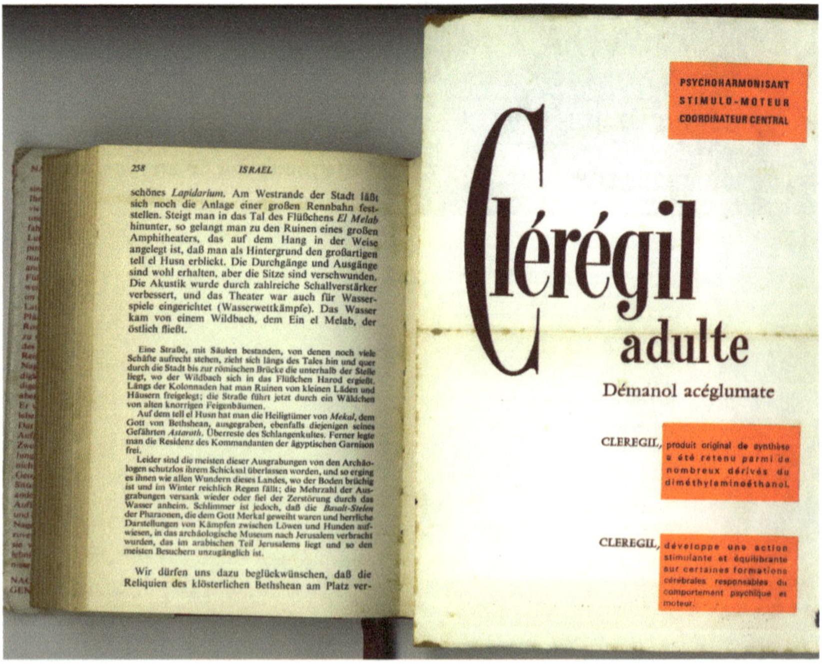

Kleine Briefmarkenschatulle mit der Inschrift »Jerusalem« auf Hebräisch und Deutsch aus Celans Besitz, unbekannter Herkunft – ein Geschenk seiner Tante Berta? –, auf Celans Schreibtisch aus Moisville photographiert (Sammlung BB)

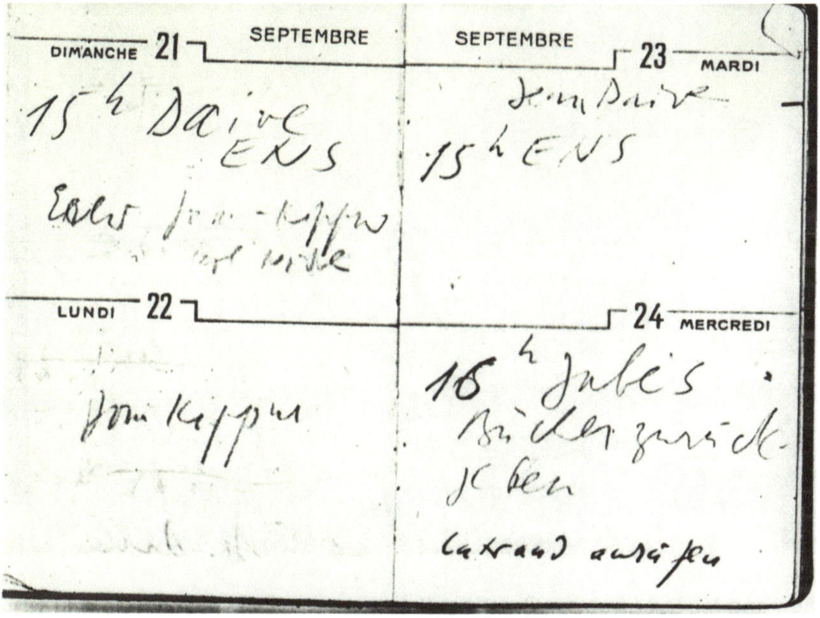

Dimanche 21 septembre 15 h Daive / ENS / Erew Jom-Kippur / Kol Nidre / Lundi 22 septembre Jom Kippur / Mardi 23 septembre Jean Daive15 h ENS / Mercredi 24 septembre 16 h Jabès / Bücher zurückgeben / Lutrand anrufen
Aufzeichnungen im Notizkalender 1969: 21.-24. September (NPC, DLA)

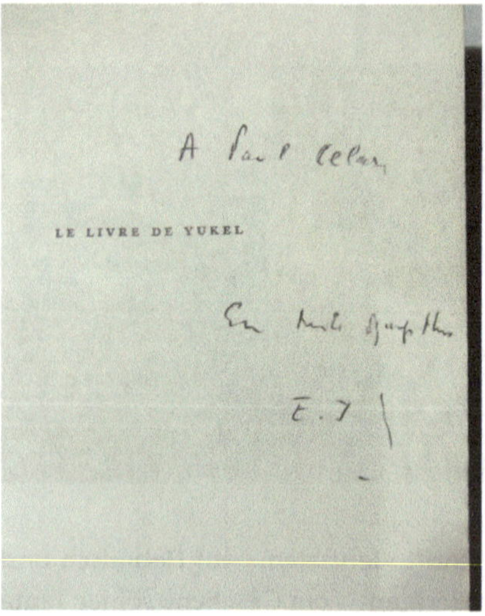

A Paul Celan

LE LIVRE DE YUKEL

En toute sympathie

E. J.

»A Paul Celan / En toute sympathie [Für Paul Celan | Mit all meiner Sympathie] | E. J.«

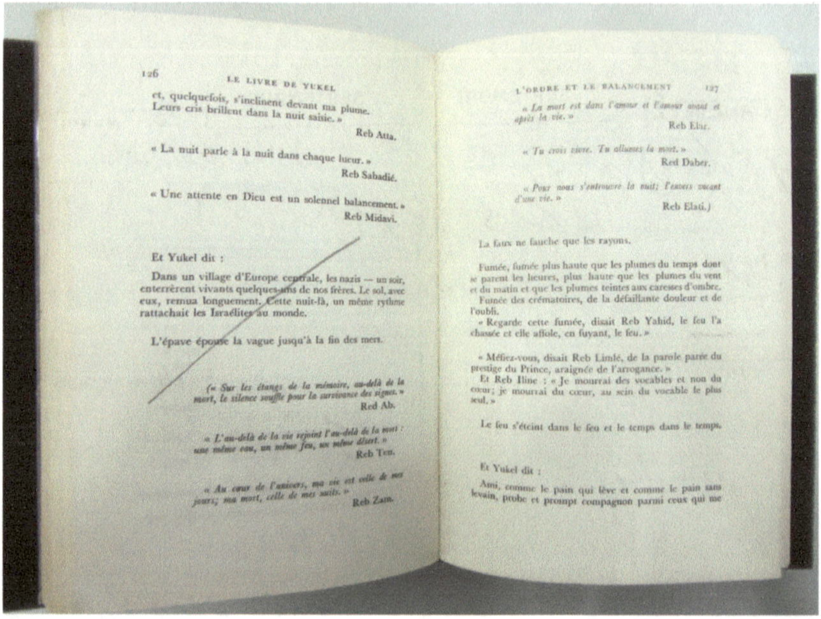

126 LE LIVRE DE YUKEL

et, quelquefois, s'inclinent devant ma plume. Leurs cris brillent dans la nuit saisie. »

Reb Atta.

« La nuit parle à la nuit dans chaque lueur. »

Reb Sabadié.

« Une attente en Dieu est un solennel balancement. »

Reb Midavi.

Et Yukel dit :

Dans un village d'Europe centrale, les nazis — un soir, enterrèrent vivants quelques-uns de nos frères. Le sol, avec eux, remua longuement. Cette nuit-là, un même rythme rattachait les Israélites au monde.

L'épave épouse la vague jusqu'à la fin des mers.

(« Sur les étangs de la mémoire, au-delà de la mort, le silence souffle pour la survivance des signes. »

Red Ab.

« L'au-delà de la vie rejoint l'au-delà de la mort : une même eau, un même feu, un même désert. »

Reb Ten.

« Au cœur de l'univers, ma vie est celle de mes jours; ma mort, celle de mes nuits. »

Reb Zam.

L'ORDRE ET LE BALANCEMENT 127

« La mort est dans l'amour et l'amour avant et après la vie. »

Reb Elar.

« Tu crois vivre. Tu allumes la mort. »

Red Daber.

« Pour nous s'entrouvre la nuit; l'envers vacant d'une vie. »

Reb Elati.)

La faux ne fauche que les rayons.

Fumée, fumée plus haute que les plumes du temps dont se parent les heures, plus haute que les plumes du vent et du matin et que les plumes teintes aux caresses d'ombre.

Fumée des crématoires, de la défaillante douleur et de l'oubli.

« Regarde cette fumée, disait Reb Yahid, le feu l'a chassée et elle affole, en fuyant, le feu. »

« Méfiez-vous, disait Reb Limlé, de la parole parée du prestige du Prince, araignée de l'arrogance. »

Et Reb Iline : « Je mourrai des vocables et non du cœur; je mourrai du cœur, au sein du vocable le plus seul. »

Le feu s'éteint dans le feu et le temps dans le temps.

Et Yukel dit :

Ami, comme le pain qui lève et comme le pain sans levain, probe et prompt compagnon parmi ceux qui me

Edmond Jabès, *Le livre des Questions II*, *Le Livre de Yukel*, Paris: Gallimard 1964. Mit Transkription und Übersetzung der Widmung. Celan liest das Buch am 31. März 1967 zu Ende. Deckblatt, Widmungsseite und S. 126–127 – »Et Yukel dit:«, mit stark durchgestrichener Stelle zu der lebendigen Vergrabung von Juden durch Nazis –, sowie Datum der Lektüre in der »C[linique du] P[rofesseur] D[elay]« S. 148 (BPC, DLA)

Edmond Jabès, Anfang der 1970er-Jahre (Photo © Edith Herrenschmidt)

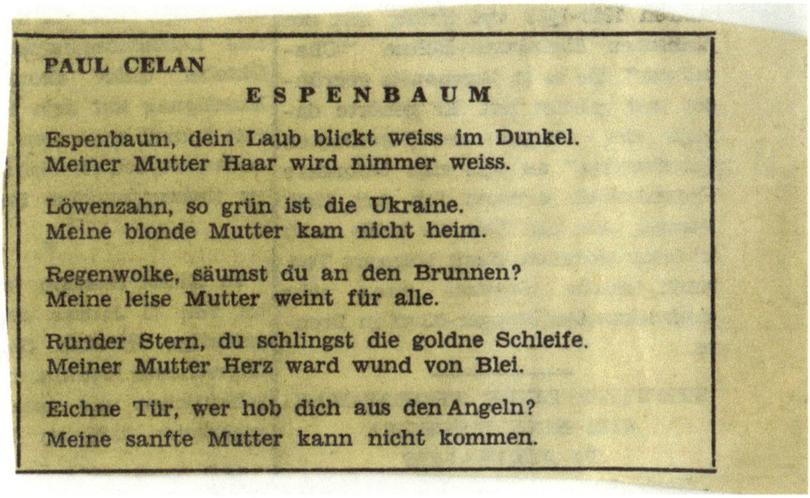

PAUL CELAN

ESPENBAUM

Espenbaum, dein Laub blickt weiss im Dunkel.
Meiner Mutter Haar wird nimmer weiss.

Löwenzahn, so grün ist die Ukraine.
Meine blonde Mutter kam nicht heim.

Regenwolke, säumst du an den Brunnen?
Meine leise Mutter weint für alle.

Runder Stern, du schlingst die goldne Schleife.
Meiner Mutter Herz ward wund von Blei.

Eichne Tür, wer hob dich aus den Angeln?
Meine sanfte Mutter kann nicht kommen.

»Espenbaum«, undatierter Zeitungsausschnitt wohl aus *Die Stimme*, Herbst 1969 (PPNPC-GCL)

AN DIE LESER AUS DER BUKOWINA !

In der Oktober-Ausgabe der „Stimme" haben wir den aus Czernowitz gebürtigen Dichter **PAUL CELAN**, der von der deutschen Literaturkritik als der grösste deutsche Lyriker der Gegenwart angesehen wird, anlässlich seiner Ankunft in Israel herzlichst begrüsst.

Wir teilen nunmehr allen unseren Landsleuten mit, dass der Dichter am 15. Oktober um 8.30 Uhr abends im Saale des Beth-Lessin aus eigenen Werken vorlesen wird.

Hitachduth Oley Bukowina Tel-Aviv
und Redaktion der „Stimme"

»An die Leser aus der Bukowina«, Zeitungsausschnitt aus *Die Stimme*, Oktober 1969. Anstreichungen von fremder Hand (PPNPC-GCL)

EINZIGER ABEND
Paul Celan
Der berühmte Dichter liest aus eigenen Werken,
MITTWOCH, den 15. Okt. 1969
20.30 Uhr,
im
BET LESSIN, TEL-AVIV,
Weizmann Str. 32.
Einführende Worte:
Der hebräische Dichter
DAVID ROKEACH.
Die Vorlesungen sind in deutscher Sprache.
(1587/12)

»Einziger Abend, Bet Lessin, Tel-Aviv«, nicht identifizierter Zeitungsausschnitt, ohne Datumsangabe. Das von einem Photographen namens Koch aus Frankfurt am Main aufgenommene Bild wurde wohl von Celan selbst der Redaktion übermittelt (PPNPC-GCL)

Einladung – Spätestens seit dem Ausbruch des Sechstagekrieges 1967 »plan[t]« Celan »einen Israel-Besuch«, wobei sich diese Absicht, wie man einem Brief an Ilana Shmueli entnehmen kann, in dem Celan entsprechende Gerüchte bestätigt, im Laufe des Jahres 1968 zunehmend festigt (Shmueli 21, Paris, 12. 8. 1968, PC-ISh 8). Der Entschluss, diese Reise tatsächlich anzutreten, nimmt allerdings erst Anfang September 1969 konkrete Formen an, als Peter Szondi Celan auf seine Bitte hin die 1967er Neuausgabe von *Nagels Reiseführer Israel* zusendet (Erstausgabe 1953, Berlin, 2. 9. 1969, PC-PSz 75). Indem er sich nach Israel begibt, kommt Celan einem Wunsch Ilanas nach, den sie bereits im Vorjahr geäußert hat: »Ich will Dir Jerusalem zeigen« (Paris, 12. August 1968 bzw. o. O., 11. 9. 1967, PC-ISh 8). Ilana weiß, was diese Reise für den vom Leben gezeichneten Mann, der Celan ist, bedeutet, und hofft, dass sie Anlass für einen Neubeginn sein kann. Ihre Wiederbegegnung im September 1965 hat sie tief und nachhaltig aufgewühlt; sie sehnen beide ein Wiedersehen herbei. Die sein ganzes Dasein umfassende Bedeutung dieser Reise erschließt sich aus einer französischen Randbemerkung zur ersten Fassung des Gedichts Ein Stern (Paris, 17. 8. 1969): »–i– / Mon judaïsme: ce que je reconnais encore dans les débris de mon existence [Mein Judentum: das, was ich in den Trümmern meiner Existenz noch (an)erkenne]«. In einem ähnlichen Sinne hält er Ende September 1969 das Datum der »Jom-Kippur«-Feier fest (21. u. 22. 9. 1969, Nk 35, einen Eintrag dazu hat er im Vorjahr zum ersten Mal gemacht, Nk 34). Selbst sein Besuch bei dem in eine französischsprachige jüdische Familie in Kairo geborenen Schriftsteller Edmond Jabès (1912–1991), den er aufmerksam und mitunter sehr kritisch liest, ist Teil ein und derselben Suche. Sich nach Israel zu begeben wird so für ihn im Laufe der Zeit zu einem existentiellen, wenn nicht lebenswichtigen Bedürfnis. Es handelt sich um einen Privatbesuch, selbst wenn seine Anwesenheit in der lokalen Presse begrüßt und angekündigt wird, insbesondere in der *Stimme*, der Zeitung der in mehreren aufeinanderfolgenden Alijas nach Israel ausgewanderten Bukowiner. Bereits im August 1967 erscheint dort das Gedicht »Denk dir« des »grosse[n] Landsmann[es]«, begleitet von einem Kommentar Werner Webers, der im selben Jahr bereits in der NZZ erschienen ist. (Die deutschsprachigen Zeitungsausschnitte sind von Paul Celans Verwandten in Israel aufbewahrt und Gisèle Celan-Lestrange bei ihrem zweiten Israel-Aufenthalt 1973 übergeben worden; die meisten davon wurden weder datiert noch identifiziert; das für Celans Frühwerk emblematische Gedicht Espenbaum aus *Mohn und Gedächtnis* hat er wohl 1945 in Bukarest geschrieben. Er wird es in Israel ebenso wenig lesen wie die Todesfuge.) Nichtsdestoweniger setzt sich die literarische Gesellschaft Israels in Bewegung, um ihn mit gebührender Feierlichkeit zu empfangen und um ihm so Gelegenheit zu geben, sich dort Gehör zu verschaffen.

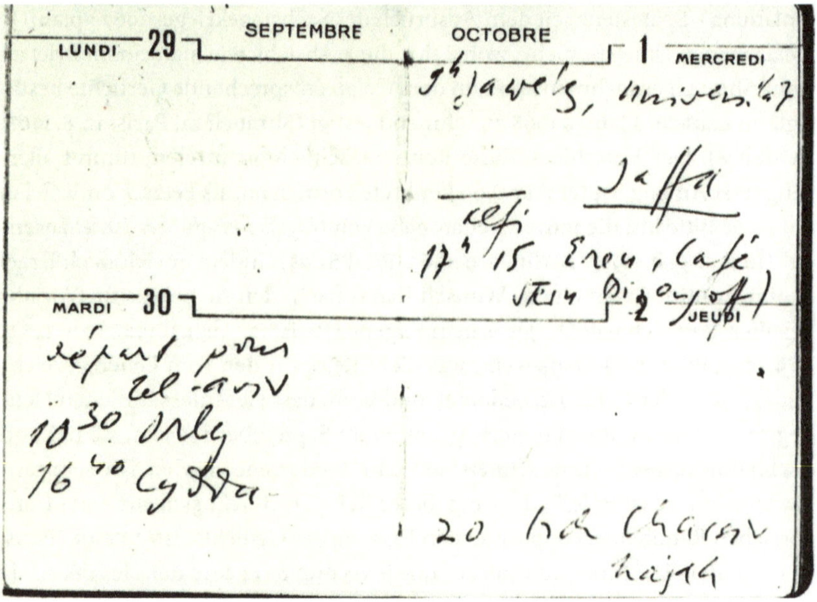

Mardi 30 septembre départ pour Tel Aviv [Abreise nach Tel Aviv] / 10 30 Orly / 16 40 Lydda / Mercredi 1er octobre 9 h Jawetz, Universität / Jaffa / ______ / Alfi [Schrager] / 17 h 15 Eren, Café / Stern (Dizengoff)

Aufzeichnungen aus dem Notizkalender 1969, Nk 35, 29. September- 2. Oktober (NPC, DLA)

David Seidmann in Tel Aviv, September-Oktober 1969 (PPNPC)

Umschlag mit der Adresse D. Seidmanns von Celans Hand, 1. Oktober 1969, darin enthalten war ein Briefchen von seinem Sohn. (PPNPC)

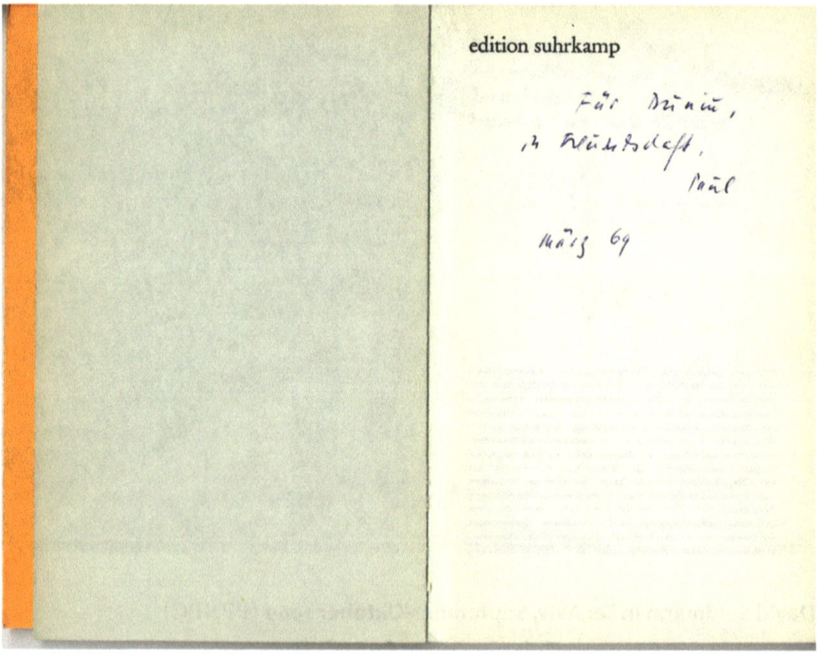

***Ausgewählte Gedichte*, Widmungsexemplar für David Seidmann, März 1969**, warum Celan es seinem Freund nicht bereits bei dessen Ankunft in Paris geschenkt hat, bleibt ungeklärt. Die Formulierung »in Freundschaft« verwendet Celan eher selten. (Sammlung BB)

Der Flug – Während seines Fluges hält Celan Gedanken und Eindrücke in einem Notizheft fest, das üblicherweise neben seinem Notizkalender seinen Platz in der Innentasche seiner Jacke findet (Nh 29, Nk 35). Das Flugzeug überfliegt den Mont Blanc, Italien, die Marken, im Süden der Halbinsel Brindisi und wendet sich dann in Richtung Athen, wo es kurz zwischenlandet. Es kommen ihm ein paar »–i–« (poetische Ideen), teilweise angestoßen von den Farben und Texturen des Himmels und des Meeres (»–i– geriffeltes Meermeer // die kleinen, winzigen Schaumstriche im glatten, geriffelten Meer // Sandland«). Flüchtige Gedankenfetzen, dem unmittelbar Erlebten entsprungen: »G[isèle]. soll ihr Leben leben«; andere, trivialere wie: »Zu spät bemerkt, daß ich mein Taschentuch weggeworfen habe«, hält er genauso fest wie eine Durchsage des Piloten: »1130: Nous risquons de rencontrer des zones de turbulence, mettez vos ceintures [Wir laufen Gefahr, ein Gebiet mit starken Turbulenzen zu durchfliegen, schnallen Sie sich an] (er reist mit der Air France). Nachdem sie über Piräus hinweg wieder in die Luft steigen, bemerkt Celan unter ihnen den Hymettos-Berg, die Inseln Delos, Mykonos, Naxos. In *Le Nouvel Observateur*, einer Zeitschrift sozialdemokratischer Prägung, liest er, kommentarlos, einen Artikel des linken israelischen Journalisten und Schriftstellers Uri Avnery, der erst gegen die englischen Besatzer und dann gegen die Araber gekämpft hat: »Il y a place pour deux peuples [Es gibt Raum für zwei Völker]«. Celan, für den die Notwendigkeit der Existenz eines israelischen Staates außer Frage steht, erinnert sich daran, dass einige seiner engsten Freunde, darunter Chiva, sich der Idee dieser Staatsgründung gegenüber sehr skeptisch gezeigt haben, weil sie die Entstehung neuer Konflikte rund um frisch gezogene Grenzen sowie schwerwiegende Folgen für die Juden der arabischen Welt, insbesondere in Ägypten, befürchteten. Auch wenn er diese Haltung nicht teilt, bleibt er auf Distanz zu radikal zionistischen Ideen. Für ihn ist der jüdische Staat nach dem von den Deutschen verübten Genozid unumstößlich notwendig (Gespräche mit I. Chiva, November 2007). Dennoch versucht er, die Frage in ihrer Vielschichtigkeit zu betrachten, ist sich dessen wohlbewusst, dass es keine einfache Lösung geben kann, ohne aber zu wissen, ob die Zeit daran etwas ändern wird. Er schreibt an Ilana: »Du mußt wissen […], daß mein Denken an Israel auch ein Bangen um Israel ist.« Seine Kritik an gewissen propalästinensischen Positionen, so wie sie bei den französischen Linken seiner Zeit grassierten, geht in dieselbe Richtung: »Le ›Monde‹ ist ein Spiegel all dessen; es erscheinen, auch von Juden geschrieben und von Juden mit Vorworten versehen, allerlei Artikel und Bücher à la ›Pour les Fedayins‹« (Paris, 7.11. bzw. 17.11.1969, PC-ISh 27, 39). Die Landschaft, die er vom Flugzeugfenster aus sieht, löst bei ihm lebhaft-flüchtige Gedanken aus. Vor dem Landeanflug auf Tel Aviv notiert er: »–i– der Unendlichkeitsglast auf dem Meer«, und hebt die geringe Vegetation (Zypressen, Thujas) und die gelbe Farbe der Hügellandschaft hervor: »arid, (öd?)«. Um 16 Uhr 40 landet er in Lydda. Czernowitzer Freunde und Verwandte nehmen ihn in Empfang. Sein enger Freund und Bukowiner Landsmann David Seidmann (genannt Duniu S., 1917–1989), Mediävist und Experte für französische Sprache und Literatur, der an der Tel Aviver Universität lehrt und ohne dessen »Zureden« er »diese Reise erst später angetreten hätte«, beherbergt ihn bei sich in Neve-Avivim (siehe den Brief Celans an Seidmann, Günzel 321). Sie werden somit die Gelegenheit haben, den während David Seidmanns mehrmonatigem Aufenthalt in Paris 1969 begonnenen Dialog fortzuführen. Der Name von Neve-Avivim taucht in Wir, die wie der Strandhafer Wahren auf (Dampierre-en-Burly, 31.10.1969).

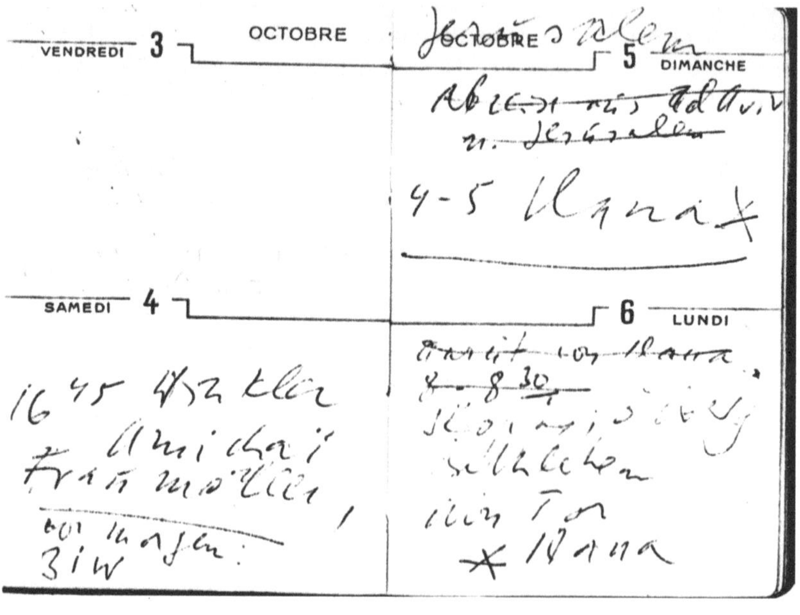

Samedi 4 octobre 16 45 Winkler / Amichaï / Frau Möller, / ______________ / vor morgen: / Ziw [Begriff aus der jüdischen Mystik für die sich manifestierende Gegenwart Gottes, s. NKG 953] / Dimanche 5 octobre 4–5 Ilana* / Lundi 6 octobre Skopus, Ölberg / Bethlehem / Abu Tor / * Ilana

Aufzeichnungen im Notizkalender 1969, Nk 35, 3.–6. Oktober (NPC, DLA)

»Mount Scopus [Skopusberg]«. Ansichtskarte aus dem Postkarten-Leporello, das Celan nach seiner Rückkehr nach Paris seinem Sohn schenkt (© Palphot Herzliya, Sammlung EC)

»Jerusalem«. Die Omar-Moschee. Ansichtskarte, die Celan nach seiner Rückkehr nach Paris seinem Sohn schenkt (© Palphot Herzliya, Sammlung EC)

»Beit Agron«, das Haus der Journalisten in Jerusalem, Hillel-Straße, wo Celan am 9. Oktober 1969 eigene Gedichte vorträgt (© PPNPC)

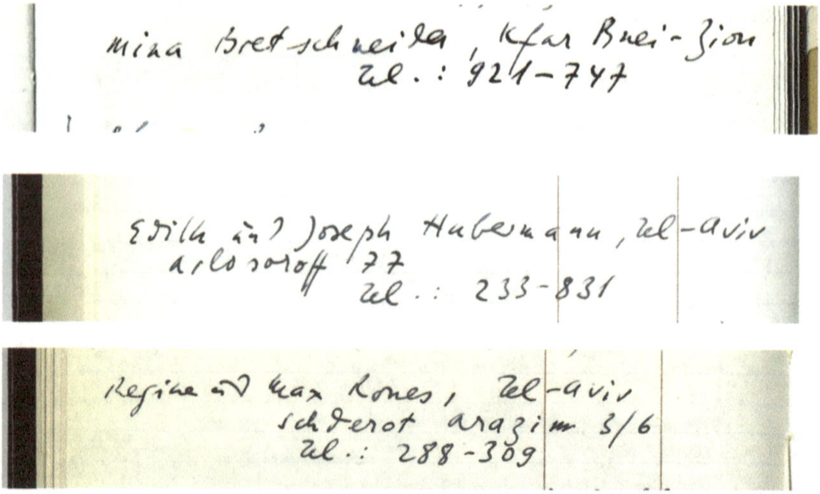
Mina Brettschneider, Kfar Bnei-Zion
Tel.: 921-747

Edith und Joseph Hubermann, Tel-Aviv
Arlosoroff 77
Tel.: 233-831

Regine und Max Rones, Tel-Aviv
Schderot Arazim 3/6
Tel.: 288-309

Name und Adresse von Mina Brettschneider, Edith u. Joseph Hubermann, Regine und Max Rones, wie sie Celan in seinem letzten Adressbuch vermerkt (PPNPC)

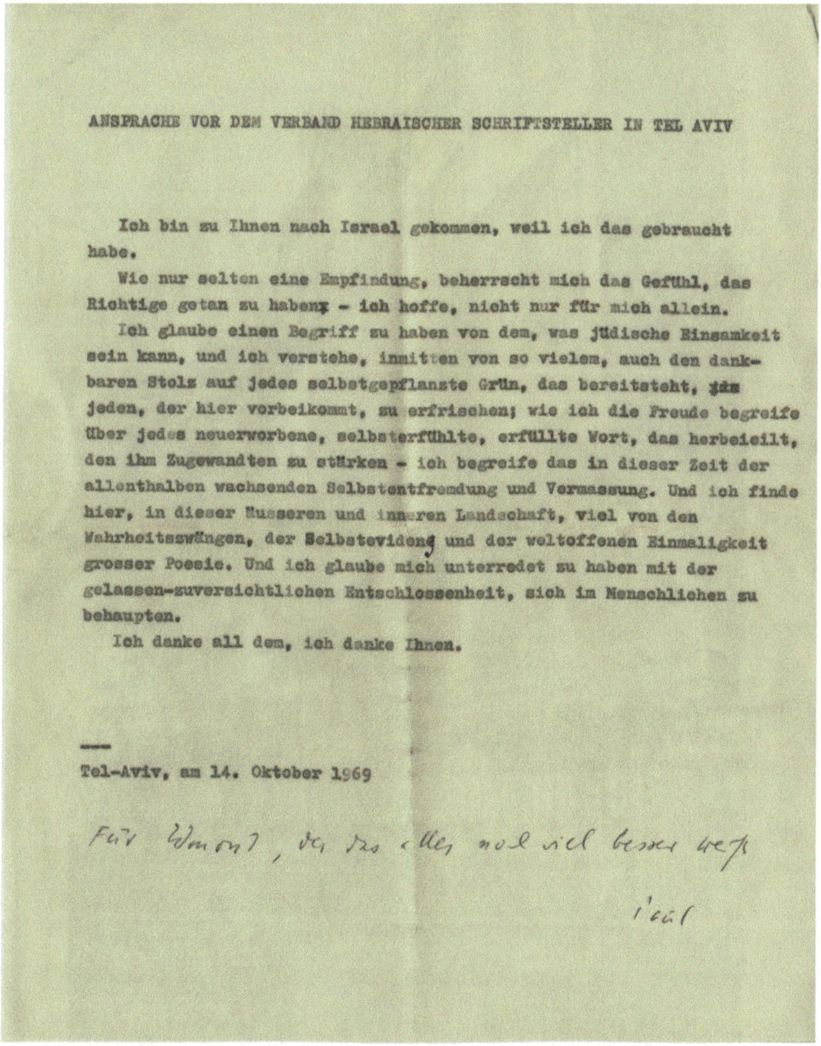
ANSPRACHE VOR DEM VERBAND HEBRAISCHER SCHRIFTSTELLER IN TEL AVIV

Ich bin zu Ihnen nach Israel gekommen, weil ich das gebraucht habe.

Wie nur selten eine Empfindung, beherrscht mich das Gefühl, das Richtige getan zu haben – ich hoffe, nicht nur für mich allein.

Ich glaube einen Begriff zu haben von dem, was jüdische Einsamkeit sein kann, und ich verstehe, inmitten von so vielem, auch den dankbaren Stolz auf jedes selbstgepflanzte Grün, das bereitsteht, für jeden, der hier vorbeikommt, zu erfrischen; wie ich die Freude begreife über jedes neuerworbene, selbsterfühlte, erfüllte Wort, das herbeieilt, den ihm Zugewandten zu stärken – ich begreife das in dieser Zeit der allenthalben wachsenden Selbstentfremdung und Vermassung. Und ich finde hier, in dieser äusseren und inneren Landschaft, viel von den Wahrheitszwängen, der Selbstevidenz und der weltoffenen Einmaligkeit grosser Poesie. Und ich glaube mich unterredet zu haben mit der gelassen-zuversichtlichen Entschlossenheit, sich im Menschlichen zu behaupten.

Ich danke all dem, ich danke Ihnen.

Tel-Aviv, am 14. Oktober 1969

Für Edmond, der das alles noch viel besser weiß

Paul

Durchschlag der Rede vor dem Schriftstellerverband von Tel Aviv mit Widmung an seinen Pariser Freund Edmond Lutrand. Ilana Shmueli schenkt Celan eine handschriftliche Arbeitsfassung (Sammlung Rita Lutrand)

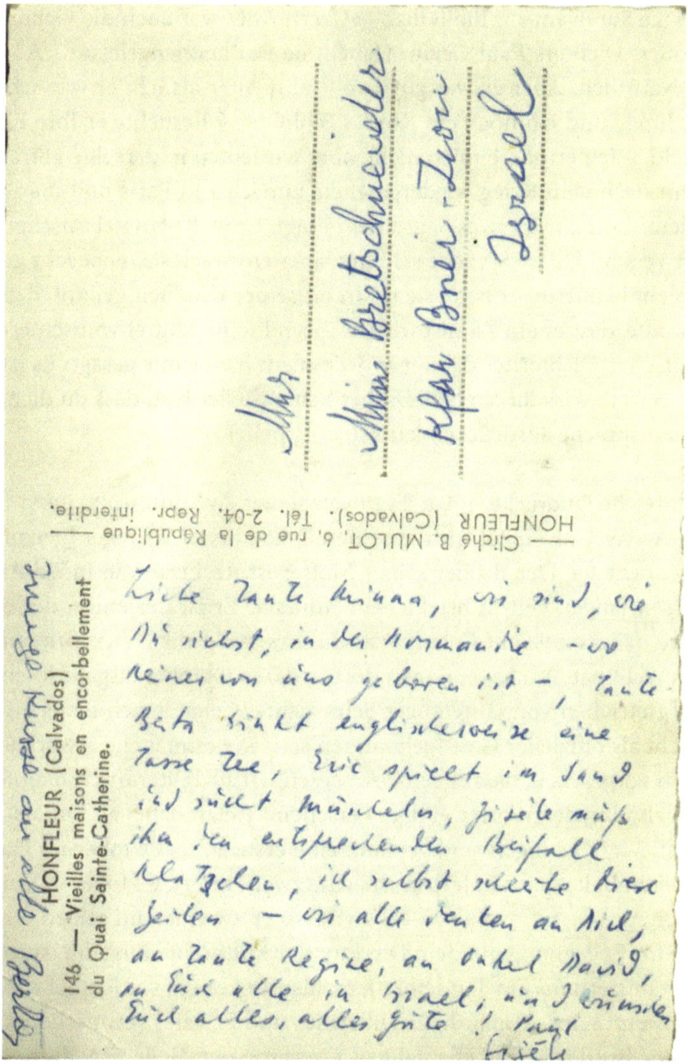
HONFLEUR (Calvados)
146 — Vieilles maisons en encorbellement du Quai Sainte-Catherine.
Cliché B. MULOT, 6, rue de la République
HONFLEUR (Calvados). Tél. 2-04. Repr. interdite.
Mrs Mina Brettschneider
Israel

Liebe Tante Mina, wir sind , wie Du siehst, in der Normandie – wo keiner von uns geboren ist –, Tante Berta trinkt englischerweise eine Tasse Tee, Eric spielt im Sand und sucht Muscheln, Gisèle muß ihm den ansprechenden Beifall klatschen, ich selbst schreibe diese Zeilen – wir alle denken an Dich, an Tante Regine, an Onkel David, an Euch alle in Israel, und wünschen Euch alles, alles Gute! / Paul / Gisèle

»Honfleur (Calvados)«. Nicht abgesandte Ansichtskarte an Mina Brettschneider vom Ende der 1950er oder Anfang der 1960er Jahre (© B. Mulot, Honfleur, PPNPC)

»Je suis ›Le Survivant‹« – BibliObs. – »Czernowitz war auch die Geburtsstadt des großen Dichters Paul Celan. Haben Sie ihn kennengelernt? / A. Appelfeld. – Natürlich. Aber er war gut zwölf Jahre älter als ich; er war schon ein großer Junge und ich noch ein Kind. / BibliObs. – Besuchte er Ihre Eltern? / Appelfeld. – Ich erinnere mich nicht, aber wir lebten in derselben Straße. Ich habe ihn nach dem Krieg wiedergesehen, zunächst in Paris und 1969 hier in Jerusalem. Er hat mir etwas Seltsames gesagt: Er wolle ein hebräischer Autor sein. Er verstand diese Sprache sehr gut, aber er sprach sie nicht sehr gut, weil er sie nicht benutzte. Er hatte sie während seiner Kindheit gelernt, denn sein Vater wollte, dass er ein Zionist wird, während seine Mutter wünschte, dass er ein deutscher Dichter wird. Hier in Jerusalem hat er mir gesagt: Es ist wunderbar, Aaron, dass du ein hebräischer Schriftsteller bist, dass du dich in der jüdischen Sprache ausdrücken kannst.« (Appelfeld)

Kontrastreiche Eindrücke – Am Tag nach seiner Ankunft und einem Besuch der Tel Aviver Universität trifft er seinen Onkel Ezriel Schrager (genannt Alfi Schrager) wieder. Der Bruder seiner Mutter ist Rechtsanwalt in Tel Aviv. Sie stehen seit langer Zeit in brieflichem Kontakt. Er ist derjenige, der die Redakteure der *Stimme* auf Celans »israelisches« Gedicht DENK DIR aufmerksam gemacht hat. Auch wenn man dort in deren Oktoberausgabe lesen kann, dass, »[g]etrieben von jahrelanger Sehnsucht«, Celan »nach Israel als Pilger und nicht als offizieller Gast [gekommen sei], wie es manche erwarteten«, ist dennoch vorgesehen, dass er seine Anwesenheit auch literarisch manifestiert; die Erwähnung des Wortes »Pilger« erscheint Celan dabei als äußerst unangebracht. Vier Lesungen sind geplant: eine erste am 9. Oktober im Haus der Journalistin Beit Agron in Jerusalem, eine zweite am 13. Oktober in Haifa und zwei weitere am 15. Oktober in Tel Aviv, wo er zweimal am selben Ort lesen wird. Seine Begegnung mit dem Direktor der Kulturabteilung des israelischen Außenministeriums am Tag seiner Jerusalemer Lesung verdeutlicht, wie sehr sich während seines Aufenthalts Offizielles und Privates vermischen. Gideon Kraft, der Bruder seiner ehemaligen Czernowitzer Geliebten Ruth, hat die von Celan gewünschte Einladung über den Allgemeinen Verband der Arbeiter im Lande Israel veranlasst (Histadrut, d. h. »Zusammenschluss,« der zionistisch-sozialistisch orientierte Gewerkschaftsbund ist 1920 in Haifa gegründet worden, s. Koelle). Am Tag davor lädt ihn der Chefredakteur des Senders »Kol Israel«, Shmuel Huppert, in seine Radiosendung zu einem Gespräch mit einem der wichtigsten Vertreter israelischer Dichtung ein: Yehuda Amichai (in Deutschland geboren als Ludwig Pfeuffer, 1924–2000). Celan liest über das Gespräch hinaus einige Gedichte, darunter CORONA, DER GAST und SPRACHGITTER. Amichai wird gemeinsam mit dem israelischen, aus der Bukowina stammenden Schriftsteller Manfred Winkler (1922–2014) die Ehre zuteil, ihn am nächsten Tag dem Jerusalemer Publikum vorzustellen. In ihrer Einführung werden Celans Gedichte auf Hebräisch zitiert. Zu diesem Abend, der mit dem Gedicht DENK DIR seinen Ausklang findet, bemerkt Celan gegenüber Ilana Shmueli: »es war ein gutes Lesen, ein gutes Zuhören dort« (Shmueli 28). Zuvor ist Celan von einem Journalisten der linken Tageszeitung *Haaretz* interviewt worden. Er äußert sich zur Lage der Dichtung, insbesondere der deutschsprachigen, und zu der Sonderstellung, die er in ihr innehat: »Die deutsche Gegenwartsdichtung wolle sich selbst definieren, daher enthalte sie mehr Spannung und Unruhe als andere – es sei wie nach einem Erdbeben. Einen vergleichbaren Vorgang gebe es zum Beispiel in der französischen Kultur nicht, die sich in ruhigeren Gewässern entwickele.« (PC-ISh 144–148, der zitierte Auszug 146) Am 14. Oktober hält er auf Einladung des Tel Aviver Schriftstellerverbandes – David Rokeah, den er am Morgen trifft, ist an dieser nicht ganz unschuldig – die kurze Rede, die er in seinem Notizbuch entworfen hat. Celan kommt darin auf das in Israel Gesehene und Gehörte zu sprechen. Bündig fasst er in einer anspruchsvollen Formulierung, die zugleich anerkennend gemeint, zugleich aber Warnung und Aufruf ist, das zusammen, was von Israel auch in Zukunft zu erwarten sei, nämlich: »sich im Menschlichen [zu] behaupten«. Anstatt von »Land« spricht er von »Landschaft«. Die Rede wird »in einem Lokalblatt« unter dem Titel »Pilgerschaft« erscheinen (GW 3, 203). Kann man seine Reise nach Israel tatsächlich so bezeichnen? Er selbst zweifelt erheblich daran, widersetzt sich aber letztlich nicht diesem ungeeigneten Begriff (Shmueli 28). Alle diese Veranstaltungen führen dazu, dass er mit vielen Menschen zusammentrifft, nahen Verwandten wie bloßen Bekanntschaften. Einigen ist er bereits in Europa begegnet, darunter dem Arzt Dr. Israel Chalfen, seinem zukünftigen Biographen, den er acht Jahre zuvor, im November 1961, in Paris kennengelernt hat, aber auch Gershom Scholem und Aaron Appelfeld. Dieses erneute Zusammentreffen, bevor Celan eine Auswahl veröffentlichter Gedichte, darunter ENGFÜHRUNG, liest, ändert wohl nichts an der allgemeinen Haltung des Historikers und Philosophen zu seiner Dichtung: Scholem nimmt seine Dichtung nur oberflächlich wahr. In erster Linie wird Celan von der kleinen Bukowiner Gemeinde in Empfang genommen, die daran mitgewirkt hat, dass die Öffentlichkeit über sein Kommen im Bilde ist – es handelt sich um Überlebende der Lager, aber auch um andere, die nach Hitlers Machtübernahme nach Palästina ausgewandert sind. Für ihn als Einzelkind, das beide Eltern verloren hat, ist diese Begegnung mit mehr oder weniger nahen Verwandten schwierig und bewegend zugleich. Von manchen fühlt er sich mehr ausgehorcht als angehört. Er, der Berühmte, aber psychisch Kranke, der dazu ein »Genie« sein soll – in gewisser Weise ein Kuriosum. Er wird gefeiert, aber der Großteil dieser kleinen Welt hat, wie er weiß, keine Beziehung zur Dichtung oder jedenfalls keinen Zugang zu der seinen, komplex und neuartig wie sie ist. Wozu das Ganze? Er verspürt den Wunsch, sich all dem schnell zu entziehen. Seine Freunde und insbesondere David Seidmann haben versucht, alles so gut wie möglich zu organisieren, damit er Momente echter Nähe erleben kann, mit denen, die ihm wirklich nahestehen. So sind die Begegnungen mit Alfi Schrager und seiner Frau Dora, seiner Tante väterlicherseits, mit Mina Brettschneider, an die er 1933 seinen ersten bekannten Brief schreibt, in dem er sich über den Antisemitismus im Gymnasium beschwert, das er zu jener Zeit besucht, oder auch mit Regine und Max Rones von beiderseitiger Rührung geprägt (Czernowitz, 30.1.1934, Br 9f.). Väterlicherseits trifft er in Tel Aviv zudem Edith Huberman, ihren Mann Joseph und ihre Kinder. In Haifa wird für ihn ein Gugelhupf gebacken, der ihn an diese Spezialität aus der Küche seiner Mutter erinnert. Er sieht seinen Jugendfreund Manuel Singer wieder, mit dem er von 1938 bis 1939 in Tours Medizin studiert hat und 1939 Pessach in London verbracht hatte; für beide war es damals der erste Aufenthalt in Großbritannien. Singer ist nun Arzt in Tel Aviv. Celan trifft mit dem in Deutschland geborenen Eliyahu Pinter auch einen anderen Bekannten aus Tours wieder, der 1933 nach Palästina geflüchtet und aus seiner neuen Heimat für ein städtebauliches Praktikum nach Frankreich gekommen war (Chalfen 83). Celan zeigt sich über all diese Wiedersehen erfreut, ehe seine Stimmung ohne ersichtliche Ursache plötzlich umschlägt. Er beschließt daher, auf eine mehrtägige Verlängerung seines Aufenthalts zu verzichten, den für den 18. geplanten Ausflug nach Massada abzusagen und Israel am 17. Oktober zu verlassen (Nk 35). Im Gedicht WIR, DIE WIE DER STRANDHAFER WAHREN wird an ein Gespräch mit Ilana in den Straßen von Neve Avivim erinnert, in dem er ihr seinen Entschluss mitgeteilt hat, früher nach Paris zurückzureisen: »Es war ein schmerzhaftes, richtunggebendes Gespräch.« Leider lässt Shmueli hier, wie öfter, den Leser dann im Unklaren, wenn es wichtig wäre, Genaueres zu erfahren (Shmueli 35f.).

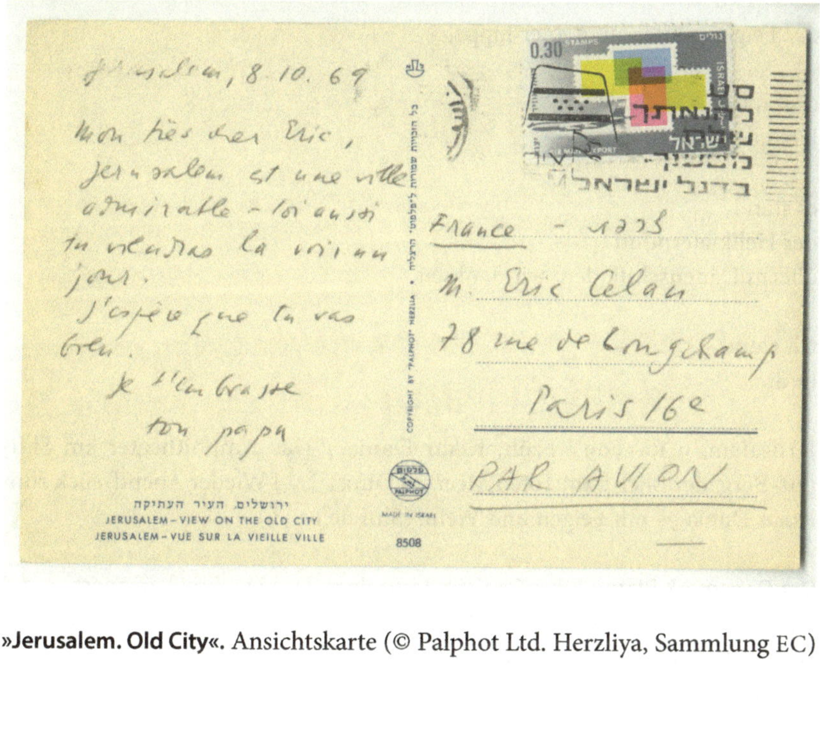

»Jerusalem. Old City«. Ansichtskarte (© Palphot Ltd. Herzliya, Sammlung EC)

Es stand
der Feigensplitter auf deiner Lippe,

es stand
Jerusalem um uns,

es stand
der Hellkieferduft
überm Dänenschiff, dem wir dankten,

ich stand
in dir.

Jerusalem, 9.10.1969 / Früh, Kikar Dania. / Das Amphitheater am Skopus-Berg, der Blick zum Toten Meer im Dunst. […] Wieder Abend, rück zum Kikar Dania — mit Feigen und Wein. (Shmueli 24 f.)

Der Dänemark-Platz – Kikar Dania in Jerusalem. Das Denkmal erinnert an die Rettung dänischer Juden durch Fischer. Notizen dazu von Ilana Shmueli mit Abschrift des Gedichts Es stand, Paris, 17. Oktober 1969 (© Photo GCL[?], NGCL)

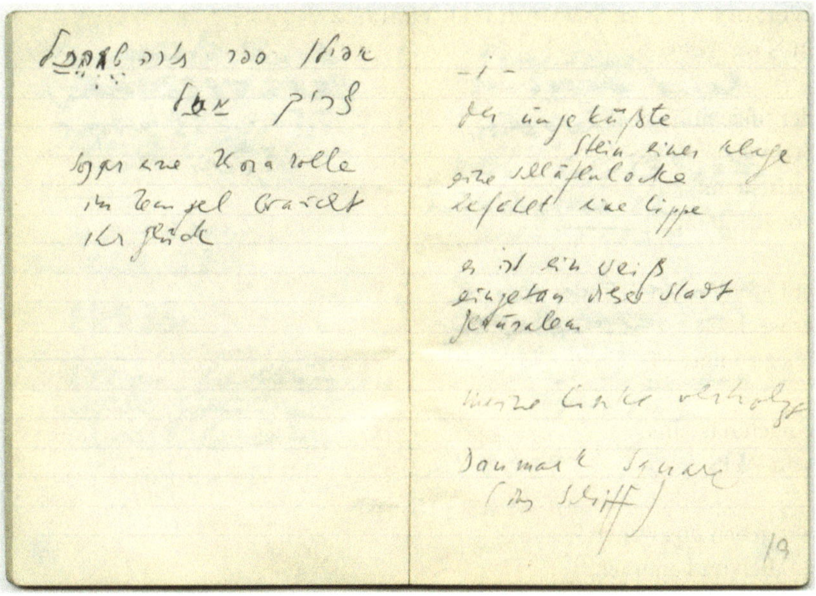

Vermerke und Gedichtentwurf im Notizheft 1969 mit Abschrift der als Nachlassgedicht veröffentlichten letzten Fassung von Wir, die wie der Strandhafer Wahren, Nh 29. Das Notat auf der linken Seite, »Sogar eine Thorarolle im Tempel braucht ihr Glück«, entspricht dem vorhergehenden hebräischen Text. (NPC, DLA)

Wir, die wie der Strandhafer Wahren,
in N'we Awiwim,

der ungeküßte
Stein einer Klage
rauscht auf,
vor Erfüllung,

er befühlt unsre Münder,
er wechselt
über zu uns,

eingetan ist uns
sein Weiß,

wir geben uns weiter:
an dich und an mich,

die Nacht, sieh dich vor, die sandbefehligte,
nimmt es genau
mit uns zwein.

Die Tochter Zions – Trotz eines gewissen Aufruhrs um seine Person versucht Celan, soviel Zeit wie möglich für Ilana frei zu halten, um so beider drängendem Bedürfnis nach Zweisamkeit gerecht zu werden. Sie beginnen ohne langes Zögern ein Liebesverhältnis. Israel bietet den Raum für ihre neu gefundene Nähe. Diesem jungen Land begegnen, dessen Entstehung er nicht ohne Ängste verfolgt hat, bedeutet Ilana begegnen, deren Leben als Ausbilderin von Sozialarbeitern für jugendliche Kriminelle in starkem Kontrast steht zu dem seinen. Sie lebt seit 25 Jahren in Israel, ist verheiratet und hat noch nicht die Absicht, sich von ihrem Mann zu trennen, mit dem sie die gemeinsame Tochter Michaela großzieht. Dennoch sehen sich Celan und Ilana Shmueli keinen Hindernissen gegenüber, ihre Liebe zu leben. Ilana ist eine begeisterte Leserin, die mehrere Sprachen spricht, dabei auch Russisch. Eine Vielzahl der Gedichte, die er nach seiner Rückkehr nach Paris schreibt und die sich auf seine Reise beziehen, sind geprägt von der Stimmung ihres Liebesverhältnisses und sind so zumindest für Ilana durchsichtig. Celan unterstreicht den »so expliziten« Charakter von MANDELNDE, geschrieben ein Jahr vor seiner Reise und bereits an sie gerichtet, und von ES STAND (Paris, 2.9.1968 bzw. 17.10.1969, PC-ISh 12 f.). Am Ende des zweiten hätte Celan mit dem Gebrauch des Präteritums brechen und schreiben können »ich steh | in dir«, so sehr hat sich seine physische und sprachliche Gegenwart in Ilana eingeschrieben, wie in jede seiner Liebhaberinnen. So steht er auch weiter im Ohr und Aug derjenigen, die ihn hören oder lesen. Ilana kommt ihrem Wunsch und Versprechen nach und führt ihn durch Jerusalem: Sie spazieren stundenlang durch die Stadt, so wie vier Jahre zuvor durch Paris. Die Gegenwart der drei monotheistischen Religionen drängt an Celan heran. Angesichts all der mit Religionsgeschichte aufgeladenen Stätten empfindet er ein gewisses Unbehagen, sind diese doch Grund und Gegenstand aller Konflikte und permanenter Gewalt. Sie betreten den Garten von Gethsemane nicht, besuchen nur flüchtig die sogenannte »Klagemauer« – eigentlich »die Westliche Mauer« –, er sagt zu ihr: »keine Ausgrabungen bitte«, und nahe der Omar-Moschee: »schnell fort, zu viel Heiliges« (Shmueli 25). Und doch oder gerade deswegen vermerkt er in seinem Notizkalender in der Nacht vom 4. Oktober vor Tagesanbruch: »vor morgen: / Ziw« (NK 35). Dieser Begriff, der in der jüdischen Mystik die Gottesgegenwart in Form eines Leuchtens bedeutet, ist schon mehr als zwei Jahre zuvor in NAH, IM AORTENBOGEN erschienen, das mit drei Zeilen ausklingt: »Still, in den Kranzarterien, | unumschnürt: | Ziw, jenes Licht.« (Paris, 10.5.1967, dazu auch Stockholm, 5.9.1960, PC-GCL I, 110: das von Celan zitierte Wort von Nelly Sachs: »Ich will nur noch [...] dieses kleine Licht behalten.«) Was genau aber bedeutet »jenes Licht« der Schechina in seiner Gedankenwelt? Ein Zeichen der Hoffnung, als solches erkannt, weil er noch einmal verliebt ist? Der nächste Vermerk im Notizkalender bezieht sich auf Ilana, deren Namen unterstrichen und durch ein Sternchen hervorgehoben ist. Wenigstens intermittierend scheint Gott für ihn doch zu existieren, sonst würde er Nelly Sachs, die sich ihm als »Gläubige« vorstellte, nicht erwidert haben: »ich hoffte, bis zuletzt lästern zu können« (26.5.1960, Nk 9). Wer lästert und gegen Gott schimpft, kann kein Atheist sein. So oder so gibt es in Celans Leben und Werk mystische Momente, ohne dass daraus eine religiöse Grundierung ersichtlich wäre. »Mein Vater, meine Eltern haben mich in keinem Glauben erzogen«, so Eric Celan (Gespräch mit BB, Januar 2020).

Im Israel-Gedicht WIR, DIE WIE DER STRANDHAFER WAHREN scheint dessen mystische Dimension eher der Begegnung zweier Liebenden zu entsprechen (entstanden in Dampierre-en-Burly, 31.10.1969). Für Celan hat Ilanas Gesicht das Licht, die Züge der Landschaft, die sie bewohnt, angenommen – oder aber diese Landschaft erscheint ihm als der Ausdruck ihres Gesichts, ihrer Züge. Sie verkörpert das Gefühl der Identität oder besser der »Zugehörigkeit«, so wie er dieses Gefühl in der Zeile »wir sind es noch immer« zum Ausdruck gebracht hat (NKG 785, 885, Paris, 27.10.1969, 16; vgl. PC-ISh 168):

> dann kam Dein Gesicht, wie ichs gesehen habe in Jerusalem und in Neve Avivim, und ich weiß; was uns zusammengetan hat, ist ein Erstes und Vorerstes – / Dein Gesicht, Ilana, Dein jüdisches Gesicht. Dein Gesicht. / Jerusalem hat mich aufgerichtet und gestärkt. Paris drückt mich nieder und höhlt mich aus. Paris, durch dessen Straßen und Häuser ich soviel Wahnlast, soviel Wirklichkeitslast geschleppt habe all diese Jahre.

Er schreibt ihr diese Zeilen kurze Zeit nach seiner Rückkehr nach Paris. In diesem Gesicht, in das sich die Gefühle einschreiben, beleuchtet von den gemeinsam besuchten Stätten und ihrer beider Begierde nach einander, gelingt es ihm, sich selbst wahr- und anzunehmen (Paris, 23.10.1969, PC-ISh 15):

> Ich sehe Dein Gesicht, sehe es in Jerusalem, neben mir, unter mir, über mir, ich sehe es in Tel-Aviv, in der Dunkelheit, der Schmerz strafft die Brauen über Deinen Augen, dann löst sich alles, auch ich habe ein Gesicht, das lese ich Deinen Augen ab – auch das.

Ilana verkörpert Israel, Jerusalem. So täuscht sie sich nicht, wenn sie im Nachwort zu ihrem Briefwechsel mit Celan schreibt, dass er in ihr »›die Tochter Zions‹« gesehen habe (PC-ISh 165). Es ist sicherlich dieses Zusammenschmelzen von Frau und Land, das Celan zu einer Erklärung veranlasst, die für ihn, aber auch für seine Leser, eines seiner wichtigsten Bekenntnisse darstellt (Paris, 21.10.1969, PC-ISh 14):

> Über *Atemwende* und *Fadensonnen* habe ich schon hinausgeschrieben, zwei Bücher liegen im Manuskript bereit, das erste, es soll *Sinneinwärts* heißen [eigentlich *Lichtzwang*], wird im Sommer des nächsten Jahres erscheinen, aber wie wird aussehn, was ich jetzt, nach Jerusalem, aufschreibe? Daß Jerusalem eine Wende, eine Zäsur sein würde in meinem Leben – das wußte ich. Aber ich wußte nicht, daß ich dort beschenkt werden sollte mit Dir.

Er scheint implizit an die Möglichkeit einer »Wende« zu glauben, doch weiß er letztlich, dass er nicht dazu in der Lage sein wird, den Schritt nach Israel, den Ilana ihm fast offen nahelegt, zu vollziehen, vorgeblich vor allem aus sprachlichen Gründen (PC-ISh 168):

> In Israel hoffte er, etwas Rückhalt und Sicherheit zu finden, die er so brauchte. In gewissem Sinn fand er sie auch. Jedoch, auch hier im Judenland (wie er es manchmal nannte), in dem Land, nach dem er suchte, hatte Celan Schwierigkeiten. Er konnte die Enge, das allzu familiäre, oft provinzielle und indiskrete Verhalten im Alltag nur schwer ertragen. Aber das schwerste Hindernis war der Konflikt der Sprachen; er fühlte, daß er hier in Jerusalem – in Israel – nicht deutsch schreiben konnte und durfte, wenn er dazu gehören wollte.

Müsste er nicht modernes Hebräisch lernen, um ganz in der israelischen Gesellschaft leben zu können? Was er trotz aller Unmöglichkeit eines solchen Vorhabens wünschen würde, wie er klar und deutlich schreibt (Paris, 6.3.1969, PC-ISh 116):

> Wäre ich, ich sagte es Dir ja, im Vollbesitz meiner Kräfte, ich ginge nach Israel, ohne Illusionen, aber – ich ginge hin. Aber, so wie ich bin, geworden bin, hieße Hingehn die Menschen dort behelligen mit Problemen, für die sie, in ihrer Not, kein Organ, keinen Sinn haben können. Mein zerstörtes – Du sagst gestörtes Gedächtnis ist ein schweres Handicap, in Israel, wo ich, das wäre die conditio sine qua non, konkrete, intensive Arbeit leisten möchte, erwiese es sich als noch schwereres. –

Celan kommt nicht umhin, sich an den Wunsch seines Vaters zu erinnern, seine Alija zu machen und nach Eretz Israel zu gehen. Dann, angesichts der politischen Entwicklungen in Rumänien und aus Furcht, seine Auswanderung

Paul Celan in Safed und in Meron mit Jan Alpan. Es handelt sich um zwei der wenigen bekannten Photos, die Celans Aufenthalt in Israel dokumentieren. (PPNPC)

nach Palästina nicht organisieren zu können, hat es der Vater sogar in Erwägung gezogen, übergangsweise in Südamerika eine Zuflucht zu suchen (Chalfen 79). Celan wiederum, der nicht nach Israel auswandern kann, verspricht dennoch, bald zurückzukehren. Der Besuch Jerusalems, den er, wie er spürt, ebenso wie Ilana brauchen wird, stellt, wenn nicht eine »Wende«, so doch eindeutig eine »Zäsur« dar. Celan fühlt sich innerlich gewandelt, was sein künftiges Werk prägen wird. Um die volle Tragweite dieses Wandels zu verstehen, muss man ihn mit einem anderen tiefen Einschnitt in Verbindung bringen, auch wenn dieser hier nicht explizit genannt wird: Der erste – fundamentale – Bruch in seinem Leben vollzieht sich mit der Ermordung seiner Eltern und der Juden Europas 1942. Damit ist eine Zäsur gegeben, welche die Gedichte seiner Jugend von denen danach trennt, die er unter dem ethischen Imperativ schreibt, Gehalt und Richtung seiner Dichtung in der Nachfolge aller wesentlichen deutschsprachigen Dichtung vom Gedenken an die Toten bestimmen zu lassen. Der Genozid an den europäischen Juden steht aber auch mit am Ursprung des Staates Israel. In diesem Zusammenhang gilt es, ein weiteres Verhängnis hervorzuheben, das über Celan hereingebrochen ist, nämlich die Wahnanfälle der letzten Jahre: den ersten in Valloire Ende Dezember 1962, gefolgt von den drei großen Krisen 1965, 1967 und 1968, die selbstverständlich in Verbindung stehen mit den Erlebnissen der Kriegsjahre. Alle drei Brüche bedeuten, um Celan zu paraphrasieren, jeweils ein Einhalten des Atems, ein Aussetzen, ein Intervall des Nach-Denkens, das sich seinen Gedichten nach und nach einschreibt.

Neben »Magen David«: der Photogene – Die wenigen von ihm bekannten Photographien auf dem Boden Israels stammen nicht von Ilana Shmueli, was überraschen mag – oder auch nicht, wenn man bedenkt, dass Ilana wusste, wie bildscheu er war. Vielmehr ist es Jan Alpan, ein Klassenkamerad aus Czernowitzer Tagen, oder seine Frau Lisa, die ihn während des gemeinsamen Ausflugs nach Nazareth und Safed, der Stadt der Kabbala im Norden des Landes, am 11. Oktober 1969 photographieren. Auf den Bildern wirkt Celan ernst, aber entspannt. Gesicht und Hände sind gebräunt. Das hier wiedergegebene Photo ist nicht zufällig entstanden, vielmehr ist es arrangiert, ausgerichtet auf Celans Gesicht und den Davidstern – hebräisch מגן דוד *Magen David*, auf Deutsch ›Schild Davids‹ – zu seiner Rechten, der in groben Zügen auf eine Steinmauer gemalt ist. Dem fremden Blick, der sich so auf ihn richtet, gelingt es, Celans Reise auf den Punkt eines Photos zu bringen und zugleich ein Bild zu erschaffen, das neben seinen Gedichten dieser Zeit bestehen kann. Eingerahmt von diesen Mauern und den Kuppeln einer Grabstätte erkennt Celan sich wieder, nimmt sein Selbstbild an. Er ist Gast der Alpans. Ihr Haus in Haifa liegt an der Küste des Mittelmeers. Celan fühlt sich dort wohl und wie befreit von der zurückliegenden prüfungsschweren Zeit.

Drei Briefe an Lisa und Jan Alpan, Paris, vom 20. Oktober, 21. November und 10. Dezember 1969. Abgebildet ist die erste Seite des zweiten Briefes und der Umschlag des dritten (Kopie Sammlung EC)

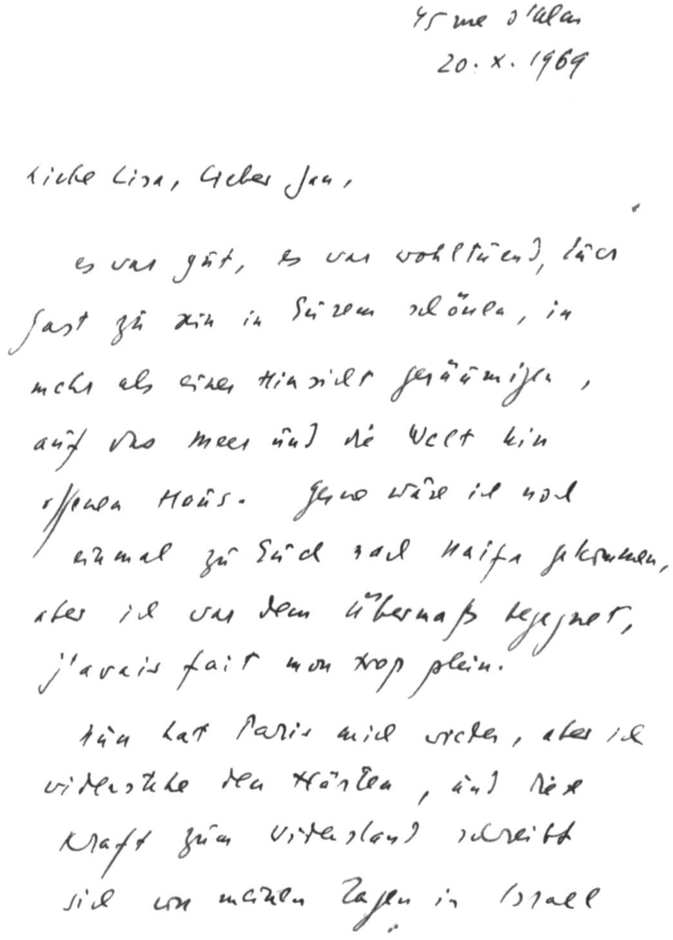
45 rue d'Ulm
20. X. 1969

Liebe Lisa, lieber Jan,

es war gut, es war wohltuend, bei Euch fast zu sein in diesem schönen, in mehr als einer Hinsicht geräumigen, auf das Meer und die Welt hin offenen Haus. Gern wäre ich noch einmal zu Euch nach Haifa gekommen, aber ich war dem Übermaß begegnet, j'avais fait mon trop plein.

Nun hat Paris mich wieder, aber ich widerstehe den Hörnern, und diese Kraft zum Widerstand schreibt sich von meinen Tagen in Israel.

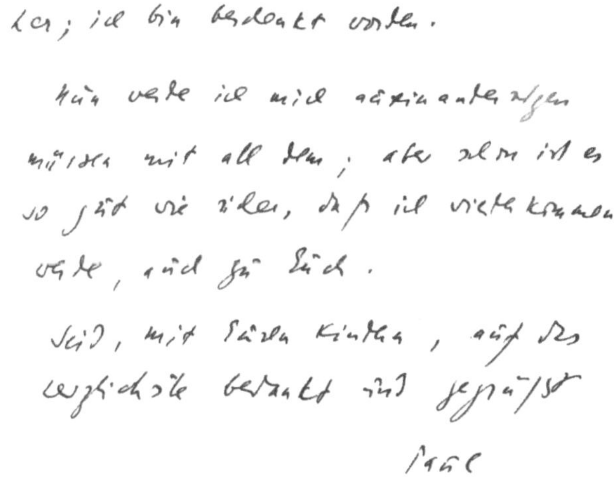

45 rue d'Ulm / 20. X. 1969 / Liebe Lisa, lieber Jan, / es war gut, es war wohltuend, Euer Gast zu sein in Eurem schönen, in mehr als einer Hinsicht geräumigen auf das Meer und die Welt hin offenen Haus. Gerne wäre ich noch einmal zu Euch nach Haifa gekommen, aber ich war dem Übermaß begegnet, j'avais fait mon trop plein. / Nun hat Paris mich wieder, aber ich widerstehe den Härten, und diese Kraft zum Widerstand schreibt sich von meinen Tagen in Israel her; ich bin beschenkt worden. / Nun werde ich mich auseinandersetzen müssen mit all dem; aber schon ist es so gut wie sicher, daß ich wiederkommen werde, auch zu Euch. / Seid mit Euren Kindern, auf das herzlichste bedankt und gegrüßt / Paul

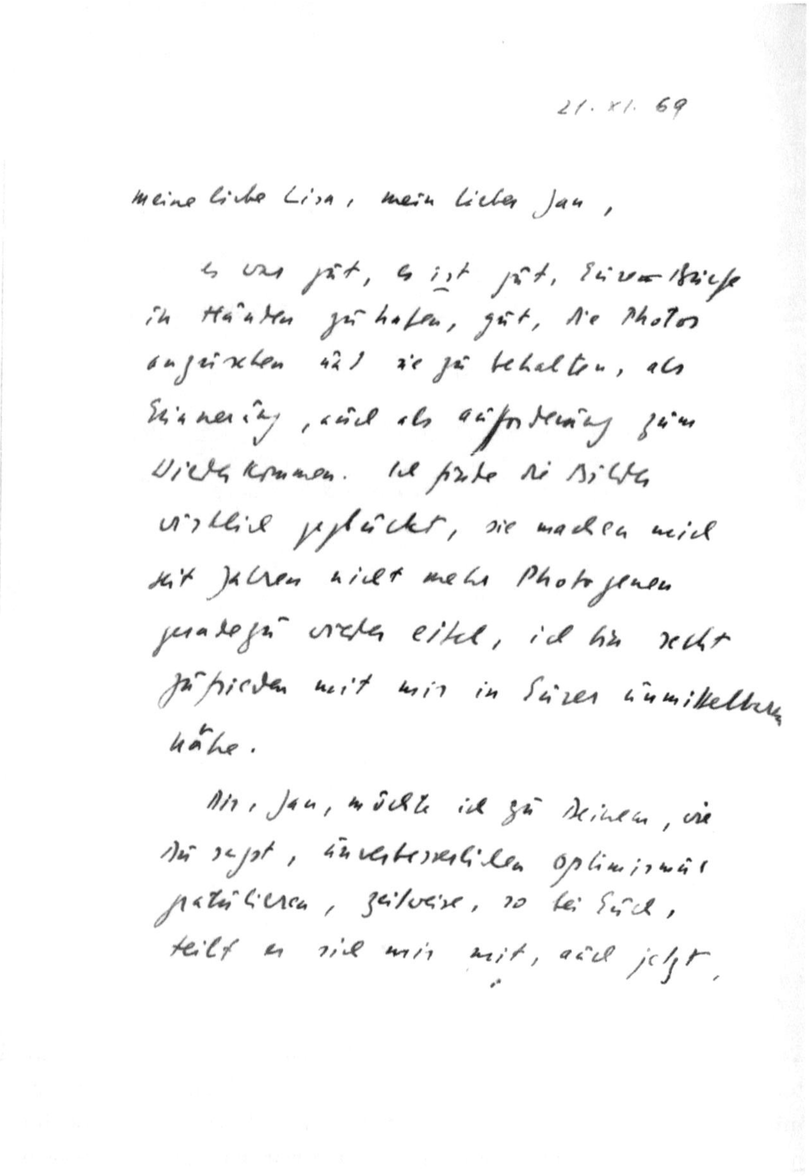

21. XI. 69

meine liebe Lisa, mein lieber Jan,

es war gut, es ist gut, Euren Brief in Händen zu haben, gut, die Photos anzusehen und sie zu behalten, als Erinnerung, auch als Aufforderung zum Wiederkommen. Ich finde die Bilder wirklich geglückt, sie machen mich seit Jahren nicht mehr Photogenen geradezu wieder eitel, ich bin recht zufrieden mit mir in Eurer unmittelbaren Nähe.

Dir, Jan, möchte ich zu Deinem, wie Du sagst, unerschütterlichen Optimismus gratulieren, zeitweise, so bei Euch, teilt er sich mir mit, auch jetzt.

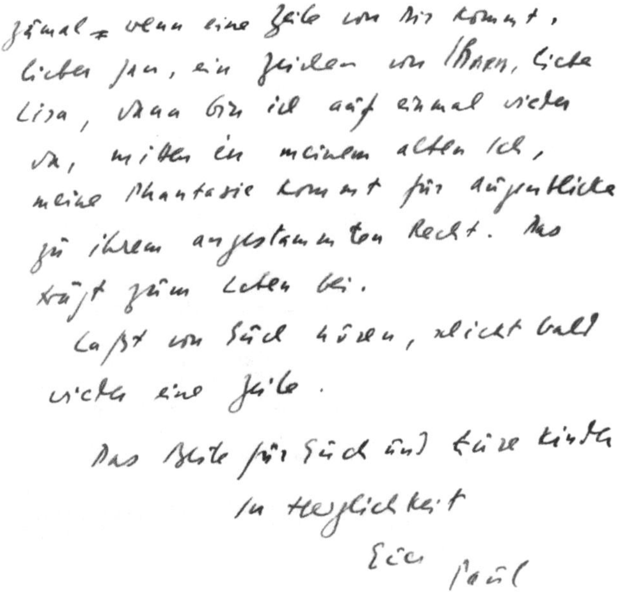
zumal wenn eine Zeile von Dir kommt,
lieber Jan, ein Zeichen von Ihnen, liebe
Lisa, dann bin ich auf einmal wieder
da, mitten in meinem alten Ich,
meine Phantasie kommt für Augenblicke
zu ihrem angestammten Recht. Das
trägt zum Leben bei.
Laßt von Euch hören, schickt bald
wieder eine Zeile.
Das Beste für Euch und Eure Kinder
In Herzlichkeit
Euer Paul

Meine liebe Lisa, mein lieber Jan, es war gut, es ist gut, Eure Briefe in Händen zu haben, gut, die Photos anzusehen und sie zu behalten, als Erinnerung, auch als Aufforderung zum Wiederkommen. Ich finde die Bilder wirklich geglückt, sie machen mich seit Jahren nicht mehr Photogenen geradezu wieder eitel, ich bin recht zufrieden mit mir in Euer unmittelbaren Nähe. / Dir, Jan, möchte ich zu Deinem, wie Du sagst, unverbesserlichem Optimismus gratulieren, zeitweise, so bei Euch, teilt er sich mir mit, auch jetzt, zumal wenn eine Zeile von Dir kommt, lieber Jan, ein Zeichen von Ihnen, liebe Lisa, dann bin ich auf einmal wieder da, mitten in meinem alten Ich, meine Phantasie kommt für Augenblicke zu ihrem angestammten Recht. Das trägt zum Leben bei. / Laßt von Euch hören, schickt bald wieder eine Zeile. / Das Beste für Euch und Eure Kinder / In Herzlichkeit / Euer / Paul

10. 12. 69

Meine liebe Lisa, mein lieber Jan,

schön, wieder Nachricht von Euch zu haben.

Gut, Jan, ich fasse also eins-neun-neun-neun ins Auge, im Hinblick auf ein doppeltes – doppeltverjüngendes – Konterfei, drüben im Galil.

Mich freut, daß Ihr Euren Sohn oft zuhause habt – ich hoffe, auch mit Eurer Tochter habt Ihr Freude.

Was mich betrifft, so gehts mir, äußerlich und innerlich, entsprechend der Jahreszeit. In der Zeitung schlage ich immer die Israel-Seite zuerst auf,

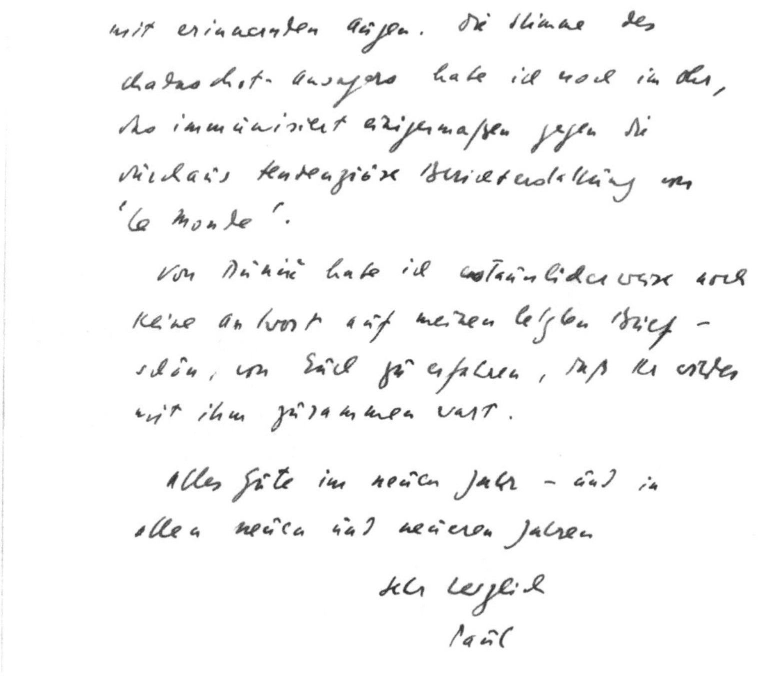
mit erinnernden Augen. Die Stimme des
Chadaschot-Ansagers habe ich noch im Ohr,
das immunisiert einigermaßen gegen die
durchaus tendenziöse Berichterstattung von
›Le Monde‹.
Von Duniu habe ich erstaunlicherweise noch
keine Antwort auf meinen letzten Brief –
schön, von euch zu erfahren, daß Ihr wieder
mit ihm zusammen wart.
Alles Gute im neuen Jahr – und in
allen neuen und neueren Jahren
Sehr herzlich
Paul

10.12.1969 / Meine liebe Lisa, mein lieber Jan, / schön, wieder Nachricht von euch zu haben. / Gut, Jan, ich fasse also eins-neun-neun-neun ins Auge, im Hinblick auf ein doppeltes – doppeltverjüngendes – Konterfei, droben im Galil. / Mich freut, daß Ihr Euren Sohn oft Zuhause habt – ich hoffe, auch mit Eurer Tochter habt Ihr Freude. / Was mich betrifft, so geht's mir, äußerlich und innerlich, entsprechend der Jahreszeit. In der Zeitung schlage ich immer die Israel-Seite zuerst auf, mit erinnernden Augen. Die Stimme des Chadaschot-Ansagers habe ich noch im Ohr, das immunisiert einigermaßen gegen die durchaus tendenziöse Berichterstattung von »Le Monde«. / Von Duniu habe ich erstaunlicherweise noch keine Antwort auf meinen letzten Brief – schön, von euch zu erfahren, daß Ihr wieder mit ihm zusammen wart. / Alles Gute im neuen Jahr – und in allen und neueren Jahren. / Sehr herzlich / Paul

AVION
AIR MAIL
Israël
Monsieur et Madame
Ian Alpan
Ruth St. 33
Haïfa
PAR AVION
VIA AIR MAIL

Vier Briefe von David Seidmann zu Celans Israel-Aufenthalt an Gisèle Celan, Tel Aviv, 16. September, 6. Oktober, 25. und 26. Oktober 1969 (NGCL)

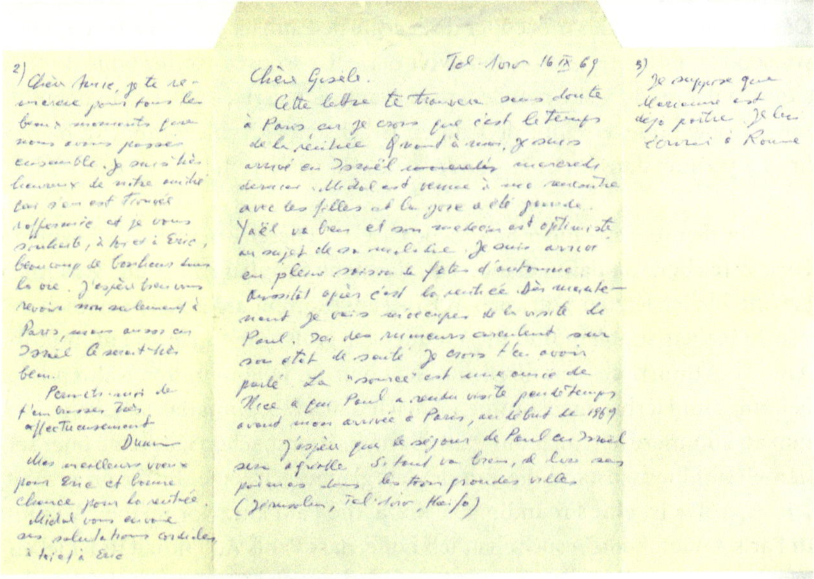

Tel-Aviv 16 IX 69

Chère Gisèle.

Cette lettre te trouvera sans doute à Paris car je crois que c'est le temps de la rentrée. Quant à moi, je suis arrivé en Israël ~~[illegible]~~ mercredi dernier. Michel est venue à ma rencontre avec les filles et la gare a été grande. Yaël va bien et son médecin est optimiste au sujet de sa maladie. Je suis arrivé en pleine saison de fêtes d'automne. Aussitôt après c'est la rentrée. Dès maintenant je vais m'occuper de la visite de Paul. Ici des rumeurs circulent sur son état de santé. Je crois t'en avoir parlé. La "source" est une amie de Nice à qui Paul a rendu visite peu de temps avant mon arrivée à Paris, au début de 1969.

J'espère que le séjour de Paul en Israël sera agréable. Si tout va bien, il lira ses poèmes dans les trois grandes villes (Jérusalem, Tel-Aviv, Haifa).

2) Chère Marie, je te remercie pour tous les bons moments que nous avons passés ensemble. Je suis très heureux de notre amitié qui s'en est trouvée raffermie et je vous souhaite, à toi et à Eric, beaucoup de bonheur dans la vie. J'espère bien vous revoir non seulement à Paris, mais aussi en Israël. Ce serait très bien.

Permets-moi de t'embrasser très affectueusement

David

Mes meilleurs voeux pour Eric et bonne chance pour la rentrée. Michel vous envoie ses salutations cordiales à toi et à Eric

3) Je suppose que Marcoux est déjà partie. Je lui écrirai à Rome

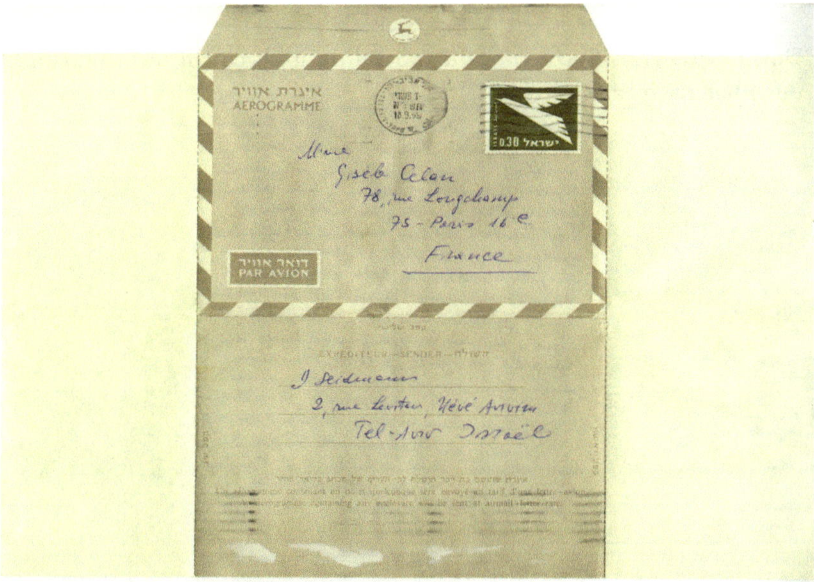

איגרת אוויר
AEROGRAMME

ישראל 0.30

Mme
Gisèle Celan
78, rue Longchamp
75 - Paris 16e
France

דואר אוויר
PAR AVION

EXPEDITEUR — SENDER — השולח

D Seidmann
2, rue Levitan, Névé Aviviv
Tel-Aviv Israël

Tel-Aviv 16 IX 69 / Chère Gisèle, / Cette lettre te trouvera sans doute à Paris, car je crois que c'est le temps de la rentrée. Quant à moi, je suis arrivé en Israël mercredi dernier. Michal est venu à ma rencontre avec les filles et la joie a été grande. Yaël* va bien et son médecin est optimiste au sujet de sa maladie. Je suis arrivé en pleine saison de fêtes d'automne. Aussitôt après c'est la rentrée. Dès maintenant je vais m'occuper de la visite de Paul. Ici des rumeurs circulent sur son état de santé. Je crois t'en avoir parlé. La «source est une amie de Nice à qui Paul a rendu visite peu de temps avant mon arrivée à Paris, au début de 1969. J'espère que le séjour de Paul en Israël sera agréable. Si tout va bien, il lira ses poèmes dans les trois grandes villes (Jérusalem, Tel-Aviv, Haïfa) // [...]

Tel Aviv, den 16. September 69 / Liebe Gisèle, / Dieser Brief wird dich wohl in Paris erreichen, da dann, glaube ich, das neue Schuljahr beginnt. Was mich betrifft, bin ich letzten Mittwoch in Israel angekommen. Michal kam mich mit den Mädchen abholen, und die Freude war groß. Yael* geht es gut, und ihr Arzt ist optimistisch, was ihre Krankheit betrifft. Ich bin mitten während der Feiertage im Herbst angekommen. Gleich danach beginnt das Schuljahr. Von nun an kümmere ich mich um Pauls Besuch. Hier machen Gerüchte über seinen Gesundheitszustand die Runde. Ich glaube, ich habe dir davon erzählt. Die »Quelle« ist eine Freundin aus Nizza, die Paul kurz vor meiner Ankunft in Paris Anfang 1969 besucht hat. Ich hoffe, dass Pauls Aufenthalt in Israel angenehm sein wird. Wenn alles gut läuft, wird er seine Gedichte in drei großen Städten lesen (Jerusalem, Tel Aviv, Haifa). // [...]

*David Seidmanns Tochter. Seidmann kehrte nach einem mehrmonatigen Aufenthalt nach Paris zurück.

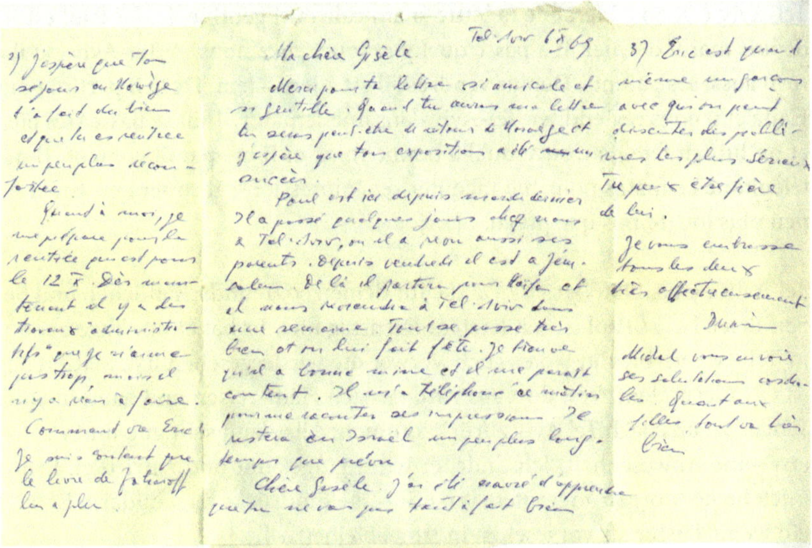

Tel-Aviv 6 X 69

Ma chère Gisèle

Merci pour ta lettre si amicale et si gentille. Quand tu auras ma lettre tu seras peut-être de retour de Norvège et j'espère que ton exposition a été un succès.

Paul est ici depuis mercredi dernier. Il a passé quelques jours chez nous à Tel-Aviv, où il a revu aussi ses parents. Depuis vendredi il est à Jérusalem. De là il partira pour Haïfa et il nous reviendra à Tel-Aviv dans une semaine. Tout se passe très bien et on lui fait fête. Je trouve qu'il a bonne mine et il me paraît content. Il m'a téléphoné ce matin pour me raconter ses impressions. Il restera en Israël un peu plus longtemps que prévu.

Chère Gisèle, j'ai été navrée d'apprendre que tu ne vas pas tout à fait bien

2) J'espère que ton séjour en Norvège t'a fait du bien et que tu es rentrée un peu plus réconfortée.

Quant à moi, je me prépare pour la rentrée qui est pour le 12 X. Dès maintenant il y a des travaux "administratifs" que je n'aime pas trop, mais il n'y a rien à faire.

Comment va Eric? Je suis content que le livre de [illegible] lui a plu.

3) Eric est quand même un garçon avec qui on peut discuter des problèmes les plus sérieux. Tu peux être fière de lui.

Je vous embrasse tous les deux très affectueusement

[illegible]

Michel vous envoie ses salutations cordiales. Quant aux filles, tout va bien bien

Tel-Aviv 6 X 69 / Merci de ta lettre si amicale et si gentille. [...] / Paul est ici depuis mardi dernier. Il a passé quelques jours chez nous. A Tel-Aviv, où il a revu aussi ses parents. Depuis vendredi il est à Jérusalem. De là il partira pour Haïfa et il nous reviendra à Tel-Aviv dans une semaine. Tout se passe très bien et on lui fait fête. Je trouve qu'il a bonne mine et il me paraît content. Il m'a téléphoné ce matin pour me raconter ses impressions. Il restera en Israël un peu plus longtemps que prévu. / [...]

Tel Aviv, den 6. Oktober 69 / Danke für deinen so freundschaftlichen und lieben Brief. [...] / Paul ist seit letztem Dienstag hier. Er hat einige Tage bei uns in Tel Aviv verbracht, wo er auch Verwandte wiedergesehen hat. Seit Freitag ist er in Jerusalem. Von dort aus wird er nach Haifa reisen und dann in einer Woche zu uns nach Tel Aviv zurückkommen. Alles läuft sehr gut, und wir feiern seine Anwesenheit. Ich finde, er wirkt gutgelaunt und zufrieden. Er hat mich heute Morgen angerufen, um mir seine Eindrücke zu schildern. Er wird ein wenig länger als vorgesehen in Israel bleiben. / [...]

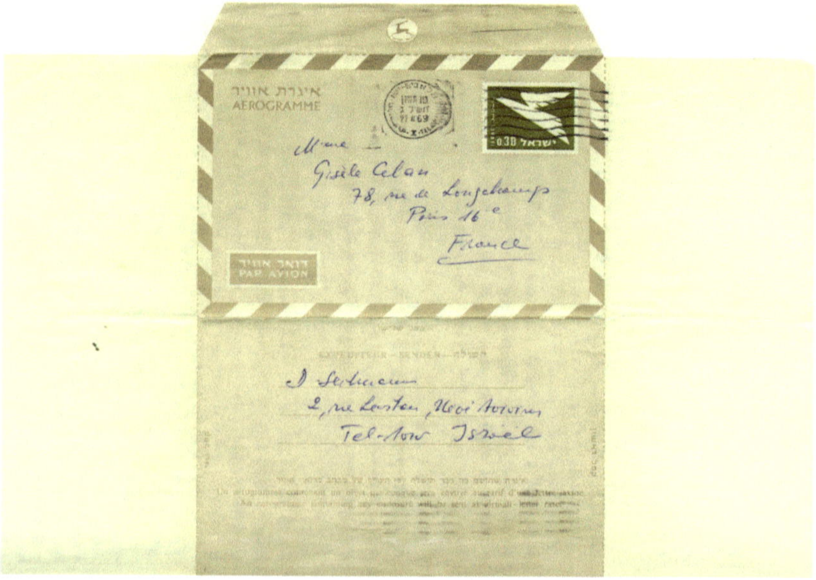

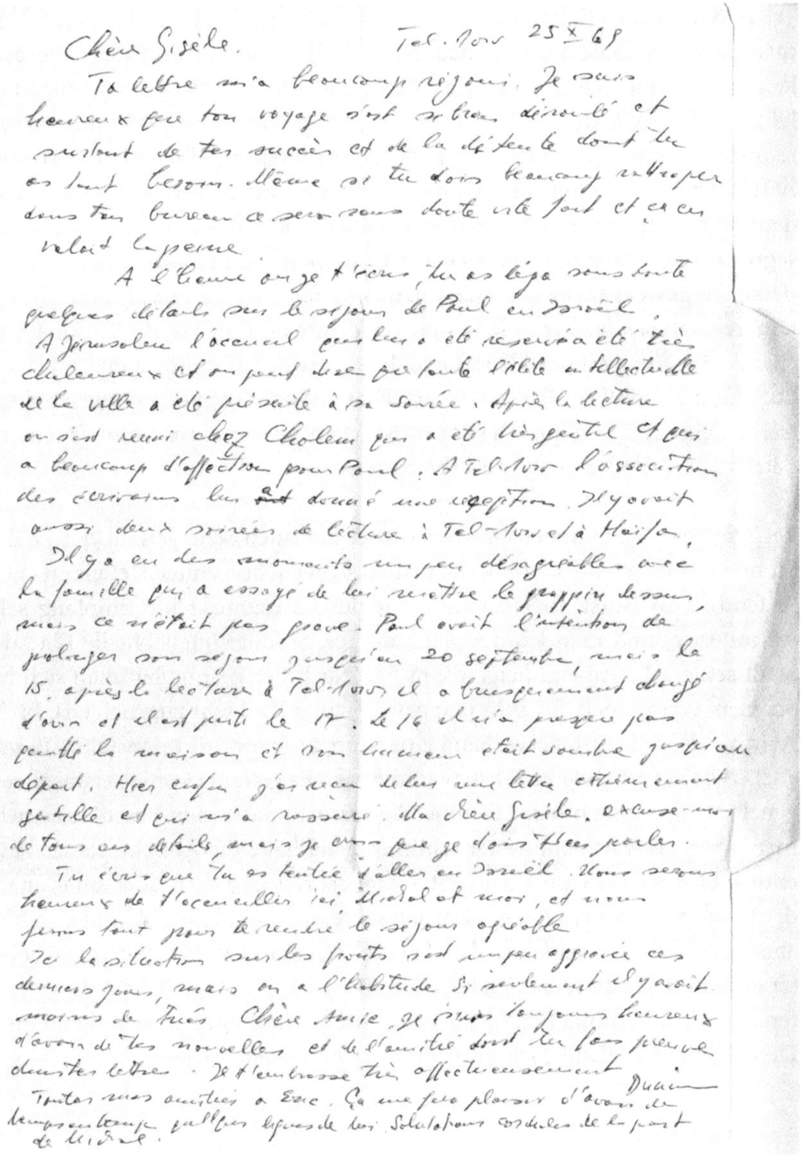

Chère Gisèle, Tel Aviv 25 X 69

Ta lettre m'a beaucoup réjoui. Je suis heureux que ton voyage s'est si bien déroulé et surtout de tes succès et de la détente dont tu as tant besoin. Même si tu dois beaucoup rattraper dans ton bureau ce sera sans doute vite fait et ça en valait la peine.

A l'heure où je t'écris, tu as déjà sans doute quelques détails sur le séjour de Paul en Israël. A Jérusalem l'accueil qui lui a été reservé a été très chaleureux et on peut dire que toute l'élite intellectuelle de la ville a été présente à sa soirée. Après la lecture on s'est réuni chez Scholem qui a été très gentil et qui a beaucoup d'affection pour Paul. A Tel-Aviv l'association des écrivains lui ~~a~~ donné une réception. Il y avait aussi deux soirées de lecture à Tel-Aviv et à Haifa.

Il y a eu des moments un peu désagréables avec la famille qui a essayé de lui remettre le grappin dessus, mais ce n'était pas grave. Paul avait l'intention de prolonger son séjour jusqu'au 20 septembre, mais le 15, après la lecture à Tel-Aviv il a brusquement changé d'avis et il est parti le 17. Le 16 il n'a presque pas quitté la maison et son humeur était sombre jusqu'au départ. Hier enfin j'ai reçu de lui une lettre extrêmement gentille et qui m'a rassuré. Ma chère Gisèle, excuse-moi de tous ces détails, mais je crois que je dois t'en parler.

Tu écris que tu as envie d'aller en Israël. Nous serons heureux de t'accueillir ici, Michel et moi, et nous ferons tout pour te rendre le séjour agréable.

Ici la situation sur les fronts s'est un peu aggravée ces derniers jours, mais on a l'habitude. Si seulement il y avait moins de tués. Chère amie, je suis toujours heureux d'avoir de tes nouvelles et de l'amitié dont tu fais preuve dans tes lettres. Je t'embrasse très affectueusement

[illegible]

Toutes mes amitiés à Eric. Ça me fera plaisir d'avoir de temps en temps quelques lignes de lui. Salutations cordiales de la part de Michel.

Tel-Aviv 25 X 69 / Ta lettre m'a beaucoup réjoui. […] / A l'heure où je t'écris, tu as déjà sans doute quelques détails sur le séjour de Paul en Israël. A Jérusalem l'accueil qui lui a été réservé a été très chaleureux et on peut dire que toute l'élite intellectuelle de la ville a été présente à sa soirée. Après la lecture on s'est réuni chez Cholem qui a été très gentil et qui a beaucoup d'affection pour Paul. A Tel-Aviv l'association des écrivains lui a donné une réception. Il y avait aussi deux soirées de lecture à Tel-Aviv et à Haïfa. Il y a eu des moments un peu désagréables avec la famille qui a essayé de lui mettre le grappin dessus, mais ce n'était pas grave. Paul avait l'intention de prolonger son séjour jusqu'au 20 septembre [statt *octobre*], mais le 15, après la lecture de Tel-Aviv, il a brusquement changé d'avis et il est parti le 17. Le 16 il n'a presque pas quitté la maison et son humeur était sombre jusqu'au départ. Hier enfin j'ai reçu de lui une lettre extrêmement gentille et qui m'a rassuré. Ma chère Gisèle, excuse-moi de tous ces détails, mais je crois que je dois t'en parler. / […]

Tel Aviv, den 25. Oktober 69 / Dein Brief hat mich sehr gefreut. […] / Zur Stunde, zu der ich dir schreibe, kennst du sicher schon einige Details zu Pauls Aufenthalt in Israel. In Jerusalem war der ihm zugedachte Empfang sehr warmherzig, und man kann sagen, dass die gesamte intellektuelle Elite der Stadt seinem Leseabend beigewohnt hat. Nach der Lesung hat man sich bei Scholem versammelt, der sehr nett gewesen und Paul sehr zugeneigt ist. In Tel Aviv hat der Schriftstellerverband einen Empfang für ihn veranstaltet. Es gab auch zwei Leseabende in Tel Aviv und Haifa. Es gab nur wenige etwas unangenehme Momente mit der Familie, die versucht hat, ihn in Beschlag zu nehmen, aber das war nicht weiter schlimm. Paul hatte die Absicht, seinen Aufenthalt bis zum 20. September [statt Oktober] zu verlängern, aber am 15., nach der Lesung in Tel Aviv, hat er plötzlich seine Meinung geändert und ist am 17. abgereist. Am 16. hat er kaum das Haus verlassen und war bis zur Abfahrt düster gestimmt. Gestern endlich habe ich einen sehr lieben Brief von ihm erhalten, der mich beruhigt hat. Meine liebe Gisèle, entschuldige mich für all diese Details, aber ich glaube, ich muss dir davon erzählen. / […]

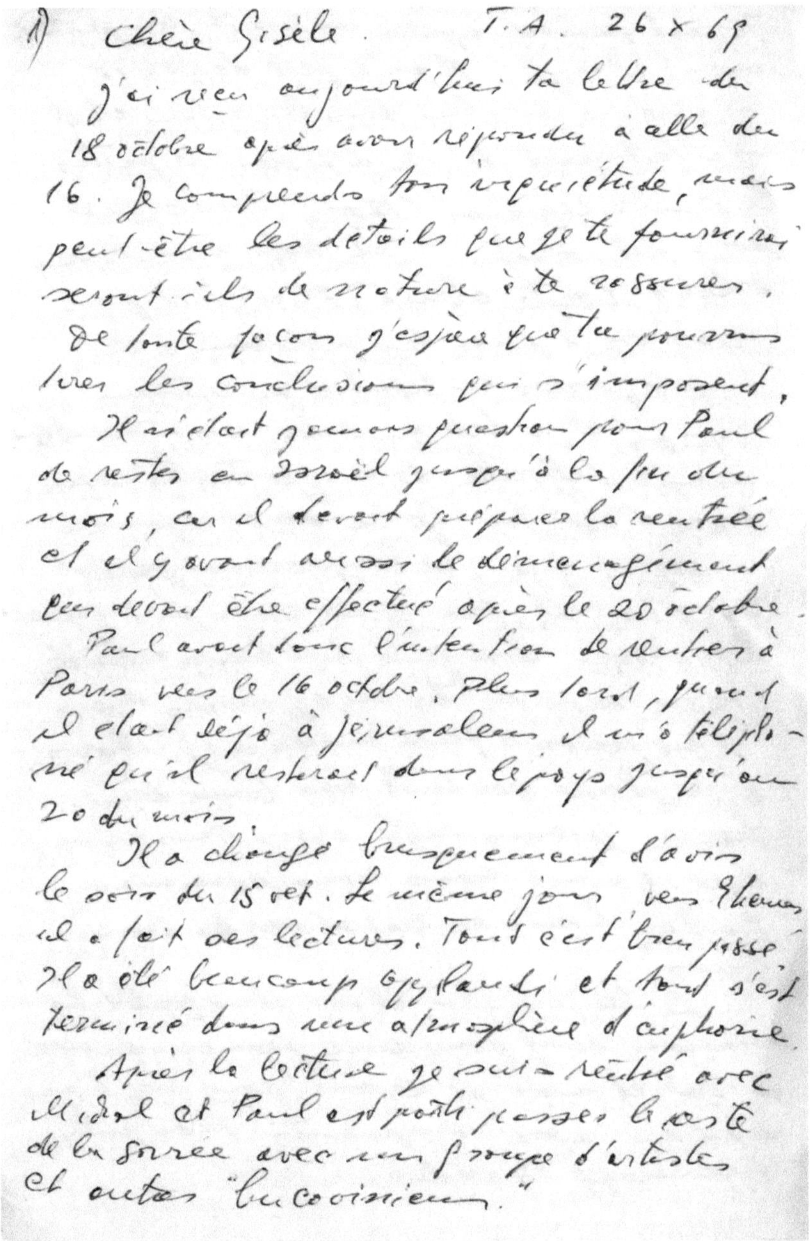
1) Chère Gisèle T.A. 26 X 69

J'ai reçu aujourd'hui ta lettre du 18 octobre après avoir répondu à celle du 16. Je comprends ton inquiétude, mais peut-être les détails que je te fournirai seront-ils de nature à te rassurer.

De toute façon j'espère que tu pourras tirer les conclusions qui s'imposent.

Il n'était jamais question pour Paul de rester en Israël jusqu'à la fin du mois, car il devait préparer la rentrée et il y avait aussi le déménagement qui devait être effectué après le 20 octobre.

Paul avait donc l'intention de rentrer à Paris vers le 16 octobre. Plus tard, quand il était déjà à Jérusalem il m'a téléphoné qu'il resterait dans le pays jusqu'au 20 du mois.

Il a changé brusquement d'avis le soir du 15 oct. Le même jour, vers 8 heures il a fait des lectures. Tout s'est bien passé. Il a été beaucoup applaudi et tout s'est terminé dans une atmosphère d'euphorie.

Après la lecture je suis rentré avec Michel et Paul est parti passer le reste de la soirée avec un groupe d'artistes et autres "bucoviniens."

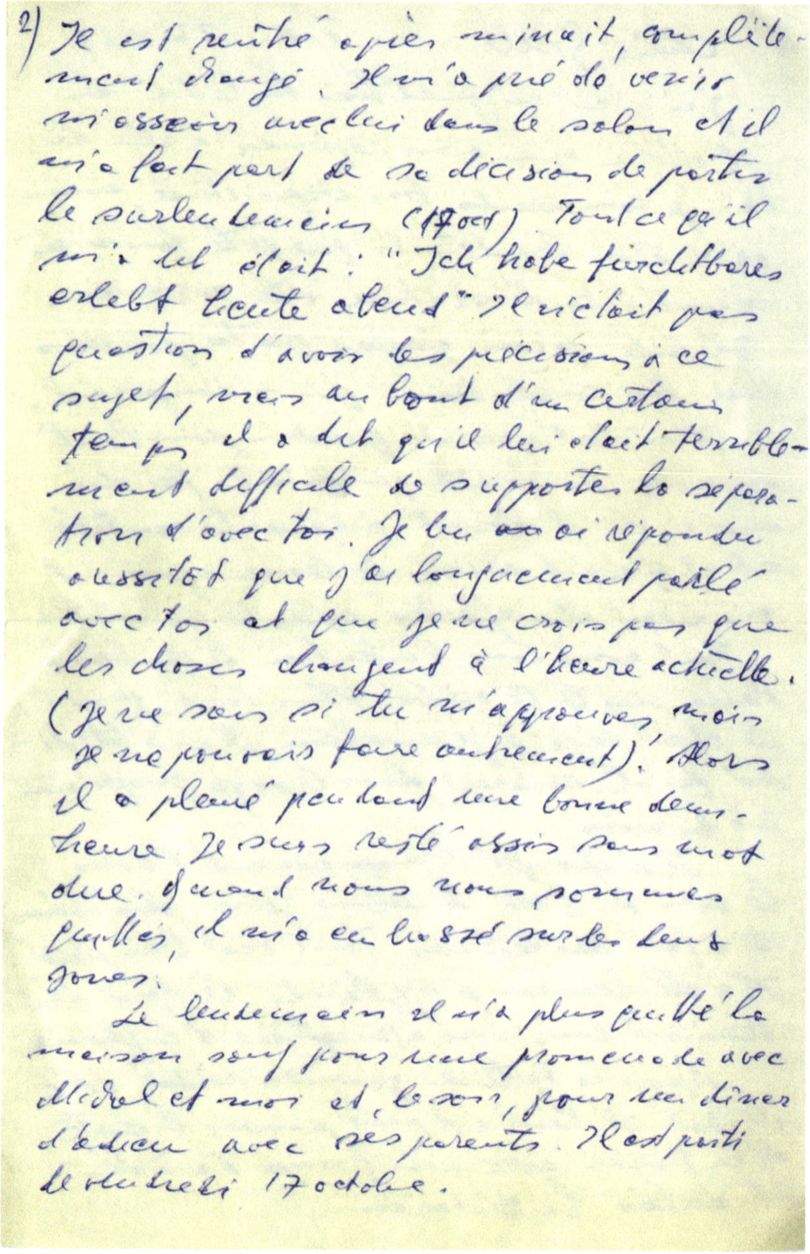

2) Il est rentré après minuit, complètement changé. Il m'a prié de venir m'asseoir avec lui dans le salon et il m'a fait part de sa décision de partir le surlendemain (17 oct). Tout ce qu'il m'a dit était: "Ich habe furchtbares erlebt heute abend". Il n'était pas question d'avoir des précisions à ce sujet, mais au bout d'un certain temps, il a dit qu'il lui était terriblement difficile de supporter la séparation d'avec toi. Je lui ai répondu aussitôt que j'ai longuement parlé avec toi et que je ne crois pas que les choses changent à l'heure actuelle. (Je ne sais si tu m'approuves, mais je ne pouvais faire autrement). Alors il a pleuré pendant une bonne demi-heure. Je suis resté assis sans mot dire. Quand nous nous sommes quittés, il m'a embrassé sur les deux joues.

Le lendemain il n'a plus quitté la maison sauf pour une promenade avec Michel et moi et, le soir, pour un dîner d'adieu avec ses parents. Il est parti le vendredi 17 octobre.

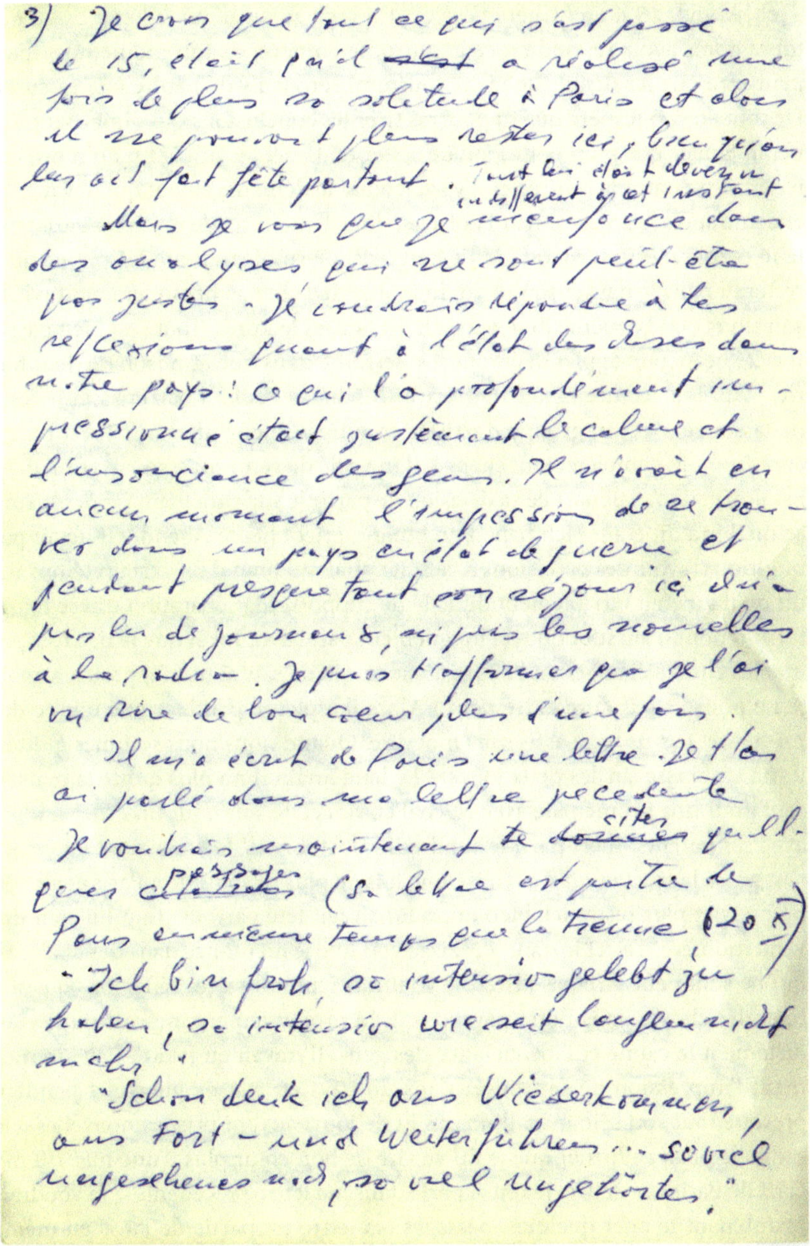

3) Je crois que tout ce qui s'est passé le 15, était qu'il ~~s'est~~ a réalisé une fois de plus sa solitude à Paris et alors il ne pouvait plus rester ici, bien qu'on lui ait fait fête partout. Tout lui doit devenir indifférent à cet instant.

Mais je vois que je m'enfonce dans des analyses qui ne sont peut-être pas justes. Je voudrais répondre à tes réflexions quant à l'état des choses dans notre pays: ce qui l'a profondément impressionné était justement le calme et l'insouciance des gens. Il n'avait en aucun moment l'impression de se trouver dans un pays en état de guerre et pendant presque tout son séjour ici il n'a pas lu de journaux, ni pris les nouvelles à la radio. Je puis t'affirmer que je l'ai vu rire de bon cœur plus d'une fois.

Il m'a écrit de Paris une lettre. Je t'en ai parlé dans ma lettre précédente. Je voudrais maintenant te ~~donner~~ citer quelques ~~citations~~ passages (sa lettre est partie de Paris en même temps que la tienne (20 X))

"Ich bin froh, so intensiv gelebt zu haben, so intensiv wie seit langem nicht mehr!

"Schon denk ich ans Wiederkommen, ans Fort- und Weiterführen … soviel Ungesehenes noch, so viel Ungehörtes."

T[el]A[viv]. 26 X 69 / Chère Gisèle, / J'ai reçu aujourd'hui ta lettre du 18 octobre après avoir répondu à celle du 16. Je comprends ton inquiétude, mais peut-être que les détails que je te fournirai seront-ils de nature à te rassurer. De toute façon j'espère que tu pourras tirer les conclusions qui s'imposent. / Il n'était jamais question pour Paul de rester en Israël jusqu'à la fin du mois, car il devait préparer la rentrée et il y avait aussi le déménagement qui devait être effectué après le 20 octobre. / Paul avait donc l'intention de rentrer à Paris vers le 16 octobre. Plus tard, quand Iil était déjà à Jérusalem, il m'a téléphoné qu'il resterait dans le pays jusqu'au 20 du mois. / Il a changé brusquement d'avis le soir du 15 oct. Le même jour, vers 9 h il a fait ses lectures. Tout s'est bien passé. Il a été beaucoup applaudi et tout s'est terminé dans une atmosphère d'euphorie. / Après la lecture je suis rentré avec Michal et Paul est parti passer le reste de la soirée avec un groupe d'artistes et autres ›Bucoviniens‹. // Il est rentré après minuit, complètement changé. Il m'a prié de venir m'asseoir avec lui dans le salon et il m'a fait part de sa décision de partir le surlendemain (17 oct.). Tout ce qu'il m'a dit était: »Ich habe Furchtbares erlebt heute Abend«. Il n'était pas question d'avoir des précisions à ce sujet, mais au bout d'un certain temps il a dit qu'il lui était terriblement difficile de supporter la séparation d'avec toi. Je lui ai répondu aussitôt que j'ai longuement parlé avec toi et que je ne crois pas que les choses changent à l'heure actuelle. (Je ne sais si tu m'approuves, mais je ne pouvais pas faire autrement.) Alors il a pleuré pendant une bonne demi-heure. Je suis resté assis sans mot dire. Quand nous nous sommes quittés, il m'a embrassé sur les deux joues. / Le lendemain il n'a plus quitté la maison sauf pour une promenade avec Michal et moi et, le soir pour un dîner d'adieu avec ses parents. Il est parti le vendredi 17 octobre. // Je crois que tout ce qui s'est passé le 15, était qu'il a réalisé une fois de plus sa solitude à Paris et alors il ne pouvait plus rester ici, bien qu'on lui ait fait fête partout. Tout lui était devenu indifférent à cet instant. / Mais je vois que je m'enfonce dans des analyses, qui ne sont peut-être pas justes. Je voudrais répondre à tes réflexions quant à l'état des choses dans notre pays: ce qui l'a profondément impressionné était justement le calme et l'insouciance des gens. Il n'avait en [statt à] aucun moment l'impression de se trouver dans un pays en état de guerre et pendant presque tout son séjour ici il n'a pas lu de journaux, ni pris les nouvelles à la radio. Je peux t'affirmer que je l'ai vu rire de bon cœur plus d'une fois. / Il m'a écrit de Paris une lettre. Je t'en ai parlé dans ma lettre précédente. / Je voudrais maintenant te citer quelques passages (sa lettre est partie de Paris en même temps que la tienne 20 X). / »Ich bin froh, so intensiv gelebt zu haben, so intensiv wie seit langem nicht mehr.« / »Schon denk ich ans Wiederkommen, ans Fort- und Weiterführen … Soviel Ungesehenes noch, soviel Ungehörtes.« // Il a laissé ici une somme d'argent à la banque. Avant son départ il m'a dit qu'il voudrait revenir le plus tôt possible, peut-être déjà vers Pâques. / Les Alpan [Jan et Lisa] à Haïfa ont reçu eux aussi une lettre de lui. Je n'ai pas l'intention de te rassurer avec ces banalités, mais je crois que si vraiment son état était inquiétant comme tu le crains, il n'aurait pas eu la force de s'exprimer comme il l'a fait dans la lettre qu'il m'a adressée. Il a même mentionné avec reconnaissance le titre de »grand frère« qui lui a été décerné par mes deux filles. / C'est tout ce que j'avais à te dire ma très chère Gisèle. De nouveau je t'ai fait mal et je te prie de me pardonner. […]

Tel Aviv, den 26. Oktober 69 / Liebe Gisèle, ich habe heute deinen Brief vom 18. Oktober erhalten, nachdem ich auf den vom 16. geantwortet hatte. Ich verstehe deine Sorge, aber vielleicht vermögen die Details, die ich dir liefern kann, dich zu beruhigen. So oder so hoffe ich, dass du die sich aufdrängenden Schlüsse daraus wirst ziehen können. / Es stand für Paul außer Frage, bis Ende des Monats in Israel zu bleiben, da er das neue Semester vorbereiten musste, und da war auch der Umzug, den er nach dem 20. Oktober gemacht haben sollte. / Paul hatte also die Absicht, um den 16. Oktober nach Paris zurückzukehren. Später, als er bereits in Jerusalem war, hat er mir am Telefon gesagt, dass er bis zum 20. im Land bleiben werde. / Er hat am Abend des 15. Okt. schlagartig seine Meinung geändert. Am selben Tag hat er gegen 9 Uhr seine Lesung abgehalten. Alles ist gut gelaufen. Er hat viel Applaus geerntet, und alles ist in einer Atmosphäre der Euphorie zu Ende gegangen. / Nach der Lesung bin ich mit Michal nach Hause gegangen, und Paul hat sich aufgemacht, um den Rest des Abends mit einer Gruppe Künstler und anderen ›Bukowinern‹ zu verbringen. // Er ist nach Mitternacht nach Hause gekommen, vollkommen verwandelt. Er hat mich gebeten, mich mit ihm ins Wohnzimmer zu setzen, und er hat mir seinen Beschluss mitgeteilt, am übernächsten Tag abzureisen (17. Okt.). Alles, was er mir gesagt hat, ist: »Ich habe Furchtbares erlebt heute Abend.« Es war nicht angebracht, Näheres dazu zu erfahren, aber nach einer gewissen Zeit hat er gesagt, dass es für ihn schrecklich schwierig sei, die Trennung von dir zu ertragen. Ich habe ihm sofort geantwortet, dass ich lange mit dir gesprochen hätte und dass ich nicht glaubte, dass sich die Dinge derzeit ändern könnten. (Ich weiß nicht, ob du das gutheißt, aber ich konnte nicht anders.) Also hat er geweint, gut eine gute halbe Stunde lang. Ich bin wortlos sitzengeblieben. Als wir uns getrennt haben, hat er mich auf beide Wangen geküsst. / Am nächsten Tag hat er das Haus nicht mehr verlassen außer für einen Spaziergang mit Michal und mir und am Abend für ein Abschiedsessen mit seinen Verwandten. Er ist am 17. Oktober abgereist. // Ich glaube, dass am 15. nichts weiter geschehen ist, als dass er sich ein weiteres Mal seiner Einsamkeit in Paris bewusst wurde und deshalb nicht mehr hier bleiben konnte, obwohl man ihn überall gefeiert hat. Alles war ihm in diesem Augenblick gleichgültig geworden. / Aber ich verliere mich in Analysen, die vielleicht nicht zutreffen. Ich möchte auf deine Überlegungen bezüglich der Zustände in unserem Land antworten: Was ihn tief beeindruckt hat, war gerade die Ruhe und Sorglosigkeit der Menschen. Zu keinem Zeitpunkt hatte er den Eindruck, sich in einem Land im Kriegszustand zu befinden, und während seines ganzen Aufenthalts hat er keine Zeitungen gelesen, noch die Nachrichten im Radio gehört. Ich kann behaupten, dass ich ihn mehr als einmal aus vollem Herzen habe lachen sehen. Er hat mir aus Paris einen Brief geschrieben. Ich habe dir in meinem vorherigen Brief davon erzählt. Ich möchte dir jetzt einige Abschnitte zitieren (der Brief hat Paris am selben Tag wie deiner verlassen, am 20. Oktober): »Ich bin froh, so intensiv gelebt zu haben, so intensiv wie seit langem nicht mehr.« / »Schon denke ich ans Wiederkommen, ans Fort- und Weiterführen … Soviel Ungesehenes noch, soviel Ungehörtes.« // Er hat hier eine Geldsumme auf der Bank zurückgelassen. Vor seiner Abfahrt hat er mir gesagt, dass er so früh wie möglich zurückkommen wolle, vielleicht schon gegen Ostern. / Die Alpans [Jan und Lisa] in Haifa haben auch einen Brief von ihm bekommen [siehe oben, den Brief vom 20.10.1969]. Ich habe nicht die Absicht, dich mit diesen Banalitäten zu beruhigen, aber ich denke, dass, wenn sein Zustand wirklich so beunruhigend wäre, wie du befürchtest, er nicht die Kraft gehabt hätte, sich so auszudrücken, wie er es in dem Brief, den er mir geschickt hat, getan hat. Er hat selbst mit Dankbarkeit den Titel des »Großen Bruders« erwähnt, den meine beiden Töchter ihm verliehen haben. / Das ist alles, was ich zu sagen habe, meine liebste Gisèle. Wieder habe ich dir weh getan und bitte dich, mir zu verzeihen. […]

Bericht für Gisèle – Auch wenn Gisèle nicht mehr unter einem Dach mit ihm lebt, hat sie doch Teil an allem, was ihn betrifft, sei es seine Gesundheit, seine Lebensumstände oder sein Schreiben. Sie hält sich jederzeit bereit, ihm zur Hilfe zu kommen, im Rahmen des Möglichen, d.h. der Distanz, die sie zu ihm aufrechterhalten muss. Dazu benötigt sie regelmäßige Neuigkeiten, die sie sich über enge Freunde Celans besorgt: über André du Bouchet, Edmond und Rita Lutrand, Jörg Ortner, Jean Daive, Mayotte und Jean Bollack, in diesen Tagen aber vor allem über David Seidmann, mit dem sie bereits seit einiger Zeit in engem Kontakt steht. Er ist über alle Probleme Celans auf dem Laufenden, kennt alle Dramen, die das Paar durchlitten hat. Celan wie Gisèle vertrauen sich ihm an. Sein Taktgefühl, sein offenes Ohr, sein »Adel des Herzens« (in den Worten der Celans) teilen sich in jeder Zeile der Briefe mit, die er ihr im September und Oktober 1969 schreibt. Drei dieser vier Briefe stellen ein einzigartiges Zeugnis zu Celans Israel-Reise dar, eine biographische Quelle ersten

Paul Celan und David Seidmann in Tel Aviv, Ende September/Anfang Oktober 1969 (Das Originaldokument ist von sehr schlechter Qualität. Sammlung Vered Seidmann)

Ranges, die man nur ungern paraphrasieren oder zusammenfassen möchte. Im letzten der abgebildeten Briefe geht er auf Gisèles Sorge ein, dass Celans übereilter Aufbruch aus Israel eine ähnliche Krise wie die genau ein Jahr zurückliegende in La Colle-sur-Loup ankündige. Die vier Briefe sind hier in voller Länge wiedergegeben, wobei allein die direkt mit Celan in Verbindung stehenden Abschnitte transkribiert und ins Deutsche übersetzt wurden.

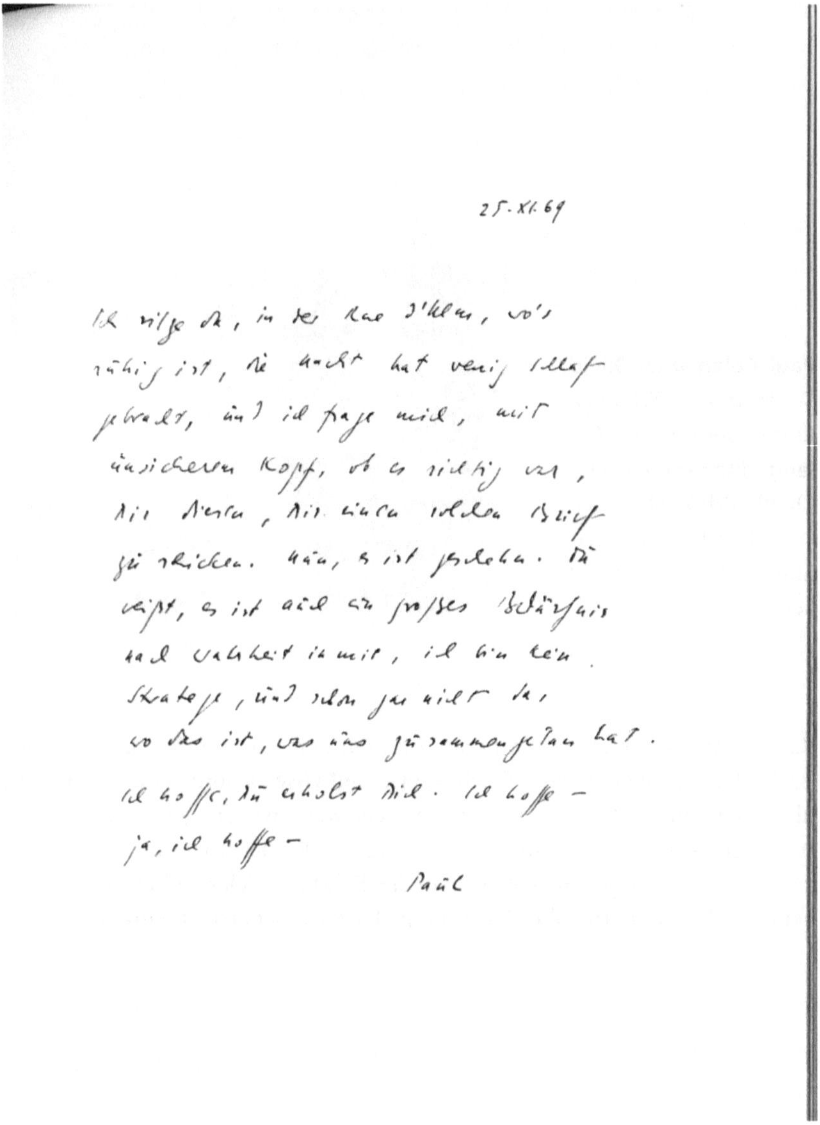

25. XI. 69

Ich sitze da, in der Rue d'Ulm, wo's rühig ist, die Nacht hat wenig Schlaf gebracht, ünd ich frage mich, mit ünsicheren Kopf, ob es richtig war, Dir diesen, Dir einen solchen Brief zü schicken. Nein, es ist geschehen. Dü weißt, es ist aüch ein großes Bedürfnis nach Wahrheit in mir, ich bin kein Stratege, ünd schon gar nicht da, wo das ist, was üns züsammengetan hat. Ich hoffe, Dü erholst Dich. Ich hoffe – ja, ich hoffe –

Paül

Brief an Ilana vom 25. November 1969 (NISh, DLA)

Gisèle Celan-Lestrange, 1969 (© Photo Marianne Ufer)

Enzephalographie – Die Briefe an Ilana gemeinsam mit den Gedichten, die sich fast, wenn man Celan selbst glaubt, als Briefe lesen lassen, zeichnen wie Enzephalogramme den Geisteszustand seiner letzten Lebensmonate auf. Man nimmt darin seine Hoffnungen, seine Stimmungsumschwünge, die Aufmerksamkeit, die er anderen trotz allem schenkt, vor allem aber wachsende Angst wahr – das Leben wird immer weniger erträglich. Insgesamt bilden die Briefe ein an Ilana gerichtetes Logbuch dieses Zeitabschnitts, in dem er sich sonst nur Franz Wurm gegenüber in vergleichbarer Weise (schriftlich) öffnet. Einige Auszüge genügen, um dies vor Augen zu führen (Paris, 27.10., 18. u. 23.11. u. 8.12.1969, 21.1.1970, PC-ISh 17, 41f., 49, 63, 64 u. 83):

> Ich habe ein paar schlechte Tage hinter mir. In einigen Tagen muß ich zu unterrichten beginnen und obendrein auch noch umziehen – in eine Wohnung, die eine erhebliche psychische Belastung bedeutet. (Darüber ein anderes Mal mehr.)
>
> Die Sorge, […] lärmt neben und hinter allem andern mit, sie hat ihre Verzweigungen, nach vielen Seiten hin, ich füge mich drein, ich rebelliere, stellenweise tötet das, neben den Medikamenten wohl, – neben den Folgen der Chemie –, jede Dauer. / Du holst mich in die Dauer zurück, Ilana, mit Deinen Briefen. […] / Mir will das Lesen nicht gelingen, auch das hat man mir ›zerheilt‹.
>
> [Geschrieben an seinem 49. Geburtstag:] Ich fühle, ich weiß, daß die Kräfte, die ich in Jerusalem hatte, geschwunden sind. Werden sie wiederkommen, ist es eine vorübergehende Nebenwirkung eines neuen Medikaments, das ich zur Stärkung meines Gedächtnisses nehme? Ist es die – sich wiederholende – Folge von acht oder neun Jahren »Chemie«. Es hat – jetzt kommt ein elendes Wort – wohl auch eine »psychische« Komponente – in welchem Maße? / […] Gewiß, auch ein Fortschritt: vor genau einem Jahr war ich hinter Anstaltsgittern und dachte, es sei für immer.
>
> […] ein fast totales Down, die fast totale Leere, kein Denken, kein Fühlen, kein Schreiben.
>
> Die Straßen von Paris – auch sie haben, mit allem, mit *fast* allem, was sie zu sagen wissen, meine Wahnvorstellungen genährt –, die Straßen von Paris sind mir gleichgültig geworden, ich liebe diese Stadt weiß Gott nicht mehr […]
>
> In mir ist höllische Leere, Ilana, aber meine Knochen sagen: wir denken.

In einem klagenden Brief, in dem er sich mit seiner Unfähigkeit auseinandersetzt, zwischen dichterischer bzw. geschlechtlicher Kraft und Lebenskraft im Allgemeinen zu unterscheiden, erhebt Celan schwerwiegende Anschuldigungen gegen die für seinen Zustand verantwortlichen Personen, die er aber in ihrer Anonymität belässt (Paris, 26.11.1969, PC-ISh 55):

> Es ist das Äußerste – gestern schrieb ich, ich hoffe – hoffe ich? Ja, es ist das Äußerste – und ich könnte, wenn Du da wärst, noch weiter Hinausliegendes, weiter ins Finstere Hinausliegendes sagen, denn – Du ahnst es ja oder Du weißt es – auch das ist dagewesen und hält mich nieder. Es waren so viel Kräfte in mir, Ilana – nicht nur die der Dichtung –, und sie waren eins, sie waren *eine* Kraft. Man hat sie mir nicht gegönnt oder – sie waren zu groß, die Kraft war zu groß, als daß man sie mir hätte lassen können. Ich habe mich lange zur Wehr gesetzt, aber je entschiedener, je ausschließlicher ich den Kampf führte, desto mehr ließ man mich im Stich. »Man« –: verzeih diese Unbestimmtheit, ich könnte, glaub es mir, genauer sein, erlaß es mir, zumindest für heute. Ich möchte auch nicht anklagen, ich kann sogar verstehn, zuletzt war ich ja auch das, was man, aus Abwehr und Hilflosigkeit, wahnsinnig nennt. Nur: wäre ich es, bei mehr Verständnis wirklich geworden? Ich will nicht rechten – ich kann es auch nicht mehr richtig, auch das hat, ich sagte es Dir ja schon, keine Dauer in mir.

Ilana glaubt *nicht* an diese Krankheit. Auch sie klagt an, auf diskrete Art und Weise – die Einweisung in die Psychiatrie *gegen seinen Willen* (Nachwort, PC-ISh 174 f.):

> Schon bei unserer Wiederbegegnung in Jerusalem weigerte ich mich, seine »Krankheit« – wir nannten sie Krankheit in Anführungszeichen –, von der er immer wieder sprach, als solche anzuerkennen – ich fand jede Psychodiagnostik bei ihm unangebracht. Seine Genauigkeit, seine strenge Aufmerksamkeit, seine geistige Souveränität, sein Dichten ließen das nicht zu. / Ich begriff es als das Kranken an der Wirklichkeit. […] / Das zwang ihn zuweilen zu einem extremen Verhalten, welches, wie er zugab, die Grenzen des »Normativen« überschritt. Die Einweisung in die Psychiatrie gegen seinen Willen und die seiner Persönlichkeit so gar nicht entsprechenden Behandlungen haben ihn gebrochen: […] Ich frage mich, ob irgendeine festgesetzte, nicht differenzierte Behandlung – wie er sie mir beschrieben hat – bei ihm angewendet werden durfte.

Wen klagen sie beide so an? Sicherlich in erster Linie die Ärzte, aber wen sonst noch? Wen klagt Ilana an? Auch Gisèle? Eine unangenehme Vermutung.

> Später. Avenue Emile Zola. Leere Wohnung. Licht und Leere. Der lange Tisch. Wir gehen raus. Der Obst- und Gemüsemarkt. […] Wir bahnen uns einen Weg. Paul geht mit dem Netz in der Hand, gefüllt mit fünf Pampelmusen, eigens ausgesucht wegen ihres Aufklebers: Jaffa. / […] Eine Bemerkung: fünf Pampelmusen im Netz und fünf Etagen, die man in der Rue de Longchamp hochsteigen muss. (Daive 139, obwohl vor der Erwähnung von Celans Israel-Reise erzählt, ist diese Anekdote auf einen Zeitpunkt *nach* Celans Umzug in die Avenue Emile Zola zu datieren, d. h. auf *nach* Mitte November 1969).

Pampelmusen aus Jaffa auf Celans Arbeitstisch aus Moisville (© Photo BB)

••• LE MONDE — 7 mars 1970 — Page 3

ENT

AFRIQUE

M. YASSER ARAFAT : nous nous opposerons aux leaders arabes qui voudront résoudre le conflit pacifiquement.

Rome (A.F.P.). — « *Nous ne voulons pas la paix, nous voulons la guerre, la victoire. La paix, pour nous, signifie la destruction d'Israël, et rien d'autre. Nous combattrons jusqu'à la victoire.* » C'est ce qu'affirme M. Yasser Arafat, président du comité exécutif de l'Organisation de la libération palestinienne et leader du mouvement de résistance El Fath, dans une interview accordée à Mme Orianna Fallaci, envoyée spéciale de l'hebdomadaire milanais *l'Europeo*.

« *La fin d'Israël est le but de notre lutte, qui n'admet ni compromis ni médiations* », a poursuivi M. Arafat en précisant les quatres points de cette lutte : « *La violence révolutionnaire est le seul système pour libérer la terre de nos ancêtres. Le but de cette violence est de liquider le sionisme sous toutes ses formes, politiques, économiques, militaires, et de le chasser de la Palestine. Notre action révolutionnaire doit être indépendante de tout contrôle, que celui-ci soit effectué par un parti ou par un Etat. Cette action aura une très longue durée. Nous connaissons les intentions de certains leaders arabes : résoudre le conflit par un accord pacifique. Quand cela se produira, nous nous y opposerons.* »

Après avoir dit que M. Moshe Dayan devra un jour être jugé comme un « *criminel de guerre* », M. Arafat a ajouté : « *En Europe vous continuez à ignorer que nous n'en voulons pas aux juifs, nous en voulons aux Israéliens. Les juifs seront les bienvenus dans l'Etat démocratique palestinien : nous leur proposerons de rester en Palestine quand le moment sera venu.* »

L'AFFAIRE DU CORONADO DE LA SWISSAIR

de la Ligue arabe … la thèse …

Rhodésie

APRÈS LA SUISSE, LA NORVÈGE ET LE DANEMARK ROMPENT AVEC SALISBURY.

Le Conseil de sécurité, qui est présidé au mois de mars par M. Joaquin Vallejo Arbelaez (Colombie), devait se réunir vendredi, à 16 h. 30, aux Nations unies, à New-York, pour examiner la situation en Rhodésie à la suite de la proclamation de la république. Cette réunion a lieu à la demande du Royaume-Uni, qui a invité tous les pays à ne pas reconnaître la nouvelle République de Rhodésie.

Déjà la Suisse a pris une décision dans ce sens (*le Monde* du 6 mars), de même que la Norvège, qui a fermé son consulat dans la capitale rhodésienne. D'autre part, Copenhague annonce que le bureau d'assistance danois, qui se trouvait à l'ancienne adresse du consulat général danois à Salisbury, a été supprimé, ainsi que le vice-consulat du Danemark à Bulawayo, dans le sud de la Rhodésie. Depuis 1965, a précisé le ministre des affaires étrangères, M. Poul Hartling, le Danemark n'avait plus d'envoyé diplomatique en Rhodésie.

● A PARIS, on précise que la France n'a pas de représentation diplomatique à Salisbury, mais seulement une représentation consulaire. Le consul général de France a en effet été retiré de Rhodésie à la suite de la rupture entre Salisbury et Londres. Depuis lors, le consulat est « géré » par un fonctionnaire, M. Michel Galas, dont la désignation date « d'avant la proclamation de la république ».

● A LONDRES, M. Michael Stewart, ministre des affaires étrangères, a convoqué l'ambassadeur des Etats-Unis, M. Walter Annenberg, pour lui demander que Washington ferme son consulat général à Salisbury. Il a ajouté que son maintien pourrait être interprété par le régime de M. Smith comme une reconnaissance *de facto*. La réponse de l'ambassadeur n'a pas été divulguée. Washington avait précédemment fait savoir qu'il n'avait pas l'intention de reconnaître la « République » de Rhodésie et que la question du maintien du consulat était à l'étude.

La commission … droits de l'homme … ses inquiétudes

… (New-York), … commission des … Nations … presque

Algérie

Les autorités observent un mutisme complet sur l'arrestation de onze Français

(De notre correspond. particulier.)

Alger. — Deux ressortissantes françaises, Mlles Marcelle Poitou, née en 1932 à Oran, et Aline Denjean, née en 1939 à Toulouse, exerçant la profession de visiteuse médicale aux Etablissements Roussel, à Alger, sont gardées à vue par la sécurité militaire depuis le 26 février. En revanche, trois autres Français établis à Alger qui avaient été arrêtés en même temps, viennent d'être remis en liberté : il s'agit de M. Roger San Victor, né en 1941, comptable de la Société Cometra, et son épouse, et d'un visiteur médical, M. Pierre Lombard, né en 1925.

On vient d'apprendre aussi qu'un couple de Français, M. et Mme Georges Carrière, employés respectivement aux filiales algériennes des laboratoires L'Oéral et de la société l'Air liquide, arrêtés le 23 février, ont été libérés ces jours derniers. Ces deux personnes auraient été victimes de leur homonymie avec le directeur du bureau d'études Beral, M. Daniel Carrière, né en 1936, qui est gardé à vue depuis le 24 février.

Il existe apparemment un lien entre ces dernières arrestations et celles de l'architecte laotien Kam Phet et de deux ressortissants français, le odcteur Augustin Dalmais et M. Georges Vedel, coopérant technique au ministère algériens des postes et télécommunications, survenues à la fin de janvier et au début de février. M. Daniel Carrière aurait en effet travaillé en tant qu'architecte à la réalisation du nouveau ministère de la justice à El-Biar (banlieue d'Alger), dont s'occupait aussi M. Kam Peht, tandis que Mme San Victor était secrétaire de M. Luccioni, Français né en Algérie, âgé d'une quarantaine d'années, gardé à vue depuis le 23 février, et qui avait été de même associé à la construction du ministère de la justice en tant qu'ingénieur-conseil ; Mme Luccioni, étant sur le point d'accoucher, est gardée à vue à son domicile.

Quatre autres ressortissants français arrêtés dans le courant du mois dernier — M. et Mme Eugène Gidon, parents du docteur Dalmais, M. Henri Picco, né en 1918, expert au bureau algérois de l'agence Véritas (dont les services ont été requis par les réalisateurs du ministère de la justice) et M. Jean-Claude Théodas, né en 1940, dirigeant du Comptoir dentaire français d'Alger — étant toujours détenus, cela porte à onze le nombre des Français actuellement arrêtés, semble-t-il pour les mêmes raisons.

Trois inculpations d'espionnage

Pour l'instant, seuls MM. Kam Phet, Dalmais et Vedel ont été présentés au tribunal militaire de Blida, siège de la région militaire d'Alger, et inculpés d'espionnage, mais sans qu'il ait été précisé au profit de quel pays ou de quel organisme. Les personnes de ce groupe n'étaient pas connues dans la capitale algérienne pour leurs opinions politiques. Seul le docteur Dalmais passait pour un « progressiste ». Un représentant du consulat général de France à Alger a eu une entrevue avec le médecin, mais, bien que les intérêts du Laos soient représentés en Algérie par la France, il n'a pas encore rencontré M. Kam Phet, considéré ici comme le « cerveau » de l'affaire.

Si les autorités algériennes observent un mutisme complet au sujet de ces incarcérations, des sources officieuses algériennes auraient toutefois fait état de l'arrestation de plusieurs Algériens en liaison avec celle des …

… à l'affaire … durant …

L'ÉTAT ÉTEND SON MONOPOLE DANS LE SECTEUR COMMERCIAL

Alger (A.F.P.). — Moins d'une semaine après avoir nationalisé les sociétés étrangères de distribution de bois, le gouvernement algérien a publié, jeudi, deux ordonnances attribuant le monopole de la commercialisation en Algérie du bois, des textiles, des cuirs et peaux à deux nouvelles sociétés d'Etat, la Sonacob et la S.N. Cotex.

Une troisième ordonnance, signée par le président Boumediène, dissout tous les groupements professionnels d'achats qui, depuis leur création il y a cinq ans, étaient chargés de coordonner les importations de ces produits, de simplifier les circuits de distribution et d'acheter pour leurs adhérents aux meilleures conditions. Selon l'agence Algérie presse service, ces groupements professionnels d'achats, au nombre de cinq, « *ont failli, dans une substantielle proportion, à la tâche qui consistait à dépasser leur simple rôle d'intermédiaire pour étendre leur action jusqu'au stade de la distribution* ».

Libéria

UNE CINQUANTAINE DE NOIRS AMÉRICAINS ISRAÉLITES ONT QUITTÉ CLANDESTINEMENT LE PAYS.

Monrovia (A.F.P.). — … Noirs américains israé… établis depuis deux ans dans … situé à 125 milles de … quitté le Libéria … annonce le … Monro…

»M. Yasser Arafat«, Gespräch mit Oriana Fallaci, Zeitungsausriss aus der französischen Tageszeitung *Le Monde*, 7. März 1970. Hervorhebung von Celans Hand (PPNPC)

Brief an Yehuda Amichai, 7. November 1968. Letzte Seite mit Umschlag und Transkription des Briefendes (© Yale University, Yehuda Amichai Papers)

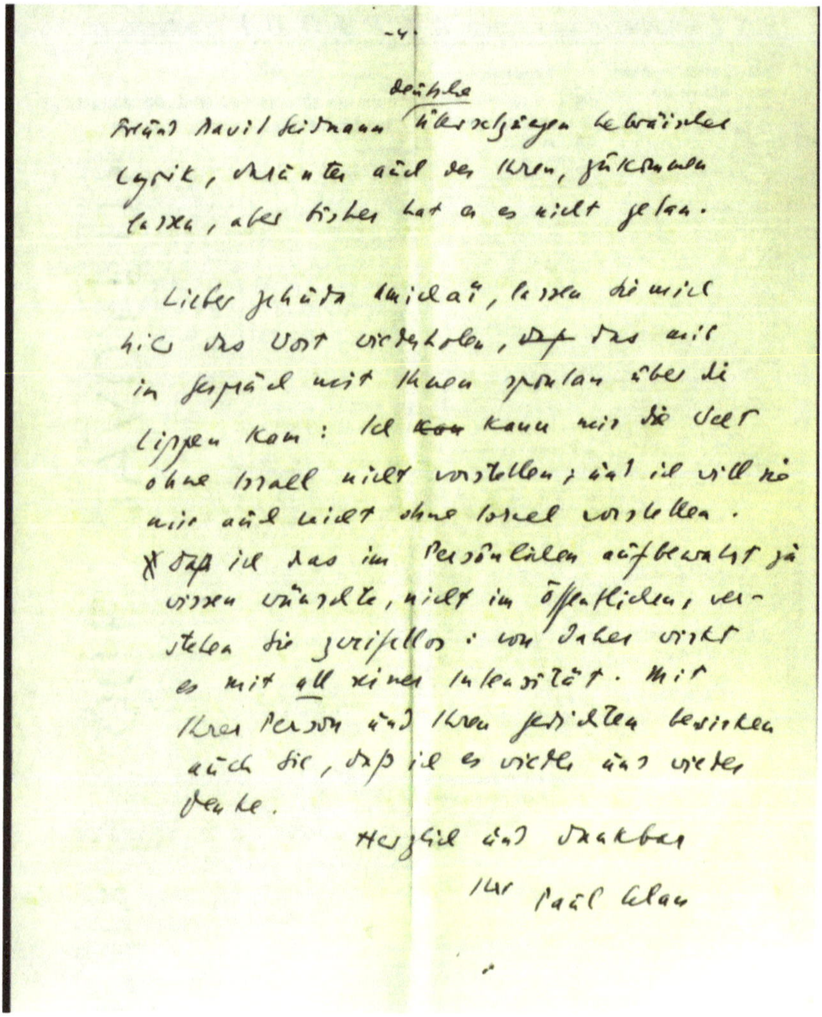

-4-

deutsche
Freund David Seidmann übersetzt gegenwärtig hebräische
Lyrik, darunter auch der Ihren, zukommen
lassen, aber bisher hat er es nicht getan.

Lieber Jehuda Amichai, lassen Sie mich
hier das Wort wiederholen, das mir
im Gespräch mit Ihnen spontan über die
Lippen kam: Ich ~~kon~~ kann mir die Welt
ohne Israel nicht vorstellen; und ich will sie
mir auch nicht ohne Israel vorstellen.
Daß ich das im Persönlichen aufbewahrt zu
wissen wünschte, nicht im Öffentlichen, ver-
stehen Sie zweifellos: von daher wirkt
es mit all seiner Intensität. Mit
Ihrer Person und Ihren Gedichten bewirken
auch Sie, daß ich es wieder und wieder
denke.

Herzlich und dankbar
Ihr Paul Celan

Lieber Jehuda Amichai, lassen Sie mich hier das Wort wiederholen, das mir im Gespräch mit Ihnen spontan über die Lippen kam: Ich kann mir die Welt ohne Israel nicht vorstellen; und ich will sie mir auch nicht ohne Israel vorstellen. Daß ich das im Persönlichen aufbewahrt zu wissen wünschte, nicht im Öffentlichen, verstehen Sie zweifellos: von daher wirkt es mit all seiner Intensität. Mit Ihrer Person und Ihren Gedichten bewirken auch Sie, daß ich es wieder und wieder denke.

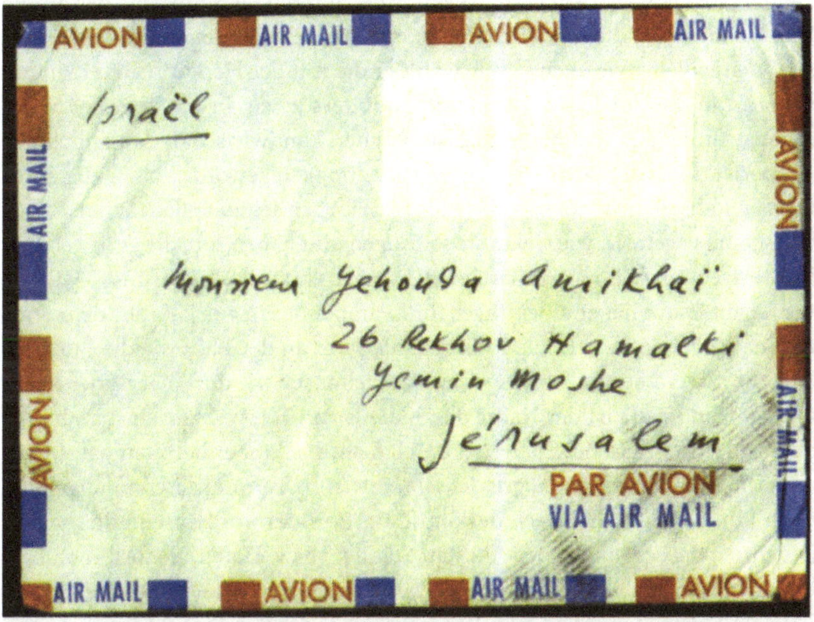
AVION
AIR MAIL
Israël
Monsieur Yehouda Amikhaï
26 Rekhov Hamalki
Yemin Moshe
Jérusalem
PAR AVION
VIA AIR MAIL

AIR MAIL
AVION
Paul Celan, 6 avenue Emile-Zola
Paris 15e

Pampelmuse – Celan kauft sie wegen ihres bitteren Geschmacks, der an die Kräuter erinnert, die beim Seder gegessen werden, aber auch um seiner Gesundheit willen. Wie auch Gisèle wählt er die mit der Herkunftsbezeichnung »Jaffa«, um die israelische Wirtschaft zu unterstützen. Er hat über das Wirtschaftswunder gelesen, das in der israelischen Landwirtschaft dank hochgradig perfektionierter Bewässerungssysteme möglich geworden ist. Unter sorgfältigen jüdischen Händen ist das Land ergrünt. In seiner »pflanzlichen Rede« (»discours végétal«), wie Celan sie selbst genannt haben soll, die er in Tel Aviv hält, erfreut er sich am »erfrischenden« Charakter dieses »Grüns« – (Daive 144). Laut Daive hat er eines Tages fünf Pampelmusen aus Jaffa auf dem Straßenmarkt der Avenue Emile Zola gekauft. Fünf an der Zahl wie die Buchstaben, die den Namen Jaffa bilden, fünf Pampelmusen wie die Finger einer schaffenden Hand. Jaffa ist der Name des Südteils von Tel Aviv, die einst arabische Stadt mit ihrem Fischereihafen, die Celan am 1. Oktober betreten hat. In der deutschen Fassung von *Nagels Reiseführer Israel* kann er lesen: »Jaffa soll – nach Plinius – 40 Jahre nach der Sintflut gegründet worden sein: dies würde bedeuten, daß es mit zu den ältesten Städten [bzw. Häfen] gehört, die überhaupt existieren. (*Nagels Reiseführer Israel*, zweite verbesserte Auflage, Genf, Paris und München 1967, Erstauflage 1953, 138 f., der Band weist keinerlei Lesespuren auf, PPNPC). Eine der ältesten Städte der Welt! Es wird allerdings nirgends erwähnt, dass ihre arabische Bevölkerung, als sie 1950 mit Tel Aviv zusammengeführt wird, bei der Gründung des Staates Israels vertrieben wurde. Diese peinliche Auslassung hält den Verfasser des Führers nicht davon ab, seinem Text Folgendes voranzustellen: »Alle Textangaben dieses Buches garantieren absolute Objektivität« (10). Bei seiner ersten Ankunft in Paris 1948, die ungefähr mit all diesen politisch-historischen Entwicklungen zusammenfiel, zeigte sich Celan darüber verstört, ohne deshalb die Skepsis einiger enger jüdischer Freunde zu teilen. Mit der Erinnerung an all dies hat sich Celan ins »Judenland« begeben, wie er Israel in den Gesprächen mit Ilana Shmueli bisweilen nennt (PC-ISh 168). Dennoch beobachtet Celan aufmerksam die Situation der staatenlosen palästinensischen Bevölkerung. Auch wenn er um die massiven Probleme weiß, die durch die Aufteilung Palästinas geschaffen wurden, zeigt er sich doch nicht weniger solidarisch mit der israelischen Bevölkerung. Man kann sich daher vorstellen, wie Celan am Nachmittag des 6. März 1970 ein Interview aufnimmt, das Jassir Arafat Oriana Fallaci, der italienischen antifaschistischen Widerstandskämpferin und Sonderberichterstatterin der Zeitschrift *Europeo*, gewährt hat und das in *Le Monde* abgedruckt wird:

> »Wir wollen keinen Frieden, wir wollen den Krieg, den Sieg. Frieden bedeutet für uns die Zerstörung Israels und nichts anderes.« […] Nachdem er

> gesagt hat, dass Mosche Dajan eines Tages als »Kriegsverbrecher« verurteilt werden sollte, hat Herr Arafat hinzugefügt: »In Europa wissen sie nach wie vor nicht, dass wir nichts gegen Juden haben, wir haben etwas gegen die Israelis. Die Juden werden in einem demokratischen palästinensischen Staat willkommen sein – wir werden ihnen anbieten, in Palästina zu bleiben, wenn der Zeitpunkt gekommen sein wird.«

Kann Celan bei solchen Aussichten daran glauben, dass Israel »sich im Menschlichen behaupten« wird? Kann er angesichts der tragischen geschichtlichen Verstrickungen um die Entstehung des Staates Israel glauben, dass dieser einem solchen ethischen Aufruf je gerecht werden könnte?

Übertragen aus dem Französischen von Nicolas Geibel unter Mitwirkung des Autors. Mit freundlicher Genehmigung des Suhrkamp Verlags.

Bernd Witte

Der Triumph des Gedichts

Paul Celans Jerusalem-Zyklus neuerlich gelesen

I

Es sind weniger die Worte der Sprache, durch die entschieden wird, was ein Gedicht bedeutet, als vielmehr die existenzielle Verfasstheit des Schreibenden, seine Emotionen, sein Lebensgefühl, sowie die seiner Adressaten, das heißt seiner ersten Leser. Celan selbst hatte in Abwehr von Gottfried Benns berühmtem Diktum aus seiner Büchner-Preis-Rede von 1951, das »absolute Gedicht« sei »das Gedicht aus Worten, die sie faszinierend montieren«,[1] schon 1958 in seiner *Antwort auf eine Umfrage der Librairie Flinker* festgestellt, in den Gedichten sei »niemals die Sprache selbst, die Sprache schlechthin am Werk, sondern immer nur ein unter dem besonderen Neigungswinkel seiner Existenz sprechendes Ich«.[2] In dieser poetologischen Aussage ist für Celan immer schon der dialogische Charakter der Lyrik mit gemeint. Für ihn ist das im Gedicht sprechende Ich stets auf ein angesprochenes Du bezogen und diese »Begegnung« im Wort, um einen Begriff aus der von Celan intensiv rezipierten Dialogphilosophie Martin Bubers zu gebrauchen,[3] macht in ihrem spezifischen Charakter erst den Bedeutungshorizont des Gedichts aus. Im *Meridian* definiert er es geradezu mit einem Zitat Bubers: das Gedicht stehe »in der Begegnung – *im Geheimnis der Begegnung*«.[4] Die Leser Celans haben schon früh verstanden, dass der Dichter in seinen Texten vornehmlich den Dialog mit den Toten sucht, den mit der ermordeten Mutter oder allgemeiner den mit den »Toten der Judenvernichtung«, wie es eine kürzlich zu »Celans

1 Gottfried Benn, *Probleme der Lyrik*, Wiesbaden 1951, 39.

2 Paul Celan, *Gesammelte Werke*, Bd. 3, Frankfurt am Main 1986, 167 f.

3 Am 20. November 1969 schreibt Celan an Shmueli als Dank für das Geburtstagsgeschenk einer Buber-Photographie: »Ich habe viel, sehr viel Buber gelesen – in Paris. Dann, nicht lange vor seinem Tode bin ich ihm auch begegnet […]« In: Paul Celan, Ilana Shmueli, *Briefwechsel*, hrsg. von Ilana Shmueli und Thomas Sparr, Frankfurt am Main 2004, 43 (= PC/IS).

4 Paul Celan, *Der Meridian. Rede anläßlich der Verleihung des Georg-Büchner-Preises 1960*, Frankfurt am Main 1961, 18: »Das Gedicht ist einsam. Es ist einsam und unterwegs. Wer es schreibt, bleibt ihm mitgegeben. / Aber steht das Gedicht nicht gerade dadurch, also schon hier, in der Begegnung – *im Geheimnis der Begegnung?*«

biographischer Poetologie« erschienene Studie ausdrückt,[5] und haben daher von einer »Poetik des Todes« gesprochen, der Celans Werk insgesamt gehorche.[6]

In dieser Hinsicht stellen die zwanzig Gedichte, die Paul Celan im Vorfeld und vor allem im Nachhinein seiner Reise nach Israel vom 30. September bis 17. Oktober 1969 geschrieben hat, eine absolute Ausnahme in seinem Œuvre dar. In ihnen ist von einer ganz anderen Begegnung die Rede, von einer doppelten in der Gegenwart sich ereignenden, der in Jerusalem mit Israel und der mit seiner Jugendfreundin Ilana Shmueli, die von der Erinnerung an eine Begegnung in seinen frühen Jahren in Czernowitz getragen wird und die noch nicht von der Shoah verschattet ist. Aber noch in einer zweiten Hinsicht stellen diese Gedichte einen Sonderfall dar, einen methodischen. Sie wurden als Beilagen zu Briefen an ihre erste Adressatin geschickt, die durch ihre Liebe zu dem Dichter seine Texte erst hervorgerufen hat, so dass er mit Recht ihr schreiben kann: »Du dichtest ja mit«. (PC/IS 68) In seinen Briefen wie in ihren Antworten sind daher über die Gedichte hinaus die Äußerungen der Hoffnungen und Sorgen der beiden dem heutigen Leser zugänglich.

Was diese – soweit ich sehe – in Celans Werk einzigartige Kontextualisierung für das Verständnis der Gedichte bedeutet, lässt sich an den unzulänglichen Reaktionen der Leser auf ihre erste Veröffentlichung in dem Band *Zeitgehöft. Späte Gedichte aus dem Nachlaß* von 1976 ermessen. In dessen II. Abteilung werden die Texte ohne Entstehungsdatum und ohne nähere Angaben zum historischen und biographischen Kontext abgedruckt, also gleichsam abstrakt, wobei das schon ein Jahr vor der Israel-Reise geschriebene MANDELNDE, mit dem Celan seine Sendungen an Shmueli eröffnet, auch hier an die erste Stelle des Zyklus gerückt ist.[7] Zudem ist das Gedicht DAS NICHTS als weiterer Text in den Zyklus aufgenommen,[8] der in den an Shmueli gesandten Briefen nicht vorkommt,[9] den sie also auch »nie von Celan erhalten hat«.[10]

5 Hans Graubner, »*Unter dem Neigungswinkel*«. *Celans biographische Poetologie*, Würzburg 2018, 26.

6 Bernd Witte, »Eine Poetik des Todes. Celans Baudelaire-Übertragung und das Motiv des Todes in seinem Spätwerk«, in: Chaim Shoham, Bernd Witte (Hrsg.), *Datum und Zitat bei Paul Celan. Akten des Internationalen Paul Celan-Colloquiums Haifa 1986*, Bern 1987, 229–242.

7 Paul Celan, *Zeitgehöft*, Frankfurt am Main 1976, 33.

8 Ibid., 48.

9 Ilana Shmueli, *Sag, daß Jerusalem ist. Über Paul Celan: Oktober 1969 – April 1970*, Eggingen 2000, 48: »Celan hat mir dieses Gedicht nie gezeigt. Es steht für sich, greift über die fünfzehn Jerusalem-Gedichte hinaus.«

10 So Barbara Wiedemann in Paul Celan, *Die Gedichte. Kommentierte Gesamtausgabe*, Frankfurt am Main 2003, 876. Sie stellt zu Recht fest: »Der Herausgeber dieser Nachlaßausgabe ist

Gerade diesen Text aber hat Bernhard Böschenstein in seinem Kommentar »Erste Notizen zu Celans letzten Gedichten. Zur zweiten Abteilung von ›Zeitgehöft‹« vom Januar 1977 zum Schlüssel seiner Interpretation gemacht, die als erste alle späteren Deutungen entscheidend beeinflusst hat. Er schließt sie mit dem Satz: »Das Nichts, das [den Menschen] umhüllt und das neue Jerusalem sind ein- und dasselbe.«[11] Die Gedichte werden demnach von ihm, abstrahiert von ihrem ursprünglichen Kommunikationszusammenhang, als Ausdruck eines mystischen Nihilismus verstanden.

Anders wenn man sie, wie ich das ein Jahr später unter der Überschrift »Schattenland. Zu Paul Celans spätesten Gedichten und einigen seiner Interpreten« versucht habe, im Zusammenhang des gesamten Bandes *Zeitgehöft* liest. In dem Gedicht »ERST WENN ICH DICH | als Schatten berühre«, aus dem der genannte Titel abgeleitet ist, hatte ich in den Zeilen: »der klettert mit Spät | sinnigem droben | in Zeithöfen | umher,« eine Wiederaufnahme und Neuinterpretation von Rilkes berühmtem Gedicht AUSGESETZT AUF DEN BERGEN DES HERZENS erkannt und daraus den Schluss gezogen, Celans Text sei von seinem Material her resolut der Vergangenheit zugewandt, versteh[e] sich nicht so sehr als Kommunikationsmedium, in dem sich ein Schreibender seinen Lesern mitteilt, sondern als Notat eines kontinuierlichen Gesprächs mit den Toten, denen des eigenen Lebens und denen der Geschichte.[12]

Nichts trifft weniger auf den Shmueli übersandten Zyklus zu als diese Einordnung in die *communis opinio*, die sich seit Beginn der literaturwissenschaftlichen Beschäftigung mit Celans Gedichten herausgebildet hat und die hier im Titelwort der Überschrift »Schattenland«, einer von Homer inspirierten Neubildung, zum Ausdruck kommt. In dieser ebenfalls auf den Erstdruck sich beziehenden Interpretation werden demnach auch die Gedichte von *Zeitgehöft* unter den »Neigungswinkel« des Todes eingeordnet, unter dem das Gesamtwerk Celans zu stehen scheint.

Ausführlich hat Lydia Koelle 1997 einzelne Gedichte des Jerusalem-Zyklus interpretiert und sie in einen »Horizont« gestellt, »der ein religiöser zu nennen ist«.[13] Eine »identifikatorische Aneignung des Religiösen«[14] sei Celan zwar nicht möglich gewesen, jedoch habe er die »pneumatische« Tradition des Ju-

nicht genannt. […] Keines der Gedichte hat Celan zu Lebzeiten für den Druck freigegeben.« (Ibid., 865) (Künftig zitiert mit der Sigle GKG.)

11 In: *Text und Kritik* 53/54 (1977), 61.

12 Bernd Witte, »Schattenland. Zu Paul Celans spätesten Gedichten und einigen seiner Interpreten«, in: *Neue Rundschau* 89 (1978), 97–112, hier 102.

13 Lydia Koelle, *Paul Celans pneumatisches Judentum. Gott-rede und menschliche Existenz nach der Shoah*, Mainz 1997, 326.

14 Ibid., 327.

dentums in seinem spätesten Werk aufrechterhalten wollen und sie damit auch anerkannt. Über zehn Jahre nach der Erstpublikation des Zyklus wird das Werk des Dichters damit seiner konkreten Bezugspunkte entkleidet und einem Judentum zugeordnet, das es so wohl nur in der Vorstellung der Verfasserin gibt. Darüber hinaus spricht Koelle von einer »geistige[n] Israel-Koordinate«, die in Celans Werk »stak ausgeprägt« gewesen sei.[15] Auch diese Einschätzung verfehlt die sehr konkreten, auch politisch bedingten Sorgen des Dichters um Israel grundlegend.

II

Die bisherige Rezeption der Jerusalem-Gedichte, das sollen diese Beispiele belegen, ist von den bis dahin in den literaturwissenschaftlichen Diskussionen getroffenen Vorannahmen über die Bedeutung von Celans Gedichten bestimmt. Diese Festlegung aber widerspricht diametral deren Aussageintention, wenn sie im Zusammenhang ihres ursprünglichen Kontextes gelesen werden, der ihnen aus der seither erfolgten Veröffentlichung der Erinnerungen Ilana Shmuelis und der ihres Briefwechsels mit Paul Celan zugewachsen ist. In den Briefen Celans an die geliebte Frau sprechen sich ebenso wie in deren Antworten die Stimmungen, die Hoffnungen und Ängste der beiden auf das Genaueste aus. Die jeweils den Briefen beigefügten Gedichte, in deren handschriftlicher Übermittlung sich schon ihr intimer Charakter ausdrückt, sind hingegen das Medium, in denen der Dichter sich eine »Seele« erschreibt, um einen Ausdruck zu verwenden, den Emmanuel Levinas auf das Gebet gemünzt hat.[16]

Am 17. September 1969, also nur wenige Tage vor seiner Abreise nach Tel Aviv, hatte Celan in einer Notiz festgehalten: »Mon judaisme ce que je reconnais encore dans les débris de mon existence«.[17] Dieses »mein Judentum« ist es, dessen er sich auch in den Monaten nach der Reise in Erinnerung an seinen Besuch in Israel zu vergewissern sucht. Oder besser gesagt: In seinem Versuch bei seiner ersten Reise Israel kennenzulernen, vielleicht sogar es so kennenzulernen, dass er sich dort als in einer Heimat niederlassen könnte, ist die

15 Ibid., 330.

16 Levinas hat den Satz: »Im Gebet formt sich der Mensch eine Seele«, ad hoc im Gespräch formuliert – nach einem Vortrag, den er auf Einladung des damaligen Bischofs von Aachen, Klaus Hemmerle, in einem benachbarten, niederländischen Nonnenkloster gehalten hatte (er hatte 1945 geschworen, nie wieder deutschen Boden zu betreten). Eine ähnliche Formel ist in seinen Schriften nicht nachweisbar.

17 Paul Celan, Gisèle Celan-Lestrange, *Briefwechsel*, hrsg. von Bertrand Badiou, II Bde., Frankfurt a. M., 2011, II 487.

Poesie das Mittel, in dem dieser Selbstvergewisserungsprozess sich vollzieht. So sind denn auch die Briefe, welche die Gedichte begleiten, voll der Befürchtungen und Hoffnungen, die Celan mit dieser Reise verbunden hatte, und die Antworten Ilana Shmuelis sind nicht nur der Resonanzboden seiner Hoffnungen und Befürchtungen, sondern geben ihm auch genauere Auskunft über das ihm unbekannte Land. Hingegen ist in der grundsätzlich rückwärtsgewandten Perspektive der Gedichte ein anderer Celan zu finden, der mit dem Briefeschreiber grundsätzlich nicht identisch ist.

In diesem Sinne hat der Zyklus der zwanzig an Shmueli gesandten Gedichte einen eindeutigen Richtungssinn, der dem der Begleitbriefe in gewissem Maße widerspricht. Der Austausch beginnt mit einer noch nicht zum Zyklus im engeren Sinne gehörigen Ouvertüre. Celan sendet am 27. Juni 1967 der Frau, die er »nach einundzwanzig Jahren in Paris« wiedergesehen hatte,[18] ohne weiteren Kommentar, nur mit einem Gruß versehen, sein Gedicht DENK DIR. Es ist seine Reaktion auf den Sechstagekrieg, der die Existenz Israels ernsthaft bedrohte. In ihm wird mit den Worten »Moorsoldat« und »Massada« die Erinnerung an vergangene Bedrohungen des jüdischen Volkes aufgerufen, zugleich aber in den beiden Schlussstrophen die Selbstvergewisserung des Dichters, seine »eigene Hand« habe »dies wieder | ins Leben empor- | gelittene | Stück | bewohnbarer Erde | gehalten« (PC/IS 7). Auf diese Apostrophe Celans an sich selbst, in der sein Optimismus in Bezug auf die Zukunft Israels und seine Nähe zu diesem Land offen ausgesprochen werden, antwortet Shmueli drei Monate später in ihrem ersten Brief an ihren wieder gefundenen Jugendfreund ebenso lakonisch wie enthusiastisch: »Ich will Dir Jerusalem zeigen.« (PC/IS 8)

Das ist der Ausgangspunkt einer gleichermaßen stürmischen wie problematischen Begegnung. Nachdem Celan der Israelin noch am Tag seines Eintreffens in Tel Aviv seine Ankunft und Adresse gemeldet hat, verwirklicht sie genau das, was sie ihm versprochen hatte: Sie zeigt ihm nicht nur Jerusalem, führt ihn am 9. Oktober vom Berg Skopus durch die unmittelbare Umgebung der Stadt bis nach Bethlehem und am nächsten Tag die Stadtmauer mit ihren Toren entlang zur Montefiori Windmühle und schließlich zur Klagemauer – »ein eiliger Besuch«. Der Abend endet, wo der vorhergehende Tag begonnen hatte: am »Kikar Dania«, dem Dänenplatz, dessen Name wie das auf ihm errichtete Denkmal eines Fischerboots an die Rettung der dänischen Juden aus den Fängen der Nazis erinnert, und wird schließlich mit einem gemeinsamen Mahl »mit Feigen und Wein« beschlossen.[19]

18 Shmueli, *Sag, daß Jerusalem ist*, 20.

19 Diese und andere Stationen werden in der Niederschrift über »alle Wege, die wir gegangen waren,« die Shmueli für Celan auf dessen Bitte hin angefertigt hat, unter dem Datum des 9. Ok-

Beide nur in dem ursprünglichen Protokoll der »Wege, die wir gegangen waren«,[20] erwähnten Motive sind in das erste Gedicht eingegangen, das Celan noch am Tag seiner Rückkehr am 17. Oktober 1969 in seinem Büro in der Ecole Normale Supérieure in Paris geschrieben hat. In ihm spricht der Dichter die nun wieder ferne Geliebte unmittelbar an, erinnert sie an den »Feigensplitter auf deiner Lippe« und den »Hellkieferndurft | überm Dänenschiff, dem wir dankten« (PC/IS 13). In der zweiten Strophe wird dann die Stadt selbst angesprochen: »es stand | Jerusalem um uns«. Damit sind wie in einem Brennpunkt die beiden zentralen Motive der gesamten an die Geliebte gerichteten Gedichtreihe bereits eingeführt, das »uns«, das die enge Zusammengehörigkeit der Liebenden ausspricht und das von der Gegenwart in Jerusalem bestimmt ist. Wichtiger noch das »stehen«, das in den vier kurzen Strophen des Gedichts je vier mal in einer eigenen Zeile vorkommt. In ihm äußert sich der Widerstand gegen die belastende Vergangenheit,[21] der in einer stetigen Steigerung zunächst durch die Süße auf der Lippe der Geliebten, dann durch die Stadt Jerusalem und schließlich mit dem dänischen Fischerboot durch die Erinnerung an den historischen Widerstand gegen den Judenmord hervorgerufen wird. Bis das Gedicht in der letzten Strophe: »ich stand | in dir« die leibhafte Begegnung mit der Frau benennt und damit ohne falsche Scheu vor sexuellen Tabus die physiologische Grundlage der neu gewonnenen seelischen Kraft deutlich macht. In der Tat: »Gedichte sind so explizit«, wie Shmueli einen Ausspruch Celans zitiert, und er selbst in seinem Brief vom 20. Oktober bekräftigt, der das Gedicht begleitet.[22]

Die in der Begegnung in Jerusalem neu gewonnene Kraft ist denn auch eines der zentralen Themen in den ersten zwei Monaten des intensiven Briefwechsels, der auf Celans überstürzte Abreise aus Israel am 17. Oktober folgt. Zehn Tage nach seiner Rückkehr schreibt er Shmueli aus seinem Büro in der

tober 1969 aufgeführt. (Shmueli, *Sag, daß Jerusalem ist*, 24 f.) »Feigen und Wein« kommen allerdings in den nüchternen »Aufzeichnungen«, die dem 2004 erschienenen Briefwechsel als Anhang beigefügt sind und die vor allem Namen von Straßen und Hotels aufzählen, nicht mehr vor. Stattdessen steht an deren Ende ohne weitere Erklärung der Name eines Cafés: »Atara« (PC/IS 143).

20 Shmueli, *Sag, daß Jerusalem ist*, 24.

21 Im Sinne des Widerstands gegen die verkehrte Welt hat Celan das Verb »stehen« zum ersten Mal mit einer Anspielung auf eine Episode in Rilkes *Cornet* im »Envoi« des Gedichts Eine Gauner- und Ganovenweise aus der *Niemandsrose* verwendet: »aber es bäumt sich, der Baum. Er, | auch er | steht gegen | *die Pest.*« (GKG 136) Siehe auch das Gedicht Für Eric aus *Schneepart*, in dem die Solidarität mit einem geliebten Menschen den Widerstand bedingt: »wir stehen.« (GKG 331)

22 Shmueli, *Sag, daß Jerusalem ist*, 31. PC/IS 12: »das haben Dir schon die beiden Gedichte gesagt, die so expliziten.«

rue d'Ulm: »Jerusalem hat mich aufgerichtet und gestärkt.« Und auch jetzt wird diese neu gewonnene Zuversicht wieder auf die Begegnung mit der Geliebten zurückgeführt, die auch in der Folgezeit immer wieder als Zeichen der neu gefundenen Stärke aufgerufen wird. Es ist das Wiedersehen von Angesicht zu Angesicht mit der Jugendfreundin, in dem sich für Celan eine rettende Wahrheit offenbart: »Dein Gesicht, Ilana. Dein jüdisches Gesicht. Dein Gesicht.« (PC/IS 16), schreibt er ihr in einem Brief vom 27. Oktober 1969, und noch am 3. April 1970, also kurz vor seinem selbst gewählten Tod, erinnert er Shmueli an diesen Zusammenhang: »Ich denke an Dein Leben, Deine Zerrissenheiten, an dies späte Frühsein in Deinem Leben, das ich bewirkt habe, mit der in Jerusalem wiedergefundenen Kraft.« (PC/IS 134) Aber zu diesem späten Zeitpunkt ist das alles schon Vergangenheit. Er ist schon ganz wieder in seiner eigenen Welt gefangen, der des Dichters, der im deutschen Sprachraum seine von der Erfahrung der jüdischen Geschichte geprägte Welt zur Geltung zu bringen versucht. So berichtet er einen Tag später von seiner Lesereise nach Stuttgart und Freiburg und seiner abermaligen Wahrnehmung, dass Martin Heidegger seiner Dichterlesung beigewohnt habe.

Aber es ist nicht nur seine eigene Vergangenheit, nicht nur sein eigenes Judentum, das ihm in Ilana Shmueli begegnet, es ist auch der jüdische Staat Israel, und dessen soziales und politisches Leben, mit dem er in Jerusalem konfrontiert wird. Celans Wunsch, nach Israel zu reisen, war auch aus der Sorge um den Weiterbestand dieses Staates geboren, wie das im Vorfeld der Reise übersandte Gedicht DENK DIR belegt. Im weiteren Verlauf seines Aufenthalts versucht die Israelin ihn mit den sozialen und politischen Gegebenheiten des ihm fremden Landes bekannt zu machen, eine Unterrichtung, die sie in den nach Celans Abreise gewechselten Briefen fortsetzt. Zurück in Paris bekennt er ihr in einem Brief mit der dreifachen Anrede »Ilana. Ilana. Ilana.«, dass sein »Denken an Israel auch ein Bangen um Israel ist«. (PC/IS 27)

Sie antwortet darauf, indem sie über ihren Alltag und ihre Sorgen, aber auch über die positiven und negativen Seiten der israelischen Gesellschaft berichtet, die sie beobachtet. So erzählt sie von einer Diskussion »um Demokratie und den Rechtsstaat«, der sie beigewohnt habe (PC/IS 36), oder über »dieses selbstverständliche Kollektivbewusstsein«, zu einem neuen Staat zu gehören, das sie bei den in Israel geborenen Kindern, etwa auch bei ihrer eigenen Tochter, wahrnimmt (PC/IS 46). Und knüpft daran Überlegungen über »Heimat und das ›Dazugehören‹ das unbedingte« an, von dem die »Randmenschen«, als die sie sich selber und den Dichter sieht, ausgeschlossen seien.

Aber auch Negatives kommt zu Wort, so die innere Zerrissenheit des Staates, die für sie als »böse, hassende, aggressive Masse« Jugendlicher, die einen Araber aus nichtigem Anlass verprügeln (PC/IS 47), Gestalt annimmt, zugleich auch die Bedrohung von außen, »die Spannung, die Ängste – der Krieg er ist ja da – die Toten«.[23] Wobei sie anmerkt: »Das Unliebsame, auch von jüdischer Seite sehen und ertragen können, gehört zu Deinem und auch zu meinem Jude-sein – und wir sind ja nicht ganz allein damit« (PC/IS 111). In ihren Briefen an Celan, die den Pariser Dichter aufklären und beruhigen wollen, erscheint Israel so als »ein sehr einmaliges kleines Land, mit so viel Nüchternheit und so viel Wundern – und so viel Toten.«[24] Aber diese sachlichen und realistischen Auskünfte vermögen es nicht, den Einsamen zu beruhigen. Immer wieder bricht bei ihm die Sorge um das Weiterbestehen Israels durch, etwa wenn er feststellt, dass hier »in Frankreich El Fatah und die ihm angegliederten Organisationen mehr und mehr Resonanz finden« (PC/IS 39). Oder nach Shmuelis Besuch am Jahresende in Paris in einem Brief von Anfang Februar 1970 die Bemerkung, dass es »bitter« sei, zu sehen, »wie man Israel mehr und mehr einkreist« (PC/IS 90), eine Bemerkung, die wohl mehr der eigenen schwindenden Hoffnung auf eine Heimat in Israel geschuldet ist als konkreten historischen Bedrohungen. Und noch einen Monat später schreibt er in Reaktion auf eine antizionistische Kampagne in der Sowjetunion: »In Sorge um Israel, in Sorge.« (PC/IS 110)

Doch der Austausch über die gesellschaftliche und politische Realität Israels ist, wie auch die Erinnerung an den Besuch in Jerusalem, nur das Medium, in dem ein ganz anderer Kampf stattfindet, der um die Arbeitsfähigkeit des Dichters und schließlich der um den Fortbestand der Liebe zwischen den Briefpartnern. Celans Briefe sind von Anfang an durchsetzt von Klagen über sein schwindendes Gedächtnis, über das, was er den Verlust der Dauer nennt. Schon eine Woche nach seiner Rückkehr nach Paris schreibt er ihr: »Wenn mein Gedächtnis nicht so zerstört wäre! Wenn ich nicht befürchten müßte, daß auch Du mir entrückt wirst!« (PC/IS 17) Er führt diese psychische Leere auf die Medikamente zurück, die man ihm auf Grund seiner Erkrankung administriert hat, auf äußere und innere Unruhe, auf die »Folge von acht oder neun Jahren ›Chemie‹«, wie er schreibt (PC/IS 49). Daraus verfestigt sich bei ihm eine vernichtende Selbsteinschätzung: »die Zerstörungen reichen bis in den Kern meiner Existenz hinein.« (PC/IS 113) Gegen die in diesen Worten zum Ausdruck kommende Verzweiflung richten sich die Bemühungen der

23 PC/IS 99. Als die Beziehung mit Celan in die Krise geraten ist, wird ihre Darstellung der israelischen Gesellschaft deutlich negativer: »Wir – Wir – in Israel –Israel ich weiss so wenig darüber zu sagen. […] Es ist blutig und staubig um mich stickig und habgierig, manchmal frivol, manchmal kleinbürgerlich-eng und ambiziös – da und dort ein Aufflackern von Ernst und Bewußtsein.« Dann zitiert sie auf Hebräisch Num 13, 32: »Das Land frisst seine Bewohner.« (PC/IS 129 f.)

24 Brief vom 20./21. November 1969, PC/IS 46 f.

liebenden Frau. Sie ruft ihm das von ihm selbst stammende Motto ins Gedächtnis: »das lebend arbeiten und arbeitend leben«, worin die Hoffnung auf die Wirkmöglichkeit des Gedichte-schreibens für das Überleben des Dichters ausgedrückt ist (PC/IS 40). Zugleich geht es ihr wie auch ihm immer auch um den Sinn und die Wirklichkeit ihrer »Begegnung« – wie sie mit einem Begriff, den sie bei Buber entlehnt haben,[25] sagen und den beide als Liebesbegegnung verstehen,[26] aus dem ihr »wir« hervorgeht, wie die Frau triumphierend formuliert: »was gilt sind wir« (PC/IS 54). Aber diese Sicherheit wird immer wieder – insbesondere von ihm – in Frage gestellt.

Daraus entwickelt sich der fortwährende Kampf um die Fortdauer ihrer Beziehung und für den Dichter der um die fortdauernde Möglichkeit, Gedichte in Erinnerung an Jerusalem zu schreiben, der in den Monaten nach seiner Rückkehr wie ein Leitmotiv den Briefwechsel durchzieht. Celan hatte mit der ersten Briefsendung am 20. Oktober 1969 das Gedicht Es STAND an Shmueli gesandt, das in dem vierfach wiederholten Verb den solidarischen Widerstand gegen die Bosheit der Welt zum Ausdruck bringen sollte und das im Aufruf der physischen Vereinigung der Liebenden seinen Höhepunkt und sein Ende fand. Shmuelis Antwort darauf: »nicht ›ich stand‹, denn Du stehst in mir.« (PC/IS 13) Sie zieht also das Präsens dem Präteritum vor – zeugt von einem tiefgehenden Missverständnis über die Natur des Gedichts, das erinnernde Vergegenwärtigung sein will, aber keinen fortwährenden Zustand beschreibt. Celan übergeht denn auch die von ihr intendierte Korrektur mit Schweigen. Erst Monate später, in einem Brief vom 9. Februar 1970, kommt er mit einem Zitat der letzten beiden Zeilen des Gedichts AUGENBLICKE aus dem Band *Fadensonnen* von 1968 auf das Wort zurück: »sammle Dich, | steh«, schreibt er ihr zu (PC/IS 94). Das Pronomen »dich«, das im ursprünglichen Kontext klein geschrieben ist und damit eine Ermahnung des Dichters an sich selbst darstellt, tritt im Briefzitat mit Majuskel auf und richtet sich damit an die Adressatin des Briefs.

Dies zu einem Zeitpunkt, als die neu entstehenden Gedichte schon nicht mehr der Frau in Jerusalem zugedacht sind. Sie nimmt seine Formulierung eine Woche später auf und ermahnt ihn, um den sie sich sorgt, am Ende ihres Briefes vom 16. Februar 1970 mit dem einzigen Wörtchen: »Steh!« (PC/IS 102) Sie meint damit: Leiste Widerstand gegen Deine Krankheit, gegen Deine Unfähigkeit zu schreiben. Aber ihr ist nicht gegenwärtig, dass er das nur in der in-

25 Celan an Shmueli, 4. Februar 1970: »Ja, und auch das ›Geheimnis der Begegnung‹ – das steht zweifellos in Beziehung zu Martin Buber« (PC/IS 88). Zu seinem 49. Geburtstag schenkt sie ihm ein Bild von Buber, worauf er sich mit den Worten bedankt: »Ich habe viel, sehr viel Buber gelesen – in Paris. Dann nicht lange vor seinem Tode bin ich ihm auch begegnet«. (PC/IS 43)

26 Die Frau spricht es schon kurz nach seiner Rückkehr offen aus: »Du weißt, ich liebe Dich mehr als ein bisschen!« (PC/IS 25)

nigsten Gemeinschaft mit ihr vermag, die nun nicht mehr gegeben ist. Noch im Dezember 1969, unmittelbar vor ihrer Reise nach Paris, hatte sie, »die Schwerblütige«, von dem »Glauben und dem Glück« gesprochen (PC/IS 74), das sie durch ihn empfinden könne. Aber jetzt muss sie einsehen, dass sie gegen die Krankheit nichts auszurichten vermag: »anmassend von mir zu hoffen, dass ich Dir Halt und Richtung geben könnte« (PC/IS 77). Nun sieht sie die tiefe Versunkenheit Celans, seine durch die Krankheit bedingte Abwesenheit ein und versucht, in einer letzten verzweifelten, aber vergeblichen Wendung sich ihm in seiner Entfremdung anzugleichen. Ende Februar 1970 präsentiert sie sich ihm deshalb in einem anderen Licht: »Ich aber bin jetzt fast wieder die Fremde hier – weil ich so sehr mit Dir bin – und weil ich im Grunde meines Wesens eine [...] ›Schwarzblütige‹ bin seit je« (PC/IS 108). Einige Wochen später greift Celan im Zusammenhang mit der Klage über die Zerstörung seiner Existenz das Stichwort wieder auf: »Aber gewiß: ich stehe noch, ich werde – ich will – stehen, eine ganze Weile noch.« (PC/IS 113) Dann im März und in den ersten Aprilwochen 1970, also in den letzten Wochen ihres Briefaustauschs, wird das Verb geradezu zum Losungswort zwischen den beiden. Am 12. März schreibt sie ihm: »Ich will Dich stehn sehen – lang und gut« (PC/IS 121), worauf er von seiner Lesereise nach Stuttgart zur Hölderlin-Feier mit einer vom 22. März 1970 datierten Postkarte antwortet, die auf der Bildseite den Tübinger Hölderlin-Turm zeigt und auf der Rückseite nur ein einziges Wort enthält: »Stehend« mit der Unterschrift »P.« (PC/IS 125). Lakonisch spricht er damit aus: Sein Kampf sei nunmehr wie der Hölderlins ein einsamer, sein Überleben vom Schreiben seiner Gedichte abhängig, die nichts mehr mit ihr zu tun haben.

In einem langen Brief unter dem gleichen Datum beginnt auch sie ihre Zweifel zu artikulieren: »Stehen wir noch da?« Sie begreift jetzt, dass die guten Wünsche, mit denen er seine kurzen Nachrichten beendet, nur leere Floskeln sind und nennt sie »absurd« (PC/IS 126). Aber noch versucht sie ihn mit einem letzten dramatischen Appell zu erreichen: »Du musst erreichbar sein, berührbar, auch dort wo du jetzt stehst. Dort wo ich Dir zu-stehe, über mich hinaus, ganz zu-stehe. Höre es doch – nimm es auf.« (PC/IS 127) Als die Karte mit dem Hölderlin-Turm zu ihr nach Jerusalem kommt, beginnt sie über die Bedeutung des einzigen Wortes, das er ihr geschrieben hat, zu reflektieren: Die Karte »kam also doch – mit dem Wort ›stehend‹ – ein Wort – ein gutes Wort – ich kann so viel dabei denken [...] ›Stehend‹ vielleicht auch noch ›in mir‹ – denke ich schon wieder noch mehr hören wollend – wieder unbescheiden.« Es ist die »Unbescheidenheit« der liebenden Frau, die sich hier ein letztes Mal ausspricht. Shmueli hatte in ihren Briefen mehrfach ihre Liebe beteuert, so im Brief vom 3. November 1969: »Du weißt, Ich liebe Dich mehr als ein bisschen!« (PC/IS 25) oder noch am 13. Februar 1970: »Es ist Liebe Paul, ich kann es sogar beim Namen nennen« (PC/IS 100). Aber in Wirklichkeit hat sie längst begriffen, dass er nicht mehr bei ihr ist. Einige Zeilen weiter bricht denn auch der Zorn der Zurückgewiesenen durch: »Doch wieder zurück zum stehend – im Kreise um Dein ›stehend‹: Soll ich Dir auch einmal ›habe es gut‹ und ›sei bei Dir‹ und alle diese halben Flüche für mich schreiben«. (PC/IS 132)[27] Nun ahnt sie, nein, nun weiß sie, dass er ihr nichts mehr zu sagen hat und dass sie ihn nicht mehr erreicht. Denn am 9. April konstatiert sie: »Weißt Du Paul die Liebe ist fort aus Deinen Briefen, ich kann es verfolgen so genau.« (PC/IS 138) Es ist die verzweifelte Liebe, die sich in ihren Worten Luft macht.

Eine Woche später schreibt Celan ihr aus Freiburg, wo er seine Gedichte in Anwesenheit Martin Heideggers gelesen hat: »Es ist ein Kampf, Ilana, ich kämpfe ihn aus, Du weißt, dass es ein jüdischer Kampf ist. Ich stehe.« (PC/IS 128) Damit will er sagen, dass seine Gedichte in den Kontext seines, mit ihr besprochenen Kampfes um das Judentum und gegen die verfehlte deutsche Geschichte gehören, aber ihr nicht mehr zugehören. Nach Paris zurückgekehrt, spricht er es dann ihr gegenüber offen aus: »daß ich bei meinen Gedichten aushalten muß […] daß dies Dazustehen mein Kampf ist, mein Schicksal«. (PC/IS 133 f.) Jetzt hat er gewählt: seine Gedichte. Sie, die liebende Frau ist ausgeschlossen. Und um es ganz klar zu machen, wiederholt er es drei Tage später noch einmal mit Bezug auf seine Freiburger Erfahrungen: »Meine Gedichte schaffen mir augenblicksweise, eben wenn ich sie lese, Daseinsmöglichkeit. Stehen.« (PC/IS 135) Schließlich, kurz vor seinem selbstgewählten Tod, zitiert er ihr die Zeilen aus STIMMEN, dem ersten Gedicht aus dem Band *Sprachgitter* »Was zu Dir stand […] es tritt | gemäht in ein anderes Bild«.[28] Das heißt: die Episode unserer Liebe, des Zu-einander-Stehens ist jetzt abgeschlossen, eine andere Periode meines Lebens ist angebrochen. Wie sie enden und dass sie kurz sein würde, hat er damals vielleicht selbst noch nicht gewusst, wohl aber geahnt.

III

Schon am 9. Februar 1970 hatte er nach Jerusalem bei der Übersendung des Gedichts FORTGESALBT gemeldet: »Und hier kommt noch ein Gedicht – es soll einen neuen Zyklus eröffnen.« (PC/IS 94) Damit hatte er signalisiert, dass

27 Am 10. 2. 1970 und wieder am 11. 2. hatte Celan seine Briefe mit »hab es gut« unterzeichnet. (PC/IS 96 u. 97)

28 PC/IS 140. Der Brief, datiert vom 12. April 1970, ist der letzte Brief Celans an Shmueli. In *Sprachgitter* ist das »dich« mit Minuskel geschrieben, ist demnach eine Anrede des Dichters an sich selbst. (GKG 91)

er die Gedichte, die er Shmueli gewidmet hatte, als Zyklus verstanden wissen wollte, der jetzt beendet sei, und dass die zwanzig Jerusalem-Gedichte eine Einheit bilden sollten. Dessen erstes, DU SEI WIE DU (PC/IS 9), das bis dahin erst in einem Separatdruck in der NZZ vom 29. Juni 1969 erschienen war (GKG 828), hatte Celan Shmueli am Abend des 10. Oktober nach ihrem Rundgang in Jerusalem aufgeschrieben und vorgelesen.[29] Es sollte mit seiner in hebräischen Lettern geschriebenen Schlussstrophe: »kumi ori« der Hörerin nahe bringen, wie er über die Möglichkeit seiner Rückkehr zum Judentum durch dichterische Vergegenwärtigung dessen dachte, wofür »Jerusalem« einsteht.

Hingegen beginnt das, was er den »neuen Zyklus« nennt, mit einer Abwendung von Jerusalem und der Rückwendung zur früheren Todesmystik. Zu ihrem Entsetzen liest Shmueli in dessen erstem Gedicht FORTGESALBT mit der Wendung »ein Fenster – der | Erde« wohl zu Recht eine Anspielung auf »Ein Grab!« (PC/IS 101). Sie ist aufs Höchste alarmiert, antwortet ihm, nachdem sie vier weitere Gedichte erhalten hat: »Dein neuer Zyklus Gedichte – Dein neuer Zyklus. Gelesen, gelesen [...] Verstehe ich? Verstehe ich nur halb? Es greift so an, es hat Kälte in sich.« (PC/IS 101) Schon die Doppelung der ersten Wortfolge bringt ihr ungläubiges Staunen zum Ausdruck, aber dann begreift sie: In den neuen Texten manifestiert sich die Kälte dessen, der das Gedicht als Kunstwerk schafft. Sie haben nichts mehr mit ihr zu tun. Und der Dichter hat sie dies auch durch Formales – man möchte fast sagen: mit absichtlicher Grausamkeit – spüren lassen. Während er ihr die ersten zwanzig Gedichte in seiner anmutigen, klaren Handschrift zukommen lässt,[30] schickt er ihr die letzten sechs als Typoskript. Was sie feinfühlig registriert: »die Gedichte, der neue Zyklus, auf der Maschine getippt (Du tatest es nie zuvor) – und dann keine mehr.« (PC/IS 112)[31] Jetzt weiß sie, dass der Dichter sich von ihr abgewandt hat.

Der Umfang des Zyklus der Gedichte für Ilana Shmueli ist demnach von Celan selbst klar umrissen. Es sind zwanzig Texte, und sie sollen – der Dichter gebraucht diesen Begriff in voller Absicht – einen Zyklus im eigentlichen Wortsinn bilden, und das heißt: sie sollen eine Einheit bilden, die nach einem

29 Shmueli, *Sag, daß Jerusalem ist*, 25.

30 Siehe die Faksimiles von DU SEI WIE DU und IM GLOCKIGEN NIRGENDS (Shmueli, *Sag, daß Jerusalem ist*, 27 bzw. 53) sowie die von DAS LEUCHTEN, DU GLEISSENDE und WIE ICH (PC/IS nach 208).

31 Zwischen dem 9. Februar und dem 6. März 1970 schickt er ihr sechs weitere Gedichte, von denen die ersten vier, FORTGESALBT (PC/IS 95, GKG 366), ORTSWECHSEL (PC/IS 98, GKG 366), Die Welt (PC/IS 98, GKG 367) und Was bittert (PC/IS 97, GKG 367) in die dritte Abteilung von *Zeitgehöft* eingegangen sind. Die beiden letzten Gedichte Hervorgedunkelt (PC/IS 114, GKG 327) und Einkanter (PC/IS 116f., GKG 336) sind schon 1968 entstanden, wurden aber erst 1971 im Band *Schneepart* veröffentlicht.

nachvollziehbaren inneren Gesetz gestaltet ist. Dazu gehört vor allem, dass in ihnen die Begegnung im Buberschen Sinne gefeiert wird. Deshalb die nicht zu übersehende Betonung des Erotischen in vielen Gedichten. So schon im zweiten Gedicht MANDELNDE, das er ihr am 20. Oktober zusammen mit ES STAND zusendet, das er aber schon im Jahr zuvor geschrieben hatte in Erwartung einer künftigen Begegnung.[32] Deshalb wird die Frau hier noch im Zitat, also mit einer fremden Stimme, angesprochen, mit den Zeilen »des Lieds, das beginnt: | Hachnissini«. Das hebräische Wort, das er aus einem Gedicht Chaim Nachman Bialiks übernimmt, bedeutet wörtlich »nimm mich in dich auf« (PC/IS 190). In Bialiks Biographie, von Ernst Simon 1935 in der Schocken Bücherei publiziert, konnte Celan über den Gehalt dieses Lieds lesen: »zwei Heimatlose und Verlassene finden sich, bauen sich ein Luftschloß als Vaterland und halten sich aneinander, weil sie in der Welt sonst nichts haben. So ersetzt Liebe dem Juden der Galut die Heimat.« Und weiter zitiert Simon die Anfangszeilen: »Birg mich unter deinen Flügeln | Und sei Schwester mir und Mutter … | So beginnt das Lied.«[33] Dass es diese Zeilen sind, die Celan veranlasst haben könnten, Bialiks Gedicht am Ende von MANDELNDE zu zitieren, erscheint evident.

Im dritten Gedicht ES STAND, das als das erste nach der Rückkehr aus Jerusalem geschrieben wurde, spricht der Dichter in den letzten beiden Zeilen den Vollzug des Liebesaktes offen aus und charakterisiert ihn zugleich als Widerstand gegen die Nichtigkeit der Welt. Das nächste Gedicht des Zyklus, DIE GLUT, formuliert diesen Zusammenhang noch einmal ausdrücklich. Begegnung im eigentlichen Sinn ist, wie Buber gesagt hatte, nur möglich, wenn das Ich sich durch die Öffnung des Du auf das Ich hin konstituiert. Genau das sagt auch Celan in seinem Gedicht: »Über dich, Offene, trag ich dich zu mir.« (PC/IS 16) Nur auf dieser Grundlage entsteht das Uns, mit dem die Jerusalem-Gedichte den Dichter und die geliebte Frau umfangen. Darin besteht ihre eigentliche, ihre menschliche Hoffnung, die der Dichter sich zu eigen macht, indem er sie ausspricht und die mehr ist, als die in den Briefen geäußerten Sorgen, aber auch als die herkömmlichen Heilsbotschaften. Denn sowohl der christliche Glaube – »Gethsemane, drüben, | das umgangene, wen | überhäufts?« –, wie auch die jüdische Hoffnung auf den Messias, die mit dem zugemauerten Tor des Erbarmens verbunden ist, – »am nächsten der Tore tut sich nichts auf« –, haben ihre Gültigkeit verloren.

So spricht kein *poeta theologus*, auch wenn eine ganze Reihe neuerer Inter-

32 Paris, Rue Tournefort, 2. September 1968 (PC/IS 12).

33 Ernst Simon, *Chajjim Nachman Bialik. Eine Einführung in sein Leben und Werk*, Berlin 1935, 69.

preten ihn so verstanden hat.[34] Stattdessen ist es das ganz konkrete Hier und Jetzt, in dem die Erinnerung des Schreibenden sich erfüllt: »Die Glut | zählt uns zusammen | im Eselsschrei vor | Absaloms Grab, auch hier«. Der Schrei des verachteten Tieres, mit dem sich aber auch messianische Hoffnungen verbinden, – steht er nicht ein für den Schrei des Dichters? – und die Erinnerung an den besiegten, elend zu Tode gekommenen und von seinem Vater David beweinten Königssohn, das sind die ganz irdischen Bilder, in denen sich die Geliebten zum »uns« zusammen finden und damit gerettet sind.

Auch in den meisten anderen Gedichten des Zyklus ist die Begegnung der Liebenden, aus der heraus sich jetzt das Ich des Dichters versteht, erotisch grundiert. So in »Komm, leg die Welt aus mit dir«, in dem die Angesprochene als Auslegerin der Welt und damit als Dichterin gesehen wird, ebenbürtig dem »ich«, so dass der Dichter sich von dieser Vereinigung her, die durchaus als sexuelle charakterisiert ist, neu in seinem Einssein mit der Frau definieren kann: »Ein Fleisch mit dir bin ich, | uns zu erbeuten, || auch jetzt.« (PC/IS 33)[35] In Die Pole ist die Frau als Buch imaginiert, in der das Ich liest und sich ihr dadurch nähert. Wobei auch hier am Ende der Beischlaf – vielleicht allzu offensichtlich – die Gemeinschaft der Liebenden und ihre Befreiung begründet, wenn es in den letzten drei Zeilen heißt: »ich blättere Dich auf, für immer | du betest, du bettest | uns frei.« (PC/IS 45)

Noch offener und dabei auf das mehr als fünf Wochen zuvor geschriebene Gedicht Es stand rekurrierend spricht der Dichter in den fünf Zeilen des vierzehnten Gedichts: »Es kommt auch ein Sinn | die engere Schneise daher, || den erbricht das tödlichste unserer | stehenden Male.« (PC/IS 59) Hier ist nichts esoterisch oder dunkel. Mit unerhörter Radikalität wird der Geschlechtsakt, die Penetration der Vagina durch den Penis, mit der Schaffung eines Sinns gleichgesetzt, der dem Sprechenden das Leben ermöglicht. Und so noch im letzten Gedicht des Zyklus, das mit seinem Beginn: »Umlichtet die Keime, | die ich in dir | erschwamm,« auf den im vierzehnten Gedicht evozierten physiologischen Vorgang zurückverweist und in der zweiten Strophe: »freigerudert | die Namen – sie | befahren die Engen,« die im ganzen Zyklus benannten topographischen Namen aus Jerusalem in den Vorgang mit einbezieht, um schließlich in der Schlussstrophe: »ein Segensspruch, vorn, | ballt sich | zur wetterfühligen | Faust« mit einem Preis auf das so mit Sinn be-

34 Otto Pöggler, »Poeta theologus?« In: ders., *Der Stein hinterm Aug*, München 2000, hat diesen Begriff, wenn auch vorsichtig abwägend, mit Celan in Verbindung gebracht. In dem Artikel über die Jerusalem-Gedichte von Sieghild Bogumil-Notz im Celan-Handbuch, hrsg. von Markus May, Peter Goßens, Jürgen Lehmann, Stuttgart 2008, 128–130, ist er kanonisiert worden.

35 In der gedruckten Fassung von 1976 ist die erste Zeile abgeschwächt in: »Eins mit dir bin ich«, Celan, *Zeitgehöft*, 40.

lehnte Leben, das gleichzeitig ein Protest gegen die verkehrte Welt ist, zu enden (PC/IS 87).

In seinem Wortmaterial ist dieses letzte Gedicht nicht nur mit anderen, vorhergehenden des Zyklus verbunden, es bezieht sich auch ganz konkret auf das frühe Gedicht INSELHIN, das den Band *Von Schwelle zu Schwelle* von 1955 abschließt. Dessen zweite Strophe beginnt mit der Zeile: »so rudern die Fremden und Freien« (GKG 88). Mit dem gleichen triumphalen Gefühl heißt es jetzt: »freigerudert | die Namen«, das heißt: In den Jerusalem-Gedichten sind die vielen Ortsnamen nicht mehr nur Bezeichnungen konkreter topographischer Sachverhalte, sondern davon befreit, stehen sie im dichterischen Text für die neue Zugewandtheit des Dichters zum Judentum und zur sichtbaren Welt ein. Und auch der Beginn dieses zwanzigsten Gedichts des Jerusalem-Zyklus korrespondiert mit einer Zeile aus INSELHIN, in der es heißt: »Ihr Toten, ihr Schwimmer, voraus!«. Wenn man diese Korrespondenz realisiert, wird den Zeilen »Umlichtet, die Keime, | die ich in dir | erschwamm« ein neuer positiver Sinn gegeben. In der Begegnung mit der Geliebten werden auch die Toten in ein neues Licht gerückt, werden zu Keimen eines neuen Lebens.

Es ließen sich viele weitere Korrespondenzen zwischen den Texten des Jerusalem-Zyklus und früheren Gedichten herstellen. So etwa zwischen der Schlusszeile des ersten Gedichts aus der *Niemandsrose* von 1963: »und am Finger erwacht uns der Ring« (GKG 125) und dem Beginn des sechsten Gedichts des Jerusalem-Zyklus: »EIN RING, ZUM BOGENSPANNEN, | nachgeschickt einem Wortschwarm« (PC/IS 24). War in dem frühen Gedicht der Ring als Zeichen einer Gemeinschaft gleichsam automatisch aus dem gemeinsamen Graben in der Vergangenheit und im eigenen Inneren hervorgegangen, wird er hier zum Ausgangspunkt eines aktiven Vorgangs, wobei im Hintergrund auch das schon aus der Antike bekannte Bild vom Pfeil des Amor eine Rolle spielen mag. Vom Ring fliegt die Geliebte dem Dichter zu als »Pfeilige«, die ihm ihre gemeinsame Herkunft ins Gedächtnis ruft und sie gleichzeitig vergessen lässt, um nur ganz in der Gegenwart bei ihm zu sein.

An diesem Beispiel lässt sich die Intention solcher Reinterpretationen ablesen. Der Schreibende bezieht in seine Begegnung mit der Geliebten nicht nur die Gegebenheiten der Stadt Jerusalem mit ein, sondern virtuell sein Gesamtwerk, dem er in diesem seinem letzten vollendeten Zyklus einen neuen Sinn zuschreibt. In der Begegnung mit der Geliebten und ihrer frühen gemeinsamen Geschichte, auf die der Schatten der Shoah noch nicht gefallen ist, und in der gemeinsamen Erfahrung der Stadt Jerusalem und ihrer Geschichte schöpft der Dichter die Kraft, die ihn sagen lässt: »Aus dem zerscherbten | Wahn | steh ich auf« (PC/IS 72). Darin manifestiert sich seine existentielle Verfasstheit, die er sich nach der Rückkehr aus Jerusalem und noch im ersten Monat des Jahres 1970 in seinen Jerusalem-Gedichten erschreibt und die unterschieden ist von dem, was er vorher war und was er in den letzten Monaten seines Lebens sein wird, als er einen neuen Gedichtzyklus beginnt.

Dieses andere Selbstverständnis, das er als Dichter von sich entwirft, ist dem grundsätzlich entgegengesetzt, was er im Briefwechsel mit Ilana Shmueli über sich aussagt. Im Briefwechsel wird ein Trauerspiel ausgetragen, kein deutsches Trauerspiel, obwohl die Hin- und Widerreden in deutscher Sprache gehalten werden, vielmehr ein jüdisches Trauerspiel, dessen Held sich nicht mehr in das von ihm ersehnte Judentum und schon gar nicht in den Staat Israel finden kann und der daher in den Tod geht. In den Gedichten des Jerusalem-Zyklus hingegen triumphiert der jüdische Mensch in der Begegnung mit der Anderen und der Stadt Jerusalem über seine Ängste, über das Leiden an der verfehlten Geschichte und über die Bösartigkeit der Welt. Das ist die Stärke des Gedichts, dass der Mensch gegen alle Widerstände in ihm sich neu erfindet.

Sidra DeKoven Ezrahi

Shlosha Paytanim

Paul Celan Meets Yehuda Amichai and Dan Pagis in Jerusalem

Paul Celan, Dan Pagis, and Yehuda Amichai were three poets from the same generation and the same linguistic space, whose lives intersected briefly in Jerusalem in 1969. Born in interwar Europe – in Czernowitz, Radautz, and Würzburg, respectively – they spent their youth as native German speakers while also marinating in classical Jewish literature and Hebrew liturgy. Historical contingencies would, of course, alter the status of the German and Jewish cultures – as of everything else – in their lives. Of the three, only Amichai (1924–2000) escaped the fate of the Jews of Europe, having immigrated to Palestine with his family in 1936. Both Amichai and Pagis (1929–1986) – who arrived in Palestine in 1946 – lived their adult lives in Israel and wrote in Hebrew, while German was relegated to the margins. Celan survived to write German in a foreign land; Hebrew would remain for him and his readers hidden or mysterious, a secret code from another world, bubbling up especially in his last poems. There are, indeed, more than a few hints that Celan's Hebrew underwent some demystification in the last poems and poetic fragments sent to his childhood friend and probable lover, Ilana Shmueli. But even if Hebrew – and Jerusalem – became more complex poetic topoi after his visit to Israel – and might have become far more complex had he lived longer – the evidence we have suggests that the Language and the City maintain more or less the same status in his poetic and emotional landscape as they had throughout his adult life. The walks and talks with Shmueli, and their subsequent correspondence, both reinforced and complicated the Hebrew that I am calling a »secret code from another world«.

The three poets met in October 1969, at the home of Yehuda and Hana Amichai. Subsequently, Amichai and Celan maintained a correspondence till shortly before the latter's death. I will return to that exchange. But the three are bound by much more than that meeting and its aftermath. In their »correspondence« with generations of Hebrew voices, in their poetic solutions to eternal questions and to topical challenges, and in their widespread influence on sundry audiences, they can, I submit, be bundled together as contemporary Jewish *paytanim* –poets of the sacred quotidian. I will present here a snapshot of an imaginary trialogue among these poets, and between them and the Hebrew tradition of *piyyut*, or liturgical poetry, with its affinities to the metaphysical tradition in western poetry.[1]

First: consider the names. Self-nomination was intrinsic to the rebirth that each of these poets engineered in their new home or place of refuge. From Antschel to Celan, from Pfeuffer to Amichai, and from Severin to Dan: these metamorphoses marked the complexities of each poet's relation with father or patrimony – or both. Amichai's playfully serious dialogue with Jewish tradition and with the image of the father and The Father licensed the ludic appropriations that became his poetic signature. Having been asked repeatedly in public appearances how parents might train their child to be a poet, Amichai responded first by asking why any parent would want such a thing for a child. Then he continued in the same mischievous vein, describing the orthodox home in which he had matriculated as the best conditioning for the poetic vocation:

> I believe that childhood in the lap of a religious family, especially a rigorously observant Orthodox family, can nurture a poet. For [...] such a family strictly observes mitzvoth and prohibitions that impose on childhood a heavy weight of obligations and trepidations, while imbuing both exaltation and guilt ... These ceremonies and customs and rituals are »poetic« in some sense, for they are the rules of a game in a high register, which perfectly match the heart of a child. There are in them elements of the supernatural and of symbolic magic, and they are taken seriously, as being full of consequence. All this is very poetic.[2]

This essay, first published in 1978 in *Mein Judentum*, an anthology of German-speaking Jewish intellectuals, was later translated into Hebrew for a posthumous volume dedicated to Amichai's life and work. The poet reveals, somewhat playfully, the abiding compassion and tenderness that he retains for the quarry that was his childhood home – notwithstanding his own distancing from religious observance that began when he was fifteen. At the same time, he clearly alludes here, as elsewhere, to the »childish« status of the orthodox world. This complex view becomes more consequential in his late poems, which implicitly engage with the growing temptation in post-'67 Jerusa-

1 The fuller exposition of this argument can be found in my Hebrew book, *Shlosha Paytanim* [Three Poets of the Sacred Quotidian], Jerusalem 2020.

2 Yehuda Amichai, »Yehuda Amichai«, in: Hans Jürgen Schultz (ed.), *Mein Judentum* (Stuttgart 1978), 20–35, here 22, my translation. For the Hebrew translation, see Yehuda Amichai, »Ha-yahadut sheli«, trans. Hanna Livnat, in: Renta Eichmeyer and Idit Reim (eds.), *Bein milhama le-ahava: Ha-meshorer Yehuda Amichai*, Givatayim 2017, 25. See also Ezrahi, *Shlosha Paytanim*, 14.

lem to return to the collective Jewish »childhood« before the destruction of the First Temple. Section 26 of the late poem JERUSALEM, JERUSALEM, WHY JERUSALEM? begins:

כְּמִיהָה לִירוּשָׁלַיִם, לַיַּלְדוּת בִּירוּשָׁלַיִם, בִּזְמַן רָחוֹק, אַחֵר:

> Longing for Jerusalem, for childhood in Jerusalem in another faraway time:
> the children of the Levites longing, now that they are old, in exile
> by the waters of Babylon. They still remember singing
> in the Temple when their voices had just begun to change.
> At night they remind one another of their childhood:
> Remember how we played hide-and-seek behind
> the Holy of Holies, among the urns of frankincense,
> near those drainage ditches around the altar, in the shadow
> of the embroidered mantle of the holy Ark,
> between the cherubim?[3]

Note those childish games of hide-and-seek – which are meant to be put away with maturity.

Like Amichai, Pagis absorbed German in the public spaces of his childhood, and Hebrew in the parochial and familial spaces – before encountering Hebrew in the streets of Palestine and the nascent state of Israel. Having received a classical Jewish education in the cosmopolitan environment of Radautz, the young Pagis even wrote a touching Hebrew postcard to his father in Tel Aviv, where the latter had immigrated in 1936 to try to put down roots.[4] Eventually, Pagis would become a major interpreter of Hebrew poetry, in his professional life as scholar of medieval literature at Hebrew University and in his own poems, creating an ongoing dialogue between ancient, medieval and modern Hebrew voices.

Something else binds Amichai and Pagis: both would become anchored in Jerusalem, with but marginal ties to the various schools and trends in the Israeli poetry of the coast. I would go so far as to brand them, along with Zelda Mishkovsky and Leah Goldberg, as Jerusalem poets rather than Israeli poets, similar to the ways S. Y. Agnon is more a scribe of Jerusalem than an »Israeli« writer.[5]

3 Yehuda Amichai, JERUSALEM, JERUSALEM, WHY JERUSALEM? Section 26, trans. Chana Bloch and Chana Kronfeld, in: Robert Alter (ed.), *The Poetry of Yehuda Amichai*, New York 2015, 508–509.

4 Michael Gluzman, »Zikharon lelo subyekt: al Dan Pagis ve-shirat dor ha-medina«, in: Ḥanan Ḥever (ed.), *Dan Pagis: Meḥkarim ve-teudot*, Jerusalem 2016, 113.

5 I elaborate on this subject, probing the poetry of Amichai and the prose of Agnon as grounded in Jerusalem, in my forthcoming book, *Figuring Jerusalem: Politics and Poetics in the Sacred Center*, Chicago 2022.

Celan is the outlier in this triad. To the quotidian plaster of the spoken tongue that covers many structural layers, Celan brings a kind of x-ray vision. Anyone who has read his poetry even in cursory fashion knows that his lines host myriad languages that conduct an internal conversation still (mis)perceived by some as »hermetic«. But, as Shimon Sandbank has shown in his translations of Celan into Hebrew – or rather, as he has demonstrated in presenting the impossibility of translating some of the poetic lines or words into Hebrew – that language retains a unique status in the polyphony of Celan's poetic universe. Particularly in his last poems and poetic fragments, words appear in the Holy Tongue as separate and full of mystery. One example is also, presumably, the last poem he wrote before submitting to the cold waters of the Seine:

REBLEUTE graben
die dunkelstündige Uhr um,
Tiefe um Tiefe,

du liest,

es fordert
der Unsichtbare den Wind
in die Schranken,

du liest,

die Offenen tragen
den Stein hinterm Aug,
der erkennt dich,
am Sabbath.[6]

6 Paul Celan, *Die Gedichte. Neue kommentierte Gesamtausgabe in einem Band*, ed. Barbara Wiedemann, Frankfurt a. M. 2018, 577.

Grapegrowers dig
for the dark-houred clock
depth by depth,

you read,

the invisible one
he orders the winds
behind their borders,

you read,

the open ones carry
the stone behind their eye,
it recognizes you
on the Sabbath.[7]

To demonstrate the impossibility of rendering Celan's last, Hebrew-infused poems into Hebrew, here is Sandbank's translation:

כּוֹרְמִים חוֹפְרִים
בַּשָּׁעוֹן חֲשׁוּךְ-הַשָּׁעוֹת,
עֹמֶק אַחַר עֹמֶק,

אַתָּה קוֹרֵא,

הַבִּלְתִּי-נִרְאֶה
מְזַמֵּן אֶת הָרוּחַ
לִגְבוּלָהּ,

אַתָּה קוֹרֵא,

הַפְּתוּחִים נוֹשְׂאִים
אֶת הָאֶבֶן מֵאֲחוֹרֵי הָעַיִן,
הִיא יוֹדַעַת אוֹתְךָ,
בַּשַּׁבָּת.[8]

7 Paul Celan, *Last Poems: A Bilingual Edition*, trans. Katharine Washburn and Margret Guillemin (San Francisco 1980), 204–205. See, in this volume, the essay by Christine Ivanovic on this poem.

8 Paul Celan, *Soreg safa*, trans. Shimon Sandbank, Bnei Brak 1994, 124.

The stone, the eye, and the wind are tropes that reappear in other poems by Celan. But this time the stone behind the eye knows you – out of all the days of the week, on *Shabbat*. In English this poem is more easily rendered, with Hebrew maintaining its mysterious pride of place. But even under Sandbank's scrupulous baton, in a number of poems the Hebrew words become, perforce, invisible in the Hebrew translation. It is important to note not only that Celan's Hebrew is taken largely from the religious or mystical lexicon -- but that it remains largely a secret language, impenetrable and undecipherable, for the *German* reader. The word *Sabbat* in German of course designates the seventh day, but other Hebrew words, like *Hachnissini* in the poem MANDELNDE, belong to a Hebrew lexicon that is for the most part sacred, with a few late allusions to modern Israeli poetry.[9] It is this that makes it largely inaccessible to the German reader and all but invisible as an act of interpolation to the Hebrew reader.

Again, the linguistic dynamics are not quite parallel for our three poets. While Hebrew is salient as the »public« language in Amichai's and Pagis's shared poetic universe, German remains the interior, intimate language of their childhood, partly hidden because of the inevitable public accountability each poet would have had to provide if it had become more visible. The previously mentioned German volume, with Amichai's essay in his mother tongue, would have surprised the Israeli reader habituated to casual, lovingly irreverent exchanges with the poet of Jerusalem in the Holy Tongue. Something similar happened to the scholars who assembled and studied Pagis's last manuscript, »Abba«, for posthumous publication: the handwritten marginalia in this intimate »conversation« conducted with Pagis's long-deceased father were mostly in German.[10]

The correspondence between Celan and Shmueli, published in German, Hebrew and English by Shmueli after the poet's death, reveals not only the Hebrew that punctuates the poems and poetic fragments they exchanged, but also the Yiddish that was one of the dominant languages of their shared Czernowitz childhood. While German was the language of the public culture in which they matriculated, even after Romanian had been declared the official language following the regime change brought about by the Great War; while German somehow survived as what Celan called the language that had to

9 See Haim Nahman Bialik, HACHNISSINI TAHAT KANFEKH, [TAKE ME UNDER YOUR WING] (1905), which is a liturgically saturated love poem: https://benyehuda.org/read/5987. For more on this poem, see Ariel Hirschfeld, *Kinor arukh: lashon ha-regesh be-shirat H. N. Bialik*, Tel Aviv 2011, 220–24.

10 See DeKoven Ezrahi, »Dan Pagis and the Prosaics of Memory«, in: Geoffrey Hartman (ed.), *Holocaust Remembrance: The Shapes of Memory*, Oxford 1994, 121–133.

»pass through the thousand darknesses of death-bringing speech«[11]; and while Hebrew emerged as the language not only of the texts but also of the troubled and challenging City in which their last peregrinations took place, it was Yiddish that would remain the warm familial language of intimacy.[12]

I will return to the dialogue between Celan and Shmueli, which reveals some of the ways in which Jerusalem herself was being reconfigured on Celan's map. But first I want to reimagine the meeting and affinity among these three poets, whom I call »three *paytanim*«.

The salient differences between Pagis and Celan, on the one hand, and Amichai, on the other, are both existentially and poetically consequential: the first two were survivors of the horrors of Transnistria, and both lost their mothers before their prime. I have explored these subjects elsewhere.[13] What is common to the postwar poetics of Celan and Pagis is their parallel effort to give voice to the floating essences of their destroyed universe without grounding them in redemptive collective space. The corollary of that effort is the iconic status nonetheless accorded certain poetic pronouncements in their respective cultures, and the public attempts to neutralize and stabilize their floating, subversive elements; in the process, both Pagis in Israel and Celan in Germany would be coopted into official commemorative and didactic spaces. Amichai, on the other hand, was – and continues to be – recruited by various communities as reflecting whatever religious doxology or political agenda they espouse.[14] His more subversive poetic lines would undergo some softening through repetition and appropriation, through musical adaptations, or incorporation into the prayerbooks of various communities, like the words of Hebrew *paytanim* through the ages. But even though his childhood home was destroyed along with the homes of Europe's Jews, and even as he expressed growing alienation from the political forces that triumphed in post-'67 Israel, his subversive and even desperate voice was always softer and, indeed, more grounded.

11 Paul Celan, »Speech on the Occasion of Receiving the Literature Prize of the Free Hanseatic City of Bremen«, in: id., *Collected Prose*, trans. Rosmarie Waldop, Riverdale-on-Hudson 1986, 33–36, here 34.

12 See on this Ilana Shmueli, *The Correspondence of Paul Celan and Ilana Shmueli*, trans. Susan H. Gillespie, Riverdale-on-Hudson 2010, 152, 159.

13 Pagis's mother died after an operation in 1934; Celan's mother was killed in Transnistria. See on this and related subjects: Sidra DeKoven Ezrahi, »Seeking the Meridian: The Reconstitution of Space and Audience in the Poetry of Paul Celan and Dan Pagis«, in: Tobin Siebers (ed.), *Religion and the Authority of the Past* (Ann Arbor 1993), 253- 284; and: id., »The Grave in the Air: Unbound Metaphors in Post-Holocaust Poetry«, in: Saul Friedlander (ed.), *Probing the Limits of Representation: Nazism and the Final Solution*, Cambridge 1992, 259–276.

14 See, on this, Chana Kronfeld, *The Full Severity of Compassion: The Poetry of Yehuda Amichai* (Stanford 2016), 25–80.

Each of these poets would occupy space in his adopted culture in the second half of the twentieth century comparable to the space occupied by the *paytan* over the centuries. In addition to their actual meeting in Jerusalem, which I will address presently, Celan, Pagis, and Amichai meet in that imagined place where the »metaphysical« poet nourished by Protestant liturgical-poetic traditions meets the Hebrew *paytan* – the *paytan* who fiercely maintains what Leah Goldberg, in a slightly different context, called »ha-ometz le-ḥulin«.[15] Loosely translated as »the challenge of the profane«, or the »courage to encompass the profane«, I believe that the implication of this phrase is: the courage to pay attention to the details of the world, to bless the so-called »profane« or quotidian universe. Goldberg's stance, first enunciated in 1938, also belongs to what I see as the *dialogic* as opposed to the *dialectical* impulse in Hebrew discourse. What signals the modern *paytan* is that capacious embrace of the world, of the entire universe, the sanctification of the quotidian, not limited to consecrated space. Pagis the scholar provides us with the exegetical tools to escape the binaries in which modern Hebrew culture is ensnared – by reading medieval Hebrew poetry not through simple dichotomies between »kodesh ve-ḥol«, the holy and the profane, but as far more entwined and inclusive. It is the key also to his own and his fellows' poetic principles. Both Pagis and Amichai carry on explicit dialogues with medieval Hebrew poetry in their own poems. But the engagement goes deeper than the explicit level. I can only gesture here toward the reflection of the English »metaphysical« tradition, stretching from John Donne through Emily Dickinson to Wallace Stevens, a connection that I have explored at some length elsewhere.[16]

In conclusion, I wish to focus on the connection between Celan and Amichai, to join those readers and scholars who reimagine their meetings and the repercussions for Celan's own complex experience of Jerusalem, as well as the aftermath reflected in their correspondence, which continued until shortly before Celan's suicide. I will do so first by focusing on a word that Celan uses as

15 Leah Goldberg, *Ha-ometz le- ḥulin: bḥinot ve-taʾamim be-sifrutenu ha- ḥadasha*, Tel Aviv 1976, 165–170.

16 See DeKoven Ezrahi, *Shlosha paytanim*. One piece of anecdotal evidence will have to suffice here, though the traces of influences from English traditions are widespread in the poetry of these *paytanim*. Professor Alice Shalvi told me that both Amichai and Pagis had studied English literature with her at the Hebrew University, and that Pagis debated whether to continue for an advanced degree in English or to proceed with his Hebrew studies (private communication, fall, 2020). Although the path not taken will always remain a mystery, we are all the richer for what Pagis added to the exploration of medieval and Baroque Hebrew poetry, in both his research and his own poetic oeuvre, as well as for his implicit channeling of some of the best of the English traditions.

late as February 5, 1970, just two months before his death, in a letter to Gershom Schocken, where he states that »for me, especially in [poetry], Jewishness is something less *thematic* than pneumatic«.[17]

Celan writes to Amichai, after their meeting in Jerusalem, that the latter's rootedness in Israeli soil is a source of admiration and envy for him. Amichai responds: »Dear Paul Celan, my poetry, anchored in reality and dictated pragmatically by events, is envious of your poetry«.[18] This exchange – in *German* – signifies not simply »writer's envy«, of course, but a mutual recognition of the essential difference between the two poets and the necessary role that each plays in his respective culture. In their specific mandates, they also span the entire spectrum of the modern *piyyut*.

Looking more closely at Celan's self-designation, one could elaborate endlessly on the resonances of »pneumatisch«: from the most basic Jewish theological foundations in Gen. 1:2: »ורוח אלוהים מרחפת על פני המים« (»God's breath hovering over the waters«) or from Kohelet [Ecclesiastes] 1:2: »הבל הבלים« – which Robert Alter translates as »merest breath«[19] – to the self-conscious arrogation of the term by German philosophers and Protestant theologians in differentiating between their own and a putatively more corporeal Jewish »mentality«.[20]

I want to conclude, however, by endorsing Na'ama Rokem's moving transfer of this term from Celan to Amichai – which also brings us back to Jerusalem. Many years after the German poet's death, and a short time before his own, Amichai dedicated a poem to his friend, ending it with a reference to the last bubbles of breath that the drowning man would have emitted:

פּוֹל צֵלַאן, לִקְרַאת הַסּוֹף הִתְמַעֲטוּ בְּךָ הַמִּלִּים
וְכָל מִלָּה נֶעֶשְׂתָה כְּבֵדָה כָּל-כָּךְ בְּגוּפְךָ
עַד שֶׁאֱלֹהִים הִנִּיחַ אוֹתְךָ כְּמַשָּׂא כָּבֵד,

17 Shmueli, *The Correspondence of Paul Celan and Ilana Shmueli*, 79. Parsing this word, Vivian Liska says that in »becoming a pneumatic matter – as opposed to ›thematic‹ – Celan's Judaism suggests a ›way of breathing‹, metaphorically a spiritual affair. He then continues saying that this does not mean that it is not thematic, but it is not only that and he ends on saying ›my poems imply my Judaism‹« (private communication, December 13, 2020).

18 Quoted in Hana Amichai, »Ha-kefitza bein ha-adayin ve-ha-kvar lo«, in: *Haaretz, Tarbut ve-sifrut*, April 4, 2012, 6, my translation.

19 Robert Alter, trans., *The Hebrew Bible*, New York 2019, 3, 679.

20 Vivian Liska and others have pointed to the problematic appropriation of this term by Christian theologians from Hegel, who distinguished between Christian spirituality and Jewish corporeality. See on this Lydia Koelle, *Paul Celans pneumatisches Judentum: Gott-Rede und menschliche Existenz nach der Shoah*, Mainz 1997. And see the review of this book by Rochelle Tobias in *Shofar* 18:3 (2000), 173–176.

אוּלַי רַק לְרֶגַע, כְּדֵי לְהִתְנַשֵּׁף וְלִמְחוֹת זֵעָה.
אַחַר כָּךְ הִשְׁאִיר אוֹתְךָ וְהֵרִים מַשָּׂא קַל יוֹתֵר,
מְשׁוֹרֵר אַחֵר. אֲבָל הַבּוּעוֹת הָאַחֲרוֹנוֹת
שֶׁעָלוּ מִתּוֹךְ פִּיךָ הַטּוֹבֵעַ הָיוּ
הָרִכּוּז הָאַחֲרוֹן, הַתַּרְכִּיז הַקַּל
שֶׁל כֹּבֶד חַיֶּיךָ.[21]

Paul Celan. Toward the end, the words grew
fewer inside you, each word
so heavy in your body
that God set you down like a heavy load
for a moment, perhaps, to catch
His breath and wipe His brow.
Then He left you and picked up a lighter load,
another poet. But the last bubbles
that rose from your drowning mouth
were the final concentration, the frothy concentrate
of the heaviness of your life.[22]

In a moving tribute to these two poets and their resonance in the echo chamber of the Jewish word in the last half of the twentieth century, Rokem writes that Amichai's vision of Celan's death also reproduces the latter's very self-definition: »Thus, in [Amichai's] imagined parting from Celan, the last thing that Amichai allows himself to see is a guise of pneuma, the breath that Celan had spoken of in Jerusalem«.[23]

And so, finally, Jerusalem. The ultimate thread that binds Celan to the other two *paytanim* is the City. Whether or not it was Ilana Shmueli who was Celan's last – and perhaps ultimate – Other, the *Du* he had searched for all his life, it is possible to say that the Jerusalem he experienced with her, with Amichai and Pagis (and others) in 1969, may have, briefly, grounded his restless »spirit«.

»Sag, daß Jerusalem ist«, he writes in one of the last poems or poetic fragments he sent to Shmueli. Resonating with Jewish pronouncements over the generations and most consequentially after 1967 with the capture of the Temple Mount, this line was translated by Shmueli as

21 Yehuda Amichai, *Shirei Yehuda Amichai*, vol. 5, Jerusalem 2004, 270.

22 Yehuda Amichai, *Open Closed Open: Poems*, trans. Chana Bloch, Chana Kronfeld, New York 2000, 130.

23 Na'ama Rokem, »German-Hebrew Encounters in the Poetry and Correspondence of Yehuda Amichai and Paul Celan«, in: *Prooftexts* 30:1 (2010), 97–127, here 114.

אמרי שירושלים ישנה[24]

A better translation, and one more in keeping with the open-endedness of Celan's *pneumatische* poetic soul, is that of Ben-Zion Orgad:

אִמְרִי, שֶׁיְּרוּשָׁלַיִם הוֹוָה[25]

These three words furnished the Hebrew title of the book that Shmueli would eventually publish in three languages, based on her last correspondence with Celan. Compare the last line of Pagis's canonic poem, WRITTEN IN PENCIL IN A SEALED BOXCAR:

> Here, in this carload,
> I am Eve with Abel my son
> if you see my older son,
> Cain, son of Adam,
> tell him that I …[26]

That last three lines in Hebrew read:

אִם תִּרְאוּ אֶת בְּנִי הַגָּדוֹל
קַיִן בֶּן אָדָם
תַּגִּידוּ לוֹ שֶׁאֲנִי…[27]

This open-ended conclusion, demanding that every reader complete the message for him/herself, is evidently too threatening to official Israeli educational and commemorative bodies, which insist rather on going back to the beginning to achieve a kind of closure: »Tell him that I …Here in this boxcar …[am] Eve …«. And yet it is this *slight* emendation that, in effect, undermines the open-ended appeal to every reader: »tell him that I …« *What?* The way we read this line is consistent with the way we read our history and our destiny.

24 Ilana Shmueli, *Imri she-yerushalaym yeshna: reshimot al Paul Celan*, Jerusalem 1999. Celan sent this poem in a letter to Shmueli written November 16, 1969, in: Shmueli, *The Correspondence of Paul Celan and Ilana Shmueli*, 37.

25 Paul Celan, *Davar-ma yihiye: mivḥar shirim*, trans. Ben-Zion Orgad, ed. Tuvia Ribner, Tel Aviv 1987, 34.

26 Dan Pagis, »Katuv be-iparon be-karon ha-ḥatum«, in: id., *Kol ha-shirim ve-»aba«* [pirkei proza], Jerusalem 1991, 135, my translation.

27 Ibid.

Indeed: whether we understand the phrase »Sag, daß Jerusalem *ist*« as a statement of finality – Jerusalem as »*sela kiumeinu*«, the bedrock of our existence,[28] the first *and last* stop of Jewish history, or as *open ended* – Jerusalem is …. *what?* – will determine our approach to Celan and his fellow *paytanim*, to Jerusalem, to Jewish and to human history.

28 Benjamin Netanyahu, as quoted in *Haaretz*, March 10, 2009, https://www.haaretz.co.il/news/politics/1.1249668.

In Jerusalem – Kartographie | Cartography

Thomas Schestag

-stehn

Auf einem Notizblatt, 1959, mit Entwürfen für das Vortragsprojekt »Von der Dunkelheit des Dichterischen«, hält Paul Celan fest: »!! Nirgends von der Entstehung des Gedichts sprechen; sondern immer nur vom entstandenen Gedicht !!«[1]. Anfang und Ende der Notiz, am untern Ende der Vorderseite des Blatts, werden flankiert von je zwei Ausrufezeichen, wie um die zwischen *Nirgends* und *immer nur*, zwischen *Nirgendwo* und *überall, zu keiner Zeit an keinem Ort* und *allenthalben, jederzeit* gespannte Forderung für immer wo nicht dem Gedächtnis des Schreibenden, der's liest, dann wenigstens dem Blatt vor Augen einzuprägen. Das Sprechen von der *Entstehung* des Gedichts muß unter Verschluß bleiben, gesprochen werden darf immer nur vom *entstandenen* Gedicht. Dies Memento steht einer andern Forderung, als Vorerinnerung an eine Rückbesinnung, auf der Rückseite oben desselben Blatts benachbart: »Jerusalem-Stelle im Campaner Tal nachlesen!«[2] Die Dringlichkeit, nachzulesen, wird auch hier durch ein Ausrufezeichen angezeigt. *Point d'exclamation.* Was im Französischen beides bedeuten mag: den zum Ausruf ausufernden Punkt, aber auch – verschwiegener, lautlos – den bloß verzeichneten, in der Stille, vor Augen: kein Ausruf überhaupt: kein Aufhebens davon machen: der Sache, ihre Dringlichkeit steht außer Frage, insgeheim nachgehn: das andere Blatt wiederfinden, das die *Jerusalem-Stelle* aus Jean Pauls *Kampaner Thal* exzerpiert. Sie liegt unter andern Aufzeichnungen, zwei Jahre zuvor: » … ›wie an den Häusern der Juden (zum Andenken des ruinierten Jerusalems) immer etwas *unvollendet* gelassen werden muß.‹«[3] Das *unvollendete* Haus entspricht auf irritierende Weise dem *entstandenen* Gedicht. Denn was genau *entstanden* heißt, steht nicht unumstößlich fest. Das *Deutsche Wörterbuch* nennt das Verb *Ent-*

1 Paul Celan, *»Mikrolithen sinds, Steinchen«. Die Prosa aus dem Nachlaß. Kritische Ausgabe*, hrsg. und kommentiert von Barbara Wiedemann und Bertrand Badiou, Frankfurt a. M. 2005, 141.

2 Ebd. Als *Notizblatt »A 11/12«* [D.90.1.3200,1] in Paul Celans handschriftlichem Nachlaß im Deutschen Literaturarchiv Marbach erhalten.

3 Celan, *»Mikrolithen sinds, Steinchen«*, 131. Diesen Auszug aus der Fußnote in Jean Pauls *Campaner Tal* setzt Paul Celan am 21.10.1959 als ein Motto über sein Gedicht *Wolfsbohne* (siehe Paul Celan, *Die Gedichte*. Neue kommentierte Gesamtausgabe, hrsg. und kommentiert von Barbara Wiedemann, Berlin 2018, 419–421).

stehen ein Wort »*mit sehr abweichenden bedeutungen*«[4]. Es verweist zuerst auf »die uralte gothische«, die das *Ent-* als ein *Wider-* und *Entgegen*stehen auffaßt. Wer *ent*steht, leistet Widerstand. Eine Verwendung des Verbs *Entstehen* in dieser ältesten Bedeutung bei Paul Fleming – »es ist hohe zeit dem übel zu entstehen« – glossiert Jacob Grimm so: »*wo freilich das obstare, resistere an ein deesse grenzt, denn wer dem übel widersteht, entgegentritt, steht auch von ihm ab, ermangelt ihm, steht ihm nicht zur seite*«; und geht zur zweiten, zur *Privativ*bedeutung des Worts *Entstehen* über: »*so wäre dann ein übergang gebahnt in den sinn von mangeln und entgehen, welches letztere ebenso aus* gehen, *wie* entstehen *aus* stehen *erwächst. nur pflegt sich das subject meistens umzudrehen, statt dessen, der einem* entsteht *oder entgeht, heiszt es dasz einem etwas* entstehe, *abstehe, fern stehe, mangle*«. Diese *Privativ*bedeutung besagt, auf das *entstandene* Gedicht bezogen: das entstandene Gedicht steht *einem* ab, es steht dem, wovon es Abstand hält, ohne am Abstand *fest*zuhalten, fern. Das entstandene Gedicht hat nicht nur keinen schweren Stand. Es hat keinen. Es steht nicht, und steht nicht geschrieben. Es fehlt. Das entstandene Gedicht gebricht *einem*. Wem genau aber? Die dritte der vier auseinanderstrebenden, voneinander abweichenden, einander entgehenden, *ent*stehenden Bedeutungen hilft, die Frage genauer zu fassen: »*positives* entstehen, *oriri, werden, eigentlich aufstehen, surgere, ganz wie* entspringen, *aufspringen*«. Die Forderung, »nirgends von der Entstehung des Gedichts sprechen«, scheint auf das Entstehen als Werden (und Wachsen), Sprießen und Aufgehn, Entspringen und Aufspringen (wie Knospen ihre Kapseln sprengen) gemünzt. Dem entstandenen Gedicht soll der Schein seiner Entstehung, wie aus Keimen organisch erwachsen, abgehn: *ent*stehn. Das entstandene ist nicht das in seine Form aufgegangene, vollendete und vollendet dastehende Gedicht. Das entstandene Gedicht entsteht und steht nicht im Zeichen der *Entelechie*. Das entstandene Gedicht weicht dem Schein der Unausweichlichkeit seiner Entstandenheit aus. Es fällt dem entstandenen Gedicht ins Wort. *Wem* also gebricht das entstandene Gedicht? Das Gedicht ent*steht* nicht (positiv), sondern das entstandene Gedicht *ent*steht (privativ) *sich*: geht dem entstandenen ab. Das entstandene Gedicht ruiniert das entstandene Gedicht. *Ihm*, dem entstandenen, gebricht es. Es fällt schwer, das zu *verstehen*. Damit ist die vierte der von Jacob Grimm verzeichneten Bedeutungen des Worts *Entstehen* angeschnitten: »*ahd.* intstantan *bedeutet intelligere* [...], *in naher berührung mit* farstantan, *verstehen und ags.* understandan, *engl.* understand«. Als oszillierte das Verstehen des Verstehens zwischen einem, das erwächst, um an ihm festzuhalten und einem, das abgeht, fehlt, ohne daß von der Entstandenheit sei's des Verstehens *da*, sei's

4 *Deutsches Wörterbuch von Jacob und Wilhelm Grimm*, Band III, Leipzig 1862, Spalten 631–634.

des Verstehens *fort* die Rede sein könnte. Das zustandekommende Verstehen spielt – unverständlich genug – ins fehlgehende: *ent*steht. Und fängt vielleicht nur so an, dem *entstandenen* Gedicht zu entsprechen.

Es ist, als führte eine Spur vom Gebot, immer nur vom entstandenen Gedicht zu sprechen, zum Auszug aus der Anmerkung in der *507. Stazion* von Jean Pauls *Kampaner Thal.* Vom *entstandenen* Gedicht zur *Jerusalem-Stelle.* Das entstandene Gedicht wäre demnach so entstanden, »… ›wie an den Häusern der Juden (zum Andenken des ruinierten Jerusalems) immer etwas *unvollendet* gelassen werden muß‹«. Das entstandene Gedicht, unter diesem Winkel wahrgenommen, denkt an die ruinierte Stätte oder Statt – Jerusalem – so, daß, wie an den Häusern der Juden im Exil »immer etwas *unvollendet* gelassen werden muß«, das entstandene Gedicht *un*entstanden, also *ent*standen *stehen* muß. Daß seiner Vollendung zum ganzen Gedicht Widerstand geleistet werden *muß*. Doch zwischen beiden Geboten spielt eine unscheinbare Differenz. Denn daß an den Häusern der Juden, in die Diaspora verstreut, immer etwas unvollendet gelassen werden *muß*, zeugt vom Willen, am entstellten Haus die Erinnerung nicht nur an die entstellte Stadt zu haben, sondern auch der Vorerinnerung an die unentstellte, einst unzerstörte Stadt, an die *Möglichkeit*, der Verwandlung – durch Ergänzung – des unvollendeten Hauses zum vollendeten Haus eingedenk zu bleiben: an die Heimkehr aus der Fremde an den angestammten Ort und an den Wiederaufbau der zerstörten Stadt zu *glauben*. Dem entstandenen Gedicht geht dieser Glaube ab. Denn der Abbruch der Entstandenheit, sowohl im Sinn vollendeten Ruins wie völliger Restitution – sei es der Stadt sei's des Gedichts –, gleichgültig ob archäologisch oder teleologisch orientiert, greift in dem Wort *Entstehen* und *Entstanden* Raum. Dennoch scheint zwischen der *Jerusalem-Stelle* und dem *entstandenen Gedicht* – die Forderung, die Stelle *nachzulesen*, unterstreicht das – eine undurchsichtige Komplizität am Werk. An jener Stelle im *Kampaner Thal* wird das ruinierte Jerusalem, um etwas Drittes zu veranschaulichen, nur vergleichsweise aufgeboten. Dem *Wie* am Haus der Juden im Exil entspricht dort ein anderes *So*. An jener Stelle im *Kampaner Thal* ist vom Verhältnis zwischen sinnlichem und geistigem Genuß, des erdigen und innern Menschen die Rede:

> Ist aber einmal unser nothwendiger *Thierdienst* vorbei, der bellende innere Thierkreis abgefüttert und das Thiergefecht ausgemacht: dan fodert der innere Mensch seinen Nektar und sein Himmelsbrod, der sich, wenn er nur mit Erde abgespeiset wird, alsdann in einen Würgeengel und Höllengott verwandelt, der zum Selbstmord treibt, oder in einen Giftmischer, der alle Freuden verdirbt.*)

Eine Anmerkung hierzu führt aus:

*) Dieses gilt am meisten von den höhern und reichen Ständen, worin bei so vielen die Saturazion der fünf Kamehlmägen der fünf Sinne und die Verhungerung der Psyche sich mit einem ekelhaften Ekel am Leben und mit einer widrigen fleischlichen *Vermischung höherer Wünsche und niederer Lüste* beschließet. Der Wilde, der Bettler, der Kleinstädter übertreffen sie [die höhern und reichen Stände] weit am Sinnengenuß, da an diesem wie an den Häusern der Juden (zum Andenken des ruinierten Jerusalems) immer etwas *unvollendet* gelassen werden muß und da eben Arme noch zu wenige Foderungen des erdigen Menschen befriedigt haben, um von den Foderungen des ätherischen überlaufen und gepeinigt zu werden.[5]

Sind einmal die notwendigen sinnlichen Bedürfnisse des erdigen Menschen oder *-thiers* abgespeist, und der Sinnengenuß befriedigt, fordert der innere Mensch, der sich mit Erde nicht abspeisen läßt, himmlische Speise (Nektar und Manna). Die Anmerkung wendet diesen leibgeistigen Konflikt, zwischen Erde und Himmel gespannt, ins Politische, indem sie ihn auf den Kontrast zwischen höhern reichen und niedern armen *Ständen* appliziert. Die niedern Stände – verkörpert im Wilden, Bettler und Kleinstädter – übertreffen die höhern Stände an Sinnengenuß, »da an diesem wie an den Häusern der Juden (zum Andenken des ruinierten Jerusalems) immer etwas *unvollendet* gelassen werden muß«. Den Armen geht die Saturation der fünf Sinne ab. Sie sind weder in der einen noch in der andern Stadt, weder im erdigen noch himmlischen Jerusalem, in keinem der fünf Sinne so wenig wie in ihrem *Stand* zuhause. Sie sind nicht ganz bei *sich*, nicht *ganz* bei Sinnen, sondern *ent*sinnen sich im Sinnengenuß, daß der Schein seines Zustandekommens, auf dem Sprung zur Zustandgekommenheit, abbricht und, genau aus diesem *Un*grund, übertroffen werden kann. Sie ziehen, wie die Juden in der Unvollendung ihrer Häuser das Andenken des ruinierten Jerusalem erneuern, aus dem unvollendeten sinnlichen Genuß einen Sinnengenuß – als wäre hier ein (sechster, siebter) Sinn im Spiel, der aus dem Abbruch des sinnlichen Genusses aller Sinne einen Genuß zieht –, der über den Schein der Sättigung aller (fünf) Sinne hinausgeht. Jean Pauls Begründung für die Unvollendung sinnlichen Genießens in den niedern Ständen, das den Sinnengenuß der höhern Stände übertrifft, als läge – wodurch die Ständegesellschaft auf den Kopf gestellt erscheint – gerad im Glauben (den höhern Ständen eigen) an vollständige Sättigung der Sinne im Genuß das Defizit, an dem die höhern Stände – wie an einem *ekelhaften*

5 Jean Paul, *Das Kampaner Thal oder über die Unsterblichkeit der Seele, nebst einer Erklärung der Holzschnitte unter den 10 Geboten des Katechismus*, in: ders., *Sämtliche Werke*. Historisch-kritische Ausgabe, hrsg. von Eduard Berend, Band I/7, Weimar 1931, 51–52.

Ekel – würgen; Jean Pauls Begründung für die *Un*ersättlichkeit, sinnlichen Genießens in den niedern Ständen, »da eben Arme noch zu wenige Foderungen des erdigen Menschen befriedigt haben, um von den Foderungen des ätherischen überlaufen und gepeinigt zu werden«, hat keinen Grund. Sie geht – unhaltbar – ins Grund- und Bodenlose aus. Denn sie spielt auf der Schwelle zur Suggestion, der Kreis sinnlichen Genießens ließe sich abschreiten, auskosten und schließen, bevor er sich auf einen höhern Kreis, der himmlische Speise fordert, öffnet.

Die Saturations*un*fähigkeit der fünf Sinne streift, ohne ihr auf den Grund, *Un*grund zu gehen, schon Aristoteles an einer Stelle der *Nikomachischen Ethik*,[6] wo die Frage aufgeworfen wird, welcher Sinn den Sinncharakter aller Sinne, die zwar alle *Sinne* heißen, aber abweichen voneinander, verantwortet und synthetisiert oder syn*aisthesiert*, und diesen Zusammenhalt – tastend – dem Tastsinn oder Fühlen zuschreibt, was Spaltungen in jeden der fünf Sinne einführt; denn der Sehsinn etwa verkörpert nicht das Sehen, sondern erst, wenn ich *fühle*, daß ich sehe, sehe ich. Dies Sehen*fühlen* aber öffnet im Sinngenuß des Fühlens ein unausweichliches, unabschließbares Übertreffen: das Fühlen des Fühlens wird durch ein Fühlen solcher Fühlungnahme des Fühlens mit sich übertroffen oder unterboten und läßt das Fühlen, daß ich fühle (also am Leben bin), *un*eins mit sich, immer auf ein Fühlen mehr, auf mehr als ein Fühlen angewiesen, in Fühllosigkeit spielen. Auf der Vorderseite des Blatts, dessen Rückseite die »Jerusalem-Stelle im Campaner Tal« nachzulesen fordert, hält Paul Celan fest: »Ein gewisser Sinn für die Aporie darf wohl nicht fehlen –«. Dieser *Sinn*, ausgewiesen durch das Adjektiv *gewiß* als höchst *un*gewiß, *sinn*ungewiß, mag nicht zuletzt auf den Unzusammenhalt, Un*syn*-, im Aufriß aller Sinne zielen. Doch eine andere Notiz auf demselben Blatt entspricht dem aporetischen Zug durch die Diskussion weniger des Sinnen*un*zusammenhalts bei Aristoteles als dem Übertroffenwerden im Sinnengenuß der höhern durch die niedern Stände in Jean Pauls Anmerkung genauer. Sie bringt das *Gedicht*, die *Sprachlichkeit* des Gedichts zur Sprache: »Die von manchen gepriesene Sinnfälligkeit des Gedichts ist keine plastische Qualität; das Gedicht bleibt immer eine Erscheinungsform der Sprache; die vom Leser zu leistende Synaisthesis besteht nicht im perfekten Synchronisieren der Sinnesorgane«[7]. Dem Gedicht *Sinnfälligkeit* zuzusprechen, legt den Eindruck, den alle Sinne speisen, *plastischer* Abgeschlossenheit und Fülle nah, die gleichsam zufällt (nicht nur in die Augen) und dem Gedicht Zustandgekommenheit, *Entstandenheit* bescheinigt. Der Hinweis darauf, das Gedicht bleibe immer eine

6 Aristoteles, *Die Nikomachische Ethik*, 1170a–1170b.

7 Celan, »*Mikrolithen sinds, Steinchen*«, S. 140.

Erscheinungsform der Sprache tut diesem Eindruck Abbruch. Das Gedicht, weil *sprachliche* Erscheinung, geht in der Fassung zur Gestalt, die alle Sinne speist, sättigt und befriedigt, nicht auf. Der Gesamteindruck, durch perfekte Synchronisation aller Sinnesorgane ins Werk gesetzt, vom Gedicht als Plastik, gleicht dem Sinnengenuß der höhern Stände, deren Interesse am sinnlich erscheinenden Gedicht beizeiten erlischt, weil der Wunsch, es loszuwerden, um der Bedeutung seiner Gestalt, seines Gehalts innezuwerden, überhand nimmt. Die vom Leser, der hier Fühlung mit dem Wilden, Bettler und Armen der niedern Stände nimmt, zu leistende *Synaisthesis* liegt im Innewerden eines Sinns für Sprache, der alles, was am Gedicht *als* sprachliche Erscheinung – für alle Sinne – in Erscheinung tritt, übertrifft. Die Fühlungnahme des Lesenden mit dem Gedicht, die in diesem Augenblick, wie Celan schreibt, »zu leistende Synaisthesis«, *besteht nicht*. Sie kommt so wenig zustande wie das *ent*standene Gedicht. Denn das entstandene Gedicht *ent*steht: es *ent*geht dem Schein seiner Entstandenheit, des Gedichts: steht vom Gedicht, das den Schein der Entstandenheit verbreitet, ab: gebricht. Der Sinn für Sprache, den Celan in diesen Worten streift, nimmt Sprache nicht als entstandene und bestehende, nicht als Sprach*bestand* und *Standes*sprache wahr, sondern setzt alle Sinne, die dem Gedicht begegnen, setzt den Sinnen*genuß* aller Sinne, die Gefallen am Gedicht finden – es mag abstoßen oder anziehn, gleichviel –, einer Erfahrung mit der Sprachlichkeit des Gedichts aus, die den Willen zur Synaisthesis ins Asyndetische, Asynthetische, Asynaisthetische öffnet und alles, was *als* sprachliche Erscheinungsform besteht, zerbricht: übertrifft. Die Begegnung des wilden Lesers mit dem *entstandenen* Gedicht legt nicht nur Risse durch den Eindruck des Gedichts als *plastische* Erscheinung, sondern legt jede kurrente und absonderliche Auffassung davon, was *Lesen* heißt, brach.

Die *Jerusalem-Stelle* im *Kampaner Thal* tritt in ein eigentümliches Verhältnis zum *entstandenen* Gedicht. Es ist, als habe die Erinnerung an das Andenken des ruinierten Jerusalem im Zeichen der *Unvollendung* oder der *Ent*standenheit, teilbare Spuren in Celans Gedichten gelassen, die weniger die zerstörte Stelle, Stätte oder Stadt in Erinnerung rufen, als den Namen – *Jerusalem* – (in mehr als einer Sprache) antasten. 1953 entsteht das Gedicht HIER, das Celan zwei Jahre später in den Band *Von Schwelle zu Schwelle* mitaufnimmt:

HIER

Hier – das meint hier, wo die Kirschblüte schwärzer sein will als dort.
Hier – das meint diese Hand, die ihr hilft, es zu sein.
Hier – das meint jenes Schiff, auf dem ich den Sandstrom heraufkam:
vertäut
liegt es im Schlaf, den du streutest.

Hier – das meint einen Mann, den ich kenne:
Seine Schläfe ist weiß,
wie die Glut, die er löschte.

Er warf mir sein Glas an die Stirn
und kam,
als ein Jahr herum war,
die Narbe zu küssen.
Er sprach den Fluch und den Segen
und sprach nicht wieder seither.

Hier – das meint diese Stadt,
die von dir und der Wolke regiert wird,
von ihren Abenden her.[8]

Zum *Entstehungsprozeß* des Gedichts erinnert Beda Allemann 1986 ein Gespräch mit Celan: »Es war zunächst, wie mir Celan eines Tages sagte, als Hiroshima-Gedicht geplant. Von dem Namen der japanischen Großstadt, der aus der Geschichte der Menschheit nie mehr zu tilgen sein wird, blieb im Entstehungsprozeß des Gedichtes schließlich nur das Ortsadverb ›Hier‹ übrig«[9]. Die Zurücknahme des Namens *Hiroshima* zum *Hier* läßt nicht nur nicht den Anfang des Städtenamens unentstellt übrig, weil sie das übrige *Hir-* zum *Hier* erweitert und entstellt; sie trägt unter dem Ortsadverb *Hier* nicht nur das Andenken an die durch den ersten Atombombenabwurf ausgelöschte Stadt dem Gedicht ein, nicht ohne auch den Ort des Ortsadverbs *Hier* aus der Nähe zum versehrten Städtenamen *Hir-* (oshima) mitzuentstellen; sondern die Partikel *Hier*, zugleich der Name des entstandenen Gedichts, entstellt unter anderem

8 Paul Celan, HIER, in: ders., *Von Schwelle zu Schwelle* [1955], Tübinger Ausgabe, hrsg. von Jürgen Wertheimer, Frankfurt a. M. 2002, 66–67.

9 Beda Allemann, »Paul Celans Sprachgebrauch«, in: *Argumentum e silentio. Internationales Paul Celan-Symposium*, hrsg. von Amy Colin, Berlin/New York 1987, S. 15.

auch das Andenken weniger an das ruinierte Jerusalem als an den verstümmelten, aus Transkriptionen ins Griechische und Lateinische wiederkehrenden Städtenamen *Hierosólyma* und *Hierusalem*. Unter dem Titel oder Namen HIER, auf den ersten Blick unangetastet, unübertroffen zuoberst, tritt das Gedicht, Zeile für Zeile, als eine Glosse aus Glossen, wie eines wilden Lesers, zu dem Wort *Hier* (vom *Namen* des Gedichtes abgesetzt) in Erscheinung. Glossen, die einander weniger ergänzen als übertreffen: einander Abbruch tun. Fünf Glossen zum HIER, das vom Gedicht abgesetzt, *ent*standen, dem Gedicht entgegen-, den Glossen, die es zu verorten suchen, widersteht, bietet das Gedicht auf. Die erste entstellt den Vorsatz, im HIER ein Ortsadverb zu entziffern, unwiderruflich: »Hier – das meint hier, wo die Kirschblüte schwärzer sein will als dort«. Nicht, *Hier meint*, sondern *Hier – das meint*. Das Hier, zwischen Wort und Name – fast verdinglicht, aus der Fassung zum Wort halb entlassen – suspendiert, meint nicht *Hier*, sondern – ohne die Pause oder Zäsur, weiß, zwischen *Hier* und *hier* im Namen eines *Aber*hier zu überbrücken – *hier*: sofern *Hier* meint, meint *Hier – hier*, ein Wort (hier das Wort *hier*) verbindlich verbunden, wie um eine Wunde zu kaschieren, taxiert, *syn*taxiert zu haben: *hier, wo*. (Ins *Wo-* zurückgenommenes *Wort*.) Doch wo genau: *hier*? »[...] hier, wo die Kirschblüte schwärzer sein will als dort«. Zwischen *Hier* und *dort* gespannt, *meint hier*, so könnte man meinen, den Ort dieser Zeile hier, wo die zu Asche verglühte Kirschblüte ins Wort, schwarz auf weiß, zurückgenommen, das Emblem der eingeäscherten Stadt Hiroshima zu zeichnen außerstande bleibt. HIER: die Hieroglyphe der Verstümmelung der Hieroglyphe. Und weniger (as you can hear): verstümmeltes, verstörtes *Hier-*. Keine Hieroglyphe: HIER. Die zweite Glosse, oder Zeile, unterstützt die *erste* nicht, sie hilft ihr nicht, die *gemeinte* Zeile zu sein, die sie scheint, sondern legt einen Riß mehr durch den gespaltenen Aufriß des *Hier* weiter oben: *Hier – das meint hier*: »Hier – das meint diese Hand, die ihr hilft, es zu sein«. Diese, die das Wort *Kirschblüte* verzeichnende Hand hier, der ich zuseh, bleibt nicht die durchs Wort bedeutete dort, sondern *diese Hand*, von der, die sie verzeichnet, abgetrennt, verzeichnet – schwärzer – das Fehlen der andern, die *diese Hand* auf dem Blatt (hier) zurückließ. Und auch die Wendung *die ihr hilft*, hilft weniger *ihr*: sie wirft (und verwirft) im *Hier* das Echo eines *-ier* und *ihr* und *-ir-*, weder im Namen eines *Hier* noch *Dort* mehr zu verorten. Die zuunterst gelegene, fünfte Glosse, oder Strophe, als verkörperte sie, unverkörperbar, den *fünften Stand*, meint diese Stadt. Sie liegt am unvertäutesten, zerstreutesten vor Augen:

Hier – das meint diese Stadt,
die von dir und der Wolke regiert wird,
von ihren Abenden her.

Die *diese Stadt* Überragenden, in den Stand des höchsten Stands erhoben, *Du* und *Wolke*, versammelt unter der Hand das lateinische Nomen *cumulus* als Krone und Wolke, zuhauf. Du und Wolke akkumulieren Hut vor Zerstörung und Zerstörung der Hut: Protektion im Zeichen der Krone, Vernichtung im Zeichen der Atombombenwolke. Unterlaufen aber wird die *gemeinte* Akkumulation, verdichtet ins *Hier*, vom unter den Augen, im Ohr – fast lautlos, blindlings – explodierenden *Hier*, das die schwirrenden, irren Resonanzsplitter, – d-*ir* – reg-*ier*-t – w-*ir*-d – *ihr*-en – *her*, … **ir** … **ier** … **ir** … **ihr** … **her** …, unauflesbar, un*aus*lesbar, nicht mehr faßt. Dem unauslöschlichen Übrigbleiben des Namens der ausgelöschten Stadt – unauslöschlich (der Name), *weil* ausgelöscht (die Stadt) –, wie Beda Allemann vermutet oder *meint*, entzieht das *ent*standene Gedicht – Hier – nicht nur Grund und Boden, sondern auch den (bestirnten) Himmel. Es akkumuliert, indem es im *Hier* die Erinnerung ans Andenken der verglühten Stadt *Hir*oshima zu erneuern *meint*, im Namen *dieser Stadt* nicht einfach die Erinnerung ans Andenken des ruinierten Jerusalem, entstellt nicht nur, aufbrechend aus dem *Hier*, das Schema aus Erhaltung und Vernichtung, im Aufriß der einen oder andern Stadt, Hiroshima – Jerusalem, sondern ruiniert, indem aus der Erinnerung ans Andenken des Städte*namens*, *Hiroshima*, fast als ein wildes Anagramm, *Hieroshalajim* auftaucht, den Glauben an die unauslöschliche Unspaltbarkeit beider Namen; des Namens überhaupt. Nur das *ent*standene, vom Eindruck der Ent*standen*heit des Gedichts Abstand nehmende, nur das dem entstandenen *ent*stehende Gedicht, dessen Stand und Stelle, im Zeichen von *Hier* und *Jetzt*, dessen sprachliche Erscheinungsform aufs Spiel gesetzt erscheint, *ent*scheint; erst Hier legt – so unerinnerbar wie unvergeßlich – Spuren zum ununterbindbaren Ruin sprachlicher Erscheinungsform. »[E]ine Spur läuft mitten durch sie«, nämlich mitten durch *diese Stadt*, verzeichnet ein erster, ausgelassener, Entwurf zur fünften Glosse oder Strophe des Gedichts Hier, »so fein, als käm sie von dort«[10].

Die zwischen *Nirgends* und *immer* gespannte Notiz von 1959, zur Entstehung und Entstandenheit des Gedichts – »!! Nirgends von der Entstehung des Gedichts sprechen; sondern immer nur vom entstandenen Gedicht !!« – wirft ein eigentümliches Echo im Übergang zwischen dem ersten und zweiten Entwurf eines Gedichts, das Celan, acht Jahre später, vierzehn Jahre nach Hier, auf den 3.12.1967 datiert, in der Rue d'Ulm schreibt:

10 Paul Celan, *Von Schwelle zu Schwelle* [1955], Tübinger Ausgabe, hrsg. von Jürgen Wertheimer, Frankfurt a.M. 2002, 66.

DU SEI WIE DU, immer.

Stant vp Jherosalem inde
erheyff dich

Auch wer das Band zerschnitt zu dir hin,

inde wirt
erluchtet

knüpftc cs ncu, in dcr Gchugnis,

Schlammbrocken schluckt ich, im Turm,

Sprache, Finster-Lisene,

kumi
ori.[11]

Den ersten Entwurf der ersten Zeile – *NICHTS IST WIE DU, nirgends* –, überschreibt Celan auf dem Durchschlag eines Typoskripts durch *DU SEI WIE DU, immer.* Zwischen dieser ersten Zeile oder Strophe und der nächsten, einer andern *Jerusalem-Stelle*, greift – weiß – eine Leerzeile, greift Zeilenleere Raum, bevor Jerusalem, hier – als *Jherosalem* – aus einer Predigt Meister Eckharts, wiederkehrt:

Stant vp Jherosalem inde
erheyff dich

Der erste Entwurf der ersten Zeile oder Strophe, die zugleich den Namen des Gedichts – *Nichts ist wie du* – verzeichnet – *Nichts ist wie du, nirgends* –, mag, indem sie sagt, nichts sei wie du, nirgends, wenigstens zweierlei besagen: daß du bist, und unvergleichlich (einzig), weil nirgends etwas ist, wie du (dort, wo du bist); mag aber auch besagen, daß nichts ist wie du, weil du nirgends bist. Du bist zwar, aber unverortbar. Alles ist irgendwie, irgendwo, doch du allein bist, und genau deshalb ist nichts wie du, nirgends: *nullo loco*. Die beiden Deutungsansätze, die einander nicht entsprechen, unvereinbar miteinander, sondern einan-

11 Paul Celan, DU SEI WIE DU, in: ders., *Lichtzwang* [1970], Tübinger Ausgabe, hrsg. von Jürgen Wertheimer, Frankfurt a. M. 2001, 176–177 und 201.

der *ent*sagen, wo nicht *entstellen*, legen Risse durch die Ort- und Unverortbarkeit des *Du*. Anstelle – doch diese *Stelle* läßt sich nicht um*reißen*, nicht *fest*stellen – eines feststellenden Aussagesatzes tritt eine Bitte, oder Forderung: *Du sei wie du, immer*. Sie entzieht der Annahme des ersten Entwurfs, daß du *bist*, den Grund. Denn sie besagt: du bist nicht du, niemals. Was sie fordert, ist nicht die Überwindung dieses *nicht*, sondern seine Beibehaltung: Du sei *nicht* du, niemals; sondern sei *wie* du, immer. Du gleiche dir, ohne eins mit dir zu sein, ja ohne zu sein. Sei, wie als ob du wärest. Du, halt Abstand *zu dir hin*, von dir, halt fest am dem, was keinen Halt gewährt, am *nicht*; bleib, wie nah zu dir du immer stehen magst, dir fern, *un*eins mit dir, *Un*du: *ent*steh (in dem privativen, vielleicht aber auch liberativen Sinn des Verbs *entstehen*, an den oben erinnert worden war). Die Beschwörung, *nicht* du zu sein, sondern *wie* du, immer; erlaubt unter anderem, im *Du* das *ent*stehende Gedicht weniger angesprochen als in jedem Wort, allen voran in dem Pronomen *Du*, um Abstandnahme eines jeden Worts von sich gebeten zu sehn. Die Bitte betrifft in der ersten Zeile, im Namen des Gedichts, nichts als dich, nichts als das initiale *Du*, das die Bitte auf der Schwelle zum Initial*du* aufhält. Die erste Zeile oder Strophe – *Du sei wie du, immer* – setzt das zustandekommende, ent*stehende* Du zu sich, zum ent*standenen* Du in Verzug.

Dieser Eröffnung, oder genauer *Ent*öffnung, Zurückhaltung vor dem anfangenden Gedicht, entspringt Zeilenleere, die jene andere *Jerusalem-Stelle*, aus einer Predigt Meister Eckharts, säumt. Eckhart erinnert anfangs den Anfang von Kapitel 60 aus dem Propheten *Ysaias* oder *Jesaja*, den er zunächst aus der *Vulgata* zitiert – *Surge illuminare iherusalem* – und dann in seine Sprache übersetzt wiederholt: »›stant vp jherosalem inde erheyff dich inde wirt erluchtet‹«.[12] Dies zitierte oder Zitatezitat zerschneidet Celan in zwei und interkaliert den zerschnittnen Teilzitaten Zeilen eines anfangenden Satzes – seinerseits zerschnitten –, die das Zerschneiden der *Jerusalem-Stelle* kommentieren:

Stant vp Jherosalem inde
erheyff dich

Auch wer das Band zerschnitt zu dir hin,

inde wirt
erluchtet

knüpfte es neu, in der Gehugnis,

12 Meister Eckhart, *Predigt 14*, in: ders., *Die deutschen Werke*, hrsg. und üb. von Josef Quint, Erster Band [Predigten Erster Band], Stuttgart 1958, 227–241 und 485–487.

Diese andere, nicht nur zitierte, sondern in andre und aus andern Sprachen in wiederum andere Sprachen übersetzte Bitte oder Forderung aus dem Propheten *Ysaias*, an *Jherosalem* gerichtet, eröffnet im Lateinischen der *Vulgata* die Verbform *Surge*, der Eckhart durch Übersetzung in zwei Verben, die *jherosalem* flankieren, entspricht: *Stant vp* [...] *inde erheyff dich*. Josef Quints Übersetzung ins Neuhochdeutsche, die Celan auch vor Augen hatte, hält fest: *Steh auf* [...] *und erhebe dich*[13]. Es ist die dritte der vier von Jacob Grimm im *Deutschen Wörterbuch* rubrizierten Bedeutungen des Verbs *entstehen*: »3) *positives* entstehen, *oriri, werden, eigentlich aufstehen, surgere, ganz wie* entspringen, *aufspringen*«. Eine den Rissen, die das *Du*, die dich durchlaufen und nicht nur sein (oder dein) Zustandekommen, sondern auch das des *Gedichts* aufhalten, entsprechendere Übersetzung von *Stant vp* [...] *inde erheyff dich*, die das *Un*zustand nicht nur des *Du* und nicht nur des *Gedichts*, sondern auch *Jherosalems*, insofern *Du* auch auf *Jherosalem* verweist, nicht unterschlägt, könnte (verschwiegener) lauten:

Entsteh Jerusalem ent-
steh

Anders wiederholt, nicht sowohl: ent*stehe*, nämlich steh auf und entspringe (wie um zu blühn), sondern *ent*steh: *sei* nicht und sei nicht *du*; verfehle dich, nämlich alles, was *als* Jerusalem entstanden – oder zerstört, zerstreut und ruiniert – steht. Die interkalierten, auch – wie Eckharts Übersetzung der *Jerusalem-Stelle* – auseinandergeschnittenen Zeilen »Auch wer das Band zerschnitt zu dir hin, [...] knüpfte es neu, in der Gehugnis« glossieren (*an*satzweise) die das privative (vielleicht *liberative*, womöglich *illokutive*) *Ent*stehen heimsuchende Gefahr. Denn der Schnitt durch alles, was *als* Jerusalem, wie *als* Jerusalem-*Stelle* aus der Erinnerung an Jerusalem mehr und weniger verbindlich wiederkehrt, suggeriert *verbindliche* Separation: er knüpft, *indem* er es kappt, das Band *zu dir hin* neu, *in der Gehugnis*. *Gehochnysse*, *Gehugnisse* (oder *Gedächtnis*), nennt Eckhart in derselben Predigt eine Kraft, »de ment eyne heimeliche, verborgen konst« [ein geheimes, verborgenes Wissen].[14] Es ist der Schnitt, der das Band zu dir hin neu knüpft, dich *als* Unzugängliche, Entschwundene, Versunkene ins Gedächtnis verdichtet: ins Gedicht *als* Gedächtnis verwahrt. Das in der ersten Zeile, im Namen des Gedichts – Du sei wie du – angeschnittene *Ent*stehen, das so gut auf das Gedicht wie auf Jerusalem bezogen werden kann, läuft Gefahr, vom Glauben an *verbindliche* Schnitte

13 Ebd., 485.
14 Ebd., 230–231 und 485.

unterhalten, die Unent*standen*heit beider, Jerusalem wie das Gedicht zu Memorabilien, Erinnerungsstücken festzustellen und im Gedicht als Gedächtnis speichern zu wollen. Das *ent*standene Gedicht *ist* aber nicht, und kein *Gedicht*, ohne doch *kein* Gedicht *zu sein*, sondern *wie*: das ent*standene* – *ent*steht: es geht (nicht zuletzt, weil kein Speicher sein *Ent-* oder Auseinander faßt) in der Auslegung zur *Gehugnis* nicht auf.

Dies splitternde *Ent-*, und splitternde *-stehn*, betrifft auch den übersetzten Erinnerungsfetzen *inde wirt | erluchtet*, Eckharts Entsprechung des lateinischen Verbs *illuminare*. In Quints Übersetzung: »und werde erleuchtet«; in Luthers Übersetzung: WERDE LIECHTE.[15] Die beiden Zeilen oder Strophen weniger im Anschluß an, als in die Zeilenleere intarsiert, die dem Satzansatz um *Band* und *Schnitt* nur lose, ins Asyntaktische, Ataktische, *Par*-a-taktische ausfransend, anzuhängen scheinen – »Schlammbrocken schluckt ich, im Turm, [...] Sprache, Finster-Lisene,« – treiben Keile, weder aus Licht noch aus Schlamm, ins *erluchten*, LIECHTE und *illuminare*. Das Wort *Schlammbrocken* taucht aus einer Stelle im *Spiegel* (vom 27.11.1967) auf. Dort war der dritte und letzte Teil einer Serie, als Vorabdruck der deutschen Übersetzung, aus einem Buch von Flora Lewis, unter dem Titel »H-BOMBE VERMISST .... Die Suche nach der verlorenen Wasserstoffbombe von Palomares« erschienen. Am 17.1.1966 war, nahe dem spanischen Fischerdorf Palomares ein B-52 Bomber mit vier Wasserstoffbomben an Bord abgestürzt. Das Buch berichtet von der Suche nach den vier Bomben; drei, die auf Land gefallen waren, wurden bald gefunden; eine vierte (die ins Meer gefallen war) blieb verschollen. Im zweiten Teil des Vorabdrucks (erschienen eine Woche zuvor, im *Spiegel* vom 20.11.1967, dessen Titelgeschichte, *Gelobtes Land – Erobertes Land*, durch ein Portrait Theodor Herzls im Davidstern vor einer historischen Zeichnung der – halb ruinierten halb bewohnten – Stadt Jerusalem auf dem Cover illustriert wurde, war an *Hiroshima* erinnert worden: »Bald sprachen die ausländischen Sender offen von der Suche nach einer vermißten H-Bombe und über ›mögliche tragische Konsequenzen einer atomaren Verseuchung‹, über die Gefahr von ›Krebs, wie er in Hiroshima als Folge der Bombe auftrat, die von den Amerikanern im Zweiten Weltkrieg abgeworfen wurde‹«.[16] Der dritte Teil, aus dem Celan, versunken in den Text, das Wort *Schlammbrocken* birgt, berichtet unter dem Zwischentitel *Fahndung unter Wasser* ausschließlich von Suche, Fund und Bergung der im Meer verschollenen vierten H-Bombe. Drei Tauchboote sind im Einsatz, die Spur der versunkenen H-Bombe aufzuneh-

15 Martin Luther, *Biblia: Das ist: Die gantze Heilige Schrifft / Deudsch / Auffs new zugericht* [Wittenberg 1545], hrsg. von Hans Volz, Band 2, München 1974, 1258.

16 *Der Spiegel*, 20. November 1967, Nr. 48, 21. Jahrgang, 106.

men. Eines unter ihnen heißt *Aluminaut*, der Name seines Kapitäns, *Markel*, wirft, wie unter Tonerde und Schlamm begraben, ein fast lautloses Echo von *Antschel* und *Celan*. An einer Stelle heißt es:

> Noch immer stand für die Unterwasser-Operationen keine zuverlässige Karte des Meeresbodens zur Verfügung. Als die »Aluminaut« einmal mit einem für 360 Meter Tiefe berechneten Ballast beladen war, stieß sie bei 180 Meter hart auf Grund. Das Tauchboot mußte einen Abhang hinunterschleifen, um in tieferes Wasser zu gelangen. / Als Markel am Meeresgrund den Ballast abwarf, bekam das Boot keinen Auftrieb und bewegte sich nicht mehr. Das Leben der Besatzung ließ sich durch Absprengen des Kiels retten: Markel nahm an, sie steckten im Schlamm fest. Er befahl seiner Besatzung, in einem Pulk von einem Ende der Kabine zum anderen zu laufen, um so das Boot freizuschütteln. Schließlich hob es sich sehr langsam. / Es war ein langer, qualvoller Aufstieg. Erst als sie aufgetaucht waren und das Tauchboot aus dem Wasser hievten, entdeckten die Männer, daß die Gefahr größer als vermutet gewesen war. Gewaltige Schlammbrocken hatten die »Aluminaut« schwerer gemacht, als sie zum Aufstieg hätte sein dürfen. An Deck der »Fort Snelling« brauchte man zwei Tage, um die zähe Erde abzuschaben.[17]

Ein anderes Tauchboot, *Alvin*, spürt die Bombe auf. Ein Tonbandgerät auf dem Flaggschiff hält die Gespräche und den Augenblick des Funds der Bombe, in Fetzen eines Fallschirms mit losen Leinen verwickelt, fest: »›Hier Echo. Verstanden. Bleibt einen Augenblick an der Stelle. Justiert euch darauf‹«. Und weiter:

> Das Tauchboot erhielt den Befehl, sich auf eine Position nahe der Bombe zurückzuziehen. Dort hatte es zu warten, bis die »Aluminaut« zur Ablösung herabkam. / Um die Position zu halten und die Energie der »Alvin« nicht im Kampf gegen Strömung und Drift aufzubrauchen, zwängten die Piloten ihr Fahrzeug in eine Spaltöffnung. Sie saßen wartend acht Stunden im Dunkel und knipsten nur zuweilen kurz ihre Lichter an, um die Batterien nicht zu erschöpfen. Als das Wasser im Süden jadegrün zu glimmen begann, war es ein fast ebenso aufregender Augenblick wie bei der Entdeckung der Bombe: Die »Aluminaut« erschien, und die »Alvin« konnte auftauchen.[18]

17 *Der Spiegel*, 27. November 1967, Nr. 49, 21. Jahrgang, 126–127 (siehe den Hinweis von Barbara Wiedemann in der von ihr kommentiert herausgegebenen Ausgabe Paul Celan, *Die Gedichte*, Berlin 2018, 1023).

18 Ebd., 129–130.

Das Herabkommen – dem von Jacob Grimm verzeichneten positiven Entstehen (*oriri*), Aufstehen (*surgere*) und Entspringen entgegen – der *Aluminaut* zur Bomben-Stelle wird als ein Augenblick der *Illumination* beschrieben. Doch *Alumination* (buchstäblich die Auslöschung des Lichts, von *Alumen* – salzhaltiger Tonerde – durchsetzt) und *Illumination* fallen an dieser Stelle, der verschollenen H-Bombe nah, einander so ins Wort, daß weder Erleuchtung noch Verfinsterung zustandekommen. *Ich*, wie aus der Erinnerung an den Piloten im Turm des Tauchboots, *schluckt*, vertieft in den Text, durch die gläserne Linse des Ausgucks, sehenden Augs (das Wort) *Schlammbrocken*. Die Zeile (oder Strophe) *Sprache, Finster-Lisene* präzisiert Celans Wahrnehmung der Stelle.

Eine Zeichnung im *Spiegel* unter dem Titel *»Broken Arrow«* (das Codewort der Amerikaner für einen atomaren Zwischenfall) *unter Wasser* verzeichnet den Fundort der Bombe, die über eine unterseeische, von Rissen durchsetzte

Klippe aus Klippen, die in der Zeichnung leicht vortretenden senkrechten Streifen an Außenwänden von Gebäuden, *Lisenen* gleichen, geglitten und am Rand eines Abgrunds hängen geblieben war. *Sprache, Finster-Lisene*: Celan vermerkt den Ort, die verbrachte Stelle unter Wasser, die – weil Fundort der H-Bombe – den Decknamen *Broken Arrow* trägt, eine verschollene Fundlandschaft im Finstern, aus Schlamm und zerfurchten Felsen, als *Sprache*. Ein anderer Name, als Deckwort erinnert, nämlich der des Fischerdorfes *Palomares* (wörtlich *Ort der Tauben*) knüpft ein rissiges Band zur *Jerusalem-Stelle*, denn auch Jerusalem heißt, in demselben Kapitel 60 bei Jesaja, das die *Vulgata* mit den Worten *Surge illuminare iherusalem* eröffnet, weiter unten, Ort der Tauben. Hier in Luthers Übersetzung: »WER sind die | welche fliegen wie die Wolcken | vnd wie die Tauben zu jren [Jerusalems] Fenstern?«[19] In der Antwort auf diese Frage fliegen, vom Vorabdruck des Buchs im *Spiegel* her, anstelle der Wolken und Tauben, Bomben, und zeichnen ein Bild atomarer Bedrohung. Doch die vielfachen, zerkerbten Überschreibungen, Gegen- und Nebeninskriptionen, in die Stelle aus dem Propheten Jesaja – *Surge illuminare iherusalem* – und Eckharts Übersetzung – *Stant vp Jherosalem inde erheyff dich inde wirt erluchtet* –, von *Alumination* und *Illumination*, von *Palomares* und *Jerusalem*, von Jerusalem-Stelle und H-Bomben-Stelle im Gedicht DU SEI WIE DU das jede dieser Stellen aus der Fassung zur Stelle *ihres Ortes* treibt (und zerreißt, und sprengt), und noch das Wort Schlamm*brocken* unter dem Deckwort *Broken Arrow* so zerbricht, daß Risse durch die *bedeuteten* Brocken und Zerbrochenheiten gehn (die sich weder mehr *schlucken* noch *verschlucken* lassen), rücken das entstandene Gedicht – das weniger gekappte Satzansätze als versprengte splitternde *Spreng*sätze verzeichnet – an die Stelle der vermißten Bombe, und präzisieren den Ort des ent*standenen* Gedichts nicht mehr nur zum *ent*stehenden, sondern ent*stellenden* Geschehen, unfaßbar lautlos anfangender Explosionen, unscheinbar verlangsamter Detonation unter den Augen, die das entstandene Gedicht zu sehn, um am entstandnen festzuhalten, außerstande bleiben.

kumi
ori.

Zuunterst verzeichnet Celan, nicht neben-, sondern untereinander, nicht *para*taktisch, sondern *par-a*-taktisch, den hebräischen Untergrund der ins lateinische *Surge illuminare* und deutsche *Stant vp* […] *inde wirt erluchtet* übersetzten Wendung *kumi ori*, die Ilana Shmueli in ihrem Buch *Sag, daß Jerusalem*

19 Martin Luther, *Biblia*, Band 2, 1258.

ist, durch *erhebe dich, leuchte* übersetzt[20]. Doch *ori* hält, im Untergrund des Gedichts, nicht am *Leuchten* fest, auch nicht an einem, die Sprachen mischenden, den Orient versehrenden *ex ori- lux*, sondern verstümmelt, zerschnitten, das lateinische Verb *oriri*, das Jacob Grimm als eine der semantischen Nuancen positiven *Entstehens* festgehalten hatte: *ori* gehört weder mehr der einen – hebräischen – noch andern – lateinischen – Sprache an, sondern *entsteht* – ununterbindbar auseinander- –, am Ort des splitternden Gedichts, DU SEI WIE DU, beiden.

Im November 1964 hatte Paul Celan einer Radierung von Gisèle den Namen oder die Legende eingetragen: *Je maintiendrai*. Ein Name, der in spätern Untertitelungen der Gravur nicht beibehalten wird[21]. Das französische Verb *maintenir* erlaubt transitiv und intransitiv orientierte Deutungen. Der intransitiven nah, könnte eine Übersetzung ins Deutsche durch *Standhalten, Durchhalten* entsprechen; der transitiven nah, durch *Etwas fest-, aufrechthalten*. Fünf Jahre später, am 13. Dezember 1969, schreibt Celan ein Gedicht, das er Mitte März 1970 dem letzten Brief an Gisèle beilegt, als ein Geschenk zu ihrem 43. Geburtstag. »Voici«, schreibt Celan, »un poème écrit en pensant à toi«: ein Gedicht geschrieben in Gedanken an Dich.[22] Die Handschrift des deutschen Textes begleitet eine Übersetzung, Wort für Wort, ins Französische. Es ist, als entzifferte das Gedicht, unter die spätere Überschreibung zurück, die Legende *Je maintiendrai*. Nicht, um sie *aufrechtzuerhalten*. Nicht, um das in eine Zukunft entworfene *-stehn* zu bestätigen. Sondern das Gedicht zerschreibt, es reibt oder rauht, unter der Hand, entstellenderen und entbuchstabierenderen Zügen durch das Wort *entziffern* näher, den Zusammenstand des Verbs *maintenir* auf. Es liest es auseinander:

Es wird etwas sein, später,
das füllt sich mit dir
und hebt sich
an einen Mund

Aus dem zerscherbten
Wahn
steh ich auf

20 Ilana Shmueli, *Sag, daß Jerusalem ist. Über Paul Celan: Oktober 1969 – April 1970*, Eggingen 2000, 26.

21 Paul Celan, Gisèle Celan-Lestrange, *Correspondance (1951–1970)*. Éditée et commentée par Bertrand Badiou avec le concours d'Eric Celan, Band 2 [*Commentaires et illustrations*], Paris 2001, Anhang, Abbildung 68.

22 Ebd., Band 1 [*Lettres*], 687–688 [Paris, 18?.3.1970].

und seh meiner Hand zu,
wie sie den einen
einzigen
Kreis zieht

Das Gedicht schreibt die proverbiale, stehende Wendung *Von-der-Hand-in-den-Mund*, die den Inbegriff prekären Lebens, am Rand der Ausgestoßenheit aus ökonomischen und politischen Zusammenhängen, in ein Sprichwort tut, auseinander. Die Hand, *meine Hand*, der zweiten Strophe führt nichts in *meinen* Mund. Sie *ent*steht. Etwas, das sein wird, später, ist kein Leben von der Hand *in* den Mund, sondern füllt sich mit dir und hebt sich *an* einen Mund: weder um zu munden noch zu münden. Nichts wird eingenommen werden – keine Stelle, keine Speise – im Hinblick auf (vorübergehende) Sättigung und Stillung, Stillstellung des Hungers. Das zerbrechliche, prekäre Leben wird, wie die stehende Wendung *Von-der-Hand-in-den-Mund*, die es zur Faustregel verhandlicht, zerbrochen worden sein. Kein *Gericht*, aus der Hand in den Mund, füllt denselben, sondern die zweite Strophe des Gedichts, in ihren ersten Zeilen, zerschlägt (auch dies unter der Hand) ein anderes Wort: das *Scherbengericht*; aus der Erinnerung an »*ein athenisches volksgericht, um staatsgefährliche bürger aus Athen zu verbannen, wobei jeder stimmende den namen dessen, den er verbannt wissen wollte, auf eine scherbe* (*ὄστρακον*) *schrieb*«.[23] Das Zerscherben der Scherbe, die den Namen, ihn auszustoßen und den Träger des Namens mit ihm, verzeichnet, zerschlägt den Willen oder Wahn, im Namen des Namens – als Scherbe – Gericht zu halten und am Scherbengericht – als Richter oder Zeuge oder Opfer – festzuhalten, uneinsammelbar. Das Aufstehn – *Aus dem zerscherbten | Wahn | steh ich auf* –, das anfängt, nicht aufhört, nicht *zustande*kommt, *ent*steht der zerscherbten Scherbe des verzeichneten Namens. Es steht in keinem Namen auf, weder im Namen des Namens als *Los*, noch im Namen der Namen*losigkeit*, sondern unschlüssig, unfaßbar *lose*. Das Gedicht ist kein *Scherbengedicht*, das ganze im Namen des ein oder anderen Namens zu rekonstruieren. Es sucht weder Anhalt noch Halt, den ein oder andern zu finden, sondern zerschlägt die Legende *Je maintiendrai*:

Aus dem zerscherbten
Wahn
steh ich auf
und seh meiner Hand zu,

23 *Deutsches Wörterbuch von Jacob und Wilhelm Grimm*, Band VIII, Leipzig 1893, Spalte 2565.

Das Verb *maintenir* bietet keinen Anhalt mehr, aus- oder durchzuhalten. Es wird, an dieser Stelle, zu Hand – *main* – und halten – *tenir* – auseinandergeschrieben; nicht zur Hand, die hält, sondern das Gedicht hält Hand und Halten auseinander-: *ent*steht, indem es beide enthält (einander vorenthält), beiden: nimmt, in diesem Augenblick, Fühlung (von Fühl*losigkeit* durchsetzt) mit Unhaltbarem. So, daß offen bleibt, *wer* die Hand hält und *was* die Hand hält – von einem Stift, den sie hält, ist keine Rede –, der ich *zuseh*: jeder Haltung, Handhabe und Handlung, zu der ich meine Hand anhalten könnte, ledig. Daß ich *seh*, gehört dem Auf*stehn* weder an noch zu; nicht indem ich auf*steh*, *seh* ich, sondern daß ich *seh*, entstellt, daß ich *steh*. Kein *t* stabilisiert mehr das *Sehn* zum *stabenden*. Das Sehen steht mir nicht unter allen Umständen zu, sondern sieht, als säh es; sieht, als sähe *ich*; sieht, als säh ich doppelt: *-zuzu-*. Das Sehn verzieht, versehrt, indem es *zu*sieht, noch den Zug und Vollzug – auch er kommt nicht zustand –, noch den Verzug meiner Hand, wie sie den einen einzigen Kreis zieht – der nicht schließt.

Am 3. April 1970 schreibt Paul Celan an Ilana Shmueli: »Ich habe Dir einen Brief versprochen für heute, Ilana, aber lang kann dieser Brief nicht werden: ich bin ganz uneins mit mir«.[24] Das Versprechen, das ich gab – ich *mir* nicht weniger als *Dir* –, Dir heute einen Brief zu schreiben, kann nur gebrochen eingelöst werden; bleibt, anders wiederholt, uneingelöst, lose, offen: legt Risse nicht nur durch den Vorsatz, *Heute* zu verorten und dorthin aufzubrechen, um *heute* Dir zu schreiben, sondern Risse auch durch *mich*. Hier. Denn ich, der ich das Versprechen gab, bin mit mir, der ich den Brief schreibe, *ganz uneins*, fort-von-mir. Ich bin nicht ganz bei und *mit mir*, sondern seh, indem ich mir beistehe, von mir ab. Ich *ent*stehe mir, indem ich meiner Hand zusehe, wie sie schreibt. Dies Schreiben bezieht nicht *sich* auf Briefe, die ich zu schreiben verspreche, denn die schreibende Hand, der ich zuseh beim Schreiben, ist nicht ganz bei mir, nicht ganz bei sich, nicht ganz beim Schreiben, sondern schreibt abgesondert, sonderbar: durch die Hand nicht weniger als durch das, was ich sie schreiben seh, gehn Spuren der Ungehaltenheit, Unhaltbarkeit und Unfeststellbarkeit der Schriftzüge zu Geschriebenem und *Auf*geschriebenem. Das Schreiben bietet der Hand – wie den Augen – keine Handhabe mehr. Die Hand hält, *daß* sie schreibt; die Hand hält, *was* sie schreibt; nicht fest. Dies abhandenkommende Schreiben (und keins, das nicht abhandenkäme, nämlich nicht geht, sondern *aufbricht*) verzeichnet weniger die Briefe, die ich zu schreiben verspreche, als *meine Gedichte*. Bei mir, das heißt – und unterstreicht, daß ich ganz uneins bin mit mir –, nicht bei mir, sondern *bei meinen Gedich-*

24 Paul Celan – Ilana Shmueli, *Briefwechsel*, hrsg. von Thomas Sparr, Frankfurt a. M. 2004, 133.

ten auszuhalten: »Oft, so auch jüngst in Deutschland, sage ich mir, daß ich bei meinen Gedichten aushalten muß, bei ›Lichtzwang‹ und dann noch bei ›Schneepart‹, daß dies Dazustehen mein Kampf ist, mein Schicksal«.[25] Das eine Wort *Dazustehen*, das die Forderung – sie ergeht von mir an mich, unterwegs zwischen mir und mir, weder ganz bei mir noch ganz bei mir, und genau aus diesem Ungrund nicht ganz eins, sondern ganz (über alle Maßen) uneins mit sich – bei meinen Gedichten aushalten zu *müssen*, präzisiert, spaltet den Zusammenhalt des *Müssens*, das mit sich zusammenstehen *muß*, nicht -steht, auf. Denn dies Da*zu*stehen, nämlich meinen Gedichten beistehn zu *müssen*, als brauchten die *ent*standenen Gedichte mein Da*zu*stehn, um *da*stehn zu können als ent*standene*, steht ab von sich, spielt – wandernden Akzenten überlassen – in ein bloßes *Da*zustehen. Dem *Da* – da, *wie* da, hilft kein Da*zu*stehn, kein anderes, Da *selbst*, um *da*zustehn. Das bloße *Da*stehn sieht – *ent*blößender – vom bloßen *Da*stehn ab: *ent*steht beiden: dem *Da-* nicht weniger als *-stehn*.

Drei Tage später, am 6. April 1970 schreibt Celan, und setzt *da* zwischen Anführungszeichen aus, noch einmal an Ilana Shmueli: »Ich bin nur intermittierend ›da‹«.[26] »Da« – als wär Da da, als wär ich ich und wär ich *da* (unausgesetzt): »Ich bin nur intermittierend ›da‹. Meine Gedichte – in Stuttgart gab es spürbaren Widerstand bei den Zuhörern, in Freiburg, wo ich sie zweimal, in engem und engsten Kreise bei Prof. Baumann las, bewirkten sie, nicht bei allen Anwesenden, auch nicht beim ebenfalls zuhörenden Martin Heidegger, ein Äußerstes an Hören und Verstehen –, meine Gedichte schaffen mir augenblicksweise, eben wenn ich sie lese, Daseinsmöglichkeit, Stehen.«[27] Die Parenthese über Lesungen in engerem und engstem Kreis, zwischen *Widerstand* und *Verstehen* gespannt, nennt zwei der vier im *Deutschen Wörterbuch* verzeichneten semantischen Nuancen von *Entstehen*. Daß meine Gedichte mir – augenblicksweise, also intermittierend – Daseinsmöglichkeit *schaffen*, streift eine dritte, die an *»positives* entstehen, *oriri, werden, eigentlich aufstehen, surgere, ganz wie* entspringen, *aufspringen«* erinnert. Wenn ich meine – entstandenen – Gedichte lese, entsteht für mich durch sie, entsteht für Augenblicke – Unterbrechungen von Augenblicken –, für Augenblicks*brüche*, Daseinsmöglichkeit, Stehen. Was sie schaffen, ist weder *Da* noch Da*sein*, sondern Daseins*möglichkeit*. *Ek-*, ohne *-sistenz*. Indem sie die Möglichkeit da zu sein eröffnen, bleiben sie nicht nur vor der Verwirklichung des Möglichen zurück, sondern präzisieren Verwirklichung – vollendete Tatsachen zu schaffen – und Wirklichkeit – vor vollendete Tatsachen zu stellen –

25 Ebd., 133–134.
26 Ebd., 135.
27 Ebd.

zu *möglichen*. Sie, *meine Gedichte* (doch sie gehn weder mehr in der Fassung zu *meinen* noch zu *Gedichten* auf), brechen, indem ich sie lese, *wieder*lese – Wiederholungen, die einander nicht ergänzen, sondern unterbrechen –, den engeren und engsten Kreis ihres *Da*, Da*seins* auf und *ent*stehn – für Augenblicks*brüche* –, so, dem Schein ihrer Entstandenheit, wie dem *Da*- und *-sein* des Lesenden. Sie *-stehn*

Asif Rahamim

»Mit der untrüglichen Spur«

Poetic Cartography in Paul Celan's »Jerusalem«-Poems

And I lifted up mine eyes again, and saw, and behold
a man with a measuring line in his hand. Then said I,
»Whither goest thou?« And he said unto me, »To measure
Jerusalem, to see what is the breadth thereof, and what
is the length thereof«.

(Zechariah 2:1–2; JPS)

When Paul Celan returned to Paris in late October 1969, after his long-anticipated journey to Israel, he carried with him, among other souvenirs, a short note written by his childhood friend and companion on the Jerusalem tour, Ilana Shmueli. Following Celan's request, in this note Shmueli sketched a brief and concise account of their two-day trip in and around Jerusalem, tracing their footsteps and naming the sites and places they had visited.[1] Based on this note and on his own memories and notes, in the weeks that followed Celan composed a cycle of poems, revisiting his encounter with the city, its landscape and atmosphere, and his own thoughts and feelings during the tour.[2]

Little by little, as in the work of a meticulous and skillful cartographer, the Holy City emerges from these poems and takes shape. Yet, this »shape« is considerably different from the one commonly portrayed by traditional maps of the city. Celan's Jerusalem is a fragmented and unstable entity, its contours – always on the verge of melting under the blazing rays of an infernal sun – vague and deceiving, and every corner, path, door, and wall seems to conceal its true nature, leading to another, hidden topography, foreign and hostile. Ceaselessly evoking confusion, bewilderment, and at times even fear, Celan's Jerusalem poems set out to destabilize the common one-dimensional map-

1 Ilana Shmueli, *Sag, daß Jerusalem ist*, Eggingen 2000, 24.

2 As Lydia Koelle – who was the first to offer a thorough account of Celan's visit to Jerusalem – puts it, only after this »Israel-Reise« did Jerusalem become *concrete* for the poet. See Lydia Koelle, »Celans *Jerusalem*«, in: *Der glühende Leertext. Annäherungen an Paul Celans Dichtung*, München 1993, 275–210, here 288.

ping and divisions of the city's landscape and replace it with a multi-layered compound map, a map which seeks to reveal the true nature of Jerusalem: to present the city as it *really* is, and as it *ought* to be. To do so, the poems present a different method of space-mapping, which I call *poetic cartography*. By placing different topographical layers from different ontological orders alongside and atop each other, there emerges a *hyper-map* of Jerusalem, in which we are invited to move vertically, horizontally, and even temporally, from one topographical grid to another: physical, mythical, literary, and historical, and that of memory, both individual and collective. The grids constantly dissolve into each other, intersect, diffuse, and overlap; space becomes saturated, filled with movements and changing vectors, crowded with echoes and ghosts. It is a space in which innumerable meridians move in innumerable directions to connect what would otherwise remain buried, forgotten, silent, and lost. This act of space-mapping, which is in fact space-*recreating*, is enabled through poetic language, through a thorough weaving of an elaborate web of sounds and meanings, of textual echoes and associations. Language re-shapes, enriches, and eventually *corrects* geography in the confines of the poem.[3]

In his seminal volume *The Practice of Everyday Life*, a work devoted to space and place and to practices of mapping and moving through spaces and places, Michele de Certeau mentions, among other things, an Aztec map of the fifteenth century which describes the exodus of the Totomihuacas people. These drawings, de Certeau argues,

> [o]utline not the »route« (there wasn't one) but the »log« of their journey on foot – an outline marked out by footprints with regular gaps between them and by pictures of the successive events that took place in the course of the journey (meals, battles, crossings of rivers or mountains, etc.):[4]

In what follows, I argue that Celan's Jerusalem poems write their own cartographical »history book«, in which Jerusalem is the *unctum Archimedis* as well as the final destination: the historical and the symbolic Jerusalem, the city of destruction and rebellion, of sons fighting their own fathers; the city of count-

3 Prior to the composition of the Jerusalem cycle Celan had written numerous »map-poems« that exhibited poetic mapping and reconstruction of a certain landscape, most notably ENGFÜHRUNG, TODTNAUBERG, and DU LIEGST. Cf. Paul Celan, *Die Gedichte. Kommentierte Gesamtausgabe*, Frankfurt a.M. 2014 [2003], 113, 282, 315. However, this is the first time that Celan's poetic cartography extends across an entire cycle of poems.

4 Michel De Certeau, *The Practice of Everyday Life*, trans. Steven Randell, Berkeley 1984, 120 (italics mine).

less dead, of cemeteries and gravestones, of sealed iron gates, the city of hope and longing which stands as an eternal witness to the suffering of its people.

Before proceeding, I would like to make two methodological remarks. First, the »Jerusalem cycle«, as I call it, consists of different kinds of poems. Because my orientation in this essay is Celan's poetic cartography, I limit my discussion to the poems directly addressing the physical topography of the city and the poet's encounter with it.[5] Other poems will inevitably be left out. Second, and most important, the Jerusalem poems, and the other poems included in *Zeitgehöft,* were published posthumously. Thus, there are reservations in this regard, not least that Celan did not provide a title for the cycle. We have no way of knowing if he would have approved of such a distinctive title, one that imposes a very specific (and unavoidably narrow) frame of reference on the poems. Even if Celan had eventually given such a title to the poems he wrote after his visit to Jerusalem, we cannot be certain that he would have included every poem comprising the published version of the cycle. It is plausible that he would have omitted one or two of them (or even more) for not being »Jerusalem enough«.

Construction

DAS LEUCHTEN, ja jenes, das Abu Tor auf uns zureiten sah, als wir ineinander verwaisten, vor Leben, nicht nur von den Handwurzeln her – :	THE RADIANCE, yes, the one that Abu Tor saw riding towards us, when we orphaned into each other, for life, not only up from the wrists – :
eine Goldboje, aus Tempeltiefen, maß die Gefahr aus, die uns still unterlag.	a goldbuoy, from temple-depths, surveyed the danger that slyly underlay us.[6]

Although some of the places mentioned by Ilana Shmueli in her document do not appear in any of the poems, her report – concise, laconic, poetic in its own

5 For this reason, I will not discuss the poem WIR, DIE WIE DER STRANDHAFER WAHREN, which was written about Tel Aviv (Celan, *Die Gedichte*, 360).

6 Paul Celan, *Breathturn into Timestead: The Collected Later Poetry*, trans. Pierre Joris, New York 2014, 434.

way – is one of the two pillars upon which Celan's Jerusalem poems stand. Let us examine one segment, concerning Celan and Shmueli's arrival in the Abu Tor neighbourhood: »das Licht – Abu-Tor, der Blick aufs Hinnomtal (Molochs Altäre) – das Licht« [»the light – Abu-Tor – the sight of Hinnom valley (Molochs alters) – the light«].[7] This phrase echoes in the opening of DAS LEUCHTEN: »Das Leuchten, ja jenes, das | Abu Tor | auf uns zureiten sah«. What Celan has incorporated from Shmueli's text is easily discernible: first, there is the place itself, Abu Tor, and second – with a minor, but significant change – the lighting. What he omits, however, is of great significance. Moloch's altars, the remains of which are scattered in *Gay Ben Hinnom* (גיא בן הינום), the Valley of Hinnom, are conspicuously absent from the poem. This valley, according to ancient traditions, is where some of the kings of Judah ordered the sacrifice by fire of children to the Canaanite god Moloch; it is also the gate to Hell itself (*Geyhennom*, גיהנום). As opposed to other gates mentioned throughout the cycle (the Golden Gate and the Lions' Gate), this one is only implied, lurking behind the explicit coordinates provided by the poem (Abu Tor, the hill, and the *Goldboje*, which follows) and hinting at a horrific aspect of this territory.

Another detail in Shmueli's document is transformed when incorporated into the poem: the word *das Licht* is mentioned twice in the document (at the beginning and at the end of this segment), to mark its significance. Celan transforms this word into *das Leuchten* (radiance, or glow), a softer light, almost mystical in its qualities. The first line of the poem – »das Leuchten, ja jenes« – hints at an earlier poem from the collection *Fadensonnen* (1968), Nah, im Aortenbogen.[8] This poem's final line, »Ziw, jenes Licht«, summons the Kabbalistic glow, the *Ziv* (זיו), in a moment of cleansing, purification, and salvation. Celan deliberately blurs the older phrasing by replacing the word *Licht* with *Leuchten,* which is etymologically closer to *Licht* but semantically closer to the Hebrew word *ziv*. With this subtly implied reference to Nah, im Aortenbogen we find ourselves in the confines of an inner, hidden, topography which challenges the outer topography that is explicitly depicted: this is an inner-bodily topography of the circular, meridianic movement of the blood cycle rushing through the blood vessels towards cleansing and purification.

The radiance encountered by those who stand upon the hill of Abu Tor, gazing at the Old City, seems to *ride* towards them, perhaps on a donkey, as in another poem in the cycle that I will discuss shortly. It soon becomes clear that what shines towards them is »eine Goldboje« rising up, or floating, »aus

7 Shmueli, *Sag, daß Jerusalem ist*, 25.

8 Celan, *Die Gedichte*, 253.

Tempeltiefen«. Celan is referring here to the Dome of the Rock, or the *Golden* Dome, the famous Islamic shrine located on the Temple Mount and visible from the hill of Abu Tor. The radiance gleaming from this *Goldboje*, the hope of a drowning man for rescue and salvation, is contrasted sharply with the scorching rays of the sun beating down upon the heads of the travellers, a blazing, blinding light that corresponds to the infernal fire hissing under the soil of the Valley of Hinnom. This distinction between two types of light is essential to the entire cycle and is manifested in different ways throughout.

Light is paramount in Celan's poetry in general: sometimes it is a harmful, invasive, blinding light; other times it is the sign of an impending salvation, a crack of hope at the bottom of the abyss, shining through »thousand darknesses« despite »das, was geschah«.[9] This dual role of light in Celan's œuvre is not only present in the Jerusalem cycle, but seems to occupy an unprecedented pivotal position within it. With its dynamic intensities and changing tones, light is *the* most dominant factor in the arrangement of the Jerusalem topography, determining its character, shaping (or distorting) its boundaries, deeming it hostile or welcoming, perilous or protective, infernal or heavenly. Indeed, light is the leitmotiv of the entire journey in Jerusalem. It sets the pace, and it alone orchestrates the order of transformations of the city described as being made entirely of »gold, and of copper, and light«.[10] Finally, it is the type of light that determines our ability (or inability) to properly map the terrain and orient ourselves within it.

Looking at the shimmering »buoy«, Celan speculates about both its origin and the point from which it ascends: the buoy emerges, he observes, »aus Tempeltiefen«. By using this expression, Celan may be referring to a metaphorical depth, temporal rather than spatial (as in the poem DIE POSAUNENSTELLE), i. e., to the antiquity of the holy site and its different permutations as a holy site throughout the ages. It is also possible that Celan is referring to another, concrete, historical »Temple« which (i. e., as of the autumn of 1969) no longer existed, namely, *Der Israelitische Tempel*, the Jewish synagogue in Celan and Shmueli's hometown, Czernowitz. This synagogue was burnt down in July 1941 by German and Romanian soldiers during the Nazi occupation. The thirty-nine-meters high Neo-Moorish-style building had a round golden dome, easily discernible from a great distance.[11] Quite possibly, when Celan and

9 Paul Celan, »Bremer Rede«, in: id., *Gesammelte Werke* III, Frankfurt a. M., 1986, 186.

10 This phrase is from the famous Israeli song *Yerushalaim shel zahav* (ירושלים של זהב), or »Jerusalem of Gold«, written by Naomi Shemer in 1967.

11 See: Andrea Peschel (ed.), *Czernowitz – Makom shel Edut* (Tel Aviv 2004), 121; Zvi Yavets, *Czernowitz Sheli*, (Or Yehuda 2007), 96–97.

Shmueli stood in front of Jerusalem's Golden Dome they were thrown back into the »depths« of time, to their own ravaged Temple, the sign and symbol of everything they had lost.

Celan may have meant the words »aus Tempeltiefen« literally, knowing exactly what lies beneath this golden dome, called the Dome of the *Rock*. The Golden Dome is known to have been built over an ancient rock called *Even Hashetiyya* (אבן השתיה), the Foundation Stone. According to Jewish and Islamic traditions, this is the center of the cosmos, the point from which Being came to be.[12] At the time of the first Jewish Temple, this rock, situated inside *Kodesh Hakodashim* (קודש הקודשים), the Holy of Holies, was used as a pedestal for *Aron Habrit* (ארון הברית), the Ark of the Covenant. During the period of the Second Temple, after the disappearance of the Ark, the rock was used by the High Priest during the service of *Yom Hakipurim* (יום הכיפורים), the Day of Atonement: the high priest would place the ritual coal pan upon the stone and then spray the blood of the sacrificial animals in front of it.[13] According to *Chazal* (חז"ל), the Jewish sages of the Mishna, Tosefta, and Talmud eras, the name »Foundation Stone« is based on the concept that the world was founded (*Hushtat*) from it; it is the singular point from which Being emerged, expanding in all directions simultaneously.[14] A different interpretation finds the origins of the name in the world of weaving, in *Shti-Va'erev* (שתי וערב), warp and woof threads; the Foundation Stone is thus the rock from which the world

12 Eli Schiller, *Kipat HaSela VeEven HaShetiyya*, Ariel 1976, 47.

13 Schiller, *Kipat HaSela VeEven HaShetiyya*, 51–52.

14 »Why was it called *Shetiyya*? It is because the world was created [*hushtat*] from it. We learned the Mishna in accordance with the opinion of the one who said that the world was created from Zion. Rabbi Eliezer says: the world was created from its center, as it is stated: ›when the dust runs into a mass and the clods cleave fast together‹ (Job 38:38). Rabbi Yehoshua says: The world was created from the sides, as it is stated: ›For he said to the snow: Become the earth, likewise to the shower of rain, and to the showers of His mighty rain‹ (Job 37:6). Rabbi Yitzhak Nappaha said: The Holy One, Blessed be He, cast a stone into the sea, from which the world was created, as it is stated: ›Upon what were its foundations fastened; or who laid its cornerstone?‹ (Job 38:6). And the Rabbis say: was created from Zion, as it is stated: ›A psalm of Asaph. God, the Lord God‹ (Psalm 50:1) ›Out of Zion, the perfection of beauty‹. It was taught Rabbi Eliezer the Great says: ›These are the generations of the heaven and the earth when they were created, on the day that the Lord God made earth and heaven‹ (Genesis 2:4), generations of the heavens were created from the heavens generations of the earth were created from the earth. And, the Rabbis say: both these and those were created from Zion, as it is stated: ›A Psalm of Asaph. God, the Lord God has spoken and called the earth, from the rising of the sun to its place of setting‹, and it says: ›Out of Zion, the perfection of beauty, God has shined forth‹, from the beauty of the world was perfected« [*Talmud Bavli*, »Yoma«, 54b, trans. Rabbi Adin Even-Israel Steinsaltz (The William Davidson edition); emphasis mine]. See also Schiller, *Kipat HaSela VeEven HaShtiyya*, 48, 53.

was »woven«.[15] According to both Jewish and Islamic belief, the Foundation Stone seals the primeval *Tehom* (תהום), Abyss, holding the pre-historic water, preventing it from drowning the world.[16] This belief is consistent with Celan's choice of the word *Boje*, and anticipates the idea of drowning that is explored in another poem in the cycle, Der Königsweg.

Several traditions within Islam claim that the Foundation Stone is both the place of creation and the burial site of the first man, and that therefore this rock is the first gravestone in history. Some Islamic commentators also consider this rock to be »The Well of Soul«. Other traditions claim that it is the place from which the prophet Muhammed ascended to heaven.[17] Accordingly, when the Day of Judgement comes, the Ka'aba, in Mecca, and the Foundation Stone will unite and become an earthly Throne for God, upon which He will sit and pass judgement on humanity. On Resurrection Day the angel Israfil (or: »the angel of the trumpet«), will stand upon the stone and blow his horn. This is why two of the entry gates to the Dome of the Rock are called the »Israfil Gate« and »The Gate of the Trumpet«.[18]

The golden buoy, ascending from the depths of the primeval abyss that holds the ancient water of the biblical deluge, exceeds the walls of the city and shines towards those who stand before its sealed gates. From this vantage point, the buoy appears to be floating in mid-air, crossing effortlessly the seemingly impenetrable walls and gates of the city, opening a new path, a new possibility. The buoy, it is said in the final section of the poem, measures the danger (»maß die Gefahr aus«) that lurks behind every corner of this perilous terrain, making it surrender quietly to the ones formerly threatened by it. The choice of words here is not accidental. The verb *maß*, the past simple of *messen* (to measure, to scale, or to quantify, including time), and the noun *Gefahr* (hazard, peril, danger) evoke – and not for the only time in the cycle – Friedrich Hölderlin's poetry.[19]

15 Yehuda Liebes, *Alilot Elohim: HaMitos HaYehudi Masot Umehkarim*, Jerusalem 2008, 278. Liebes remarks that the Hebrew word *Shetiyya* (שתיה) can be traced to the Greek word *hestia*, which means »the house's fire-place« (and in a metaphorical manner, the center of the house). Hestia is also the goddess of the house and the keeper of the house's fire. According to Liebes, Philo of Alexandria saw Hestia as »a symbol for a land standing eternally at the center of the world«. Based on this notion, Philo inferred that the word *Shetiya* derived from *hestuta*, »standing«. »With this«, Liebes concludes, »Philo is getting closer to the view of *Sefer Yetzira* [ספר יצירה, The Book of Creation], which claimed that God's temple lays at the center of the cosmos, like the Foundation Stone« Liebes, *Alilot Elohim*, 278.

16 Schiller, *Kipat HaSela VeEven HaShetiyya*, 53.

17 Ibid., 54.

18 Ibid., 56.

19 See Hölderlin's Brod und Wein: »Fest bleibt Eins; es sei um Mittag oder es gehe | Bis in die

Two gates are implicitly evoked in this poem: the gate to Hell, under the Valley of Hinnom, and the gate to the ancient abyss, covered by the Foundation Stone and the Dome of the Rock. Both these gates are located out of sight, in the *other* Jerusalem, the one beneath the surface, the *infernal* one. These gates are entirely different from the ones made of iron and stone, which the poems mention explicitly: these are mythical, apocalyptical gates, leading to the beginning of time and to its end, opening up another dimension, both hazardous and horrific. Unlike the visible gates of the city, the impenetrability of which the speaker in the poems laments, these gates, if ever they are unlocked, will mark the end of humanity and of the world. Celan thus adds another layer to the visible territory, a hidden layer that augments the geographical layer, deepens it, expands it, and shifts its boundaries. Constantly covering one handbreadth and revealing two, Celan's cartography hints at what is hidden from sight, demanding its readers to follow the traces on their own and to construct, accordingly, the »other« map of Jerusalem (or, perhaps, the map of the »other Jerusalem«).

As Peter Szondi argued in his seminal reading of the poem ENGFÜHRUNG, some of Celan's poems construct a textual landscape within and through which the reader is required to walk.[20] Celan's later poetry, and the Jerusalem cycle in particular, takes this idea even further. Not only does it demand of its readers to explore a certain given terrain constructed *prior* to their »arrival« by walking through it, but also, and most importantly, to *complete* its construction by setting out for a quest in search of the »unmistakeable traces«[21] and by attending to the hints and clues scattered across the textual landscape. In other words, Celan's reader not only experiences the territory, but also *participates actively in its construction*: he occupies a position not of a passive traveller or passer-by but of a *co-cartographer*.

Mitternacht, immer bestehet ein Maß, | Allen gemein, doch jeglichem auch ist eignes beschieden, | Dahin gehet und kommt jeder, wohin er es kann« Friedrich Hölderlin, *Sämtliche Werke* II, hrsg. von Friedrich Beißner, Stuttgart 1951, 90. See also Hölderlin's prose poem IN LIEBLICHER BLÄUE: »Ist unbekannt Gott? Ist er offenbar wie die Himmel? dieses glaub' ich eher. Des Menschen Maaß ist's. Voll Verdienst, doch dichterisch, wohnet der Mensch auf dieser Erde. […] Giebt auf Erden ein Maaß? Es giebt keines. Nemlich es hemmen der Donnergang nie die Welten des Schöpfers« Ibid., 372. As concerns the word *Gefahr*, see the opening lines of Hölderlin's *Patmos*: »Nah ist | Und schwer zu fassen der Gott. | *Wo aber Gefahr ist, wächst* | *Das Rettende auch*« Ibid., 165.

20 See Peter Szondi, »Celan-Studien«, in: id., *Schriften* II, Frankfurt a. M. 1978, 245–250.

21 Celan, *Die Gedichte*, 113.

»Am nächsten der Tore tut sich nichts auf«

Die Glut
zählt uns zusammen
im Eselsschrei vor
Absaloms Grab, auch hier,

Gethsemane, drüben,
das umgangene, wen
überhäufts?

Am nächsten der Tore tut sich nichts
auf,
über dich, Offene, trag ich dich zu mir.

The Swelter
adds us up
in the ass's bray before
Absalom's tomb, here too,

Gethsemane, over there,
bypassed, whom
does it bury?

At the nearest gate nothing opens,
above you, open one, I carry you
toward me.[22]

Another poem in the cycle, Die Glut, introduces us to other nearby sites and paths while »counting« together places and people, present and absent. The poem is marked by tribulations; the blazing heat beats upon the heads of those walking up the bare road, sparing no one. It »counts [them] together« with the agonized bray of a nearby donkey and, inevitably, through the echo created by the use of the verb *zählt*, with all the almond-eyed dead Jews among whom the speaker had asked to be counted in a poem written years before.[23]

The donkey sounds its bray before *Yad Avshalom* (יד אבשלום), Absalom's tomb, the purported grave of King David's rebellious son who died in battle by the hands of his father's soldiers after he was thrown from his mule. The poem does not mention a mule, though Shmueli's document notes »Esel und Maultiere schreien«.[24] What is absent is again made present through metonymy: the donkey's bray before Absalom's grave conjures the mule of the slaughtered king as well as other »Esel und Maultiere« such as Balaam's (בלעם) beaten she-ass,[25] the donkey that Jesus rode when entering Jerusalem, and, above all, the white

22 Celan, *Breathturn into Timestead*, 430.

23 I am referring to the poem Zähle die Mandeln, from *Mohn und Gedächtnis* (1952), in: Celan, *Die Gedichte*, 53. In Die Glut, however, the speaker and his companion are counted not with the donkey itself but rather with its agony, signified by its bray.

24 Shmueli, *Sag, daß Jerusalem ist*, 25.

25 *Chazal* name Balaam's she-ass's mouth among the ten fabulous things that were created before the end of the sixth day of creation, in the mystical time-slot prior to the beginning of the *Shabbat* called *Bein Hashemashot* (בין השמשות, »Dusk«; See: *Tractate Avot* 5:6). Although in this poem the ass's mouth seems to return to its animalistic origin and is deprived of the ab-

donkey upon which the Messiah is expected to arrive when entering the city through *Sha'ar Harahamim* (שער הרחמים), the Gate of Mercy, or The Golden Gate. And it also brings us back to the previous poem, with its »Leuchten [...] das | Abu Tor | auf uns zureiten sah«.[26]

Although Celan and Shmueli visited David's tomb, the poems do not mention the glorified King of Israel. Instead, Celan chose Absalom, the treacherous usurper, the ultimate outsider who prepared his own grave knowing that he would have no sons to do it for him after his death (Samuel II, 18:18). In a typical move, Celan bypasses the radiant (or perhaps blinding?) figure of David, the poet of the Psalms, and turns to his dissident son, thus imposing an alternative angle to the dominant narrative.[27] This adds a crucial point to our understanding of the entire cycle (and of Celan's oeuvre in general): by way of evasion and inversion, of detour and circumvention, Celan destabilizes Jerusalem's mythical narratives. Repeatedly confronting them with their »Others«, he puts together an elaborate collage of counter-myths and counter-narratives, which eventually lead to the composition of a substantially different story of Jerusalem.

Absalom's tomb is said to have been built by Absalom himself in a place called *Emek Hamelekh* (עמק המלך), or King's Valley, after acknowledging that »I have no son to keep my name in remembrance« (Samuel 2, 18:18). To this

ility to speak, the verb *schreien*, like its parallel in English (»cry«), places the animal's cry on the margin between the human and the non-human.

26 Mikhail Bakhtin, in his *Forms of Time and the Chronotope in the Novel*, discusses the close relation between the donkey trope and the rhythmic circulation of death and resurrection in ancient literature. In her meticulous essay »Bakhtin's Time and Place«, Helena Rimon mentions the affinity between Bakhtin's discussion and Olga Freidenbeg's 1978 book (written in the 1920s and 1930s) *Entrance to Jerusalem on the Back of a Donkey*. As Rimon notes, based on extensive comparisons between motifs from the Old and New Testaments, from Greek and Egyptian mythologies, and from Apuleius's *The Golden Ass*, Freidenberg reaches the conclusion that in ancient mythologies of the Mediterranean the donkey was considered a god of fertility as well as the god of the sun and of hell: »riding on the back of a donkey down to hell [...] one must go through death itself, to be *en route* in the fullest sense of the word, in order to be revived and salvaged from death« Helena Rimon, *HaZman VeHamakom Shel Michael Bakhtin*, Tel Aviv 2007, 357, my translation.

27 Otto Pöggeler already pointed out the biographical resemblance between Celan and Absalom (Otto Pöggeler, *Der Stein hinterm Aug: Studien zu Celans Gedichten*, Munich 2000, 69). Ilana Shmueli also hints at this resemblance in her memoire, *Sag, daß Jerusalem ist*, 60. Nachman Avigad reports of an ancient custom to throw stones at Absaloms Tomb: it was common for parents to take a misbehaving son or daughter to the tomb and have the child throw stones at the monument while the parents related Absalom's misdoings, as a lesson and warning. According to Avigad, this costume persisted untill the 1940s. See Nachman Avigad, *Matsevot Kdumot Benahal Kidron: Toldoteyhen VeTesurat Binyanan*, Jerusalem 1954, 133–91.

grim locale the poem then joins another – extremely famous – place of agony: Gethsemane (גת שמנים), one of the greatest symbols of pain and torment in Western culture. This is where Jesus prayed during the last night of his life, before he was put to death on the cross. The dismal night at the garden of Gethsemane tells the story of a tormented man facing his approaching death, forsaken and betrayed by his loved ones, fallen into hopelessness and despair (Matthew 26:36–46, Mark 14:32–44). Unlike the Valley of Hinnom, Gethsemane is explicitly mentioned in Celan's poem, despite the decision to bypass it. The two circumvent the site and go on, not before they leave behind a somber echoing question: »wen | überhäufts?«, »Who does it cover?«, who is buried beneath it? How many victims? How many dead are piled beneath the soil? How much pain and loss? How many secrets? Here also Celan acts as both archaeologist and cartographer, showing interest not only for what is in front of him, on the surface, but for what is beneath the surface, out of sight, buried under layers of time. Despite the question being directed towards Gethsemane, one cannot help but directing it also to the valley nearby, the Valley of Hinnom, which grants it an ominous character. Here, as in other cases, what remains silent speaks no less than what is mentioned explicitly.

The Dantean geographical cut[28] that Celan sketches in this poem outlines the contours of an infernal triangle of death and torment, burial and suffering: the grave of Absalom, who died a shameful death, the solitary tribulations of Christ the night before his death, and the children burnt alive at the altars of Moloch. And once again, the boundaries of this triangle shift immediately and are extended, exceed their frame in order to reveal a larger and deeper morbid geography of graves and buried people, torment and danger, forgetfulness and commemoration: the cries of the slaughtered children echo within the cry of the donkey scorched by the blazing sun, calling upon those who were set ablaze in the name of another »Moloch« not long before. This »community of suffering« grows further, absorbing the Foundation Stone – the first gravestone in the history of humanity – covering the first in the endless lineage of the dead. It continues to David's grave and the Jewish cemetery mentioned in Shmueli's report, »das Denkmal des Dänenschiffs« mentioned in the poem Es Stand, the lion surrounded by death from the poem Der Königsweg, and finally, the Golden Gate, through which the Messiah will enter Jerusalem at the end of days and wake the dead from their graves.

28 However, an *awry* Dantean cut in which Virgil and Beatrice dissolve into one another to be manifested in the figure of Ilana Shmueli – Celan's lover *and* his guide through the ›Inferno‹.

»Es stand«

The biblical prophets (Ezekiel, Isaiah, and Zechariah, to name a few) were preoccupied with the different dimensions of Jerusalem and with the possible expansion of the city's boundaries, physical and spiritual alike. According to the prophets, the expanded Jerusalem is utopia realized, and aside from the promise of enlarging it physically, the anticipated expansion beyond any conceivable dimension is said to result in the dissemination of the word of the Lord and his »discipline of wisdom, justice and right« (Proverbs 1:3) throughout the world. Peace and prosperity will then prevail and Jerusalem will stand eternally as a lighthouse for humanity.

And I lifted up mine eyes, and saw, and behold a man with a measuring line in his hand. Then said I, »Whither goest thou?« And he said unto me, »To measure Jerusalem, to see what is the breadth thereof, and what is the length thereof«. And, behold, the angel that spoked with me went forth, and another angel went out to meet him, and said unto him, »Run, speak to this young man, saying, »Jerusalem shall be inhabited without walls for the multitude of men and cattle therein. For I, saith the Lord, will be unto her a wall of fire round about, and I will be the glory in the midst of her« (Zechariah 2:1–5; JPS).

Any attempt to encompass the breadth and width of the city of God is doomed to fail. The act of measurement is futile, even ludicrous (as is clearly seen from the absurd incompatibility of task and instrument). Being the dwelling place of God himself, the only being unencumbered by spatio-temporal restrictions, Jerusalem, just like its protector, is equally destined to become »a town without walls«, encountering no obstacles on its way to greatness.

Not only the prophets, but also *Chazal* were preoccupied with the fantastic character of Jerusalem's dimensions. According to the Talmud, these supernatural qualities originate in what lies at the city's core: the Foundation Stone. As mentioned earlier, Creation was executed in the form of a series of expanding concentric circles, the center of which was the Foundation Stone. At the time of the Jewish Temple, the Holy of Holies encircled the Stone, the heart of the Temple. The Temple itself stood at the heart of Jerusalem, which was regarded as the center of the world. Since the Arc of the Covenant (which was placed atop the Stone) is the dwelling place of the *Shekhinah* (שכינה), the feminine aspect of God (and Hebrew for »dwelling«), every expansion of the city encircling it necessarily entails a further dissemination of the *Shekhinah* to farther parts of the world. As the Talmud teaches us, the extraordinary elasticity of Jerusalem's boundaries derives directly from the extraordinary nature of the Foundation Stone, the dimensions of which exceed human capacity and understanding: »the place of the Arc is beyond measurement« (*Tractate Megillah*,

10b) [מקום הארון אינו מן המידה מסכת מגילה י', ב]).[29] This inherent transcendence throbbing at the very heart of Jerusalem causes the city to oscillate between fixedness and fluidity, expropriating it from the strictness of the laws of space and place. According to *Genesis Rabba* (בראשית רבה), both the Holy of Holies and Jerusalem in its entirety obey the principle of *multum in parvo*, or much in a little (מעט המחזיק את המרובה). This allows, for example, for a great number of people to fit into an extremely small space (*Genesis Raba* 5:8).[30] Jerusalem can never be *too* crowded, and no matter how narrow the place may be, there is always room for more Jews within it: »No man [ever] said to his fellow ›The place is too congested for me to lodge overnight in Jerusalem‹« (*Tractate Avot* 5:5) [[מעולם לא אמר לחברו צר לי המקום שאלון בירושלים (מסכת אבות ה', ה)]].[31] Celan continues this ancient tradition of expanding the boundaries of Jerusalem even as he blatantly breaks from it. His version of the expansion of Jerusalem differs significantly from earlier versions in both content and intention:

Es stand	There stood
der Feigensplitter auf deiner Lippe,	a splinter of fig on your lip,
es stand	there stood
Jerusalem um uns,	Jerusalem around us,
es stand	there stood
der Hellkieferndufft	the bright pine scent
überm Dänenschiff, dem wir dankten,	above the Danish skiff we thanked,
ich stand	I stood
in dir.	in you.[32]

The most radical boundary stretch executed in the Jerusalem cycle is found in Es Stand, the first poem that Celan wrote after his return to Paris. By meticulously weaving an elaborate web of sounds and meanings, Celan composes a hyper-geography in which Jerusalem is the point of origin and the fi-

29 Trans. Rabbi Adin Even-Israel Steinsaltz (The William Davidson edition).

30 *Midrash Raba HaMevoar: Sefer Breshit* I, Jerusalem, 1983–1989, 71–74.

31 This section is a part of a list containing ten miracles that were performed in the Temple, according to the Talmud. Another section of the list relates to the fantastic dimensions of Jerusalem: »the people stood pressed together, yet bowed down and had room enough« (*Avot*, 5:5) [עומדים צפופים ומשתחווי רווחים (אבות ה', ה')]; Trans. Rabbi Adin Even-Israel Steinsaltz (The William Davidson edition).

32 Trans. John Felstiner, in; John Felstiner, *Paul Celan: Poet, Survivor, Jew*, New Haven 1995, 268.

nal destination where all ends meet. The first clue is provided by the use of the verb *danken* in the eighth line of the poem. Turning again to Shmueli's report, we find another site that she and Celan visited but which does not appear in the poems: Moses Montefiore's windmill and chariot, located in *Mishkenot Sha'ananim* (משכנות שאננים). On the Montefiore family crest, Celan and Shmueli were surprised to find the English words »Think and Thank«.[33] These words lead back to the opening lines of Celan's 1958 *Bremer Rede*, in which he discusses the identical etymological source of the verbs *danken* and *denken*,[34] echoing the philosophical and etymological investigations of Martin Heidegger – a philosopher notoriously affiliated with the Nazi party and the Third Reich – in Heidegger's *Was heißt denken*.[35] The horrors of the Third Reich bring us back to *Kikar Denia* (כיכר דניה), Denia Square, site of the *Denkmal des Dänenschiffs*, built by sculptor Rolf Reiliger to commemorate the rescue of Danish Jews during the Holocaust. It is important to notice the soundscape created here: *danken, denken, Denkmal, Dänen*. Another word is tacitly implied: *Andenken*, remembrance, mentioned by Celan in his speech as deriving from the same source as *danken* and *denken*.[36] This word echoes throughout the *Bremen* speech, in the form of the imperative to remember the long-forgotten lost province in which »Menschen und Bücher lebten«.[37] However, the traces of *Andenken* go back further, leading again to the poetry of Friedrich Hölderlin, to the poem ANDENKEN. In this poem, mentioning among other things a *Feigenbaum* growing in the yard, Hölderlin writes:

> Nicht ist es gut,
> Seellos von sterblichen
> Gedanken zu seyn. Doch gut
> Ist ein Gespräch und zu sagen
> Des Herzens Meinung, zu hören viel
> Von Tagen der Lieb',
> Und Thaten, welche geschehen.[38]

More than a century later, Celan would compose an *Andenken* of his own, echoing Hölderlin's words:

33 Shmueli, *Sag, daß Jerusalem ist*, 25.
34 Celan, *Gesammelte Werke* III, 185.
35 Martin Heidegger, *Was heißt denken?* (*Gesamtausgabe* 8), Frankfurt a. M. 1975, 142–147.
36 Celan, *Gesammelte Werke* III, 185.
37 Ibid.
38 Hölderlin, *Sämtliche Werke* II, 188.

Feigengenährt sei das Herz,
darin sich die Stunde besinnt
auf das Mandelauge des Toten.
Feigengenährt.[39]

The fig, wandering from one *Andenken* to another, returns, thus charged with poetic meaning, in Shmueli's report, which notes the »figs and wine at evening« which she and Celan had in Denia Square,[40] and ends up in Es stand as no more than a *Feigensplitter*.

Another section of the extended map of Jerusalem is thus completed, stretching the boundaries of this hyper-topography beyond every limit imaginable. It extends from Montefiore's windmill to the hut in the Black Forest; from the icy shorelines of Denmark, with their ragged wooden fishing boats, to the iron-and-stone ship of remembrance eternally docked in the warm mountainous Denia Square; from the mythical yard of Hölderlin's poem to the city of Bremen, and from it – to the »long-forgotten childhood region«.[41] All of these territories – real as well as imagined, actual as well as literary – are brought together by the poem and juxtaposed on the same impossible-made-possible ontological plane. Could this be the utopia Celan had longed for in »The Meridian«? Could this be the azimuth he needed in order to orient himself, as he declared in the speech?[42] As we move further and the infernal attributes of Jerusalem become more prevalent, showing an ever-growing tendency to disfigure the familiar terrain, dismantle all of its recognizable facets, and eventually thrust it to the brink of complete annihilation, it seems that this dream once again slips out of grasp. In what follows, I will discuss the counter-movement to the utopian expansion of Jerusalem as executed in a group of three poems that I call the »infernal section« of the cycle.

39 Celan, *Die Gedichte*, 79.

40 Shmueli, *Sag, daß Jerusalem ist*, 25.

41 Celan, *Gesammelte Werke* III, 186.

42 As Celan wrote to Shmueli in a famous letter dated October 21, 1969: »Daß Jerusalem eine Wende, eine Zäsur sein würde in meinem Leben – das wußte ich«. See Paul Celan and Ilana Shmueli, *Briefwechsel*, eds. Ilana Shmueli and Thomas Sparr, Frankfurt a. M. 2004, 9.

Destruction

Der Königsweg hinter
der Scheintür,

das vom Gegen-
Zeichen umtodete
Löwenzeichen davor,

das Gestirn, kieloben,
umsumpft,

du, mit der
die Wunde auslotenden
Wimper.

The kingsway behind
the pretend-door,

before it, deathed
in by the counter-
sign, the lionsign,

the constellation, keel up,
mired in,

you, with the
wound-fathoming
eyelash.[43]

Aside from being as impenetrable as the Golden Gate, in this poem the Lions' Gate stands at the center of what seems to be a demonic distortion of the Jerusalem landscape: the »king's way«, the safe road, the »right« one, that holds the promise of getting one to one's destination safely,[44] stretches now behind a gate that is but a deceit, an illusion and nothing more. In fact, not only the gate but the entire scene appears to be a tragic mendacity. In another poem written in the same period, *der Königsweg* (»the king's *way*«) turns into *der Königszäsur* (»the king's *cesura*«):[45] the sign of interruption, the ultimate break. The sign of the lion – the symbol of Jerusalem and a sign of royalty and might[46] – is here surrounded-to-death by the *Gegen- | Zeichen*, the mark of eradication, exhaustion, and deprivation.[47] The constellation that was meant to orient the

43 Joris, *Breathturn into Timestead*, 440.

44 Like in German, the Hebrew expression *derekh hamelekh* [דרך המלך] or King's highway means not only ›the main road‹ but also the ideal or the ›right‹ one.

45 See the poem Ich trink Wein, in: Celan, *Die Gedichte*, 363.

46 On June 7, 1967, during the Six-Day War, Mordechai Gur's 55th Paratroopers Brigade broke through the Lions' Gate into the Old City of Jerusalem, heading toward the Temple Mount. Celan, who followed the course of the war fervently, knew about this.

47 Although the word *Gegen* usually stands in Celan's poetry for positive resistance and opposition, in this poem it operates differently. Here, the lion's sign is said to be *umtodet* by the counter-sign. If the lion is a positively connotated sign – the sign of Jerusalem as well as a sign of might and royalty – then in this context I read the counter-sign as the opposite of those attributes.

lost ones – it composes an ethereal map to guide them safely on their return home[48] – has now sunken into thick, deadly swamp waters (perhaps the waters of the primeval abyss, implied in the poem Das Leuchten, that broke the seals); it has turned upside-down on its keel like a drowned ship. Suffocation is everywhere: everything is trapped and besieged, surrounded by death (*umtodete, umsumpft*) in a grip that cannot be farther from the warm, intimate, and comforting embrace in Es Stand.

Both Ilana Shmueli and John Felstiner refer in their discussions of Es Stand to the well-known passage from Psalm 122:2: »Our feet are standing within thy gates, O Jerusalem« (JPS) [עֹמְדוֹת הָיוּ רַגְלֵינוּ בִּשְׁעָרַיִךְ יְרוּשָׁלָםִ].[49] As both rightfully remark, this passage praises the celebratory sensation, the excitement as well as the awe one feels when standing at the gates of Jerusalem. However, given that the sealed gates of the city appear throughout the cycle, the »standing« of the passage from the psalm acquires a significantly dour meaning: inertness, encirclement, and hopelessness replace the elevated sense of awe and excitement. It is this sense of entrapment, and not the warm, comforting embrace, that determines the tone of the entire cycle. Indeed, it is critical to remember that the cycle, despite its name, was not written in Jerusalem, but in the here-and-now distress of the Parisian exile to which Celan had returned after his visit, and in his a painfully growing realization that his »starkes Selbst« that had flourished in Jerusalem was gradually pining away.[50]

The following line in Psalm 122 celebrating Jerusalem »built as a city that is compact together« (3; JPS) [ג (יְרוּשָׁלַםִ הַבְּנוּיָה כְּעִיר שֶׁחֻבְּרָה לָּהּ יַחְדָּו)] is further contradicted by the city's disintegration as shown in Der Königsweg and the other poems of the »infernal section«. The end of the psalm prophesizes peace and prosperity in the city »woven together« in divine eschatological harmony: »For there were set thrones for judgment, the thrones of the house of David. Pray for the peace of Jerusalem; may they prosper that love thee. Peace be within thy walls, and prosperity within thy palaces« (5–7; ibid.) [כִּי שָׁמָּה יָשְׁבוּ כִסְאוֹת לְ־ מִשְׁפָּט כִּסְאוֹת לְבֵית דָּוִד. שַׁאֲלוּ שְׁלוֹם יְרוּשָׁלָםִ יִשְׁלָיוּ אֹהֲבָיִךְ. יְהִי שָׁלוֹם בְּחֵילֵךְ שַׁלְוָה בְּאַרְמְנוֹתָיִךְ (ה'-ז')]. This utopian vision seems unimaginably distant from the Jerusalem portrayed in this poem, and in others I will now discuss.

48 This constellation may refer to the Northern Star or perhaps to the Star of Bethlehem, which indicates the direction of the birthplace of the new saviour, or to their earthly sibling, the Star of David, the sign and symbol of the Jewish people.

49 Felstiner, *Paul Celan*, 269; Shmueli *Sag, daß Jerusalem ist*, 33.

50 Cf. Paul Celan, Franz Wurm, *Briefwechsel*, ed. by Barbara Wiedemann, with assistance by Franz Wurm, Frankfurt a. M., 2003, 220; PC/IS 16, 49–50.

»In Fackelhöhe, im Zeitloch«

Disfigured as it may be, the topography of Jerusalem as depicted in Der Königsweg still maintains certain facets that tie it unequivocally to the geography known as »Jerusalem«. This, however, is hardly the case in Du Gleissende, which completely erases every trace of this once-familiar territory:

DU GLEISSENDE	YOU, NITID
Tochtergeschwulst	daughtertumor
einer Blendung im All,	of a cosmic glare,
aufgegriffen	seized by
von überhimmlischen Suchtrupps,	supercelestial search troops
verschoben	shunted
ins sehende, gott-	into the seeing, god-
entratene	waiving
Sternhaufen-Blau,	starheap Blue,
du wildenzt	you turn gamy
vor unseren	before our
hungrigen, unverrückbaren	hungry, immoveable
Poren	pores,
als Mitsonne, zwischen	a co-sun, twixt
zwei Hellschüssen	two brightshots
Abgrund.	abyss.[51]

This poem, perhaps the most chaotic among the Jerusalem poems (in terms of the infernal occurrence and landscape it portrays), inverts the mythological image of the »Heavenly Jerusalem« and exposes its hideous, monstrous side:[52] no more an ethereal city of the divine, the living realization and the throbbing heart of the godly kingdom craved by generations of Jewish, Christian, and Muslim believers, but an unworldly, terrifying, godless being, an all-devouring cosmic tumor (*Geschwulst*) scorching the sky. In this poem, light has ceased to be something found *inside* Jerusalem, but rather Jerusalem *itself* becomes a cancerous mass of blazing light: it is the center of a massive solar storm that threatens to incinerate all there is. Jerusalem's messianic expansion has taken

51 Joris, *Breathturn into Timestead*, 434.

52 Cf. Shmueli, *Sag, daß Jerusalem ist*, 38–39.

a horrific turn: swelled to monstrous dimensions like an infected wound, it reeks of singed hunting-meat that penetrates the pores of anyone who comes near, threatening to poison them to death. This super-worldly (*überhimmlisch*) entity (which is but a proxy of an even greater cosmic glow, perhaps God himself), bears no resemblance to the heavenly residence of the Lord portrayed by the prophets. No more walls, no more gates, no more earth: transported into the vast infinity of cosmic space (*Sternhaufen-Blau*), the city is stripped of all identifying attributes that might encourage any sense of familiarity and solace. Jerusalem turns out to be a *Mitsonne* (»co-sun«) that can no longer give life but can only take it, and its light is not a life-bearing light but a death-bringing one. Once again, despite all this, there is a counter-movement, a *Gegen-Licht*. Against this all-consuming poisonous light there stand the speaker and his companion, fragile, shivering, in the unfathomable depths of the abyss: two »lightshots«, knocking desperately, in spite of it all, on the city's locked doors as »the skies turn into an abyss beneath us«.[53]

This cosmic disintegration, the reality of the abyss, becomes in the third poem of the »infernal section« to the only reality possible:

Die Posaunenstelle	The trumpet's part
tief im glühenden	deep in the glowing
Leertext,	Empty-text,
in Fackelhöhe,	at torch's height,
im Zeitloch:	in the timehole:
hör dich ein	listen your way in
mit dem Mund.	with the mouth.[54]

Spatiality as we knew it, as we could *think* it, is obliterated in this poem. Unlike the previous poems I have discussed here, Die Posaunenstelle is not concerned with the once-familiar surface of the city that has been twisted and distorted, nor does it relocate itself in the vast infinity of outer space. Rather, this poem depicts the collapse of the spatial infrastructure itself, the annihilation *of the very possibility of space*. The *Shofar* (trumpet), which is commonly

53 Shmueli, *Sag, daß Jerusalem ist*, 39. Shmueli's words echoe of course Celan's famous declaration in »The Meridian«: »Wer auf dem Kopf geht, der hat den Himmel als Abgrund unter sich« (Celan, *Gesammelte Werke* III, 195).

54 Celan, *Breathturn into Timestead*, 438 (with my modifications).

used to promulgate the opening of a different spatiality (as well as temporality) of ritual, sanctity, and revelation, is relocated (or rather: *dislocated*) in the unfathomable depths of the *Leertext*, which radiates, like Kafka's »Law«, with an unworldly glow.[55] The sound of the trumpet hovers over the void, moving beyond any conceivable coordinates: from the heights of the torch's flame (*Fackelhöhe*) to the bottomless bottom of the abyss, the »timehole« (*Zeitloch*). The poles of this vertical topography are so radically distant from one another that no mediation between them seems possible. Reality itself is stripped of all its attributes and is brought to the verge of being torn apart. The *Tempeltiefen* from Das Leuchten transformed into the paradoxical depths of the *glühenden | Leertext* and the cosmic incineration we encountered in Du Gleissende reaches its final stage: the burning of nothingness within nothingness, at the exalted heights and at the heart of the abyss.

As Stéphane Mosès argued in his pre-eminent reading of this poem, Die Posaunenstelle does not seek a new spatiality located *outside* of it, but rather the poem is in itself the very exploration of this new spatiality, in which it would be possible to constitute the place (*Stelle*) of the trumpet.[56] The spatial terms used in the poem to evoke this new spatiality (»depth«, »void«, »hole«, »hight«) combined with the nouns »torch«, »text«, and »time« constitute an unthinkable space devoid of any actual or imaginable reality, the coordinates of which are but sheer metaphors.[57]

If there is an external spatiality to which the poem *might* refer, it is the blurry realm of ancient myths: whether it is the abstract biblical desert in which the revelation at Mount Sinai took place (as Mosès suggests), or the catastrophic chaos in which the apocalyptic events of the Book of Revelation unfolded (as argued by Bernhard Böschenstein),[58] one thing is certain: the new spatiality

55 Franz Kafka, *Der Prozeß*, Frankfurt a. M. 1998, 221–222.

56 Stéphane Mosès, »Patterns of Negativity in Paul Celan's ›The Trumpet Place‹«, in: Sanford Budick and Wolfgang Iser (eds.), *Languages of the Unsayable: The Play of Negativity in Literature and Literary Theory*, New York 1989, 209–224; 210.

57 Mosès, »Patterns of Negativity«, 211. In contrast, John Felstiner sought to ground the poem in the actual geography of Jerusalem. A short time before Celan's arrival in Jerusalem, the renowned biblical archaeologist Benjamin Mazar announced that a major discovery had been made during excavations at the Temple Mount: a large hewn stone had been discovered, a remnant of the second Jewish Temple. On the stone was the inscription *leveit hatekhi'yah* (לבית התקיעה), »to the place (or: house) of the shofar blast«. According to Mazar, this stone was once a part of an ancient tower that stood near the Temple, and from it a priest would blow a trumpet to signal the beginning and the end of *Shabbat* and other holidays, festivals, and special events. See Felstiner, *Paul Celan*, 272.

58 Bernhard Böschenstein, »Erste Notizen zu Celans letzten Gedichten«, in: *Text und Kritik* 53–54 (1984), 152–153.

introduced by Die Posaunenstelle reworks the spatio-temporal caesura caused by revelation, into spatiality which is itself this very caesura, absent of any divine presence. What is initiated here is an *espace blanc*[59] within which irrepresentability is the only thing representable, a space in which all attributes of space, place, and time dissolve, and nothingness reveals itself.[60] This »white at the bottom of that which is bottomless«,[61] as Maurice Blanchot put it, this »void saturated with void«,[62] is the new space, the impossible locality of the Celanian empty revelation.

The stretching of the poles that this poem exhibits is so extreme that it seems that the spatial coordinates cannot hold. Everything is pushed to the point of disintegration, and indeed everything inevitably does disintegrate. In the second and final stanza, we witness the collapse of the entire structure into itself: »hör dich ein | mit dem Mund«. The outside draws back into itself, the unbearably stretched space coils into an Archimedean point of immense tension, from which, perhaps, the entire process would start again. Being is transformed into a speaking-listening mouth, an enclosed, self-sufficient entity of absolute immanence that supplants the absolute transcendence of Revelation. Despite the clear resemblance to the Kabbalistic act of *tsimtsum* (צמצום), the pre-creation act of divine gathering in which God converges into himself in order to create a vacuum outside of himself that will be used as a »container« for the new creation,[63] this is an immanence of a different order: one in which the »I« re-covers itself within itself through a form of immanent self-revelation that, in order to be heard, one must sound oneself.[64] The absolute transcendence of revelation is thus transformed into absolute immanence, and the creation of a new world is substituted by the act of self-recovery and re-constitution through sound, i. e., through poetic utterance.

59 This is my paraphrase of Roland Barthes's *écriture blanche* as described in his *Writing Degree Zero*; see Roland Barthes, *Writing Degree Zero*, trans. Annette Lavers and Colin Smith, Boston 1968, 5, 61.

60 In rabbinical thought, the Hebrew word *Makom* (מקום), »place«, also designates God himself. See for example *B'reshith Rabba* (בראשית רבה), »Genesis Rabbah« 68:9. By abstracting space from all attributes of place, Die Posaunenstelle thus abolishes its chance for godly presence, paving the path toward what Gershom Scholem called the »nothingness of revelation« (*Nichts der Offenbarung*), in Walter Benjamin–Gershom Scholem, *Briefwechsel*, hrsg. von Gershom Scholem, Frankfurt a. M., 1980, 173–177. In this regard, see Celan's poem Mandorla, in: Celan, *Die Gedichte*, 142.

61 Maurice Blanchot, *A Voice from Elsewhere*, trans. Charlotte Mandell (Albany 2007), 69.

62 Ibid., 57.

63 See in this regard Gershom Scholem, *On the Mystical Shape of the Godhead*, trans. Joachim Neugroschel (New York 1991), 82–87.

64 Mosès, »Patterns of Negativity«, 217.

Reconstruction

Sag

It seems we could not get farther away from the familiar geography of Jerusalem than we did in Die Posaunenstelle. In this poem, nothing remains of the landscape of Jerusalem in 1969 or of the ancient landscape celebrated throughout history. Indeed, the poem apparently takes us even further back, to the moment of the birth of the nation (i. e., the revelation at Mount Sinai) that will eventually set Jerusalem as its God's eternal residence. However, it is also possible that Die Posaunenstelle aims at a longed-for *future* event, expressed in another biblical eschatological text concerning both Jerusalem and the *shofar*: »And it shall come to pass on that day, that the great trumpet [*shofar*] shall be blown, and they shall come which were ready to perish in the land of Assyria, and the outcasts in the land of Egypt, and shall worship the Lord in the holy mount at Jerusalem« (Isaiah 27:13; JPS). The prophecy evokes the *shofar* as the signal for utopian reuniting of the scattered people of Israel in Jerusalem. Does the sound of Celan's *shofar* act in the same way, leading the poet back to his *own* Jerusalem, which, like the »I« in this poem, shall be recovered only through a transformation into poetic language? Is it only through the *sag* (say) that the city can truly *be* (*ist*)?[65]

If this is indeed the conclusion of the Jerusalem poems, its roots can be traced to a poem Celan wrote shortly before his visit to Jerusalem: Du Sei Wie Du, Immer.[66] This was the first poem to tie together light, city, and language under the promise of reawakening the fallen Jerusalem and re-establishing the severed bond between the city and the poet, within the confines of the poem. Not much is left in the Jerusalem poems of the messianic spirit of this earlier poem. However, the promulgation made by this poem to reconnect the severed bond through poetic language persisted in Celan's mind, and, consciously or unconsciously, stands as *a* guideline and a hidden law at the core of Celan's poetic treatment of the city. Whether it is the Heavenly or the Earthly Jerusalem, its only *true*, i. e., fundamental, meaningful existence possible is the one achieved through and within the poem.

65 As said in Die Pole (Celan, *Die Gedichte*, 362). This possible connection has been pointed out by Koelle, »Celans *Jerusalem*«, 277 f. As Otto Pöggeler observed, »the subjunctive *sei* would be the correct term to use here. But Celan wrote *ist*, in the indicative mode, and underlined this word. Both grammar and orthography stress that Jerusalem is created in this poem«, quoted in: Amy D. Colin, *Paul Celan – Holograms of Darkness* (Bloomington 1991), 200, footnote 16 (emphasis mine).

66 Celan, *Die Gedichte*, 304.

»über die Grenzen, die sie uns ziehen«[67]

Paul Celan is reported to have said that »history swallowed up geography; boundaries are no longer drawn based upon a landscape or the uniqueness of culture, but rather they are now being drawn to mark hostility«.[68] The Jerusalem cycle, like other poems by Celan, challenges this idea by creating *poetically* a »counter-spatiality«, a rich multi-layered hyper-space which seeks to destabilize the orthodox divisions of space and to uncover all that has been repressed and forgotten, in order to reconstruct it anew. Celan's map does not abide by the traditional conventions of cartography; it does not confine itself to scientific accuracy or exhaust itself in a lost-in-advance attempt to present an all-inclusive method of space mapping. Like the ancient, naïve maps of indigenous peoples mentioned by Michele de Certeau, Celan's map abides by a different set of laws, the laws of the *Herzland*. His is a map upon which the searching finger wanders hesitantly, restlessly, at times hectically, in search of reality.[69] It is a *Kinder-Landkarte* in which one can unexpectedly stumble upon all those places that have long ago disappeared.[70] This radical act of place-making (or rather: *re*-making) via poetic language exceeds the rigid traditional role of the poetics of space as a tool for mere representation; its ambitions are far larger: to perform an act of *tikkun olam* (תיקון עולם), »world repairing«, by an act of world re-creation through words. We might say, paraphrasing Emmanuel Levinas' famous declaration, that »poetry is an optics«.[71] Poetry grants us the ability to see better, to penetrate the surface level and go deeper, to gain insight of what lies underneath the layers and was silenced, forgotten, and repressed. By insisting on operating within geography and not reflecting upon it from a safe distance, poetic cartography urges us to act, to be involved, to see more clearly, and to listen more carefully, constantly reminding us that there is always more to a place than meets the eye. Celan's poetic cartography reminds us of the fra-

67 Celan, EINEN STIEFELVOLL, in: ibid., 362.

68 »Die Geschichte hat die Geographie aufgefressen. […] Die Grenzen warden gezogen, sie markieren Feindschaften«, Shmueli, *Sag, daß Jerusalem ist*, 41.

69 »Wirklichkeit ist nicht«, said Celan, »Wirklichkeit will *gesucht* und *gewonnen* sein«, Celan, *Gesammelte Werke* III, 168; emphasis mine.

70 Celan, »Der Meridian«, 202.

71 Aiming to think ethics differently, Levinas declares in his *magnum opus*, *Totality and Infinity*, that »ethics is an optics«, i.e., »a ›vision‹ without image, bereft of the synoptic and totalizing objectifying virtues of vision; a relation or an intentionality of a wholly different type« Emmanuel Levinas, *Totality and Infinity: An Essay on Exteriority*, trans. Alphonso Linguis, Pittsburgh 1969, 23. Levinas asserts that in order to *truly* see the Other – see him or her as infinity and not as a mere set of objective attributes – one must acquire a different type of seeing.

gility and instability of the seemingly rock-solid geography and of the danger of blindly following appearances. In this regard, *hör dich ein* also means, as in the Yiddish equivalent *her dikh eyn*, »Pay attention!«,[72] tread gently, keep your eyes, ears, and heart open and alert, and mind the gaps.

72 Felstiner, *Paul Celan*, 274. See also Shmueli's version, »her sich ejn«, in: Shmueli, *Sag, daß Jerusalem ist*, 42.

Camilla Miglio

Ort-Raum als Zäsur

Paul Celan, in || und Jerusalem

Der Name der Zäsur

Am 21. Oktober 1969, kurz nach seiner Rückkehr aus Jerusalem, in seinem Büro in der rue d'Ulm sitzend, schreibt Paul Celan an Ilana Shmueli:

> Aber wie wird aussehen, was ich jetzt, nach Jerusalem, *aufschreibe*? Daß Jerusalem eine *Wende*, eine *Zäsur* sein würde in meinem Leben – das wußte ich. Aber ich wußte nicht, daß ich dort beschenkt werden sollte mit Dir. / Nicht nur mit atmenden Augen / Paul«[1]

Im Zentrum des Briefes steht das Wort *Zäsur*. Es fällt dort, wo es um ein gegenseitiges »Sich-auf-den Weg«[2] machen von Worten, Fragen und Gedanken geht; trotz der Schwierigkeiten und der Komplexität ihrer Lage ginge es darum, füreinander »einfach zu sein«.[3] Es steht inmitten poetologischer Elemente, die sich gerade in dieser Briefpassage aneinanderreihen: von den gemeinsamen Jerusalem-Erlebnissen ausgehend, wird das Schreiben ein *Aufschreiben*. Die Frage lautet: »Aber wie wird aussehen, was ich *jetzt*, *nach* Jerusalem, *auf*schreibe?«.

Die Bedeutung von Celans Jerusalem-Zäsur stellt sich hier als Einschnitt in die Zeit: als Einstieg in die Gegenwart des Briefschreibers, die sich als Nach(gekommene)-Zeit profiliert (*jetzt* || *nach*); als Zugang zur kommenden Zeit, in der neue und andersartige Gedichte geschrieben werden sollten; als bestehende Offenheit der Vergangenheit gegenüber, von der das Schon-Geschriebene zeugt.

Der Stadtname wird innerhalb von wenigen Zeilen zweimal erwähnt, wobei die Wiederholung eine Verschiebung bewirkt, die ein Davor und ein Danach

1 Paul Celan, Ilana Shmueli, *Briefwechsel*, hrsg. von Ilana Shmueli und Thomas Sparr, Frankfurt a. M. 2000 (= PC/IS), 14, meine Hervorhebung.

2 Ebd.

3 Ebd.

erzeugt und die erfüllte Zeit in der Mitte als »stimmhafte«[4] Zäsur erschallen lässt. Der Einschnitt wird einmal durch einen Begriff aus dem Bereich der Metrik, Poesie und Musik: *Zäsur*, umschrieben; das andere Mal mit einem Begriff aus dem Feld der Physiologie, aber auch der Geschichte (und, ferner, der Astronomie und Philosophie): *Wende*, umschrieben.

Beide Wörter werden im Brief bewusst auf das Leben bezogen, und dadurch – und durch die Pause im Gedankenstrich – »stimmhaft-stimmlos zugleich«[5] gemacht.

Celans Abschiedsgruß hat in diesem Brief den Charakter einer Poetik-Aussage: »Nicht nur mit atmenden Augen / Paul«. Das Atmen fällt mit dem gegenseitigen Sich-Anschauen zusammen. Der Atem und seine Phasen, welche immer eine »Wende« durchgehen müssen, bewahren die verschwiegene, unsichtbare, jedoch starke Präsenz von etwas, das sogar über die »atmenden Augen«[6] hinaus geht: das »Pneumatische«.[7] Atem und Augen gewährleisten den Lebensrhythmus, der von der Zäsur, Wende, Inversion ausgeht.

Ich werde versuchen, zu verstehen, was jene imperative Aufforderung – die auch eine Invokation, die Geste eines Menschen in Not ist – existentiell und poetologisch bedeuten kann. Was bedeutet: »Sag, daß Jerusalem i*st*«?[8] Was sammelt sich in diesen späten Brief-Gedichten Celans im Namen *Jerusalem* und in seiner Bedeutung als »Zäsur«?

Ein relationaler Ort-Raum

»Orte« – so Aleida Assmann – »bergen Vergangenheit; Räume dagegen öffnen Dimensionen des Planens und weisen in die Zukunft«.[9] Pauls und Ilanas Mit-

4 Paul Celan, »Der Meridian«, in Paul Celan, *Gesammelte Werke* (= GW), III, 201.

5 Paul Celan, *Der Meridian. Vorstufen – Textgenese – Endfassung. Tübinger Ausgabe,* hrsg. von Jürgen Wertheimer, Bernhard Böschenstein und Heino Schmull, Frankfurt a. M. 1999 (= TCAM), 110.

6 PC/IS, 14.

7 Für Celan ist sein Judentum eine »pneumatische Angelegenheit« (Brief an Gershom Schocken, 5. 2. 1970, in: Paul Celan, *»etwas ganz und gar Persönliches«,* 880 und PC/IS, 91). Dieser Aspekt spielt eine wichtige Rolle im Gespräch und in der Wiederbegegnung mit Ilana gerade innerhalb des Milieus der Stadt Jerusalem, indem Celan auch seine Position dem Judentum gegenüber rekapituliert und weiterdenkt.

8 PC/IS, 45; vgl. Paul Celan, *Die Gedichte. Neue Kommentierte Gesamtausgabe in einem Band,* hrsg. und kommentiert von Barbara Wiedemann, Berlin 2018 (= NKG), 571.

9 Zur Unterscheidung der Begriffe ›Ort‹ und ›Raum‹ siehe Aleida Assmann, »Geschichte findet Stadt«, in: Moritz Csàky, Cristoph Leitgeb (Hrsg.), *Kommunikation, Gedächtnis, Raum.* Kulturwissenschaften *nach dem ›Spatial Turn‹*, Tübingen 2009, 13–28; siehe auch Karin Wenz,

Sein, Mit-Gehen, Mit-Schreiben und Mit-Erinnern in und nach *Jerusalem* lässt die Möglichkeit aufscheinen, diesen kollektiven Gedächtnisort als persönlichen, aufnahmefähigen Erinnerungsort besetzen zu können. Sie erblicken zwei auseinanderliegende, gemeinsame Erinnerungsorte: den Ort namens Czernowitz aus ihrer ost-europäischen Vergangenheit und den Ort namens Jerusalem, in ihrer nahöstlichen Gegenwart, in der auch die Vergangenheit ihre Präsenz für sich beansprucht. Die Stabilität des gemeinsamen, gegenwärtigen (Erinnerungs-)*Ortes*[10] wird aber durch die abgründige Dimension des sich öffnenden *Raums* andauernd in Frage gestellt. Die cartesianische Idee von Stabilität, Exaktheit, Erkennbarkeit, Messbarkeit eines Ortes findet in der Kreuzung von Meridianen und Parallelen ihre prägnanteste Darstellung.[11] Celans Gehen und Lesen (Schauen), Mit-Gehen und Mit-Sprechen (hören, lauschen) gestalten Lokalisierungen anderer Art, die sich in einem instabilen »anthropologischen Raum«[12] einschreiben und jede Stabilität in Frage ziehen. Beim Gehen und Sprechen werden Spuren hinterlassen, die in der gemeinsamen Erinnerung wiedergelesen (auch im Sinne von gesammelt) werden können.[13]

Celans Raumkonzeption ist visuell, und doch immer noch auch aural-akustisch-musikalisch. Die Jerusalemer Erfahrung zeugt für die Gestaltung eines Erinnerungsraums, der auch ein Klangraum ist. Die Anschauung der Orte bleibt mit dem persönlichen Timbre und Rhythmus eines Dialogs verbunden. Der Raum, wie er sich in den Jerusalemer Tagen gestaltet und im Briefwechsel allmählich aufgeht, ist immer Resultat eines Zusammenlesens, Zusammen(er)zählens,[14] und wächst mit den gelebten Worten und Orten, die man gemeinsam bespricht und beschreitet. Die Textkonstitution ergibt sich erst im Nachhinein, im Raum der besprochenen Erinnerung.

Die Schrift stellt sich also als *relationaler Ort-Raum* dar. Die Schrift beschreibt eine Räumlichkeit und eine relationale Bewegung, die nicht im Cartesianischen, sondern im Celan'schen Sinne wie ein Meridian zu verstehen ist.

Raum, Raumsprache und Sprachräume: Zur Textsemiotik der Raumbeschreibung, Tübingen 1997.

10 Zur Einordnung des Ortes unter dem Begriff der Stabilität siehe Michel de Certeau, *Kunst des Handelns*, aus dem Franz. von Ronald Vouillié, Berlin 1980, 217–218.

11 Ebd., 218.

12 Ebd.

13 »Es ist ja kein Zufall«, schreibt Mary Carruthers in *The Book of Memory*, Cambridge 1990, 30, »dass schon bei den alten Griechen und Römern das Gedächtnis als Schrift auf einer Wachstafel visualisiert bzw. gelesen wurde, so dass die Altgriechen kein Wort für *lesen* hatten, und stattdessen das Verb *anagignosko* benutzten, wörtlich Wieder-Kennen [to know again], Wieder-Sammeln, Erinnern [to recollect]. So hieß das lateinische Wort *lego* [or im deutschen *lesen* C.M.], sammeln [to *collect*] oder zusammenstellen [to *gather*]«.

14 Siehe Die Glut, PC/IS 16; NKG 568.

Der Meridian ist denn auch ein wichtiger Hypotext bzw. mit-sprechender Text in den Gesprächen und im Briefwechsel zwischen Celan und Shmueli. Ilana zitiert immer wieder aus der Rede, und viele Worte aus dem *Meridian* werden von beiden wiederaufgenommen und resemantisiert.[15] Die »Tropen«[16] sind wohl geographisch als Parallelen anzusehen, aber sie bezeichnen auch rhetorische Begriffe.[17] Als einzige Kreuzung gelten die immer beweglichen und relationalen diskursiven Figuren, die auch in diesem Briefgespräch immer wieder aufscheinen. Die Jerusalem-Erfahrung gilt als *l'auberge du lointain,*[18] die ihm fremd und doch nahe ist. In diesem Briefwechsel stellt Celan noch einmal die Dimension und Tropik der *fremden Nähe*[19] auf die Probe. Der Name Jerusalem ist intermittierend Ort und Raum. Anders gesagt: Der Name Jerusalem setzt, als »erinnerte[ ] Pause«[20], eine Zäsur, eine Wende zwischen Topos und Chôra.[21] In der erinnerten und schriftlichen *restitutio*[22] jener gelebten Pause wird Jerusalem als gedichtete und gelebte Landkarte, als kartierbare *écoumène* aufgerollt. Die Zäsur, die Jerusalem als Name, als erlebter Ort und als Erinnerungsraum bewirkt, soll daher nicht als Unterbrechung, Bruch oder Interruption betrachtet werden, sondern eher als der Versuch, in diesem immer wieder

15 Siehe z.B. PC/IS, 88, Briefe 80, 81; 90, Brief 83.

16 »Ich finde etwas – wie die Sprache – Immaterielles, aber Irdisches, Terrestrisches, etwas Kreisförmiges, über die beiden Pole in sich selbst Zurückkehrendes und dabei – heitererweise – sogar die Tropen Durchkreuzendes –: ich finde … einen Meridian.« GW III, 202.

17 »Und was wären dann die Bilder? / Das einmal, das immer wieder einmal und nur jetzt und nur hier Wahrgenommene und Wahrzunehmende. Und das Gedicht wäre somit der Ort, wo alle Tropen und Metaphern ad absurdum geführt werden wollen.« GW III, 199.

18 »Herberge der Ferne«: Ich entlehne diese Terminologie von Antoine Berman, *La traduction et la lettre, ou l'auberge du lointain*, Paris 1991.

19 »Fremde Nähe« ist, wie bereits bekannt, der Titel einer geplanten Anthologie eigener Übersetzungen von Paul Celan, vgl. Axel Gellhaus u.a. (Hrsg.), »*Fremde Nähe*«. *Celan als Übersetzer*, Marbach am Neckar 1997, 14.

20 TCAM, 127: »In diesem ›Später‹, in den dort erinnerten Pausen, in den Kolen und Moren, gipfelt dein Wort; das Gedicht heute – es ist eine Atemwende, Kammzeiten und Seelenwende – daran erkennst du's – nimm es wahr«. Diese Annotation aus dem *Meridian*-Umkreis trägt Spuren von Celans kritischer Lektüre von Buber und Rosenzweig und zeigt eine Aktualisierung einer biblischen Lektüre in einem Kontext, in dem die Zerstörung im KZ mitgedacht ist und daher die Pause als Moment der Erinnerung und der Trauer verstanden wird.

21 Vgl. Keimpe Algra, *Concepts of Space in Greek Thought*, Leyden, New York, Köln 1995, 31–33; Edward Casey, *The Fate of Place. A Philosophical History*, Berkeley, Los Angeles 1998, bes. 46, 141, 345, 351.

22 Siehe die Notiz in Paul Celan, »*Mikrolithen sinds, Steinchen*«. *Die Prosa aus dem Nachlaß.* Kritische Ausgabe, hrsg. und komm. von Barbara Wiedemann und Bertrand Badiou. Frankfurt a.M. 2005, Nr. 69–70, 48: »GL 9.1.63 / Jedes Gedicht ist auch Rückgabe, Rückerstattung an –«.

abrufbaren Zwischenraum »the shape of a web of stories spun from the matter of ›lived life‹ (*gelebtes Leben*)«[23] hervorzurufen. Das gelebte »web of stories« wird mit anderen Gedächtnisstreifen, mit anderen Stimmen und Orten aus der Weltzeit und aus einer gemeinsamen Überlieferung gesammelt.

Gehen, Nachgehen, Umgehen

Der Spaziergang ist für Paul und Ilana kein Flanieren, sondern ein *counter-mapping* von Orten, die aus dem kollektiven Gedächtnis emporsteigen, aber auch von gelesenen Stellen (d.h. textuelle *loci*) und zufälligen Gesprächen hervorgerufen werden. In dieser performativen und dann mnestischen Kartierung kommen die *loci* ihnen körperlich entgegen, als Orte aus Stein, Sand, Holz, als Natur und Leben, Pflanze und Frucht, und produzieren erst in der erinnernden Schrift ihre Räumlichkeit und Historizität. Sie treten als Stationen in einer Landschaft hervor, welche die gegenwärtige Topographie der israelischen Stadt markieren, so wie sie auch die architektonischen Spuren der jüdischen, christlichen und muslimischen Gedächtnisorte zusammenzählen. Dieses Gehen durch eine zeitliche Tiefe ist *conditio sine qua non* für die Verwirklichung des gemeinsamen Seins *im Ort*, der gleichzeitig als mitgestalteter *Raum* unter den Augen und Füßen der Gehenden entsteht. Im Gehen entfaltet das Paar eine dynamische Topik und Tropik der Stadt, denn das »Gehnsein«[24] verbindet konkrete Orte und bildet gleichzeitig eine kinetische Form von Mnemotechnik, die einen eigenen Raum erzeugt.

Das Gedicht kerbt sich in einen konkreten Raum ein. Der Raum ist konkret im Sinne von *con-cretus* – aus *cum-crescere* –, also zusammengewachsen. Das schon 1968 verfasste Gedicht MANDELNDE spricht auch durch die Verb-

23 In diesem Kontext verweise ich auf die Erörterung der Benjamin'schen restitutio bei Vivian Liska, »Messianic Language and the Idea of Prose: Benjamin and Agamben«, in: Anna Glazova, Paul North (Hrsg.), *Messianic Thought Outside Theology*, New York 2014, 93–104: 51–52. Liskas Lektüre ist ein hilfreicher Ansatz im Kontext der Wiedererinnerung und Wiedererzählung der Jerusalemer Erfahrung in Gestalt von Briefen und Gedichten und zur Erkenntnis des Namens ›Jerusalem‹ und dessen Funktion als Zäsur. Vor diesem Hintergrund stellt mein Beitrag eine Teilrevision einer meiner früheren Studien dar: »l'Est – Il y est / Jerusalem ist? Paul Celans geopoetischer Osten«, in: Chiara Adorisio, Lorella Bosco (Hrsg.), *Zwischen Orient und Europa. Orientalismus in der deutsch-jüdischen Kultur im 19. und 20. Jahrhundert*, Tübingen 2019, 297–315. Dort hatte ich, ausgehend von Giorgio Agambens »Pasqua in Egitto«, in: id., *Il fuoco e il racconto*, Roma 2014, 76, Celans Jerusalem-Erfahrung als Moment der Diskontinuität, der Atopie und der Negation gelesen. Ich bedanke mich herzlich bei Vivian Liska für die fruchtbaren und interessanten Gespräche zu diesem Thema.

24 PC/IS, 33; NKG, 570.

form (Partizip I) von einem Werden, von einem Wachstum und einer Steigerung. Die Wiederholung des Gedichts im Brief[25] bewirkt *per se* eine Öffnung und ein Wachstum in der Sprache. Der Schlussvers *Hachissini* (nimm mich auf) wird nun von Celan eigenhändig auf Hebräisch geschrieben. Es heißt: »Nimm mich auf«. Man kann aber auch so lesen: »Nimm mich in dir auf«: Religiöse Invokation und Gebet sind zugleich erotische Anforderung und Einladung.[26] Das Gedicht zitiert Chaim Nachman Bialiks Gedicht *Hakhnisini taḥat knafekh* (*Nimm mich auf unter deine Flügel*). Bialiks Herkunft aus der heutigen Ukraine verbindet ihn mit Celans und Shmuelis Geburtsort.[27] Seine Worte, gesungen nach alldem, was die zwei östlichen Orte (Osteuropa und Israels Osten)[28] und Zeitebenen trennt, bekommen – durch den Akut des Heutigen – ein finsteres Timbre:

> Nimm mich unter deine Flügel [...]
> Wo ist meine Jugend [...]
> Jetzt habe ich nichts auf dieser Welt –
> Ich habe Nichts
> Nimm mich unter deine Flügel.[29]

Diese Verse kannte Celan seit seiner Czernowitzer Jugend auswendig in der hebräischen Originalfassung, ohne sich, nach Shmuelis Aussage, noch deren Bedeutung ganz sicher zu sein.[30] Ilana bringt ihm die Sprache neu bei – sie wirkt oft als Dolmetscherin und Übersetzerin, also Vermittlerin für ihn. Das nun für Ilana auf Hebräisch handgeschriebene Wort *hachnissini* in einem von Europa nach Israel reterritorialisierten Gedicht zeigt den beiden ehemaligen Bukowinern einen Weg hin und zurück zum und vom gemeinsamen Osten Europas.

Ähnliches passiert im Fall der Bezeichnung »Tochter Zion«. Ilana erinnert sich daran, dass Celan sie als »Tochter Zion« ansprach, wobei alle lach-

25 PC/IS, 12; NKG, 567.

26 Vgl. ebd.; siehe auch Erläuterungen in NKG, 1231.

27 Vgl. Celans Notiz über Churban, Bialik, Tschernikowski in *Mikrolithen*, Nr. 216, 123.

28 Zur existentiellen und poetologischen Valenz von Celans Osten und seiner mystischen Bezüge siehe die Lektüre vom »tripticon« TRECKSCHUTENZEIT, DU SEI WIE DU, WIRK NICHT VORAUS, in Lorella Bosco, *Tra Babilonia e Gerusalemme. Scrittori ebreo-tedeschi e il »terzo spazio«*, Milano 2012, insbes. 217–224.

29 Zitiert nach Shmueli, »Nachwort«, in PC/IS 171–172.

30 Shmueli erinnert sich daran, wie er das Lied noch auswendig kannte, aber nicht mehr Wort für Wort übersetzen und verstehen konnte, vgl. Ilana Shmueli, *Sag, daß Jerusalem ist. Über Paul Celan: Oktober 1969-April 1970*, 2000, 26. Vgl. Erläuterungen in NKG, 1231.

ten, während sie – so Shmueli – wusste, »daß er es ernst meinte«.[31] Als Tochter Zion kann das weibliche Du selbst angesprochen werden. Die Gedichte ›stehen‹ in Jerusalem, wie ein Wort in einem Text steht: Jerusalem ist Landschaft und Text. Celans Gedicht, auf Deutsch geschrieben, weist daher eine verborgene hebräische Sprachgestalt auf. Im Gegensatz zum Aristotelischen Ort-Begriff, wonach etwas *nicht* gleichzeitig an verschiedenen Orten sein kann,[32] ereignet sich im Celan'schen Worthof eine polyphone und mehrdimensionale Vielstelligkeit. Im Epitheton *Tochter Zion* lässt sich nicht nur die Erinnerung an Czernowitz (die Herkunft) lesen, sehen und horchen, nicht nur die Psalmen sowie Sacharjas (2,5–16) und Jesajas prophetische Worte oder die Evangelisten, sondern auch ein weiteres Umfeld, das dazwischen wohnt.

Die genaue Kartierung[33] der begangenen oder umgangenen Orte ist die Grundlage, auf der die geopoetische Landkarte Jerusalems aufgerollt werden und die Begegnung in der Stadt eine Wiederbegegnung im Gedicht mit sich tragen kann (»über Dich, Offene, trag ich dich zu mir«[34]).

Gehen kann aber auch ein Umgehen sein. Der Getsemani-Garten wird zweimal »umgangen«.[35] Die Trajektorie der Gehenden zeichnet eine *suspensio* der (unendlichen) *passio*, die im Getsemani-Raum stattfindet. Wie Chiara Caradonna gezeigt hat, konvergieren im Getsemani-Bild Vigilie und Schlaf, Gebet und Vergessenheit, Überleben und Untergehen. Caradonna rekonstruiert einen Denkraum, in dem Kafkas Wächterfigur, die evangelische Christus-Nacht, in der Jesus allein und verlassen wach bleibt, während seine nächsten Apostel einschlafen, und das Pascal'sche Mysterium Christi (sein Wachen, Beten und Bitten dem Vater und den »Brüdern« gegenüber, in der langen Nacht vor seiner Passion) zusammengelesen werden.[36] »Das Gedicht, nicht das Gebet, wacht nunmehr in der Nacht vor der Verhaftung und hält uns wach, solange die Qual anhält und die Menschheit nicht erlöst ist«.[37] In der kurzen Jerusalemer Atempause kann einmal diese Qual »umgangen« werden.

31 PC/IS, 165.

32 Siehe De Certeau, *Kunst des Handelns*, 218.

33 PC/IS, 143.

34 PC/IS, 12.

35 PC/IS 16; NKG 568.

36 Vgl. Chiara Caradonna, *Opak. Schatten der Erkenntnis in Paul Celans »Meridian« und im Gedicht »Schwanengefahr«*, Göttingen 2020, 38–59.

37 Ebd., 59.

Schauen, Lesen

Gehen, sprechen, schreiben, sich gegenseitig Gedichte und Erzählungen vorlesen und zeigen. Im Gespräch, im Gehen, mit Mund und Augen sehen. Dies geschah in Jerusalem. Danach, im brieflichen *discours* zwischen Paris und Tel Aviv: schicken, empfangen, wiederholen, schreiben, erklären, missverstehen, warten, erwarten. In diesem Sinne »macht sich« das Gedicht »auf de[n] Weg« – das hatte Celan am 21. Oktober 1969 geschrieben – »zu dir und zu uns.«[38]

Die Doppelbezeichnung *zu dir/zu uns* spannt einen Raum auf. Der Raum ist hier dialogisch, performativ und prozessual, er dehnt sich aus. Der Status von Jerusalem als stabiler Ort wird immer labiler. Celan kann ihn nur manchmal, intermittierend, wahrnehmen. Ilana versucht, im Gegenteil, für Dauer[39] und Stabilität zu sorgen – ihr Ziel ist, Jerusalem als Ort und auch als zukunftsorientierten Raum im Sinne Assmanns zu stabilisieren, wo man normal, real, leben kann.[40]

Aus Celans Briefen entfaltet sich eine ganz andere »Kartizität«.[41] Dem Brief vom 6. November 1969 aus Paris legt Celan eine Ansichtskarte bei. Es handelt sich um eine ältere Jerusalem-Aufnahme, die die Erinnerung an das individuelle Gehen und Markieren des Raumes, den Ort und die Landschaft resemantisiert. Jerusalem wird tatsächlich als Landkarte »aufgerollt«.[42] Nicht nur eine Landkarte, sondern vor allem die Torah wird aufgerollt, um überhaupt gelesen werden zu können – es handelt sich um die wichtige Geste, wodurch das Lesen-Können ansetzt. Nur in der Dimension, die sich in diesem Dialog entfaltet, ist es, als ob das heilige Aufrollen der Torah nicht mehr möglich wäre und die Spuren des lichtbringenden, rettenden Wortes als verborgene Sinn- und Erinnerungsrelikte in der Landschaft verstreut wären.

38 PC/IS, 14.

39 PC/IS, 41, so Celan am 18. November 1969: »Du holst mich in die Dauer zurück, Ilana, mit Deinen Briefen«.

40 So Ilana Shmueli am 27./28. März 1970 (ibid., 130): »Ja, ich will nicht mehr intellektualisieren, sublimieren, kompensieren, planen, vernünftig sein, verzichten [...]. Ich will etwas Leben mit Dir – Leben. [...] Ich weiss um den Schmerz der uns bevorsteht [...]. Und doch will ich durchleben mit Dir [...]. Denn Du, Du – bist bei mir, mir – es ist nicht die Nacht und der Rauch, es ist die Welt-Welt«. Am 14. Januar 1970 schreibt sie: »Lass uns nur wie Du es nennst: Dauer – lass sie vor allem Dir« (ibid., 78).

41 Zum Begriff der Kartizität vgl. Robert Stockhammer, *Kartierung der Erde: Macht und Lust in Karten und Literatur*, München 2007, 68.

42 Vgl. PC/IS, 55: »Ich rolle Jerusalem auf, ich sehe die Wege, die wir hinunter- und hinaufgegangen sind, nicht alle, aber doch einige. Wer hat uns geführt, wer und was?«.

Im Briefwechsel bildet sich eine Raumzeitlichkeit, die manchmal Ungleichzeitigkeiten abgründig öffnet.

Zackern

Ich trink Wein aus zwei Gläsern
und zackere an
der Königszäsur
wie Jener
am Pindar,

Gott gibt die Stimmgabel ab
als einer der kleinen

Gerechten,

aus der Lostrommel fällt
unser Deut.

29. XI. 69[43]

Gebildet aus dem mittelhochdeutschen *ze acker gan* in der Bedeutung von *pflügen*,[44] ist der Ausdruck *zackern* in diesem Kontext eine Hölderlin'sche Anspielung.[45] Mit »Jene[m] der am Pindar zackert« ist, nach Angabe Celans an Ilana, der übersetzende Hölderlin gemeint. Am 11. Juli 1805 hatte der Homburger Hofrat Johann Isaak von Gerning in einem Brief nach Weimar berichtet: »Hölderlin, der immer halb verrückt ist, zackert auch am Pindar«.[46] Celan las diese Bemerkung in Michels Hölderlinbuch und unterstrich sie.[47] Celan erklärt Ilana, dass hier »zackern« als »pfuschen« zu verstehen sei.[48] Wenn man aber der Rekurrenz dieses Wortes in Celans Notizen nachgeht, öffnet sich auch

43 PC/IS 59; NKG 572.

44 *Deutsches Wörterbuch von Jacob und Wilhelm Grimm*, Leipzig 1854–1961, vol. 31, Spalte 16–17.

45 Wie Barbara Wiedemann (NKG 1237) anmerkt, zeigt das Gedicht Spuren der Lektüre von Wilhelm Michels *Das Leben Friedrich Hölderlins*, Darmstadt 1963, anlässlich der Beteiligung Celans an der Jahrestagung der Hölderlin Gesellschaft im März 1970.

46 Wilhelm Michel, *Das Leben Friedrich Hölderlins*, Darmstadt 1963, 521.

47 Wiedemann erwähnt, dass in Celans Exemplar beim Zitat mehrere Randanstreichungen zu finden sind (NKG, 1238).

48 PC/IS, 58.

in diesem Brief ein vertikaler diachronischer Raum, der den um 1805 Pindar übersetzenden Hölderlin mit dem 1967 Mandelstam übersetzenden Celan[49] sammelt und zusammenliest.

In seinem Essay *Das Wort und die Kultur* schrieb Ossip Mandelstam: »Poesie ist ein Pflug, der die Zeit in der Weise aufbricht und die Tiefen Schichten der Zeit, ihre Schwarzerde, an die Oberfläche befördert.«[50] Dieses Zitat wurde bei der Rundfunksendung *Die Dichtung Ossip Mandelstams* von Celan explizit hervorgehoben.[51] Das Wort »Schwarzerde« ist selbst eine Übersetzung des russischen Wortes *černozem*, es bezeichnet eine bis zu zwanzig Meter tiefe und äußerst fruchtbare Humusschicht, die sich in großen Gebieten Südrusslands, der Ukraine und des nordöstlichen Balkans einschließlich der Bukowina finden lässt.[52]

Mandelstam war, wie bekannt, auch Übersetzer und Interpret von Dante. Bei Dante findet sich ebenfalls eine Auffassung des Lichts als *lumen* (wobei die poetische Sprache »leuchtend« bzw. *illustris* ist),[53] das mit einer *Harmonia mundi* zusammenfällt, die von Gott »gestimmt« wird.[54] Motive der Dante'schen Poetik fallen mit Bildern aus der jüdischen Tradition zusammen (»kleinen Gerechten«).[55] Die tragische Königszäsur der Abdankung der Götter konnte Celan wiederum in Hölderlins »Anmerkungen zum Oedipus« finden.[56] Die explizite Anspielung auf Hölderlin[57] steht also in einem einzigen Wort und Erinnerungshof mit anderen Erinnerungssträngen, die zu Mandel-

49 Siehe Celan, *Mikrolithen*, Nr. 217, 123, und die dazugehörenden Erläuterungen, 605–606.

50 In Ossip Mandelstam, *Das Wort und die Kultur,* in Id., *Über Dichtung. Essays*, aus dem Russischen von Alfred Frank, Marga und Roland Erb, hg. von Pawel Nerler, Leipzig und Weimar 1991, 9–15: 11.

51 Siehe Kommentar in NKG 804. TCAM, 219.

52 Vgl. Germinal Čivikov, »Schwarzerde«, in Jürgen Lehmann (Hg.), *Kommentar zu Paul Celans ›Die Niemandsrose‹*, Heidelberg 1997, 170–172, hier 170.

53 Vgl. *Langenscheidt Wörterbuch Latein-Deutsch*, s. v. *illustris*. https://de.langenscheidt.com/latein-deutsch/illustris (abgerufen am 25.4.2021).

54 Vgl. die 1963 von Leo Spitzer posthum erschienene Untersuchung des Wortes ›Stimmung‹ in »Classical and Christian Ideas of World Harmony: Prolegomena to an Interpretation of the Word ›Stimmung‹: Part I«, in: *Traditio*, 2 (1944), 409–64.

55 Vgl. NKG 1238, wo Wiedemann auf Celans frühe Übersetzung von Paul Eluard, LES PETITS JUSTES, verweist.

56 Friedrich Hölderlin, *Anmerkungen zum Oedipus*, Stuttgarter Ausgabe, hrsg. von Friedrich Beißner, Bd. V, 20. Siehe dazu Elena Polledri, »Was! um eines Wortes willen?«, in *Studia Theodisca*, XXVI (2019), 73–104, hier: 98–99.

57 Polledri schreibt: »Mit diesem Begriff will Celan also den mühsamen Prozess der Erarbeitung des Verses des späten Hölderlins ausdrücken, die Tätigkeit des Pflügens, im strengen Sinne des Umwendens des Bodens, wird zudem mit demselben Wort ausgedrückt, von dem der Begriff ›Vers‹ herrührt (vertere, versus)«. Ebd., 98.

stam und der östlichen, osteuropäischen und mittelöstlichen, nahen und fernen Vergangenheit führen.

In den Arbeitsnotizen zur *Meridian*-Rede heißt es: »die Sprache wird lapidar, das Gedicht hat den Charakter der – auf ein nahes oder fernes – Auge wartenden – Inschrift [Zeit als Zäsur]«;[58] oder weiter: »Die Zeit – das nun Wortlose – als Zäsur spannt das im Gedicht Genannte in eine erregende Präsenz –«.[59] Zehn Jahre später, im November 1969, schreibt er an Ilana: »In der Königszäsur, da liegen, da stehen wir jetzt, Du und ich«.[60] Man kann daher die Zäsur als »interstitiale«[61] Öffnung lesen und hören, in der vieles gesammelt, eingekeilt wird.

In Celans Notizen im Umkreis der *Meridian*-Rede, und auch später noch, in Konkomitanz[62] mit Wörtern wie Präsenz, Dauer, Pause, Verzögerung (*Mora, morae*, Moren), *Kola*, Zeit und Schweigen, Erwartung und Vigilie, kommt das Wort Zäsur häufiger vor. Die Dauer im Gedicht, schreibt Celan, »gipfelt« in den »Moren und Kolen«.[63] *Mora* ist das lateinische Wort für Verzögerung, Zeitraum.[64] Das Kolon (»Glied«) ist in der antiken Metrik eine Gliederungseinheit, der Raum der »Stauungen des Atems«.[65] Dabei denkt Celan auch an Bubers Lesarten der Bibel. Lesen zu lernen bedeutet, zwischen den Kolen, die Verzögerungen, die Stauungen, die Höfe mitzulesen: »›Atemeinheiten‹ (Buber): Kolen; –i– Stauungen des Atems«.[66] Die Zäsur markiert also eine (begrenzte, umgrenzte) Dauer. Dauer und Pause werden paradoxerweise fast gleichbedeutend.

58 TCAM, 98.

59 Ebd., 99.

60 PC/IS, 58.

61 »Interstitial«: etwas, das unsichtbar dazwischen-steht. Kann auch durch das Nicht-Gesagte, das Zögern, die Pause identifiziert werden. Siehe Lorella Bosco, »Die Pole. La Gerusalemme interstiziale di Paul Celan«, in Diletta D'Eredità, Camilla Miglio, Francesca Zimarri (Hrsg.), *Paul Celan in Italia 2007–2014. Un percorso tra ricerca arti e media*, Roma 2015, 209–218.

62 Wie Celan im Januar 1969 notierte, kommt es »auf das Wie und Was des um [Grundworte] her und mit ihnen Gesagten«. Es ist nicht wichtig, »wie oft ein Wort vorkommt, sondern in wessen Begleitung bzw. ohne wessen Begleitung es daherkommt.«, Celan, *Mikrolithen*, 125 (13.1.1969).

63 TCAM, 102.

64 *Langenscheidt Wörterbuch Latein-Deutsch*, s.v. mora, https://de.langenscheidt.com/latein-deutsch/mora (abgerufen am 25.4.2021).

65 TCAM, 110.

66 Ebd.

Die erinnerte Pause

Im Pariser »Café Le Royal«, am Boulevard de Port-Royal sitzend, schreibt Celan das Gedicht Das Leuchten. Die Adresse evoziert (zufällig) den von Celan vielgelesenen Pascal. Aus diesem Winkel schreibt und schaut er nach Israel:

> Das Leuchten, ja jenes, das
> Abu Tor
> auf uns zureiten sah, als wir
> ineinander verwaisten, vor Leben,
> nicht nur von den Handwurzeln her –
>
> Eine Goldboje, aus
> Tempeltiefen,
> maß die Gefahr aus, die uns
> still unterlag.[67]

Celan ruft das messianische Licht von Jerusalem hervor, das Ilana sofort in ihrem Kommentar mit der Hoffnung nach Rückkehr und Erlösung in Zusammenhang bringt.

Seine Worte stehen aber auch im Einklang mit der biblischen Warnung gegen jeden Versuch »Jerusalem zu messen« (Sacharja, 2,6). Versmaß und Vermessung der Stadt fallen hier zusammen. Mit der Höhe des Lichts wird auch die Gefahr gemessen, die von den Tempeltiefen (dem Abgrund, der »Hölle« im Niemandsland in der Nähe von Abu Tor) herauf finstert. Die Spannungen, denen der Celan'sche Landvermesser ausgesetzt wird, sind rhythmisch und visuell in der Verknüpfung von Zäsur, Kolon und Periode in folgender Versreihe eingeschrieben: »Das Leuchten, ja jenes, das || Abu Tor || auf uns zureiten sah,«.

Der Ort der Begegnung zwischen den beiden »verwaisten«, verschwisterten Ich und Du heißt »Abu Tor«. Es ist ein Toponym, das einen kleinen Ort (heute ein Stadtviertel) an einem Grenzgebiet, am Stadtrand von Jerusalem bezeichnet, der gemischt arabisch-jüdisch bewohnt ist. Es ist aber auch ein sprechender Name: Abu Tor (oder Sheik Ahmed et Tori) war, als historische Person, der Mitkämpfer von Saladin, der einst Jerusalem belagerte. Abu bedeutet auf Arabisch Vater. Abu Tor kommt der Legende nach auf einem Stier

67 PC/IS, 28.

(Tor) geritten, nicht auf einem Esel; er kommt also in kriegerischer Haltung, nicht in Frieden.[68]

Wenn man mit einem interlingual-mehrsprachigen Ohr das Wort *Abu* || *Tor* durchlauscht, kann man auch die Bedeutung von *Vater-Tor*, *Tor des Vaters* vernehmen. Die Sprache des »Anderen« (Arabisch) wird durch eine andere Sprache *in partibus infidelium* resemantisiert (Deutsch).[69] Wird das hebräische Tor des Erbarmens aufgehen können, enggeführt zwischen Arabisch und Deutsch? Oder werden für die Schreibenden nur die »Tore aller Vergeblichkeiten«[70] begehbar sein?

Das Wort *Handwurzel*, das man durchaus metaphorisch lesen könnte, ist zunächst ein konkreter anatomischer Teil des Handgelenks, und zwar der Ort des Pulses. Am 20. Januar 1970 schreibt Celan an Ilana: »zähl meinen Puls, auch ihn, / in dich hinein«.[71] Dieses ineinander Pulsieren gibt den Takt zu der »Aussicht« der Goldboje. Gerade die Aussicht der Kuppel der Moschee, die man von Abu Tor aus erblicken kann und von der eine Gefahr ausstrahlt, kann auch eine Rettung im Licht versprechen.

Indem Celan in und mit Jerusalem seine Poetik des Ostens (Herkunftsort und Quelle des Lichts) zu Ende denkt, gelangt er zu einer besonderen, wenn auch nur »intermittierenden« Art des Da-seins: »Ich bin nur intermittierend ›da‹ und wohl für immer ›untragbar‹«,[72] schreibt Celan am 2. April 1970. Vier Tage später wiederholt er: »Ich bin nur intermittierend ›da‹ […] meine Gedichte schaffen mir augenblicksweise, eben wenn ich sie lese, Daseinsmöglichkeit, Stehen«.[73] Die Daseinsmöglichkeit dauert den Zeitraum des Gedichte-Lesens. Nur Gedichte-und-Briefe-Lesen setzt die Atempause.

Ilana Shmueli fällt die Rolle zu, als Leserin und Adressatin der Briefe und der Gedichte das Gespräch aufrechtzuerhalten. Ihr ist es zugeteilt, Jerusalem als Ort ›auszusprechen‹, um eine partielle, unvollendete *restitutio* der Dauer punktuell zu verwirklichen.

Am 18. November 1969, einen Monat nach seiner Jerusalem-Atempause, hatte Celan geschrieben: »Du holst mich in die Dauer zurück, Ilana, mit Dei-

68 Vgl. *Palestine Exploration Fund.* Quarterly Statement, London 1877, 100.

69 Vgl. Die Variante der »Unterschrift«, entwickelt im Umkreis des Gedichts Eine Gauner- und Ganovenweise gesungen von Paul Celan aus Czernowitz bei Sadagora (NKG, 139–140: »Signatur: Russkij poet in partibus nemetskich (fidelium? infidelium?)«, in *Mikrolithen* Nr. 67.19, 47. In diesem Kontext ist die Unentscheidbarkeit zwischen *fidelium* und *infidelium*, d. h. das Partizipieren zueinander und aneinander der Gegenteile relevant.

70 PC/IS, 15.

71 Ebd., 83.

72 Ebd., 131.

73 Ebd., 135.

nen Briefen«.[74] Wenige Monate später, am Anfang von Celans letztem Frühling, muss er gestehen, dass der Ort des Gesprächs geschrumpft ist: »verzeih –, ich verlasse den Ort, wo das geschieht, die Dinge, noch die äußersten stärksten und stärkendsten, ziehn sich zurück, es bleibt: das Alleinsein«.[75] Bei ihm bleibt vieles »unbeantwortet, […] unerwidert«.[76] Ilana wird sich dem umsonst entgegenstellen.[77]

Das prekäre Gleichgewicht zwischen Pause und Pulsschlag braucht immer zwei Pole. Aber die Pole sind »in uns | unübersteigbar | im Wachen«, schreibt Celan, als Antwort an Ilana, die ihrerseits schreibt, sie wolle »über Jerusalem hinaus[gehen]« und »über die Pole dahin wieder zurück[kehren]«.[78]

Die Pole
sind in uns,
unübersteigbar
im Wachen,

wir schlafen hinüber, vors Tor
des Erbarmens,
ich verliere dich an dich, das
ist mein Schneetrost,

sag, daß Jerusalem i s t,

sag, als wäre ich dieses
dein Weiß,
als wärst du
meins,
als könnten wir ohne uns wir sein,
ich blättre dich auf, für immer,

du betest, du bettest
uns frei.[79]

74 Ebd., 41.
75 Ebd., 135.
76 Ebd., 136.
77 Ebd., 126.
78 Ebd., 43.
79 NKG 571.

Jerusalem ist der unsichtbare Ort-Raum in jeder der Pausen. Jerusalem »ist«, besteht als Raum zwischen allen anderen Orten. Jerusalem steht, stimmlos, im pneumatischen Gedicht, in den Interstitien der Zäsuren und Kola, und die Dauer der Interstitien ist in Moren messbar. Das Tor des Erbarmens bleibt zugemauert und ist nur als Kontur und Spur sichtbar (also stumm, unausgesprochen, *in limine*[80] zwischen *partibus infidelium* und *partibus fidelium*).[81]

Jener Spaziergang im Oktober 1969 war das Intervall, in dem alles seinen punktuellen Ort im sichtbaren, tastbaren Leben fand und das einen Raum des Zusammenseins, im Nu, gestaltete.

Ilana Shmuelis Bemühungen, im biblischen Sinne als »›עזר כנגדו‹ ›Hilfe gegen ihn‹«,[82] zu stehen (um damit einen Ort der Dauer und Stabilität zu schaffen) einerseits; und andererseits Paul Celans Versuche, den Raum des Dialogs erst offen zu erhalten (und dann seine Erkenntnis der Unmöglichkeit jeglicher Dauer im Wachen), stehen und liegen im brieflichen Dialog als Schrift vor. Der Ort der Wache, die Vigilie im Getsemani waren eigentlich schon im Jerusalemer Spaziergang umgangen worden. Das Gedicht geht davon aus und nennt, als gangbaren Ort, der zu einem gemeinsamen Raum hinführt, das »Hinüberschlafen« – ein Verb, das eine Bewegung in den Tod präfigurieren lässt.

Die Gedichte sind im Briefwechsel aufgenommen und in jenem spezifischen, widersprüchlichen Diskursraum entstanden. Nach dem *Hachnissini*-Spruch könnten wir sagen, dass sie darin eingebettet und »ein-gebetet« wurden. Sie stehen auch uns Lesenden entgegen, heute, in unserem Nu. Jerusalem bleibt intermittierend da und nicht da, im Wachen nicht erreichbar, im Schlaf als Name, als Mitschrift der Erinnerung an eine Atempause, die im Gedicht steht, und in diesem Sinne: i s t.

80 Zum Gegensatz von »liminalen«, relationalen und »parataktischen«, linearen Raumkonzeptionen vgl. Angelo Turco, *Configurazioni della territorialità*, Milano 2010.

81 Celan, *Mikrolithen*, Nr. 67.19, 47.

82 PC/IS, 62 und 206 (Anm.).

In Jerusalem –
Das Unerhörte | The Unheard

Shy Abady

Cycle of Drawings on Celan in Jerusalem

Abb. 1: Paul, 2018, mixed media on paper, 49.5 × 34.5 cm

Abb. 2: Ilana II, 2019, mixed media on paper, 49.5 × 34.5 cm

Abb. 3: زور فلسطين (Visit Palestine), 2018, mixed media on paper, 34.5 × 49.5 cm

Abb. 4: قولي ان القدس موجودة (Say That Jerusalem Is), 2018, mixed media on paper, 34.5 × 49.5 cm

Abb. 5: Visit Palestine, 2018, mixed media on paper, 34.5 × 49.5 cm

Abb. 6: صرخة الحمار (The Donkey's Scream), 2018, mixed media on paper, 34.5 × 49.5 cm

Abb. 7: باول تسيلان (Paul Celan), 2018, mixed media on paper, 34.5 × 49.5 cm

Abb. 8: Die Glut, 2019, mixed media on cardboard, 100 × 70 cm

Abb. 9: Absalom, 2019, mixed media on duplex paper, 73 × 55 cm

Abb. 10: Say That Jerusalem Is II, 2019, mixed media on cardboard, 70 × 100 cm

Abb. 11: Tantur Pharaoh, 2019, mixed media on plywood, 60 × 150 cm

Abb. 12: Tore der Vergeblichkeit, 2018, mixed media on paper, 34.5 × 49.5 cm

Abb. 13: Ne Visite Pas La Palastine, 2019, mixed media on duplex paper, 73 × 55 cm

Abb. 14: Ho Ilana, 2019, mixed media on paper, 49.5 × 34.5 cm

Photo Credit: Roni Kaufmann

Galili Shahar

Im Eselsschrei

Paul Celan, Jerusalem/Al-Quds, a Step Back

This essay reflects a moment in Paul Celan's visit in Israel/Palestine in October 1969. The reflection is associated with a reading of his poem Die Glut, which belongs to the so-called Jerusalem cycle, written after the visit and first published in the posthumous volume *Zeitgehöft* (1976). The reading of this poem will be guided by several works by the Israeli artist Shy Abady that are devoted to Die Glut. My reading of Celan's poem reflects itself in the mirror of these artworks in search for mutual affinities, while tracing the central motifs of Die Glut. These affinities are local: they belong to a specific Jewish/Arab (Israeli/Palestinian) experience in the terrain of Celan's poem. It is the experience of a landscape (*Gelände*) charged with historical and political signs, in which a certain theological (liturgical) weight is sealed.[1] In these paintings Abady refers to certain oriental aspects of Celan's visit, aspects which remain almost unheard in his poems. Celan (*Antschel*) is reflected in Abady's work as an »Oriental Jew«, bearing both the portrait of a *Mizrahi* (Arab Jew) and an *Ostjude* (Eastern European Jew). This reflection, ironic in its kind, is not atypical for Abady, who, in his paintings, often engages European (Christian) heritages as well as German-Jewish traditions, with a keen awareness of their repressed (denied/forgotten) oriental depths. In his works dedicated to Celan's visit in Jerusalem/Al-Quds, Abady creates a language, both in image and in script, so as to re-present precisely these aspects – the unseen, unheard of/in Celan's poetry, suggesting a *re-orientation* in his Jerusalem cycle.

Celan's visit in Israel/Palestine left significant traces in German and Hebrew life and letters. The poems and letters that he wrote before, during, and after his visit, his conversations, interviews, readings and speeches there, such as his unforgotten remark about the green of the land and on Jewish solitude,[2] have left a deep impression. Celan's 1969 visit offers us, particularly his readers in Israel, not just insights, but also moments of blindness, silence, and voices unheard. A reading of Die Glut should reflect these moments, in which Celan

1 Reading Celan's poem as a terrain of traces follows Szondi's method; see: Peter Szondi, »Durch die Enge geführt«, in: id., *Schriften*, II, Frankfurt a. M. 1996, 345–349.

2 Paul Celan, *Der Meridian und andere Prosa*, Frankfurt a. M. 1988, 63.

provides us with images and voices of this land yet associated with something – unheard.

Die Glut zählt uns zusammen
im Eselsschrei vor
Absaloms Grab, auch hier,

Gethsemane, drüben,
das umgangene, wen
überhäufts?

Am nächsten der Tore tut sich nichts auf,

über dich, Offene, trag ich dich zu mir.[3]

The poem gathers impressions from a visit Celan made with Ilana Shmueli in East Jerusalem/Al-Quds during an especially hot day at the beginning of October 1969. The heat, *Glut*, is the climate of the poem, referring perhaps to desire and longing, and also alluding to melting and states of ecstasy and being-together. It can be read as the prologue to a love poem, addressing a friend, yearning for a beloved. The poem's readers may be familiar with its biographical background, of which Shmueli provided testimony. However, a reading of Celan's Die Glut calls for a step back; it requires a moving through and beyond its biographical context.[4] A reading of this poem needs space, distant and free, to explore its potentialities,[5] to renew the conversation (*Gespräch*) with the poem.[6]

In her memoirs Ilana Shmueli writes of Celan's visit,[7] recalling that warm day from October 1969. She recounts how she and Celan began their visit on Mount Scopus [Ǧabal al-Mašārif], from where they saw the Dead Sea, before

3 Celan, Die Glut, in: id., *Die Gedichte. Kommentierte Gesamtausgabe*, ed. Barbara Wiedemann, Frankfurt a. M. 2014, 360–361.

4 On reading Celan's poetry with/without its biographical context, see: Hans-Georg Gadamer, *Wer bin Ich und wer bist Du?*, Frankfurt a. M. 1986, 112–136, 137–157.

5 Peter Szondi, »Über philologische Erkenntnis«, *Schriften*, Vol. I, Frankfurt a. M. 2011, 263–286.

6 On the interpretation of poetry as »Gespräch«, conversation, compare Heidegger's notes on Hölderlin's poem Der Ister: Martin Heidegger, »Hölderlin und das Wesen der Dichtung«, in: id., *Erläuterungen zu Hölderlins Dichtung*, Frankfurt a. M. 1996, 38–40. However, Celan's poetry should be read as an intervention in the Germanic poetical plan, calling for a different, concrete attention to language and being.

7 Ilana Shmueli, *Imri shelerushalaim ieshna. Reshimot 'al Paul Celan*, Jerusalem 1999.

proceeding to the Mount of Olives, looking from there through the distance to the Temple Mount [al-Ḥaram al-Šarīf]. Shmueli notes the view over the Jewish cemetery and the Mosques. According to her memoir, they bypassed Gethsemane and descended directly to the Absalom Pillar in the Kidron Valley, where they heard the cry of donkeys.[8] Above and before them stood the wall of the Old City, the Golden Gate [Sha'ar ha-Raḥamim], known in Hebrew as the Gate of Mercy. This gate has been left sealed since the occupation of Jerusalem by Saladin in the twelfth century. According to Christian legend, Jesus entered Jerusalem through this gate, which, according to a late Jewish tale, is the gate to be opened upon the Messiah's arrival. In his poem Celan writes: »Am nächsten der Tore tut sich nichts auf«.

The messianic dimension of both traditions, the Jewish and the Christian, is being echoed in Celan's poem. In her memoir, Shmueli notes Celan's words »too much sacredness«, referring to the »holy places« in Jerusalem, which they had avoided visiting.[9] There is much healthy irony in these words ascribed to Celan. During his visit to Jerusalem/Al-Quds he avoided any false encounter with monuments of the Holy. His poetry, however, refers to the concealments of theological traditions, and often deals with the inner structure of liturgical experience. By-passing, walking around, descending from the mountain, escaping, departing – these poetical movements signify affinities, critical engagement, awareness. In his poem Celan attests to the inner tensions within the messianic tradition by means of withdrawal, through inversions. The gate in the wall that is not yet open may refer, in Celan's poem, to the messianic arrival as it is being deferred, inverted. How, then, should the unopened gate of his poem be read? Is this a promise? An anticipation? A prayer? An expression of despair?

In the poem Die Pole, which also belongs to the Jerusalem cycle,[10] Celan writes:

Die Pole
sind in uns,
unübersteigbar
im Wachen,
wir schlafen hinüber, vors Tor
des Erbarmens,

8 Ibid., 11–12.
9 Ibid.,12.
10 Celan, Die Pole, *Die Gedichte*, 362.

The poem does not deny the »poles«, unbridged, that prevail in states of awakening (*Wachen*). The sleepers, however, are gathered before the sealed gate of Jerusalem, the Golden Gate or the Gate of Mercy [Sha'ar ha-Raḥamim], *Tor des Erbarmens.*

In one of his drawings Abady names the gate – »Tore der Vergeblichkeit«. This phrase appears in one of Celan's letters to Shmueli and indicates the gates in Jerusalem's wall. The word *Vergeblichkeit* implies futility, pretending, nothingness. In Der Königsweg,[11] another poem of the Jerusalem cycle, Celan refers to these false gates: »Der Königsweg hinter der Scheintür«.

The gates of Jerusalem are bright and constitute an illusion (*Schein*). The poem stands before, against, behind these gates, calling »you« (*du*) – *vergeblich*, in vain? In the same semantic zone, however, the word *Vergeben* implies forgiveness, mercy. Celan's readers, who are brought to the terrain of this poem, should bear in mind this ambiguous texture.[12] Being closed (a gate not yet open) refers to concealment and intimacy, to mercy and falseness. One recalls in this context the sealed gate of the beloved in the *Song of Songs* (5:2–6) – the locked door, which in the Midrash refers (allegorically) to messianic deferment. This recalls a famous Talmudic story about the messianic arrival:

> Rabbi Yehoshua ben Levi encountered Elijah the Prophet standing at the grave of Rabbi Shim'on ben Yohai. – He said to him [Elijah], »When will the Messiah come?« He replied to him, »Go ask him himself!«
> »Where does he sit?«
> »At the gate of Rome«.
> »And what is his sign [by which I will recognize him]?«
> »He sits among the poor suffering from diseases and all of them loosen and tighten all their bandages at one time, and he, loosens one and tightens it [then another and another], saying ›perhaps I will be required and this way I won't delay‹«.[13]

The messiah, dressed as a poor, sick man, sitting before the gate of Rome, will come, the Talmud argues, »Today«. Yet, his arrival implies endless intervention, awaiting, anticipation – a promise alone, not a date. The delay reveals the core meaning of the messianic arrival, namely, its postponement. The messianic idea is futuristic, yet not in progressive terms. It is associated with regressions. Not in vain is the messianic figure called in Hebrew *'akev*. The name re-

11 Celan, Der Königsweg, *Die Gedichte*, 363.
12 Cf. Szondi, »Durch die Enge geführt«, 347.
13 Talmud Bavli, *Tractate Sanhedrin*, 98, A (Trans. Daniel Boyarin).

fers to the heel, the lowest part of the human body, and hints at slow walking, at a step back.

Celan's poem, we should assume, is not allegorical and uses no such Talmudic tropes. It proceeds instead through inversions. Once we return, however, to listen to this line in Celan's Die Glut (»Am nächsten der Tore tut sich nichts auf«) we hear through the traces it gathers. We may then recognize the imprint of the messianic tradition, holding both radical hopes and anxieties, anticipations, falseness, and despair. The gate which does not yet open holds a potential, an opening which lies in the future and is empty. Does this line in Celan's poem relate itself to nothingness, to the empty, concealed content of the messianic tradition?

The poet stood against a closed gate, he stood against the wall. Standing against the wall belongs to the act of prayer itself, as the plea for the opening of the gates is at the core of Jewish liturgy. In standing against, standing in front of, *gegenüber*, Celan associates himself with these walls of tradition. Yet this is not without distance and irony. The poem Die Glut bears no liturgical value in and of itself; rather, it reads as an intervention in this tradition, perhaps providing an echo of its reminders, while withdrawing from its realization.

Celan's poem can be heard as a plea, a desperate one, for an opening. It is undersigned with the verse: »über dich, Offene, trag ich dich zu mir«. What is left open, the opening of the poem itself, its message, is written in front of, against the wall. The poem, which is dedicated to Shmueli, recalls perhaps – in its opening (*Offene*) – her name too, *Shmu-Eli*, »listen (to) my lord«. This call too belongs to the unheard voices of Die Glut.

The dialogical dimension of Celan's poetry, signified by the call »Du« (you) in many of his poems, is well known. However, the encounter of »Ich und Du« in Celan's poetry is estranged, confused, and often left silent,[14] as in his prose text »Gespräch im Gebirg«.[15] There, the dialogue is heard as a conversation between third persons, unrepresented bodies. When we ask about the dialogical aspects of Die Glut and its reference to the liturgical tradition, to a prayer before the wall, we should assume the absence (unrepresentable presence) of both speaker and addressee in his poetry. Die Glut, one may argue, provides its readers with another version of a »conversation in the mountains«.

During his visit in Jerusalem/Al-Quds Celan almost avoided the »holy sites« of the Temple Mount. He preferred to pass over these places – including the Western Wall [haKotel haMa'aravi] – avoiding a long stay. His poem

14 On the constellations of »Ich und Du« in Celan's poetry see: Jean Bollack, *Paul Celan. Poetik der Fremdheit*, Wien 2000, 24–25; Gadamer, *Wer bin Ich und wer bist Du?*, 9–13.

15 Celan, »Gespräch im Gebirg«, in: id., *Der Meridian und andere Prosa*, 23–29.

too avoids false rituals and does not reclaim a presence, *Da-sein*.[16] The presence in his poetry is associated with absence, with not-being-there. The following verse from DIE POLE, too, calls: »Sag, daß Jerusalem *ist*«.[17] Jerusalem exists in this speech act, in the prayer for someone, unrepresented, to speak in the terrain of the poem, to play with its words. The existence of Jerusalem in Celan's poetry is neither an empirical fact nor an ontological statement. It is, rather, a plea, an invitation, a call (a cry). The verse asks »you« to speak, but how? In Celan's poetry »you« speaks as »he/she«. »You« (*du*) is not a presence alone but a gathering of the unrepresentable. Not in vain the next verses say:

> sags, als wäre ich dieses
> dein Weiß,
> als wärst du
> meins
>
> als könnten wir ohne uns wir sein[18]

The encounter of »ich und du«, the gathering, being-together (we, *wir*) is reflected in »white« (*Weiß*), in opening, in emptiness, in death. It expresses itself as conditional (»als wärst du | meins«), in the form of a wish (as if) with a caesura (»du | meins«). The poem does not deny the non-existence (un-reality), the absence, the separation that brings »us« (*uns*) into »we« (*wir*).

Celan's poem acts in resistance, stepping back from false attempts of realization and instead stating its foreignness, withdrawing from the main road (*Königsweg*) of tradition into its bypasses. The poet and his readers are still standing »before the gate«. The readers of Celan's poem who today follow the tracks of his visit, tracing the paths of DIE GLUT, are aware of another wall, namely, »the separation fence«, the West Bank barrier, an Israeli security enterprise which was initiated after the year 2000, not without dubious political aims concerning the occupied Palestinian territories. A current reading of DIE GLUT cannot deny the presence of this new wall, expressing different yet affiliated closures, associated with states of distance, solitude, and despair. The significant place of the stone (*Stein*) in Celan's poetry,[19] the material that sig-

16 Celan's poetry answers/corresponds not without inversion to the (false) ontological terms of Martin Heidegger, in order to signify its own acts of witnessing. For further reading see: Werner Hamacher, »Wasen: On Celan's Todtnauberg«, in: *The Yearbook of Comparative Literature* 57 (2011), 15–54.

17 Celan, DIE POLE, 362.

18 Ibid.

19 Cf. Winfried Menninghaus, *Paul Celan. Magie der Form*, Frankfurt a.M. 1980, 80–129;

nifies death, coldness, silence, but also volcanic potential, a substance of writing and memory in his writing, gains a different (further) meaning, once it is discussed in association with the Jerusalem walls in the terrain of DIE GLUT. The cry of the poem, the prayer for an opening – if one is allowed to suggest an »acute accent« in reading Celan's poetry – is now also associated with these fences and barriers.

Celan's poem can be read as an echo chamber of messianic tradition, bypassing, inverting its core values. This tradition, while related to the idea of a radical correction of world-being, namely, the idea of salvation, was also a tradition to which the figure of a dead son, a martyr, was associated. Celan's poem explicitly refers to two figures of a lost son:

> Absaloms Grab, auch hier,
>
> Gethsemane, drüben,
> das umgangene, wen
> überhäufts?

Absalom's Pillar [Yad Avshalom] is the name given to a monument, a burial chamber, located in the Kidron Valley, in front of the Northern wall of the Old City of Jerusalem. The tomb was actually built in the Roman period (first century AD). Current research identifies it as the tomb of King Herod Agrippa, a Judeo-Roman ruler from the Herodian dynasty.[20] Alongside its Hellenistic-Roman foundation the monument includes layers and additions of later periods. In the Arabic-Muslim tradition the chamber is called *Tantur Faron* (Pharaoh's Hat), referring to an ancient Egyptian legacy. In his poem Celan employs the Hebrew/Jewish name of the grave, referring to Absalom, the rebellious son of King David. Absalom, according to the biblical story, challenged his father and died after the defeat of his army, while trying to escape. The episode from the Book of Samuel (II, 18:9, King James Version) reads:

> And Absalom met the servants of David. And Absalom rode upon a mule, and the mule went under the thick boughs of a great oak, and his head

James K. Lyon, »Paul Celan's Language of Stone: The Geology of the Poetic Landscape«, in: *Colloquia Germanica* 8 (1974), 298–317; Gertrude Durusoy, »Der Stein als vielseitige Metapher in der Lyrik Paul Celans«, in: *Jura Soyfer* 3 (1999), 26–29; Uta Werner, *Textgräber. Paul Celans geologische Lyrik*, München 1998; Erika Schellenberger-Diederich, *Geopoetik. Studien zur Metaphorik des Gesteins in der Lyrik von Hölderlin bis Celan*, Bielefeld 2006.

20 Cf. Gabriel Barkay, »Absalom's Pillar«, in: *City of David Studies of Ancient Jerusalem* 8 (2013), 79–99.

caught hold of the oak, and he was taken up between the heaven and the earth; and the mule that was under him went away.

The rebellious son was caught on his route of escape, was caught up in an oak, was hit by three drafts at his heart, died, and was buried with a »very great heap of stones upon him«. Does the poem recall his path? Does it stand for revolt, resistance, escape – in the name of the son?

Celan's poem refers also to another place – Gethsemane [Geth Shemanim], in Hebrew »the place of the oil press«, considered in the Christian tradition to be the garden in which Jesus, in agony, spent the night before his arrest. Here too the tradition tells a story of a son on his path of escape. Yet Celan, in his poem, goes around it: Gethsemane is left bypassed (»das umgangene«). The poem goes through an *Umweg*, a detour, passes by the Christian site and relates itself to it from a distance, by taking a step back and withdrawing once more from the main road of messianic tradition.

However, the readers of this poem who follow its traces, the routes of Celan's visit, are invited to recall its covers, as the poem itself asks: »wen | überhäufts?« What, and who, is being covered, buried, in this (broken) verse? What is being accumulated in these words? What is yet to be found in the semantic pile of DIE GLUT?

The readers of DIE GLUT are invited to »visit Palestine«, as the Arabic inscription in Abady's drawing of Absalom's Pillar suggests. Abady's drawing borrows the Arabic inscription from a Palestinian tourism placard. His work is based on an older Hebrew version of the placard, however, one created by the German-Jewish designer Franz Kraus in 1936, advocating (in English) for a visit Mandatory Palestine.

Abady appropriates motives, colors, and shadows of the Zionist placard – the paperwork, the reddish soil, the yellowish sky, the shade of the tree branches, while introducing the Arabic script, hinting at layers of images and sounds that were covered, sealed in Celan's poem. It is the Arabic – the written as well as the spoken language – that remains unheard in DIE GLUT.

Celan's visit is reflected in Abady's studio in a pile of (news-) papers, hinting at a certain urgency, implying a certain time concept – the now (*Jetztzeit*). Celan's visit still takes place in Abady's workshop, echoing the phrase »current affairs« (in Hebrew: בעיות השעה, literally: problems of the hour). This phrase appears on a newspaper page seen in a picture taken at Abady's studio. The material of his works, which are themselves made of paper, holds in it a dimension of urgency: these works refer to the »hour« – to a short time segment, the »present«. They attest to a minor form of re-presentation, which does not deny the momentary value of artwork. Abady's drawings do not claim monumental measure. Celan's visit is not celebrated in these works with epic gestures. Neither stone, nor iron or wood, but rather paper was chosen by the artist for the initial negotiation with Celan's poetry. There is a sense of (healthy) irony in these works, which avoid any false pathos of sacredness.

Our reading of Celan's poem continues. We read by taking a step back. Our reading withdraws to the opening verses:

> Die Glut
> zählt uns zusammen
> im Eselsschrei vor
> Absaloms Grab, auch hier

These verses count, bring together, gather »us« (*uns*) in a scream, the cry of a donkey – *im Eselsschrei.*

The donkey – al-ḥemar, in Arabic – enters Celan's poem with a scream. Abady writes, then deletes or stresses these words in Hebrew at the bottom of his drawing: »lament of a donkey« [kinat ha-ḥamor]. The lamenting voice, the cry of the donkey, is the sound of a creature that interferes in the verse of Celan's poem. Its lament is one of those primal cells of language, an expression of sorrow, before all words and proper names.[21] Yet the cry of the donkey also carries the burden of tradition. As the prophecy of Zechariah (9:9) relates, the Messiah will arrive, righteous and victorious, as a poor man riding on a donkey:

הִנֵּה מַלְכֵּךְ יָבוֹא לָךְ צַדִּיק וְנוֹשָׁע הוּא עָנִי וְרֹכֵב עַל חֲמוֹר וְעַל-עַיִר בֶּן אֲתֹנוֹת

> Rejoice greatly, O daughter of Zion; shout, O daughter of Jerusalem: behold, thy King cometh unto thee: he is just, and having salvation; lowly, and riding upon an ass, and upon a colt the foal of an ass. (King James Version)

The figure of a king, just and righteous, who brings salvation upon the world as he rides upon an ass, appears also in the Talmud, tractate Sanhedrin. In the same section that announces the messianic arrival and discusses its time conception, it says: the messiah will arrive, not from heaven and not in a hurry, but in proper time, riding on a donkey.[22]

What is being heard in this cry, *im Eselsschrei*, the call of a donkey in Celan's poem, can be understood in its affinity to the messianic tradition. This episode,

21 Johann Gottfried Herder, *Abhandlung über den Ursprung der Sprache*, Stuttgart 1986, 5–10.

22 Talmud Bavli, *Tractate Sanhedrin*, 98, A.

perhaps one of the most comic scenes in messianic tradition, bears, not without bitter irony, a witnessing to the abject condition of mankind, as it refers to the agony of all created being, which constitutes the substance of redemption. In Celan's poem the cry of the donkey is also a gathering (congregation), the counting together of »us« (*uns*), in front of Absalom's grave, against the gates that are not yet open. Indeed, Absalom was a rebellious son who stood against the house of his father, David, son of Jesse, the head of the family line to which the messiah will belong, as it is said, »a shoot will come up from the stump of Jesse« (Isaiah 11:1). Absalom stood against, resisted, reclaimed the promise of messianic heritage. Was it, however, not Absalom himself, on his path of escape, who was riding a mule just before he was captured, his head caught in the branches of a great oak?

Should we assume that these unheard voices, the cry of a donkey, the lament of a dying son, are imprinted in Celan's poem? These voices, the sounds of Hebrew, Arabic, the cry of creaturely being, are gathered in DIE GLUT.

Reading Paul Celan on Mount Scopus, on the border between Israel and Palestine, where Jerusalem and Al-Quds reflect each other as if in a broken mirror, in torn textures of Semitic languages, demands an attention to these sounds, unheard in the German poem. Reading Celan's poem in this framework is not free from a certain reflection of/on messianic traditions, which are transformed into concealment in the poem. Reading DIE GLUT calls us to the path, gathering voices, noises of this land, torn and fragmented. Celan left us a trace that forces us to take a step back, to begin with.

In Jerusalem – Die Posaunenstelle | The Shofar

Die Posaunenstelle
tief im glühenden
Leertext,
in Fackelhöhe,
im Zeitloch:

hör dich ein
mit dem Mund.

Yarden Ben-Zur

The Blow of the Shofar

Paul Celan, Theodor Reik, and the Search for the Empty Text

The present essay offers a brief reflection on the uniqueness of the shofar, the ram horn, its liturgical implications in the Jewish tradition, and the place it occupies in Celan's poem DIE POSAUNENSTELLE [THE SHOFAR'S PLACE], which he wrote in 1969, shortly after returning from his first and only visit to Israel. Following Stephane Moses[1] I argue that, in Celan's poem, the shofar echoes, in its silence, the fragmented divine voice, which revealed itself to Moses and his people on Mount Sinai. The shofar's sound echoes the prayer that gathered the people of Israel during *Matan Torah*, the event of the giving of the Torah, in shared prayer and singing – which may be considered as the ancient origin of the art of poetry. Apart from addressing the Jewish Midrash and Celan's poem with respect to the special liturgical role attributed to the shofar, I also address Theodor Reik's psychoanalytic interpretation of the Jewish ritual of the sounding of the shofar, with the aim of uncovering the poetical implications of the shofar in the Jewish tradition as well as in Celan's poem. My contribution would involve juxtaposing Reik's and Moses' observations with the Jewish Midrash concerning the revelation at Mount Sinai and the Akeda. Celan's poem reconstructs those mytho-theological and poetical events as a liturgical and communal state of openness to revelation. The poem reminds us of the ancient function of the poem as shared singing (Hebrew *Mizmor*) that addresses both God and His worshippers. The poem thus becomes a shadow cast from older times, the echo of an echo.

Theodor Reik's Interpretation of the Shofar

In the main chapter of his book *In Ritual: Four Psychoanalytic Studies* (1946), entitled »The Shofar (The Ram's Horn)«, Theodor Reik situates the shofar at the core of Hebrew theological thinking since the Tanakh. In this ambitious project, Reik offers an explanation for the alleged absence of a Jewish musical

1 Stéphane Mosès, »Paul Celan: ›Die Posaunenstelle‹« in: id., *Spuren der Schrift: von Goethe bis Celan*, Frankfurt a. M. 1987, 134–150.

liturgical tradition.[2] He shows that music indeed plays a role in the Hebrew tradition and is, as portrayed in the Bible, firmly connected to the animalistic. The name of the first musician in the Bible, Yuval (which in Hebrew means both »stream« and »will follow«),[3] is, Reik claims, derived from the Hebrew word *Yovel*,[4] namely, ram's horn, or the shofar itself. Through this claim, Reik tries to compensate for the lack of mythical explanations for the birth of music in ancient Hebrew culture. According to Reik, the ancient Hebrew musical ritual, initially a part of God's worships, did not survive the destruction of the Temple. »One instrument only has been retained by the unfortunate people in their dispersion and condemnation«, writes Reik. »This Instrument, however, is a remarkable one, and the puzzles it offers will now be our theme«.[5]

The shofar, Reik writes, was used to summon and gather the people, as well as to announce new rules or the establishment of new Institutions, the coronation of a king and even the declaration of a war or the victory of one, as in the story of the fall of Jericho's walls (Joshua 6:5). For Reik, the shofar is, then, deeply implanted in the foundations of community and in the social structure of the ancient Hebrew clan society. However, it is important to note that the shofar functions at the same time as an instrument of rule and order, revival and celebration, but also of judgment, sin, and grief,[6] and that its sound causes

2 In his notorious article »Judaism in Music« (1850,1869), Richard Wagner famously stated about Jewishness in music: »Now, if the aforesaid qualities of his dialect make the Jew almost incapable of giving artistic enunciation to his feelings and beholdings through talk, for such an enunciation through song his aptitude must needs be infinitely smaller. Song is just Talk aroused to highest passion: Music is the speech of Passion. All that worked repellently upon us in his outward appearance and his speech, makes us take to our heels at last in his Song, providing we are not held prisoners by the very ridicule of this phenomenon. Very naturally, in Song – the vividest and most indisputable expression of the personal emotional-being – the peculiarity of the Jewish nature attains for us its climax of distastefulness; and on any natural hypothesis, we might hold the Jew adapted for every sphere of art, excepting that whose basis lies in Song«. See Richard Wagner, »Judaism in Music« (1850), in: id., *Richard Wagner's Prose Works*, Vol. 3: *The Theatre*, trans. William Ashton Ellis, London 1894, 79–100, here 86.

3 The connection between the first musician and a stream of water may hint to the fluidity of music, and to its tendency to search for alternative paths. The second definition of the word (»to be carried«) has a macabre meaning according to the Midrash – as the one who is being brought to be buried. Another meaning is a year which is celebrated once every fifty years, in which all slaves should be set to free. See *Midrash Aggadah*, Genesis 4:21, https://www.sefaria.org.il/Midrash_Aggadah%2C_Genesis.4.21?lang=bi (last retrieved December 8, 2020).

4 In Hebrew both words are written in the same way: יובל. See: Theodor Reik, »The Shofar (The Ram's Horn)«, in: id., *Ritual: Four Psychoanalytical Studies*, trans. Douglas Bryan, New York 1962, 221–363, here 222–223.

5 Reik, »The Shofar«, 226.

6 Ibid., 229–231.

fear and anxiety, alongside enthusiasm and strength. To this day, the shofar's principal function is to serve as a part of the Yom Kippur ritual. On this Jewish holiest day, the voice of the shofar is supposed to open the gates of the sky and drive God to the realm of mercy. In other words, it summons divine judgment.

The way the shofar's sound is produced is as important as the blowing itself. The sounding of the shofar, in Hebrew *Tkia*, »blowing«, takes place in several different cycles, in a fragmented fashion, in staccato.[7] Thus, God's attention is being drawn to man by deconstructed music, by fragmented sounds, noise almost, and not by the soft and harmonic music of the organ, for example. The shofar's role, as Reik shows, was and still is connected to the liminal and the transformative, as it opens the gate to the divine, the mystical, and the animal.[8]

Furthermore, Reik argues that the process of civilization, the establishment of law and society, was connected from its birth to the dead, sacrificial animal, in that its voice, its cry, is being embodied in its remnant, namely, the animal horn that is used to make the shofar. Reik goes even further by arguing that Yuval was half ram, like the satyrs in Greek mythology.[9] Following Freud, Reik further claims that the shofar is no less than a remnant of an ancient Hebrew totemic god that was once represented by the Ram or the Bull.[10] In his reading of the expectance of the Torah on Mount Sinai, Reik interprets the sound of the shofar as being no other than the voice of God Himself. According to Reik, God needs to hear His own voice in the form of the external shofar in order to listen carefully to His believers' call.[11] Reading Celan's poem THE SHOFAR'S PLACE through this assumption we can, in turn, investigate some of Reik's other assumptions as an introduction to poetic reading. In other words, we can ask: what binds the shofar's voice and the poem's voice together?

The Shofar, the Place, and the Empty Text

In the THE SHOFAR'S PLACE the shofar is, at first sight, not attributed to any specific time or space. The shofar is in its place (*Stelle*) in the empty text, but where is its place? Where does this empty text lie? Stephan Moses suggests that the omission of the verb »sein« in the first stanza and a subject in the sec-

7 See Mosès, *Spuren der Schrift*, 143

8 Reik, »The Shofar«,, 229–231.

9 Ibid.

10 Ibid., 250.

11 Mosès points out that in the Jewish mystical tradition, the three parts of the shofar – the mouthpiece, the body, and the opening – are paralleled in a manner reminiscent of stages of revelation. Mosès, *Spuren der Schrift*, 148.

ond emphasizes the lack of place, exposing that the musical instrument is not »being« in space in the common sense; what is more evident is the search for such a place.[12] In Jewish tradition, *HaMakom*, The Place, is also a way to address God. According to some commentators, it is due to the fact that God's immanence still lies in the holy temple, also after its destruction.[13] The shofar – whose voice is God's own voice – may thus lie with and even within God himself, »deep in the glowing | empty-text«.[14] But can an empty text be considered a place? I would suggest that it neither is non-text nor lies beyond the text but rather is an emptied-out text.[15] If the shofar's initial place, as Reik explains, is the giving of the Torah, this text might be the Holy Scripture, which was delivered by Moses to the Israelites in northern Egypt. As mentioned previously, during the same event God revealed His voice through the sound of the shofar.[16]

The shofar is indeed a horn which has been stripped of its animality in order to be used as a ritual instrument. Yet, it is not completely de-animalized, for it is only half-processed, almost raw. Furthermore, the horn is by its very nature an extension of the body that lacks both flesh and blood, and its removal requires the killing of the animal. In a similar manner, the empty text, the poem, captures the remnants of the moment of gathering and shared prayer, while the presence of the poem, in turn, testifies to the loss of prayer.[17] However, the shofar in Celan's poem does not produce any sound, or at least there is no explicit mention that it does. The voice of the shofar is perceived through its silence, as the text is read through its emptiness. The shofar is thus taken out of any context, carried out of any decoration, but this is exactly what turns it into a sign of the loss of shared singing of the prayer of Sinai, and of the community

12 Ibid., 135.

13 See *Midrash Tehillim* 11:4: »The Lord is in His Holy Temple. The Lord – His throne is in Heaven. When Israel does the will of the *Makom* ›The Lord is in His Holy Temple‹, and when they do not do the will of the *Makom* ›*The Lord-His throne is in Heaven*‹. R' Elazar said: whether the Holy Temple is destroyed or not the Divine Presence doesn't move from within it, as it says ›The Lord is in His Holy Temple‹. Even though His throne is in Heaven, His Presence is in the Holy Temple, as it says ›…and My eyes and My heart shall be there at all times‹. (1 Kings 9:3) So too it says ›… and He answered me from His holy mount to eternity‹«. Translation by Rabbi Mike Feuer, https://www.sefaria.org.il/Midrash_Tehillim.11.4?ven=Rabbi_Mike_Feuer,_Jerusalem_Anthology&lang=bi&with=all&lang2=en (last retrieved April 15, 2021).

14 Paul Celan, The shofar's place, in: John Felstiner, »›Deep in the Glowing Text-Void‹: Translating Late Celan«, in: *Representations* 32 (1990), 175–186, here 175.

15 Mosès, *Spuren der Schrift*, 135.

16 Reik (»The Shofar«, 225) suggests that also the earlier stages of the Jewish prayers were cried and shouted.

17 »Als Zitat eines Zitats […]«. Mosès, *Spuren der Schrift*, 146.

which it used to address. However, the lack of sound is not mere silence, just as the empty text is not a non-text. They both testify to what has been, and to the potentialities to come – to the power of words to create a shared law, and to the prayer in its ancient form, a shared singing that could build a society. In short, a hint of the *Urszene* at Mount Sinai.

Another possible dialogue with the episode at Mount Sinai is relation to time: »at torch height, | in the timehole:«.[18] The timehole echoes a black hole which swallows any sense of shared time. It can also represent the holes of the hollow shofar itself, within which the historical and poetical time are being mixed.[19] It conducts us out of history, sending us, at the same time, to the mytho-poetical time of the giving of the Torah, in which the Tablets of Stone, *Loohot Habrit*, have been carried from above, from torch-height. The torch can be understood also as God's revelation, which expresses itself both through the sound of the shofar and in lightings and fire (Exodus 19:16–18). The fragmented, broken voice of the shofar could represent the broken tablets that describe the alliance between God and His chosen people. Not just the written text is broken, but also the spoken language, which is the origin of poetry: »hear deep in | with your mouth«.[20] At this point, speech withdraws and becomes silence; the organ of speech turns into an organ of listening. The two opposites are being conflated. In this sense, the shofar plays the role of a mediator – between God and the people of Israel, and, according to Reik, also for God in His relation to Himself. At the same time, the shofar creates the most direct connection, uniting hearing and speech.[21]

The Human, the Animal and the Divine meet in the blow of the shofar, and the borders between them become blured. The human mouth blows air, breath, into the shofar and brings life in the horn, evokes within and through it God's voice, which, in turn, is directed back to the realm of the human. In Hebrew, breath is *neshima* or *nishmat-af* (Genesis 2:8), which is but one vowel away from *neshama*, soul. Thus, God's blowing of the shofar reproduces the first act of creation.[22] Stephane Moses further associates the word »Stelle« and its verb

18 Celan, The shofar's place.

19 Mosès also points out that this revelation is formulated as the concept of »das Nichts der Offenbarung,« of Gershom Scholem. (Mosès, *Spuren der Schrift*, 149-150).

20 Celan, The Shofar's place.

21 According to Mosès, the placement of the poem in the void of time and in the space of holiness – not bound to historical time and topographical space – is the only possibility of listening to God. (Mosès, *Spuren der Schrift*, 141.)

22 *Neshima*/breath/*Atem* is a crucial theme in Celan's work, in which the process of breathing is fundamentally connected to the process of writing and reading poetry.

»Stehen« with the notion of standing, implying both interruption and caesura – echoing the concept of »Atempause,« as proposed by Celan in »The Meridian«.[23]

The Midrash and the Replacement of Isaac

The encounter between animality and the divine through the shofar resounds in another famous biblical episode, namely, the story of the binding of Isaac (*Akedat Yitzhak*). In this canonical narrative, God tells Abraham to take his beloved son to Mount Moriah and there to set him afire as an offering. On their way to the mountain, Abraham remains silent. Somewhere along the way, Isaac asks his father where the lamb for the offering is, and Abraham answers: »God himself will provide the lamb for the burnt offering, my son« (Genesis 22). When they reach the designated place, Abraham binds his son and is ready to slay him with a knife, but an angel intervenes at the last moment, calling Abraham's name twice. Then, Abraham famously replies, »Hineni« (»here I am«), and the angel has him drop his hand and spare his son. Abraham stops and immediately notices a ram stuck in the trees nearby, which he sacrifices instead of Isaac.

In *Midrash Bereshit Rabbah* on the *Akeda*, the ram is compared to the Israelites, who, in turn, are described as constantly being caught in their own sins and unfaithfulness: »yet they will be ultimately redeemed by the ram's horn, as it says, ›[And Ad-nai will manifest Himself to them, and His arrows shall flash like lightning,] Ad-nai E-lohim shall sound the ram's horn [and advance in a stormy tempest]‹ (Zechariah 9:14)«.[24] That is to say, in order to redeem Man, God blows the ram's horn, which produces God's own voice. God should listen to His own voice in order to have mercy on His rebellious people, who are, in their turn, compared to rams caught with their horns in the trees, their sins. God produces His voice from the ruins of His own creation, from the remnants of the slaughtered animal, which is then processed to be a musical instrument. Thus, if the ram's horn represents both the divine voice and God's sinful worshippers, what eventually is discovered in the Midrash (and taken up later by Rashi) is that the shofar acts as a kind of replacement, or a *Doppelgänger*, of Isaac himself:

Rabbi Banai said: he said in front of Him: »Sovereign of the Universe! Look upon the blood of this ram as though it were the blood of my son Itzchak;

23 See Mosès, *Spuren der Schrift*, 137

24 *Bereshit Rabbah* 56:9, trans. Sefaria Community, https://www.sefaria.org.il/Bereishit_Rabbah.56?lang=bi (last retrieved December 9, 2020).

its lambs as though they were my son's lambs (descendants)«, even as we learned: When a man declares: This animal be instead of this one, in exchange for that, or a substitute for this, it is a valid exchange. Rabbi Pinchas said: he said in front of Him: »Sovereign of the Universe! Regard it as though I had sacrificed my son Itzchak first and achar (after) this ram in the stead of him«...[25]

The ram stands for Isaac, and, in a way, the Midrash suggests, Abraham indeed slaughtered his own son,[26] embodied in the animal. The Hebrew word *Tmura* stands for exchange, replacement, but also for transformation. The sudden appearance of the ram can be read as a transformation of Isaac and not as a mere replacement of him, a transformation which leaves a foreign remnant, *serah odef*, of the human in the animal, opposite to the case of the shofar. The traditional name of the story itself, *Akeda*, Binding, can, in this sense, also point to the connection between these two life forms.

The cry of the slaughtered ram is reencoded in the fragmented turmoil of the shofar. Or, as Julia Kristeva has put it, following Lacan: »In all known archaic societies, this founding break of the symbolic order is represented by murder: the killing of a man, a slave, a prisoner, an animal«.[27] The shofar, of which Reik underlined the importance in creating and gathering community, echoes at the same time the ultimate break of the social order – a son killed by his own father.

The Binding of Isaac and the Ram's Horn

Among the many readings that have been offered to the story of the *Akeda*, for the purpose of my argument I will focus on Rashi's medieval commentary.

25 *Bereshit Rabbah* 56:9.

26 »תחת בנו IN THE STEAD OF HIS SON – Since it is written, ›He offered it up for a burnt offering‹, surely nothing is missing in the text; what then is the force of ›in the stead of his son‹? At every sacrificial act he performed on it he prayed saying, ›May it be Thy will that this act may be regarded as having been done to my son – as though my son is being slain; as though his blood is being sprinkled; as though his skin were being flayed; as though he is being burnt and is being reduced to ashes‹ (Genesis Rabbah 56:9)«. Rashi on Genesis 22:13, in: *Pentateuch with Rashi's Commentary*, trans. Morris Rosenbaum and Abraham M. Silbermann, London 1929–1934. https://www.sefaria.org.il/Rashi_on_Genesis.22.13.5?ven=Pentateuch_with_Rashi%27s_commentary_by_M._Rosenbaum_and_A.M._Silbermann,_1929-1934&vhe=Rashi_Chumash,_Metsudah_Publications,_2009&lang=bi&with=Translations&lang2=en (last retrieved January 2, 2021).

27 Julia Kristeva, *Revolution in Poetic Language*, trans. Margaret Waller, in: Kelly Oliver (ed.), *The Portable Kristeva*, New York 2003, 27–92, here 56.

Rashi highlights key aspects of the story. The first is that Isaac knew of Abraham's intentions and was willing to be slaughtered, for his belief was strong enough:[28]

> אחר הדברים האלה AFTER THESE THINGS [or, WORDS] […] Others say that it means »after the words of Ishmael«, who boasted to Isaac that he had been circumcised when he was thirteen years old without resisting. Isaac replied to him, »You think to intimidate me by mentioning the loss of one part of the body! If the Holy One, blessed be He, were to tell me, ›Sacrifice yourself to Me‹ I would not refuse« [*Tractate Sanhedrin* 89b,14].[29]

According to this interpretation, Ishmael's words lead Isaac to suggest himself for sacrifice. Ishmael brags to Isaac about the loss of one body part – and not just any body part, of course, but the one whose loss symbolizes the bonding between their father (Abraham) and God. These details remind us that the shofar is also a phallic instrument, and originally a body part that the animal loses but which draws paths from God to Man.

The second aspect that Rashi points to is that God never intended for Abraham to sacrifice Isaac. All God wanted was that Isaac should be lifted-up. Rashi refers here to a double meaning of the Hebrew verb *la'alot*,[30] which can mean »to lift-up« but also »to raise a burnt offering«.[31] The ambiguous nature of language comes strikingly to the fore, especially when subjected to interpretation.

28 »יראה לו השה – this means as much as: He will look out for and choose a lamb for Himself, and if there will be no lamb for a burnt offering, then, בני MY SON will be the offering. Although Isaac then understood that he was travelling on to be slain, yet. וילכו שניהם יחדו. בְּלֵב שָׁוֶה: וילכו שניהם יחדיו THEY WENT BOTH OF THEM TOGETHER – with the same ready heart«. Rashi on Genesis 22:8, in: *Pentateuch with Rashi's Commentary*, https://www.sefaria.org.il/Rashi_on_Genesis.22.8.1?lang=bi&with=Tanakh&lang2=en (last retrieved January 2, 2021).

29 Rashi on Genesis 22:1, in: *Pentateuch with Rashi's Commentary*, https://www.sefaria.org.il/Rashi_on_Genesis.22.1.1?lang=bi&with=Translations&lang2=en (last retrieved April 15, 2021).

30 See the entry on the Greek term »Holocaust« at https://www.etymonline.com/word/holocaust (last retrieved January 2, 2021). The term *holocaust* was the Greek translation of the Hebrew word *Olah*, a burnt offering. Today, the term Holocaust refers to the great disaster in which the bodies of so many victims of the Nazis went up to the sky as smoke, leaving no trace of their bodies. The *Olah*, the burnt offering, the ram in the biblical story, went up to the sky, leaving only a small remainder of its body, the horn.

31 »כי עתה ידעתי FOR NOW I KNOW – R. Aba said: Abraham said to God, ›I will lay my complaint before you. Yesterday (on an earlier occasion) you told me, (*Genesis* 21:12) ›In Isaac shall seed be called to thee‹, and then again you said, (*Genesis* 21:2) ›Take now thy son‹. Now you tell me, ›Lay not thy hand upon the lad‹! The Holy One, blessed be He, said to him, in the words of Psalms 89:35, ›My covenant will I not profane, nor alter that which is gone out of My lips‹.

In his »Treatise on the Origin of Language«, Johan Gottfried Herder famously insisted on the separation between human language and the languages of animals, yet he notes, at the very beginning, the common initial stage of language in cry and noise: »Already as an animal, the human being has language. All violent [heftigen] sensations of his body, and the most violent of the violent, the painful ones, and all strong passions of his soul immediately express themselves in cries, in sounds, in unarticulated noises«.[32] The shofar echoes this unarticulated initial stage of the language of creatures, but it lies within the realm of human language rather than beyond it. The human civilized referential language is being emptied of its sources in the animal kingdom by the process of civilization, as the shofar is emptied of its animality. Therefore, the cry of the slaughtered animal is a paradigmatic occurrence of the spoken language, as the animal's skin, as a surface for writing, is bound to one of the initial stages of writing in human civilization. The empty text in Celan's poem, whether it is written on tablets of stone, animal skin, or the poet's paper, bears within it the testimony and the memory of its earlier forms. As a remnant, the twisted, fragmented voice of the shofar echoes the voice of the ram but also differentiates itself from it. Similarly, we might read Celan's poem as an echo of the liturgical sources of poetry.

The shofar serves as a mediator, while, at the same time, giving voice to the most direct, unmediated initial stages of language. With its long, hollow form, which turns breath into sound and mixes the living breath with the dead remnant, it is an ultimate tool of memory. Can we think of Celan's poem in a similar manner? As a foreign, cryptic language at first sight, which in turn creates the most vivid, clearest speech?

When I told you, ›Take thy son‹, I was not altering that which went out from My lips, namely, My promise that you would have descendants through Isaac. I did not tell you ›Slay him‹ but bring him up to the mountain. You have brought him up – take him down again (*Genesis Rabbah* 56:8)«. In Rashi on *Genesis* 22:12, in: *Pentateuch with Rashi's Commentary*, https://www.sefaria.org.il/Rashi_on_Genesis.22.12.2?lang=bi&with=Translations&lang2=en (last retrieved January 2, 2021).

32 Herder also expands on the connection between animal and human song. See Johann Gottfried Herder, »Treatise on the Origin of Language (1772)«, in: id., *Philosophical Writings*, trans. Michael N. Forster, Cambridge 2012, 65–164, here 65.

Adam Lipszyc

Three Trumpets

On the Counter-Theology of the Sound in Paul Celan

The Shofar and the Cain Complex

I have been told that in 1969 the poet Paul Celan visited the State of Israel. And yes, I am going to discuss one of the poems he wrote as a result of this visit. But let me begin with another event. Fifty years earlier, in 1919, the psychoanalyst Theodor Reik published a book titled *Das Ritual*; in 1928 a second, revised edition appeared which formed the basis for the English translation.[1] Apart from a brief, but not unimportant foreword by Sigmund Freud himself, the volume consists of four long essays. In these four studies, following Freud's theory of the birth of religion as expounded in *Totem and Taboo* of 1912/1913,[2] as well as Freud's claim concerning the essential identity between religious ritual and obsessive actions as expounded in his seminal paper of 1907,[3] Reik offers a psychoanalytic reading of various ritual practices. In the first two essays he focuses on the practice of couvade and puberty rites among the so-called primitive peoples; in the two other pieces he addresses two elements of Jewish ritual, namely, Kol Nidre and – in the longest essay of the volume – the shofar. At first glance, in these readings he seems to be following Freud rather closely and, moreover, seems to be reducing the peculiarities of Jewish ritual to what he calls »a universal mental determinism« supposedly discovered and described by psychoanalysis.[4] At crucial points of his argument, however, Reik goes beyond Freud, into a realm where, rather uncannily, unreduced Jewish themes can be clearly heard behind the psychoanalytic vocabulary and the supposedly universal, determinist unisono of humankind.

Let us recall the key moments of Reik's argument in his now-classical essay on the shofar,[5] with only some side-glances toward the almost equally famous

1 See Theodor Reik, *Ritual: Psycho-Analytic Studies*, trans. Douglas Bryan, New York 1958.

2 See Sigmund Freud, *Totem und Tabu (Einige Übereinstimmungen im Seelenleben der Wilden und der Neurotiker)*, in: id., *Studienausgabe*, Vol. 9, Frankfurt a. M. 2000, 287–444.

3 See Sigmund Freud, *Zwangshandlungen und Religionsübungen*, in: id., *Studienausgabe*, Vol. 7, Frankfurt a. M. 2000, 11–22.

4 Reik, *Ritual: Psycho-Analytic Studies*, 268.

5 Cf. Jacques Lacan, *Anxiety*, trans. A. R. Price, Cambridge 2014, 243–255; and Mladen Dolar, *A Voice and Nothing More*, Cambridge 2006, 653–656.

piece on Kol Nidre.[6] Reik's starting point is the big question concerning the origin of music as such. He points to a variety of mythical stories in which this or that god is identified as the inventor of music. Against this background, he points to a peculiarly casual remark about the origin of music, from the Hebrew Bible, which ascribes the discovery to a man named Yuval (Genesis 4:21). From that point on, Reik focuses on Judaism and on what he identifies as the sole remaining instrument used in Jewish liturgy, that is, the shofar. He gives a broad survey of the uses of the horn and of the traditional explanations of its meaning. He presents the shofar as a peculiar relic, as one of the most primitive instruments still intact, which, clumsy as it is, uncannily addresses something deep in all of us and hence, perhaps, stands in peculiarly close relation to the very origin of music.

In order to pinpoint that origin, Reik focuses on the use of the shofar in the biblical narrative concerning the revelation on Sinai. What is of special interest for him is the relation between the growing sound of the horn and the voice of God (Exodus 19:1–20:19). Rather boastfully, Reik declares himself to be the first commentator to offer the proper reading of this relation, which, according to him, is simply that of identity.[7] The sound of the shofar *is* literally the voice of God. Incidentally, we can observe that, contrary to what Reik claims, until this point his essay makes no use of psychoanalytic tools. His statement about the identity between the voice of God and the sound of shofar results simply from a careful yet also playful and imaginative reading of the biblical text.

At this point, however, two instruments from the Freudian toolbox are put to use. First, relying on Freud's idea of the killing of the primal father as the origin of the very notion of God, as well as on Freud's vision of the totemic meal as reenacting this original crime, Reik claims that when the shofar is used in Jewish ritual it reminds us of the bellowing of a bull being slaughtered, the totemic animal that is substituted for the primal father, and so, ultimately, the sound of the horn imitates and repeats the voice of the Father being slaughtered by the gang of rebellious sons.

> The peculiarly fearsome, groaning, blaring and long-sustained tone of the shofar becomes intelligible in that it revives the memory of the bellowing of a bull; it derives its serious significance from the fact that, in the unconscious mental life of the listeners, it represents the anxiety and last

6 See Jacques Derrida, »Hostipitality«, trans. Gil Anidjar, in: Gil Anidjar (ed.), *Acts of Religion*, London 2002, 356–420, here 381.

7 Reik, *Ritual: Psycho-Analytic Studies*, 250–251.

> death-struggle of the father-god – if the metaphor be not too forced, one may say, his swan-song.[8]

Second, relying on Freud's idea that rituals can be seen as obsessive symptoms of a compromise nature that combine protective measures against a prohibited act with a disguised performance of this very act (i. e., a reaction-formation with a yielding to the drive), Reik claims that it is precisely this compromise combination that we hear in the sound of the shofar, which, consequently, is technically speaking *uncanny*, for it reminds us of something repressed. More specifically, the sound of the shofar as played and listened to within the framework of Jewish liturgy is both a warning against the repetition of the originary violence, a way of warding it off, and such a repetition itself in a musical form.

> We have to keep in mind the remarkable phenomenon that the sound of the shofar, which conjures up the memory of that old outrage, betrays the rebellion against God in the process of identification with Him. Similarly, in compulsive actions the tendencies to suppress and to give vent to forbidden feelings unite in a single symptom.[9]

Ultimately, the shofar seems to be as close as possible to the very origin of music. Consequently, Reik identifies in the voice of the murdered father echoed again and again in the screaming of the totemic animal being slaughtered.[10] Music speaks to us, for at bottom it speaks to our most deeply embedded guilt, »the unatonable and unforgettable crime of humanity«,[11] which is the fundament of our individualized existence.

However, Reik's argument has one more aspect, which, whatever the intentions of the author, render it much less Freudian and, indeed, strangely pious. Reik claims that the moment when the shofar is blown is also the moment of confession, of contrition, of promise of expiation, and of begging for pardon and reconciliation with God. It is as if the believers tried to ward off their murderous impulses, yielded to them in a disguised form, *and* begged for pardon for the original crime and for their renewed surrender to temptation. It is as if they were saying: »Forgive me, but – being human – I cannot but want to kill you again and again«. Reik himself suggests that this emotional situation par-

8 Ibid., 259.
9 Ibid., 268.
10 Ibid., 281.
11 Ibid., 259.

allels the affective constellation that stands behind Kol Nidre.[12] Indeed, in the piece devoted to Kol Nidre, Reik presents the latter along Freudian lines as, again, both a protection against the transgressive impulse and a form of yielding to it, but also – and this is the gist of the matter – as a moment of confession, a moment of acknowledgement of our dark desire, and a deep contrition. »The acknowledgement of the wicked wish is really an appeal to God, its serves to support the prayer for pardon and mercy: God is to see how much His people are devoted to and enmeshed in sin«.[13]

Thus, the Kol Nidre, which precedes the Yom Kippur service, and the Tekiah blow that closes the service, have – according to Reik – ultimately the same meaning. And the meaning is, I suggest, something that cannot be fully contained within the Freudian framework. True, the idea of »reconciliation« has its place in Freud's analysis of the totemic religion.[14] But here reconciliation means simply the »deferred obedience« of the terrified sons to the father they have slaughtered.[15] In Reik, the hoped-for reconciliation seems to be closer to Hermann Cohen's analysis of the Day of Atonement in his seminal *Religion of Reason*.[16] Just like for Cohen, on Yom Kippur the believers take upon themselves their sins and ask for forgiveness; for Reik, it is when listening to Kol Nidre and the final Tekiah of Yom Kippur that the members of the community acknowledge their murderous impulses and address God, hoping for pardon. True, for Cohen this is done in full awareness, whereas for Reik the process is unconscious. Likewise, for Cohen, who was a believer, the forgiveness is granted by God, whereas for Reik, an atheist, there is no question of a divine agency that would grant the pardon. And yet Cohen's God is not so active and Reik's humans are not so much in chains – and so the differences are not as big as they initially seem. For Cohen, God forgives us by virtue of the very act of contrition, while for Reik the obsessive-ritual act has a paradoxically releasing effect. In both cases we gain reconciliation by facing and acknowledging the limits of our finite humanity – and so the ethical and emotional balance of the community is tentatively restored.

Presumably, Reik cared too much about remaining faithful to Freud the Father to notice where he is actually swerving away from him. Had he noticed, he would have been able to follow a few other moments in his argument that point further in the same direction. Let me identify one such moment.

12 Ibid., 268–269.

13 Ibid., 204.

14 Freud, *Totem und Tabu*, 429.

15 Ibid., 427.

16 Herman Cohen, *Religion of Reason Out of the Sources of Judaism*, trans. Simon Kaplan, Atlanta 1995, 178–235.

It makes perfect sense that the act of disavowal, repetition, and acknowledgement does not take the form of a totemic meal, but rather assumes the form of a sound in which all the recurring madness, sadness, and despair of the murderer in us is to be heard. For if there is no paternal/divine/animal flesh to incorporate, not even an image to bow before, but only a sound to listen to, our situation is, indeed, more desperate and more hopeful at the same time. If this is the case, then the ritual cycle is not about the orphic resurrection of god which is combined with the repetition of our crime and guilt and our always belated obedience. Rather, in all its elusive objectlessness (there is only the disturbing sound!), it is about the ever-renewed acknowledgement of our murderous impulses – of our inability to be like gods, of our inability *not* to be just human – and about the act of reconciliation which comes with the recognition of our finitude.

And there is one last thing that we may consider in order to help Reik follow further his intuitions. Gershom Scholem, in the first essay of his volume *On Kabbalah and Its Symbolism*, refers to an idea expounded by Rabbi Mendel Torum of Rymanów.[17] The Chassidic master offered a radical solution to the problem of what exactly the Hebrews heard of the divine revelation when they gathered under Mount Sinai. According to Rabbi Mendel, they heard only the first letter, *aleph*, of the first word, *anokhi*, of the revelation. This idea is fully consistent with the symbolism of the first Hebrew letter in Kabbalah. But if we were to combine this speculation with Reik's understanding of the sound of the shofar, we would have to come up with a new equation. Namely, it would be the equation between the voice of God, the sound of the shofar as the origin of music, *and* the letter *aleph* as the origin of language. Moreover, following Reik, we would then identify all three as the moment or medium of acknowledgement of our murderous nature, of contrition and possible reconciliation.

I think it is worthwhile to take this speculative step. The first, transcendent, revelatory letter – the initial, divine nothingness – both opens the interpretative field of language and destabilizes every immanent discursive structure which lays despotic claim to completeness. Analogously, the truly uncanny sound of the shofar, which stands at the origin of music, returns with its strangely primitive force in order to question the constructions of our more developed, immanent musical compositions in which we dwell, in which we dive precisely in order to forget what the shofar keeps reminding us of. The scream of pain would, indeed, stand both at the origin of language and at the origin of music, which then part their ways, following the path of mean-

17 Gershom Scholem, *Kabbalah and Its Symbolism*, trans. Ralph Manheim, New York 1969, 29–31.

ing and the path of sound, respectively, that continue crossing each other in the realm of poetry. However, Freud's and Reik's claims notwithstanding, the one who screams does not have to be the primal father. For, as Reik himself reminds us, Yuval, the biblical inventor of music, was a descendant of Cain, the first murderer, who smote his brother, his peer, his Other, rather than the first father of mankind. Truly, the shofar reminds us of our Cain – rather than Oedipus – complex.

The Counter-Theological Caesura of the Sound

As John Felstiner reminds us in his literary biography of Paul Celan, when translating the chapters of Exodus devoted to the revelation on Sinai, Martin Luther chose to render the shofar as *die Posaune*.[18] Celan himself evidently follows this choice, for whenever he uses the word *Posaune* – and he does this in three of his poems – he is clearly referring to a shofar. There are three shofars in his oeuvre that are named as such, though obviously always already in translation, always already in the crucial transition from Hebrew to German. I would like to look at – or, rather, listen to – this sequence, which moves from what seems to be a rather loud blast through a mysteriously quiet or even utterly silent sound to what appears to be nothing but a place of the trumpet. And yet, as we shall see, or hear, it would be too hasty to read this line or tendency as one of a gradual weakening. In each case, the *Posaune* marks a radical caesura or a Celanian breath-turn in the poetic language.[19] One may even argue that its power actually increases as we move along the sequence. Reik's psychotheological understanding of the shofar serves here as a contrast background for the reading from which a rather different, if not radically opposed, counter-theological idea of the shofar will emerge.

The first of Celan's shofars blows is in the penultimate poem of *Die Niemandsrose*, that long, famous piece which begins with the words ES IST ALLES ANDERS.[20] The poem is a magnificent composition which moves with ease in broad gestures through time and space. Everything is different than you think, than I think: various borders – those between spatial and temporal realms, the

18 John Felstiner, *Paul Celan: Poet, Survivor, Jew*, New Haven 1995, 271.

19 Paul Celan, *Der Meridian. Endfassung – Entwürfe – Materialien*, Frankfurt a. M. 1999, 7.

20 Paul Celan, *Die Gedichte. Kommentierte Gesamtausgabe in einem Band*, ed. Barbara Wiedemann, Frankfurt a. M. 2005, 162–163. This complex poem has been read in all its depth and breadth by Paweł Piszczatowski, of the Kafka University of Muri, in his great book on Celan, *Znacze//nie wiersza*. See Paweł Piszczatowski, *Zancze//nie wiersza. Apofazt Paula Celana*, Warsaw 2014, 308–323.

one between life and death – will be crossed several times before the poem ends. Everything is different: language is the medium of change and shifts and substitutions and we, strangely enough, can still talk: the silver coin melts on your tongue. But the tentative domain of speaking emerges due to a highly peculiar and ambiguous exchange: the one between »you« and »the name Ossip«, the murdered poet Mandel'štam, whom Celan perceived as his semi-brother or doppelgänger. You tell him things he already knows and in the rhythm of an old nursery rhyme you exchange names and hands with him. Thus, there opens and extends a strange linguistic space of intended confusion, where, true, the dead one cannot really come to life, but the survivor, now a composite figure, can cross borders back and forth – and, perhaps, talk about death.

Now, this is precisely the moment when the sudden, forceful caesura of the shofar occurs in the poem:

Windmühlen

stossen dir Luft in die Lunge, du ruderst
durch die Kanäle, Lagunen und Grachten
bei Wortschein,
am Heck kein Warum, am Bug kein Wohin, ein Widderhorn hebt dich
– *Tekiah!* –
wie ein Posaunenschall über die Nächte hinweg in den Tag …[21]

This is literally the *Engführung* within which the actual breath-turn of the poem occurs. Now the composite subject is breathing new air and is shofared into daylight, where fate is uncertain – instead of animals, the augurs tear each other into pieces – and time at least seems to flow backwards. Indeed, the powerful sound contained within the Hebrew word intruding into the German poem and emphasized by the exclamation mark opens a new, broad space of linguistic play which we enter once we pass through the narrow straits of the blast. It is a space of pendulum-like movements, of coming and going, where a land, like language and a little stone from a grave, is to be thrown away time and again so that it can come back. The dead will not return, and the pendulum movement does not mean that we master or soften the effect of traumatic loss, even if Celan almost explicitly refers to Freud's *fort-da* logic (*ist er fort …*

21 »windmills || push air into your lungs, you row | through the canals, lagoons, and grachten, | in wordlight, | no Why at the stern, no Where-to at the bow, a ram's horn lifts you | —Tekiah!— | like a trumpet blast above nights into day«, Paul Celan, *Memory Rose into Threshold Speech: The Collected Earlier Poetry*, trans. By Pierre Joris New York 2020.

da, da, da). The logic is applied here for very different purposes than a successful mastering or even inconclusive, but promising working-through. Rather, enforced by the energy of the blast, literally shofared into the higher time, the *Jetztzeit* of the poem where the temporal axis becomes scrambled and geography fares no better, the composite subject-survivor can repeatedly pierce the discourse of the living with marks of absence of the lost ones, following the rhythm of the *fort-da* game, until – at the very end of the poem – he is able to crystallize a true and tentatively ultimate mark of their absence: the white pebble of the word Alba.

The sound of shofar is much less forceful when it returns in a late poem from *Schneepart*, which begins with the word ERZFLITTER.[22] It is difficult to say if we even hear it: it may well be that we merely see it as a chalk mark or a trace on a stone. But we do hear its soft scratch when we read the poem aloud:

ERZFLITTER, tief im
Aufruhr, Erzväter.

du behilfst dir
damit,
als sprächen, mit ihnen,
Angiospermen
ein offenes
Wort.

Kalkspur Posaune.

Verlorenes findet
in den Karstwannen
Kargheit, Klarheit.[23]

This quiet piece moves in a sad, slow, but steady rhythm from the *Aufruhr* between *Erzflitter* and *Erzväter* to the hopeful duality of *Kargheit* and *Klarheit*, with the delicately redeeming ceasura or breath-turn of *Kalkspur Posaune* in between.

22 Celan, *Die Gedichte*, 336.

23 »Oreglitter, deep in | turmoil, urfathers. || You help yourself | thus, | as if | angiosperms spoke | a clear word, | with them. || Chalktrace trombone. || In the karst depression | the lost finds | sparseness, clarity«, Paul Celan, *Breathturn into Timestead: The Collected Later Poetry*, trans. Pierre Joris, New York 2014, 232.

The acoustic play between *Erzflitter* and *Erzväter* in the first stanza is truly enigmatic. Through the riot or revolution of sound we move from the glittering ore or archglittering or *Ersatz*, false appearance, from the depths of geology into the depths of genealogy, possibly the biblical one, with the forefathers circling rather chaotically within the depth, like permutating letters. The second stanza speaks of a tactical, modest gesture of settling for little, of accepting the conditional, the as-if nature of the situation. Here, an improbable but frank conversation is being presumed between the biblical forefathers whose seed was supposed to be spread across the world and the angiosperm plants that cloak their seed carefully but do not care so much for human beings. The speaking subject is a late descendant of the forefathers, an erudite but confused survivor in whose head the biblical idiom becomes mixed up with the biological one. And yet, the incongruous and hypothetical conversation does »open« the word.

And here is precisely where the shofar's caesura intervenes. It is, indeed, only a *Kalkspur Posaune*. Instead of the powerful blast which may result in the crystallization of the white pebble of Alba, we get a possibly mute mark of white chalk which is, however, a trumpet. For however mute it may be, it does its job rather well: within the process of linguistic-geological permutation, with the letter K as the key particle or the key note, what has been lost may find an ephemeral and lapidary but surprisingly hopeful clarity. A clarity, I would suggest, which not so much does away with the quiet but disharmonious scratch of the chalk-trace-shofar, with the quietly disturbing sound of K, but a clarity situated precisely in that sound, in that scratch which marks the presence of an absence.

The sound of the final trumpet is not even a scratch. What is left is just a place. You have seen it already, many times, but take a look once again:

Die Posaunenstelle

tief im glühenden
Leertext
in Fackelhöhe,
im Zeitloch:

hör dich ein
mit dem Mund.

John Felstiner famously pointed out that in this poem the shofar is also associated with a stone.[24] In fact, it refers to the stone which marks a place of the sound that is no longer heard, of the instrument that is no longer there: the piece of stone from the Second Temple with the words *l'veit haTekiah* incised on it. And it is Felstiner who suggests that the *Leertext* should be seen as a substitute for *Lehrtext*, or the Torah.[25] I am unsure whether this substitution and the striking archeological context of this poem must be read on a reverent note as pointing to the feeling of sublimity and excitement at the encounter with the ancient Jewish past, with the spot where the shofar was once blown, with the abysmal *Zeitloch* in the light of the *Fackel* raised high. For the poem's second stanza does not exactly suggest a passive reverence, but rather an act which combines hearing and pronouncing, listening and speaking, receptivity and poetic action. Arguably, the first stanza does »refer to« an extra-poetic reality and evokes a rather traditional sublimity of high and low, with the subject set in the passive position of pathos in confrontation with the sacred place or with the sacred text that has replaced the place after the Temple has been destroyed. Yet in the concluding imperative that comes after the caesura of the colon, the speaking subject urges himself, indeed, to speak, to pronounce, perhaps in order to hear the homonimity of *Lehrtext* and *Leertext*, and thus, in his own words, to hear the silence of the shofar, to hear how much he cannot hear it – and thus mark the site of irrevocable loss. At the very same time, surely, the imperative is directed to the reader to treat the very poem as the place of the missing trumpet, the empty text, which – when read – may make us feel the stone of absence in our mouth, a stone which breaks the discourse of the contemporary and the present.

By means of a reconstruction and a slight revision of Theodor Reik's understanding of the shofar blast, I have offered a psychotheological model according to which the sound of the horn is both a protection against the primeval crime and a form of its repetition, but also a medium of acknowledgement of our murderous impulses. Thus, it is the acoustic realm within which a paradoxical reconciliation may take place. According to this model, the rough, primitive, uncanny blast of the horn is the acoustic form of transcendence, for it breaks through the immanent edifices of more elaborate music that we inhabit and forces us to acknowledge, to recognize, to come to terms with our finite and Cainite nature – and to ask for impossible forgiveness. On this reading, this caesura of the originary sound can be seen as equivalent to or even identical with the divine, revelatory, insurmountably transcendent *aleph*, the

24 Felstiner, *Paul Celan*, 272.

25 Ibid., 274.

nothingness of revelation, which both opens and deconstructs, both establishes and destabilizes the texture of our immanent discourse that we cloak ourselves with.

I think that the three trumpets that can be heard, or just read, in Celan's poems mark a very different caesura. His use of the shofar is not especially pious and does not seek to make us feel humble. And yet, neither does it celebrate the triumph of immanence. It is not a revelatory *aleph* that both creates and subverts the immanent discourse. It is a human, all-too human, poetic intervention: a radically singular break, a stutter, a stone. It tears open the immanent discourse, but not in the name of the sublime transcendence before which we are to bow in guilt and reverence. Rather, it is a stubborn, singular, punctual lament. Perhaps, rather than simply antitheological or secular or immanent, it deserves to be called *counter-theological.*[26] The subject who is speaking in these poems does not seem to be concerned with his own murderous impulses, his own Cain complex, or his own guilt toward the Other. This fact, perhaps, points to a limitation of his ethical stance: perhaps he could learn something from Reik, after all. However this may be, the subject of Celan's poems is concerned rather with hearing with his own mouth the silence at the very place of the trumpet, where a scream of those already erased should but cannot be heard. Thus, radically singularized, transcending the line that divides hearing and speaking, the counter-theological caesura of the poetic shofar intervenes into the immanent discourse of the living as a stubbornly human cut in language. Only for the sake of the lost ones may this shofar be blown.

26 By now it should be clear how and why my reading differs from the one suggested by Stéphane Mosès in his seminal essay on Celan's Jerusalem poem on the shofar, an essay to which I am otherwise indebted. See Stéphane Mosès, »Patterns of Negativity in Paul Celan's ›The Trumpet Place‹«, trans. Ken Frieden, in: Sanford Budick and Wolfgang Iser (eds.), *Languages of the Unsayable: The Play of Negativity in Literature and Literary Theory*, New York 1989, 209–224. Mosès embeds the poem within Jewish tradition and, the meticulousness of his splendid analysis notwithstanding, ultimately presents it as a variation on the Scholemian/Kabbalistic theme of the nothingness of revelation. Thus, I would argue, by means of this theological assimilation, he misses the stubbornly singular and punctual nature of Celan's caesura. Counter-theology is not negative theology.

Michael G. Levine

The Place of the Trumpet, the Displacements of the Intertextual

Paul Celan's late poetry is characterized by terseness and compression, growing ever more laconic, straitened, and tightly woven. Just as the contrapuntal structure of TODESFUGE was made to pass through the narrows of ENGFÜHRUNG, so too do the latter's constricted, angst-ridden passages become in turn a general feature of the late poetry. Speaking, for example, about the poem DIE POSAUNENSTELLE, composed on November 17, 1969, shortly after Celan's return from Israel, Stéphane Mosès notes its »extreme concision«.[1] Consisting of only seven lines, the poem is divided both typographically and syntactically into two stanzas of unequal length, the first of five, and the second of two lines. Each stanza is made up of one single phrase. As Mosès notes, these phrases »are rigorously contrasted to each other by their grammatical structure: the first possesses a subject (›die Posaunenstelle‹) but no verb, while the second possesses a verb (›hör dich ein‹) but no explicit subject«.[2]

Already one can see how the extreme concision of the poem seems to leave the critic with little choice but to delve into formal considerations – as though the only way to orient oneself were to begin by focusing on the poem's visual layout and grammatical structure. Before going further along this narrow path, perhaps the only way open to us, let me cite the poem in its entirety, quoting first the German original and then an English translation by John Felstiner and a French one by Martine Broda.

1 Stéphane Mosès, »Patterns of Negativity in Paul Celan's ›The Trumpet Place‹«, trans. Ken Frieden, in: Sanford Budick and Wolfgang Iser (eds.), *Languages of the Unsayable: The Play of Negativity in Literature and Literary Theory*, New York 1989, 209–224, here 209; Stéphane Mosès, »Paul Celan: ›Die Posaunenstelle‹«, in: id., *Spuren der Schrift: von Goethe bis Celan*, Frankfurt a. M. 1987, 134–150, here 134.

2 Mosès, »Patterns of Negativity in Paul Celan's ›The Trumpet Place‹«, 210; Mosès, »Paul Celan: ›Die Posaunenstelle‹«, 134–135.

DIE POSAUNENSTELLE

tief im glühenden
Leertext,
in Fackelhöhe,
im Zeitloch:

hör dich ein
mit dem Mund.[3]

THE TRUMPET PLACE
deep in the glowing
empty-text,
at torch height,
in the timehole:

hear deep in
with your mouth.[4]

LE PASSAGE DE TROMPETTE
enfoncé dans le brulant
texte vacant,
à la hauteur de flambeau,
dans le trou du temps:

insuffle-toi l'écoute
avec la bouche.[5]

As is often the case with Celan's verse, translation occurs not only – or primarily – between the German source text and the languages into which it is

3 Paul Celan, *Gedichte III. Prosa. Reden, Gesammelte Werke in sieben Bänden* (= GW), Bd. 3, Frankfurt a. M. 2000, 104.

4 In his first translation of Celan's poem (1990 and then again 1995 and 2001), Felstiner translated »Die Posaunenstelle« as »The trumpet place«. Cf. John Felstiner, »›Deep in the Glowing Text-Void‹: Translating Late Celan«, in: *Representations* 32 (1990), 175–186, here 175; and Paul Celan, *Selected Poems and Prose of Paul Celan*, trans. John Felstiner, New York 2001, 360. He later changed the first line to »The shofar place« in order to avoid New Testament connotations. I have followed the first version, in part to align it with the English translation of the Mosès text from which I quote frequently in the following.

5 Paul Celan, *Enclos du temps: Zeitgehöft*, trans. Martine Broda, Paris 1985.

rendered but also and above all within the so-called »original« itself. While Felstiner and Broda's translations are in agreement about the translation of »Posaunen« as »trumpets«, a choice echoed in English translations by Hamburger and Joris, it may well be the case that the noun »Posaune« is itself a translation from the Hebrew, a German rendering of the term »Shofar«.[6] In this sense »die Posausenstelle«, the »place of the trumpet«, may only take its place as a replacement of – or placeholder for – another. From the first, and in place of any first, there will have been translation.

That the German of Celan's poem is ghosted from the first by another language, that it is written to be read *as* a translation and, moreover, as a way of making translation an issue from the first, consider Luther's translation of the Hebrew Bible in which the term *Posaune* is used to translate the Hebrew *Shofar*.[7] The term makes its first appearance in his Bible translation at the moment of Revelation on Sinai in *Exodus* 19:16.

> Als nun der dritte Tag kam und es Morgen war, da erhob sich ein Donnern und Blitzen und eine dicke Wolke auf dem Berge und *ein Ton einer sehr starken Posaune;* das ganze Volk aber, das im Lager war, erschrak. Und Moses führte das Volk aus dem Lager Gott entgegen, und es trat unten an den Berg. Der ganze Berg Sinai aber rauchte, darum dass der Herr herab auf den Berg fuhr mit Feuer; und sein Rauch ging auf wie ein Rauch vom Ofen, dass der ganze Berg sehr bebte. *Und der Posaune Ton ward immer stärker.* Moses redete, und Gott antwortete ihm laut. [Emphasis added][8]

Here it is important to stress that the term *Posaune* appears in Celan's poem only as a *compositum*, only as the compound *Posaunenstelle.* Not only is its

6 Paul Celan, *Poems of Paul Celan*, trans. Michael Hamburger, New York 1988, 342; Celan, »The Second Cycle of ›Zeitgehöft‹«, trans. Pierre Joris, in: *Sulphur* 11 (1984), 21. As noted above (footnote 3), Felstiner would later change his translation from »trumpet« to »shofar«.

7 The term *Posaune* is derived from the Latin *buccina* (from *bos*, meaning *ox*, and *canere*, meaning *to sing*), which seems to have designated an ancient Roman trumpet in the form of a bull's horn. Similarly, the Hebrew instrument known as a Shofar means »ram's horn«.

8 »And it happened on the third day as it turned morning, that there was thunder and lightning, and a heavy cloud on the mountain, and the sound of the ram's horn, very strong, and all the people who were in the camp trembled. And Moses brought out the people toward God from the camp and they stationed themselves at the bottom of the mountain. And Mount Sinai was all in smoke because the Lord had come down on it in fire, and its smoke went up like the smoke of a kiln, and the whole mountain trembled greatly. And *the sound of the ram's horn grew stronger and stronger.* Moses would speak, and God would answer him with voice«, *The Hebrew Bible: A Translation with Commentary, Volume 1: The Five Books of Moses: Torah*, trans. Robert Alter, New York 2019, 293, emphasis added.

Stelle or place then at the top, the head or the *rosh* of the poem, but, standing above, it also stands within, serving at once as the poem's title and opening line.[9] One might say that it stands in the same relation to the poem as Rosh Hashanah stands to the Jewish New Year; that is, standing over the year at its head, it also stands within it as the first day in its annual cycle. Placed in this way, the *Posaune*, itself standing in for the Hebrew *Shofar*, sounds twice, resounding at once from the highpoint of the year, Rosh Hashanah, and from the heights of Mount Sinai. The summit of Sinai, we recall, is itself the place to which Moses goes up and God comes down. Descending to this summit, to the uttermost limit of earthly existence, God appears wrapped in a cloud, His presence manifest as thunder, lightning, and the »exceedingly loud« sound of the Shofar.

Where then is the Shofar's place? Where exactly is »die Posaunenstelle«? Is it at the head of the poem, also its first line, the Rosh of the New Year, or the summit of Mount Sinai? Is it the biblical passage or the place in Luther's translation where the Hebrew »Shofar« is rendered as the German »Posaune«? The concision of Celan's poem does not allow us to choose, for each of these places is but a stand-in for the others. I would add that the sound emitted by the *Posaune* will itself never have been one, will never have been a discrete sound or single blast – be it of a Shofar or a trumpet – but a perpetual *re*sounding that carries from one place to the other, mapping, in this way, the one place onto the other and perhaps onto an altogether Other. What does it take to hear this resounding associated with no one instrument, with a blast that never takes place once and for all? If we understand nothing else about the last two lines of the poem, »hör dich ein | mit dem Mund«, it is that another kind of hearing is called for.

Yet, what exactly is to be heard? For Stéphane Mosès and John Felstiner, it is the sound of these last lines themselves – not so much their sense as their sound. As they both stress, these lines are composed exclusively of one-syllable words: »hör dich ein | mit dem Mund«, »hear deep in | with the mouth«. As such, they may be heard to sound out the three-syllable Hebrew word »te-ki-ah«, which Mosès describes as follows: »Tekiah, the Hebrew word that signifies the prolonged sounding of a wind instrument, designates in particular one of the three basic sounds that compose the sounding of the Shofar in the Jewish ritual of the New Year«.[10] This sounding is alluded to only by the resonance of the German words that fill in for it, only by the three monosyllabic

9 *Rosh* is the Hebrew word for »head«, »chief«, or »top« and may also refer to the beginning of a period.

10 Mosès, »Patterns of Negativity in Paul Celan's ›The Trumpet Place‹«, 218.

beats repeated in the poem's last two lines. It is, however, made explicit in the lyric Es IST ALLES ANDERS [EVERYTHING'S DIFFERENT] from *Die Niemandsrose*: »[...] ein Widderhorn hebt dich | *–Tekiah!* – | wie ein Posaunenschall über die Nächte hinweg in den Tag«.[11]

This trumpet blast, or *tekiah*, is associated with the religious observance of Rosh Hashanah. The association is such that those who gather in prayer on this holiday find themselves in the same situation as the people at the foot of Sinai experiencing the sounding of the Shofar. Just as in the last lines of Celan's poem words give way to sounds, sounding out the three-syllable word *tekiah* – or even the three medium-length blasts of the *shevarim* – so too does speech give way to acoustic experience in the observance of Rosh Hashanah. As Mosès explains, »›The trumpet place‹ would then be the moment of hearing the Shofar, the instant when, in the unfolding of the New Year's liturgy, the recitation of prayer is interrupted so that the sounding of the Shofar may be heard«.[12] For him, the phrase »im Leertext«, »in the empty-text«, in Celan's poem, marks the moment when words fade away or die out, when there is, as it were, nothing more to be understood. Precisely at this moment a primal *sound* becomes audible, the sound, namely, of the breath that make speech possible. This interruption of speech, Mosès adds, is itself a repetition within the New Year's liturgy of those fundamental caesurae of time which holidays have the power to open, those breaks through which a radical Otherness may manifest itself. The word »Zeitloch«, or »time-hole«, appearing at the very end of the first stanza, would thus indicate the suspension of profane time for the sake of another experience, that of ritual festivities.[13]

If, until now, I have focused on the sound of the poem's last words, the way, according to Mosès and Felstiner, they sound out foreign words and primordial sounds associated with the Revelation on Sinai, it is still necessary to ask where these words come from and to whom they are addressed. »*Hör dich ein*

11 Celan, GW 1, 284–285. »[A] ram's horn lifts you | –Tekiah! – | like a trumpet blast over nights into day«, Celan, *Poems of Paul Celan*, trans. Michael Hamburger, 195.

12 Mosès, »Patterns of Negativity in Paul Celan's ›The Trumpet Place‹«, 218; Mosès, »Paul Celan: ›Die Posaunenstelle‹«, 144.

13 Mosès, »Patterns of Negativity in Paul Celan's ›The Trumpet Place‹«, 218. »›Im Leertext‹ ... [i]m Augenblick, wo die Worte ausklingen und es gleichsam nichts mehr zu verstehen gibt, gerade dann wird jener ursprüngliche Klang hörbar, jenes vor-sprachliche Ein- und Ausatmen, welches das Sprechen erst möglich macht. Aber diese Unterbrechung der Sprache wiederholt innerhalb der Neujahrsliturgie jene grundlegende Zäsur der Zeit, die den Feiertag stiftet, an dem ein radikales Anderes zum Vorschein kommt. Das Wort ›Zeitloch‹ würde hier also die Aufhebung der profanen Zeit zugunsten der Erfahrung des Ritus und des Festes bezeichnen«. Mosès, »Paul Celan: ›Die Posaunenstelle‹«, 144.

| *mit dem Mund*«. Does the poem in the end turn back on itself, addressing the speaker now as a listener or does the »you« stand outside the poem? In the latter case, such an address would, on the one hand, draw the reader, now troped and positioned as a listener, into the poem, and, on the other, draw the poem out beyond itself. Nothing allows us to decide which way things go, whether movement is from the inside out or the outside in. Instead, we are left with a call that hovers ambiguously between poetic self-address and an address to another. Suspended at the threshold, the »you« at the bottom of the poem would thus stand in a symmetrical relation to the *Posaune* at the top; like the title-cum-first-line, the »you« is at once inside and outside the body of the text. Yet, what kind of body does the text have? What is the place of the »mouth«, the poem's last word, in relation to what precedes it? How is the text *as body* organized in relation to the mouth?

Placing the mouth at the very end, Celan tropes all that comes before and leads up to it in a particular way. For the German term »Mund«, like its English cognate »mouth«, has a number of different meanings, all of which come together in the end. While the term »Mund« designates a bodily orifice, the related word *Mündung* is used to describe an estuary or mouth of a river. We will return to these related senses later on. For the moment I want simply to suggest that listening in with the mouth might also – and perhaps above all – mean hearing deeply into the word »*Mund*« itself.

»*Hör dich ein* | *mit dem Mund*«, the poem pleads. The prefix *ein* separated from the body of the verb to which it belongs accentuates this movement of gathering attentiveness, this penchant for listening *in*. The inward movement of the separated prefix *ein* also has a way of revising what came before, setting in motion the thrice-repeated »in« words of the first stanza. Already the repetition of these words had underscored their importance. Appearing in the short second, fourth, and fifth lines of a five-line stanza, the prepositions help to mark out the trumpet's place, positioning it twice in spatial and once in temporal terms: tief *im* glühenden | Leertext, | *in* Fackelhöhe, *im* Zeitloch. While they may be said to hold the trumpet *in place*, they do so only to the extent that they allow the different senses of the word »*Stelle*« itself to resonate; for, as the French and English translations of DIE POSAUNENSTELLE attest, the term means not only »place« but also »passage« in a written text or »part« in a musical score. Yet, it is not only a question here of positive places, passages, or parts but also of what holds a place open. One might recall in this regard the famous line from Mallarmé's UN COUP DE DÉS, »Rien n'aura eu lieu que le lieu« (Nothing will have taken place but the place).[14] Recall in this re-

14 Stéphane Mallarmé, *Oeuvres complètes*, Paris 1945, 475.

gard Celan's »Meridian« address, in which the poet sees himself called upon to think through what his predecessor had set in motion, a task he describes as »Mallarmé konsequent zu Ende [zu] denken«.[15]

While there is much more to be said about this famous line from UN COUP DE DÉS, it may suffice at this point to note the future perfect tense – the »aura eu lieu« – in which it is framed. Bringing together past and future without the mediation of the present, Mallarmé frames the time of this place in terms that pointedly circumvent the present, effectively holding it open and agape like a »Zeitloch«, or »time-hole«.

Tellingly, there are no inflected verbs in the first stanza of DIE POSAUNENSTELLE; there are in fact no verbs at all. I would suggest, however, that these verbs, these *Zeitwörter*, literally these »time words«, are not merely absent. Something continues to glow in their place, something like an afterglow or afterimage. »Deep in the glowing empty text« a trace of this disappearance remains.

As already noted, the term *Posaune* is Luther's translation of the word *Shofar*, or ram's horn, appearing in *Exodus*, *Isaiah*, and other books of the Hebrew Bible. Yet it is also the term he employs when translating the apocalyptic »trumpets« of the *Book of Revelations* (8:7): »Beim Ton der dritten Posaune fiel ein großer Stern vom Himmel, der brannte wie eine Fackel …« (With the sounding of the third trumpet, a great star, blazing like a torch, fell from the heavens …). Bernhard Böschenstein makes a case for the relevance of this passage to Celan's poem in which the terms *Posaune* and *Fackel,* »trumpet« and »torch«, also appear in close proximity to one another. For him, the vision of Revelations is taken up in Celan's poem in the image of a »glowing | empty-text, | at torch height«. Describing at length the re-inscription of this apocalyptic vision in Celan's text, he writes:

> Diese Vision wird hier zum *glühenden | Leertext, | in Fackelhöhe.* Die Welt verbrennt, die Gestirne verlassen ihren Ort, die Lebensstoffe, das Wasser zum Beispiel, werden vergiftet. Die Partitur, die da gespielt wird, ist ein *Leertext:* sie sagt Vernichtung aus. Die Posaunenmusik ist ein sinnloser Text, hervorgebracht durch das Loch der Mündung, das den ganzen Bereich der Zeit ausschneidet. Erst durch diese Annullierung kommen die Posaunen zum Tönen. Statt daß aber nun der Mund einen Ton erzeugt, muß er hören. Diese Umkehrung hat den Sinn einer initiierenden Anweisung: der Weltbrand, die sechs ersten Posaunen, sind Leertext aus dem Zeitloch, vielleicht damit der Text aus dem anderen Zustand, die Verkündigung der siebenten

15 Paul Celan, »Der Meridian«, in: GW 3, 187–202, here 193.

Posaune, hörbar wird. Zunächst ist nur von Zerstörung die Rede. Doch in dem *hör dich ein | mit dem Mund* ist möglicherweise ein Übergang angedeutet, dessen Sinn das folgende Gedicht offenbart. Die durch den Vorstoß in den kosmischen Raum und durch die allgemeine Verwüstung der Materie in ihrem Bestand bedrohte Welt ist in Celans Bild ein *Text.* Sie ist gebunden an das von ihr geschriebene Wort. Dieses muß gelesen, gehört und neu formuliert werden. Es gibt keine Natur an sich. Es gibt nur ihre Umsetzung in Sprache. Das Zeitloch, in das der Mund sich einhört, ist indes nicht nur Negation. Es ist gewiß auch Ort des Durchlasses, Eingangstor zum anderen Zustand, zu der Erlösungsmusik des siebenten Engels. Und es ist auch der Schoß der Geliebten, die den Übergang durch die abgetane Zeit zu *Jerusalem* hin in aktuelle Gegenwart verwandelt.[16]

16 Bernhard Böschenstein, »Erste Notizen zu Celans letzten Gedichten«, in: *Text und Kritik* 53/54 (1984), 55–61, here 56–57. My English translation of the passage is as follows: »The world is aflame, heavenly bodies fall from place, and vital resources such as water are poisoned. The score that is played is an empty-text: a document of destruction. The trumpet music is a meaningless text, played through a hole in the mouth of the instrument, a hole evacuating all sense of time. Accompanying this process of annihilation, the trumpets sound. Yet, no longer is it a mouth that blows the trumpet to produce these sounds; for the mouth can do nothing but listen. This reversal in its turn sets something else in motion. The world is aflame, six trumpets sound in succession, texts are empty, and time is voided – and yet amidst all this there is a text issuing from another realm and the herald of a seventh trumpet may be heard. The initial talk of destruction gives way to the suggestion of some sort of transition as the words ›listen in with your mouth‹ are intoned. […] The time-hole, into which the mouth listens, is at this point no longer merely a negation but a passage- and entryway into another realm, one in which the redemptive music of the seventh angel may be heard, in which the beloved may transform wasted time into vital presence, into the living reality of Jerusalem.« Böschenstein presents a revised reading of Celan's poem in a paper delivered at a colloquium organized by Martine Broda at Cerisy, where he writes: »Le ›trou du temps‹ signale la destruction de ce qui est assujetti au temps, il suspend le texte au bénéfice d'un texte vide qui évoque, avec l'annulation du temps, l'écoute d'un second texte, lié au son libérateur du septième ange. C'est encore l'Apocalypse qui est déterminante, lorsque la lecture de ce texte ne se fait pas à la hauteur du regard, mais bien à celle du flambeau qui rappelle le flambeau qui parut tomber du ciel au son de la troisième trompette … Ici, la bouche écoute au lieu de souffler et devient ainsi oreille, et le texte qu'elle reçoit est un texte vacant en lequel se change le passage des trompettes qui accompagnent l'embrasement du monde. Mais ce texte vacant situé dans l'orifice qui troue le temps est aussi la suspension du temps […] Chaque fois, le temps est arrêté et fait place à l'Autre qui le transperce. Le flambeau envoyé par l'ange de l'Apocalypse brule un trou dans le temps et ouvre l'accès à une temporalité autre. Il y a fin du monde et nouvelle naissance.« See Bernhard Böschenstein, »Désorientation orientée (lecture de quelques poèmes de la dernière année)«, in: Martine Broda (ed.), *Contre-Jour: Études sur Paul Celan*, Paris 1986, 151–164, here 152–153.

Like Böschenstein, Mosès reads the poem in the context of revelation. Yet for him it is not the Revelation to John but, as noted earlier, the theophany at Sinai. What is the relationship then between these two very different ways of finding revelation in the poem? Can the *Book of Revelations* and *The Book of Exodus* be read side by side? Can the phrase »*die Posaunenstelle*« accommodate both? Or is it necessary to read one through the filter, one in the place of the other? How can DIE POSAUNENSTELLE itself be read as a meditation on intertextual relations, on the necessity of treating each and every *Textstelle* as an intertext, as a citational overlay or palimpsestic construct? Before taking up these questions, let us consider the case Mosès makes for reading the poem in conjunction with – and as a rewriting of – the Revelation on Sinai.

Like Böschenstein, he links Celan's poem to biblical narrative most immediately via the term *Posaune* and, more specifically, via Luther's use of it in his translations. Yet, whereas Böschenstein reads the term straightforwardly as trumpet, Mosès treats it, as noted earlier, as a translation of the Hebrew *Shofar*. This leads him to the first occurrence of the word *Posaune* in the Bible, which is the scene of the Revelation on Sinai. The text of the Ten Commandments, he notes, is both preceded and followed by passages in which the sounding of the Shofar appears. The first is *Exodus* 19:16–19, which I cite again in Luther's German: »Als nun der dritte Tag kam und es Morgen war, da erhob sich ein Donnern und Blitzen und eine dicke Wolke und dem Berge und ein Ton einer sehr starken Posaune; das ganze Volk aber, das im Lager war, erschrak«.[17] Some verses later, just after the Ten Commandments, the same description is taken up again. Only now a glimmer of torches is added to the »voice of thunder and the sounding of the Shofar«. Whereas Luther understands this glimmer metaphorically and translates the Hebrew *lapidim* as *Blitz*, or lightning, Buber and Rosenzweig provide a more literal translation of *Exodus* 20:15:[18]

17 »And it came to pass on the third day, in the morning, that there was thundering and lightning, and a thick cloud upon the mountain, and the sound of a Shofar exceeding loud; so that all the people in the camp trembled. And Moses brought the people out of the camp to meet with God; and they stood at the foot of the mountain. And Mount Sinai smoked in every part, because the Lord descended upon it in fire and the smoke of it ascended like the smoke of a furnace, and the whole mountain quaked greatly. And then the voice of the Shofar sounded louder and louder; and Moses spoke and God answered him with a voice«. *The Hebrew Bible*, vol. 1.

18 *Die fünf Bücher der Weisung*, trans. Martin Buber and Franz Rosenzweig, Heidelberg 1987.

Alles Volk aber, sie sahn
das Donnerschallen,
das Fackelgeleucht,
den Schall der Posaune,
den rauchenden Berg,
das Volk sah,
sie schwankten,
standen von fern.[19]

Noting further similarities between the biblical text and Celan's poem, Mosès observes how, in both, the glimmering of the torches issues from the heights of the mountain, the very place from which the Shofar sounds. There then emerges a significant difference. Whereas in the biblical text the visual images that evoke flames are associated with the heights, in Celan the glow is separated from the torch and relegated to the depths. Thus, he writes: »tief im glühenden | Leertext [Deep in the glowing | Empty-text]«.

The burning and glowing are thus situated both above (»at the torch-height«) and below (»deep in the glowing | empty-text«). And it is this symmetry that leads Mosès to argue that depth and height are not two distinct dimensions, but rather refer to each other. This leads him in turn to the famous remark Celan makes about Büchner's Lenz in his »Meridian« address: »a man who walks on his head sees the sky below, as an abyss«.[20] According to Mosès, the man who has freed his vision from the stereotypes of ordinary perception sees the world is this topsy-turvy manner. This poetic vision thus stands in contrast to that of the Revelation on Sinai, where height and depth function as the opposite poles of a sacred topography between which the prophet Moses serves as a go-between, repeatedly ascending and descending the hallowed mountain.

Again, following Mosès, this time the critic rather than the prophet, it may be said that Celan's poem maintains the vertical orientation of the biblical narrative while repeatedly reworking its polarities and remapping its sacred space. In Celan, the Shofar – as metonymy of Revelation – is located at the very bottom of the abyss. There, and not on the mountain's summit, does its sounding make itself heard; the heights, at which the torches of Revelation glow, appear at the bottom of the abyss:

19 »And all the people saw the roll of thunder, the glimmering of torches, the resounding of the Shofar, the smoking mountain: and the people saw and were shaken, and stood far away« (translation modified).

20 Paul Celan, *Collected Prose*, trans. Rosmarie Waldrop. Carcanet Press, Manchester, 1999, 46.

deep in the glowing
empty-text,
at torch-height,
in the time-hole.

One of the most important reversals Mosès touches on concerns the distinction the bible makes between the sounding of the Shofar, which descends from on high, and the people below, who not only hear it but are made to tremble by it – as if the sound, penetrating through their ears, continued to reverberate through their bodies, shaking them to their very foundations. In his reading of Celan, the one who hears the sound of the Shofar is at the same time the one who blows, as if, as he says, »there were no other way to hear the sounds from above than to produce them oneself«.[21] This implies that Revelation in Celan is no longer an event that arrives from without, descending from »above« to »below«, so that man can be content to register it passively. Instead, as a being both sending and receiving, it is the speaker of the poem who engenders the blowing and who hears its echo in return.

I have dwelt at length on Mosès's very moving and persuasive reading of the poem in order, first, to trace how his discussion of the trumpet's place in biblical accounts of Revelation differs from that of Böschenstein; second, I wanted to compare their very different accounts of how biblical passages are reworked by Celan; third, and perhaps most importantly, I would like to identify certain limits to their respective approaches. Both want somehow to retain a positive dimension of Revelation, doing so through Celan's reworking of traditional texts – or through what they construe as his reinterpretation. For Mosès, this involves, first and foremost, a re-imagination of sacred space, a complication of the polarities that structure it and of the ways of moving through it. It also involves a reconsideration of the figure of the poet, of the way he occupies mutually incompatible positions – in this case, both making a trumpet sound and being in a position to hear it; moreover, the poet is now the one who views the world in a topsy-turvy manner, who, in walking on his head, experiences the heavens above as an abyss below. Finally, Mosès's exclusive attention to sound and breath tends to leave out of account the more graphic and literal dimensions of the text, precisely those dimensions Mallarmé had disclosed and Celan felt still had to be thought through. These are the dimensions to which I would like now to turn.

I want to argue they are dimensions that can be only approached through an intertextual analysis of Celan, a way of reading Die Posaunenstelle not merely in conjunction with other texts, as other critics have done, but by at-

21 Mosès, »Patterns of Negativity in Paul Celan's ›The Trumpet Place‹«, 217.

tending quite literally to the inter-textual, the blank, empty spaces in his own and other texts – most notably, in Kafka's »In the Penal Colony«. My question is thus not simply whether, in addition to all the biblical intertexts we have examined thus far, there is also a Kafkan one, but how reading Celan and Kafka together may dislocate them in mutually unsettling ways, in ways that let heretofore unsuspected between-spaces open within and between them. The focus thereby shifts from The Trumpet's Place *per se* to its textual displacement.[22]

In turning to Kafka, I am guided by the question – to my mind never sufficiently answered by Celan criticism – of what it may indeed mean to »hear deep in / with the mouth«. Reading Celan's poem, I have always been reminded of something that is supposed to occur in the sixth hour of the famous writing machine's twelve-hour operation in »In the Penal Colony«, something having to do precisely with the mouth. »How quiet the man becomes around the sixth hour!« the officer in charge of the care and operation of the machine marvels.[23] Before reading his description of the sixth hour, let us recall that Celan's DIE POSAUNENSTELLE is itself placed at a pivotal turning point; that is, in the nineteen-poem cycle of the Jerusalem poems, it stands as the tenth. Returning now to Kafka's writing machine, let us consider what occurs in the sixth hour of its twelve-hour operation. According to the officer:

> Understanding dawns even on the dumbest. It begins around the eyes. From there it spreads. A sight could seduce one to lie down alongside him under the harrow. Nothing more actually happens, the man merely begins to decipher the script, he purses his lips as if he were listening hard [er spitzt den Mund als horche er]. You've seen that it is not easy to decipher the script with your eyes, but our man deciphers it with his wounds [mit seinen Wunden].[24]

Not only are the »lips pursed«, as Corngold's English translation would have it, but the mouth is *gespitzt*; that is, it listens as intently with its *gespitzten Mund* as one usually does with *gespitzten Ohren*, with perked up ears, with a sharpened, keener sense of hearing. What will have happened in the six preceding hours to prepare the mouth for this new role? What now enables it to »hear deep in« as if it were an ear? As it turns out, the mouth will have gone through

22 It is important to note the movement of displacement in which DIE POSAUNENSTELLE is already enmeshed in Celan's Jerusalem cycle. For a brilliant reading of this intertextual movement, see Asif Rahamim's essay in this volume.

23 Franz Kafka, *Kafka's Selected Stories*, ed. and trans. Stanley Corngold, New York 2007, 45. Franz Kafka, *Ein Landarzt und andere Drucke zu Lebzeiten*, Frankfurt a. M. 2004, 173.

24 Kafka, *Kafka's Selected Stories*, 44–45; Kafka, *Ein Landarzt und andere Drucke zu Lebzeiten*, 173.

a process of progressive liberation during these initial hours, freeing it from its more traditional functions and setting it in play.

Thus, it is said that after the second hour the felt plug is removed from the condemned man's mouth since he no longer has the strength to cry out and he is given warm congee or rice pap to lap up with his tongue. No one ever passes up this opportunity, the officer says. Only around the sixth hour does the man lose all pleasure in eating. Rather than swallowing the last mouthful the man just rolls it around in his mouth and spits it into the pit. Let me recapitulate the stages of transformation the mouth goes through: initially described as an orifice through which a scream might pass from the inside out, it abandons this function only to serve in turn as an organ through which food passes from the outside in. When this function is in its turn abandoned the mouth becomes a space *between* inside and out where food is rolled around before being spat out. Neither egress nor ingress but instead a space of play, the mouth is in this way prepared to assume other functions such as those usually performed by the ear.

These transformations involve more than what takes place in the body of the condemned man; for the play of the mouth is not unlike the play in the gears of the writing machine itself, a play which is said to produce a squeaking sound. Such a connection between mouth and machine is reinforced via a related play on the word »Zahnräder«, which, depending on how one hears it, can mean either »toothed wheels« or »tooth speech«, *Zahnrede*. What the text playfully alludes to here is a slippage in the gears of language associated with puns, lapses, and linguistic interference. Such interference registers as the squeaking (*Kreischen*) of the machine's little wheels, the *Kreis-chen* of its *Zahnräder.*

That this space of play is said to open »around the sixth hour«, at what the text describes as the *Wendepunkt* in the twelve-hour operation of the machine, suggests that the mouth at this point turns not just into a pricked-up ear but also into the wounds with which the man begins to decipher the text inscribed on his body. The point around which this turning revolves is the very opening of the mouth, the *initial letter* of the word *Mund*, which, turned upside down, turns into a *W*. Perhaps only when a body part turns into a verbal body can one begin to decipher a lacerating script with one's wounds. To describe those places where wounds have been inscribed on the body, Kafka coins the phrase »wundbeschriebene Stellen«, a neologism based on the more familiar term »wundergeriebene«, meaning rubbed raw or rubbed to the point where a wound opens on the surface of the body.[25]

25 Corngold draws attention to the paranomastic relationship between »wundbeschrieben« and »wundgerieben«; see Kafka, *Kafka's Selected Stories*, 44, footnote 7.

In this sense, the *Mund*-become-*Wunde* is no longer to be viewed simply as a bodily orifice or locus of oral, verbal, and mechanical play but also as an opening of the flesh, a wound which is not only passively inflicted but which also actively reads. The text written on the body is, as Celan says elsewhere, *wundgelesen*.[26] Never free-standing, never simply a mouth or an ear or a wound, the place of the *Mund* must also be understood in relation to the term *Mündung* used earlier in the story to describe a particular part of the writing machine. Again, it is the officer who provides the description.

> Here you see two sorts of needles in multiple arrangements. Each long one has a short one next to it. The long ones do the writing, and the short ones squirt water to wash away the blood and keep the inscription clear at all times. The bloody water is then channeled into little runnels and finally flows into this main runnel and down the drainpipe into the pit«. With his finger the officer indicated the exact route the bloody water was forced to take. When, to make it as vivid as possible, he acted out actually catching the water at the mouth of the drainpipe [*an der Mündung* des Rohres] with both hands, the traveler raised his head and, groping backward with his hand, tried to return to his chair.[27]

This is precisely the sense of mouth as »Mündung« to which I alluded earlier. Here it marks a point of extreme confluence, a place toward which not only a mix of blood and water but all the various runnels flow. That this *Mündung* is also to be viewed as a *Mund* means that, in addition to the fluid mixture of blood and water, there are verbal and corporeal energies also flowing toward the mouth. When all goes well, the energies flow freely. Yet what happens, Kafka asks, when the pressure increases and the place of the mouth can no longer hold? What becomes of the mouth when it no longer serves simply as a point of confluence, as an opening that gathers everything – including the very notion of a body – together?

This is precisely the situation with which we are confronted at the end of the story when the officer, seeing there is no future for him or the machine in the colony, lays himself out on its so-called »bed«. As he prepares to subject himself to the machine's operation, it in turn becomes strangely active. Not only does it become increasingly autonomous, animated, and even sexualized, it also begins to speak. Yet it is speech no mouth can possess, no ear can hear. Consider then the description of the machine as the officer places himself under its harrow:

26 Cf. the poem DEIN VOM WACHEN [YOUR WAKING'S] (Celan, GW 2, 24).

27 Kafka, *Kafka's Selected Stories*, 42; Kafka, *Ein Landarzt und andere Drucke zu Lebzeiten*, 170.

»If it had been clear before that he understood the machine well, it was now almost staggering to see the intimacy he enjoyed with it and how it obeyed him [wie sie gehorchte]«.[28] Before continuing the citation, we should note how the verb »gehorchen«, now suggesting a degree of agency, even if it is only compliance, on the part of the machine, echoes the term used earlier to describe the manner in which the condemned man's pricked up mouth was said to listen (»er spitzte den Mund als horche er«). The passage continues: »He had merely brought his hand near to the harrow when it raised and lowered itself several times until it achieved the correct position to receive him« (»sie hob und senkte sich mehrmals, bis sie die richtige Lage erreicht hatte um ihn zu empfangen«).[29]

Having observed the machine's increasing, and increasingly sexualized, autonomy, let us skip to the moment when the mouth – both in the sense of *Mund* and *Mündung* – comes undone under the pressures accumulating in and towards it and another voice is heard. It is the moment when the *Zahnräder* begin popping out of the machine, one after another, baring their sharpened teeth as they surface.

> Slowly the lid of the scriber lifted and then flew wide open. The teeth of a cogwheel became visible and rose up farther, and soon the whole wheel appeared; it was as if some great force were compressing the scriber so that there was no longer any room for this wheel …. But above, another gear was already rising, followed by many others.[30]

As the machine comes apart, the harrow no longer writes but stabs and, in doing so, tears the opening of the mouth to shreds. No longer a site of confluence, the mouth itself dissolves, giving place in its dissolution to blood that now flows in a hundred streams, not mixed with water: this time the water pipes have also failed [*versagt*]. And now the final stage also failed [also, *versagt*]:

> the body did not become detached from the long needles; it poured out its blood but hung over the pit without dropping. The harrow wanted to return to its old position but, as if it had noticed that it had not yet been freed of its burden, stayed motionless over the pit. »Come and help! [Helft doch!]« shouted [schrie] the traveler to the soldier and the condemned man …[31]

28 Ibid., 190.

29 That *die Maschine* is feminine in German and as such is often replaced in these passages by the pronoun *sie* suggests the intimacy of a heterosexual coupling of man and machine.

30 Kafka, *Kafka's Selected Stories*, 57; Kafka, *Ein Landarzt und andere Drucke zu Lebzeiten*, 192.

31 Ibid., 193.

It is this moment of suspension on which I would like to dwell; the first thing to note is the increasing personification of the machine. No longer simply compliant, it is now described as having a will of its own and a sense of what is transpiring. The question, however, is whether it can speak and, if so, how. A great deal hangs in the air at this point: not only is the harrow unable to return to its old position, not only is the impaled body of the officer made to hover precariously over the pit, but it is also the cry »Helft doch!« that is left hanging in suspense. For just a moment this cry for help lingers in the air as if it had emerged – or perhaps even detached itself – from the machine itself. What I am suggesting is that were the machine somehow able to speak, its outcry could come only in a moment of suspense. Only in a moment of *Versagung,* only at the point when all else fails and the gears of language slip more uncontrollably than ever before, does failure itself gives voice to something else, something that could only be conveyed in the mode of misspeak, in the altered spacing of *Ver*-sagung.

If we allow ourselves to be held a bit longer in this moment of suspense, we notice that, textually speaking, it is inscribed as a blank space between two sentences, two grammatically organized units of meaning. Rather than treating the blank merely as an empty space, as a *Leertext* or *Zeitloch,* we are urged to linger within it and, in doing so, to hear the exclamation »Helft doch!« as a cry no voice can own, a burden no one person and no one writing machine can assume.[32] Once the cry is attributed to the traveler, the ambiguity dissipates and the precarious space between speech, writing, and the white of the page closes.[33] Yet even after this closing, something of the suspension lingers, something hangs in the air like the glow of a voided text, something like a cry for help that could not be heard or heeded in time.

Here we might say that it is the blank space itself that is rubbed raw, that is

32 Apropos burdens, Yehuda Amichai writes: »Paul Celan. Toward the end, the words grew | fewer inside you, each word | so heavy in your body | that God set you down like a heavy load | for a moment, perhaps, to catch | His breath and wipe His brow. Then He left you and picked up a lighter load. | Another poet. But the last bubbles that rose from your | drowning mouth | Were the final concentration, the frothy concentrate | Of the heaviness of your life«. See Yehuda Amichai, *Open Closed Open: Poems,* trans. Chana Bloch and Chana Kronfeld, New York 2006, 130.

33 A related instance of ambiguity at the beginning of a sentence is to be found in »A Country Doctor«. While the sentence beginning »Rosa, in vielen Schattierungen …« seems at first to refer to the doctor's maid of the same name, it quickly becomes apparent that it is the color »pink« (rosa) of the wound that will have opened on the patient's side. Even after the ambiguity is cleared up, the suspicion remains that the »wound« in question is not only the boy's but Rosa's as well, that the maid abandoned by the doctor somehow returns as the patient to whom he now attends.

opened in such a suspenseful way that the wound inflicted itself begins to read. And here we should note that the cry for help has the same imperious structure as the written judgments inscribed on the bodies of the condemned. Like the sentence »Be just!« (*»Sei gerecht!«*) which the officer had hoped to have written on his body, the outcry »Helft doch!« is addressed to a »you«. Its summons (»›Helft doch!‹ schrie …«) hangs between the simple past of two verbs: between the *schrie* of *schreien* and the *schrieb* of *schreiben*, between, in short, a scream and a script.

Perplexed by the imperative »hör dich ein | mit dem Mund« with which DIE POSAUNENSTELLE draws to a close, I have sought to linger with it, turning in the end to an equally unsettling moment of oral audition in Kafka. The one text in no way elucidates the other except perhaps in the way both immerse us all the more deeply in the enigma of a listening mouth. Between the two, another kind of inter-text will have opened. From it issues a cry for help no mouth can possess, no ear can hear. I've always imagined this cry »Helft doch!« to be Celan's own, one he could never bear to utter or at least not in these terms in the last months of his life.

Less a scene of revelation than a locus of suspension, these unspeakable words hang in the air like the glow of a *Leerstelle*. Read back onto Celan's poem, they perhaps mark the place where the mouth on which it closes opens onto something else. This opening, this *Mündung*, would be the displaced place of DIE POSAUNENSTELLE, the other place – and the other-than-place – it silently makes toward. Hearken to it, the poem urges, prepare a hearing for it, »hör dich ein | mit dem Mund«.

Celans Spätwerk | Celan's Later Work – Lektüren | Readings

Paweł Piszczatowski

»Das Gespräch, das sich spinnt von Spitze zu Spitze«

Zur Archäologie der Schrift in Celans Spätwerk

Spätestens seit dem Gedichtband *Sprachgitter* lässt sich in der Dichtung Paul Celans ein steigendes Interesse an geologischen Erdformationen beobachten, das in den späten Gedichten oft durch die Suche nach archäologischen Artefakten begleitet wird, welche die Vorgeschichte der Menschen und die der Erde aufeinander beziehen. Dieses Celan'sche »Zur-Tiefe-Gehn«[1] ähnelt einer Katabasis oder vielleicht einem zwecklosen Graben, einer Form poetischer Trauerarbeit des überlebenden jüdischen Dichters an den Luftgräbern der verbrannten Juden Europas, denen ein Grab in der Erde versagt wurde. Es stellt aber auch die textuelle Schichtung von Gedächtniskonstrukten bloß, die in der Anknüpfung an das geologische und archäologische, zumeist der entsprechenden Fachliteratur entnommene Wissen ihre Darstellung finden. Dem Durchbohren der Erdschichten entspricht eine zeitliche Aufeinanderfolge von lesbaren Bedeutungsträgern in Form von Artefakten und anderen Spuren symbolischen Charakters. Celan schreibt, als wollte er in der urgeschichtlichen Welt mit ihren anthropogenen Spuren Zeugnisse menschlicher Präsenz und somit einen erdgeschichtlichen Gedächtnisraum finden, in dem das Jetzt, »die punktuelle Gegenwart« des Gedichts, wie Celan es in seiner *Meridian*-Rede nannte, sich hinsichtlich der Zeit des Anderen öffnet.[2]

In Celans Gedichten MUSCHELHAUFEN, MIT DER ASCHENKELLE GESCHÖPFT und MIT MIKROLITHEN kommt den oben erwähnten Topoi eine strukturbildende und bedeutungsstiftende Funktion zu. Sie entstanden am 14., 15. und 16. Juni 1967, wurden zuerst 1969 im bibliophilen Band *Schwarzmaut* mit Radierungen von Gisèle Celan-Lestrange veröffentlicht und fanden dann ihren Platz im ersten Zyklus von *Lichtzwang* (1970). Die drei Gedichte lassen sich inhaltlich zu einem Triptychon zusammenschließen. Das verbindende Leitmotiv stellen dabei die Verweise auf Celans Lektüren von Herbert Kühns

1 Paul Celan, DAS WORT VOM ZUR-TIEFE-GEHN, in: ders., *Die Gedichte. Neue kommentierte Gesamtausgabe*, hrsg. von Barbara Wiedemann, Berlin 2018, 129.

2 Vgl. Paul Celan, *Der Meridian. Endfassung – Vorstufen – Materialien.* Tübinger Ausgabe, hrsg. von Bernhard Böschenstein und Heino Schmull, Frankfurt a.M. 1999, 9–10.

Die vorgeschichtliche Kunst Deutschlands und – wie es die Handschriften deutlich machen – von Friedrich Behns *Kultur der Urzeit* dar.[3] Beide Werke setzen sich mit urgeschichtlichen kulturellen Prozessen auseinander, und Celans handschriftliche Notizen – sowie die von ihm in seinen Texten aufgenommenen Begriffe – beziehen sich auf die Zeit des Spätpaläolithikums und des Mesolithikums im nördlichen Mitteleuropa. Im mittleren Gedicht wird dieses archäologische Wissen – bzw. das dem Wissen entliehene bildhafte Vokabular – zum Medium einer poetischen Reflexion über die zur Entstehungszeit der Gedichte hochaktuellen Ereignisse des Sechstagekriegs.

1.

Am Anfang aber war der Klimawandel. Um die Mitte des 10. Jahrtausends vor Christus stiegen die Durchschnittstemperaturen in der nördlichen Hemisphäre innerhalb von nur zwanzig bis vierzig Jahren um etwa sechs Grad Celsius. Die Eisschicht, die bis dahin weite Teile Mittel- und Nordeuropas bedeckte, begann sich zurückzuziehen. Das Ende des letzten Glazials bedeutete für die damals lebenden Menschen alles andere als eine Verbesserung ihrer Lebensumstände:

> Das Abschmelzen des Eises, die Änderung des gesamten Klimas am Ende der Eiszeit ist eine der größten Katastrophen für den Menschen auf der Erde gewesen. Die großen kälteliebenden Tiere wanderten ab, sie zogen dem Eise nach oder starben aus; der Zauber blieb ohne Wirkung, die Jagdbeute war verschwunden, der Mensch ohne die gewohnte Nahrung.[4]

So beginnt das Kapitel zur Mittelsteinzeit in Herbert Kühns *Die vorgeschichtliche Kunst Deutschlands*, einem Werk, das Paul Celan im Juni 1967 während seines Aufenthalts in der Pariser Psychiatrischen Universitätsklinik studierte und das er – wie bereits erwähnt – bei der Arbeit an den drei genannten Gedichten verwendete.[5]

Dieses von Kühn gezeichnete Bild des Klimawandels als anthropologische Katastrophe erlangt in Celans MUSCHELHAUFEN geradezu apokalyptische

3 Vgl. Celan, *Die Gedichte*, 981–985, sowie ders., *Lichtzwang. Endfassung – Vorstufen – Materialien.* Tübinger Ausgabe, hrsg. von Heino Schmull, Frankfurt a. M. 2001, 10.

4 Herbert Kühn, *Die vorgeschichtliche Kunst Deutschlands*, Berlin 1935, 31.

5 Vgl. Celan, *Die Gedichte*, 982.

Züge, die in dem genau in der Mitte des Gedichts stehenden Vers »Kein Später« ihre Kulmination finden:

MUSCHELHAUFEN: mit
der Geröllkeule fuhr ich dazwischen,
den Flüssen folgend in die ab-
schmelzende Eis-
heimat,
zu ihm, dem nach wessen
Zeichen zu ritzenden
Feuerstein im
Zwergbirkenhauch.

Lemminge wühlten.

Kein Später.

Keine
Schalenurne, keine
Durchbruchscheibe,
keine Sternfuß-
Fibel.

Ungestillt,
unverknüpft, kunstlos,
stieg das Allverwandelnde langsam
schabend
hinter mir her.[6]

Das Ich durchwandert eine Landschaft von Muschelhaufen, das heißt, es befindet sich in einer Küstenregion an der Ostsee nach der Littorina-Transgression, in deren Folge sich das Baltische Meer in der uns heute bekannten Form ausbildete. Darüber belehrt uns die folgende Passage bei Kühn: »Die Littorina-Zeit ist benannt nach einer Schnecke, *Litorina littorea*, prähistorisch wird sie die Zeit der Muschelhaufen genannt.«[7] Und bei Friedrich Behn lesen wir:

6 Celan, *Die Gedichte*, 279–280.

7 Kühn, *Die vorgeschichtliche Kunst Deutschlands*, 35.

> Aus der Litorinazeit stammen [...] die [...] *Küchenabfallhaufen* der Küsten [...]. Diese Anhäufungen, Kjökkenmöddinger, Affalsdynger oder Skaldynger (Muschelhaufen) genannt, [...] enthalten Asche und Kohle, Topfscherben und Werkzeuge aus Feuerstein, Knochen und Hirschhorn.[8]

Das Ich kommt aus dem Süden mit einer Geröllkeule, also wieder im Sinne Kühns, der schreibt:

> Die Hauptzüge in das nördliche Gebiet kamen aus Mähren. Man kann das mit Gewißheit sagen, weil ein typisches Gerät des späten mährischen Paläolithikums, die durchbohrte Geröllkeule, in dem Inventar einer der ältesten Fundplätze des Nordens [...] wiederkehrt. Auch der Weg ist kenntlich, er geht über Schlesien, wo viele dieser Geröllkeulen vorkommen; es entsprechen ihm die Rengeweihhacken, die [...] den Weg der Einwanderer von Südosten nach Norden, den Flüssen folgend, andeuten.[9]

Doch das Ich des Gedichts ist kein Flüchtling, sondern jemand, der – »den Flüssen folgend« – in seine flüchtige Heimat zurückkehrt. Es wandert den Meridianen nach und die Meridiane wandern mit ihm.[10] Es ist »eine Art Heimkehr«.[11] Die Heimat schrumpft aber – nicht nur weil sie abschmilzt, sondern auch in dem Sinne, dass sie auf einen einzigen Gegenstand reduziert wird, einem unter den Muschelhaufen zu findenden, »zu ritzenden | Feuerstein«. Als Ritzgerät ist der Feuerstein nicht nur ein archäologisches Artefakt, ein durch Kunst Gemachtes, sondern auch ein Kunst Machendes. Man kann die »geritzten Zeichen« – wie es Barbara Wiedemann tut – mit den Radierungen von Gisèle Celan-Lestrange zu dem geplanten Band *Schwarzmaut* gleichsetzen und die Aussage dieser Verse in den schwierigen biografischen Kontext stellen.[12] Man kann aber auch einen Schritt über die unmittelbaren Lebensumstände des Autors hinauswagen und den »ritzenden Feuerstein« als Indiz für Celans Reflexion über das eigene Schreiben oder gar über den Prozess der Schrifterfindung interpretieren, da man doch nicht weiß, »nach wessen | Zeichen« geritzt werden soll. Es existieren womöglich noch gar keine Zeichenvorlagen, die verwendet werden könnten, sie werden erst langsam geschaffen. Dies erscheint umso plausibler, insofern Celans Notizen auf Lektürespuren

8 Friedrich Behn, *Kultur der Urzeit*, Bd. 1, Berlin 1950, 58–59.

9 Kühn, *Die vorgeschichtliche Kunst Deutschlands*, 31.

10 Vgl. Celan, In der Luft, *Die Gedichte*, 170.

11 Celan, *Der Meridian*, 11.

12 Vgl. Barbara Wiedemann, »›Lesen Sie! Immerzu nur lesen.‹ Celan-Lektüre und Celans Lektüren«, in: *Poetica*, 36 (2004), 169–191, hier 176–177.

von Kühn verweisen, bei dem es in Bezug auf die Entwicklung der symbolischen Kunst im Mesolithikum heißt:

> Die Harpunen und Glätter sind häufig ornamentiert [...]. Es kommen Strichlinien vor, Winkellinien, Rhomben, Punktreihen. Auch sogar Tierdarstellungen erscheinen [...]. Wir haben aus dieser Zeit, der Ancylus-Zeit, und aus der folgenden, der Litorina-Zeit die ersten Amulette [...]. Sie tragen heilige Zeichen, nicht mehr die Bilder von Tieren. Anhänger begegnen schon am Ende der Eiszeit [...], jetzt aber tragen sie deutlich symbolische Zeichen [...]. Es sind Wasserzeichen, die, in Steine eingraviert, als Amulett getragen werden. Es sind auch Regenwolken, wie Kammzeichen aussehend. Man könnte denken, die Deutung wäre zweifelhaft: sie ist es nicht. Diese Zeichen sind bei allen Völkern der Erde gleich, sie sind die ersten, die einfachsten Symbole, es sind auch die notwendigsten Symbole. Sie sind erhalten mit ihrer Bedeutung in der ältesten chinesischen, ägyptischen und vorderasiatischen Schrift [...].[13]

Noch deutlicher wird dieser Zusammenhang, wenn man Celans Notiz in der ersten Niederschrift des Gedichts berücksichtigt, in der er – wieder in Anlehnung an seine Kühn-Lektüre – festhält, dass um das Jahr 3500 v. Ch. in Mesopotamien die Schrift geschaffen wurde.[14]

Dieser Blick in die Zukunft des »zu Ritzenden« wird in dem Gedicht allerdings abrupt gestört, da es gar keine Zukunft, »kein Später«, gibt. Das Bild der »wühlenden Lemminge« geht diesem Bruch voraus. Wenn man bedenkt, dass diesen Tieren mindestens seit dem 17. Jahrhundert nachgesagt wird, sie würden unter gewissen Umständen Massenselbstmord begehen, indem sie sich »freywillig in das Wasser [...] stürzen«,[15] erhält der Vers verhängnisvolle Züge.

Die Zäsur des mittleren Verses »Kein Später.« bringt eine Inversion ins Negative mit sich. Das Negativpronomen »keine« dominiert die gesamte vorletzte Strophe des Gedichts. »Keine | Schalenurne«, keine Spur einer Bestattung ist zu finden. Auch keine anderen Artefakte, die das Leben der längst Toten bezeugen würden. In den Muschelhaufen ist nur noch lose Asche und weiter nichts. Vor allem aber »keine [...] Fibel«, kein Lehrwerk der Schreib- und Lesekunst. Die Apokalypse mündet in das Unvermögen, zu schreiben. Weder

13 Kühn, *Die vorgeschichtliche Kunst Deutschlands*, 31 und 33.

14 Vgl. Celan, *Lichtzwang*, 10. Vgl. Kühn, *Die vorgeschichtliche Kunst Deutschlands*, 37.

15 Johannes Scheffer, *Lappland/Das ist: Neue und wahrhafftige Beschreibung von Lappland und dessen Einwohnern*, Königsberg/Frankfurt a. M./Leipzig 1675, zit. nach: Niels Werber, »Störfall oder Weisheit der Natur? Der Massenselbstmord der Lemminge und die Demografie«, in: *Zeitschrift für Kulturwissenschaften*, 2 (2011), 93–99, hier 93.

der Feuerstein als Schreibgerät noch ein erlernbares System von nutzbaren Schriftzeichen sind in Sicht. Es kann nur noch aus dem Negativen, aus diesem Nicht-vorhanden-Sein der Spuren heraus gedichtet werden.

In der letzten Strophe des Gedichts wird dieser negative Bruch durch die Adverbien »[u]ngestillt, | unverknüpft, kunstlos« noch vertieft. Dabei ist nicht nur die strukturelle Aufrechterhaltung der Negation als solcher von Bedeutung, sondern auch die Semantik des Verneinten. Der Mangel an Befriedigung, das Nicht-finden-Können eines Zusammenhangs, des »ritzenden Feuersteins«, der das zerschnittene Band »zu dir hin«, leuchtendes Jerusalem, »in der Gehugnis« neu knüpfen könnte,[16] geht mit der Erschlaffung des performativen Potenzials der Kunst einher. Der Kunst wohl – nicht aber der Dichtung. Diese steigt »langsam | schabend« hinter dem Ich her, und zwar als das Hölderlin'sche »Allverwandelnde«.

Barbara Wiedemann schreibt zu dieser Textstelle:

> Mit den Worten »ein furchtbar allverwandelnd Wesen ist in ihm« beendet Panthea in Hölderlins *Der Tod des Empedokles* die erste Beschreibung des von ihr verehrten Empedokles für ihre Freundin Rhea und damit auch für den potentiellen Zuschauer. In den ersten Szenen des Dramas entsteht aus verschiedenen Blickwinkeln das Bild dieses Philosophen und visionären Dichters, Arztes und Politikers: Als »traurigforschend, | Wie wenn es viel verloren« erscheint er Panthea, aber gleichzeitig auch als einer, aus dessen »Nacht des schöpfrischen | Entzückens, wie ein Funke, der Gedanke« springe; ehemals von Göttern sehr beliebt weiß ihn der Priester Hermokrates und deutet das, was Panthea »Nacht« genannt hatte, als Folge des göttlichen Liebesverlustes: »Da sitzt | Er seelenlos im Dunkel. Denn es haben | Die Götter seine Kraft von ihm genommen«. In Celans Schlußstrophe wird das Pathos derartiger Verse, die Ahnung von Empedokles' Größe, zu einer jämmerlichen Reduktionsform: »langsam | schabend« […] [,] folgt dem sprechenden Ich mit dem »Allverwandelnden« die durch dessen Ausgangskontext evozierte Figur des legendären Selbstmörders, in der sich der lesende Celan mit seiner besonderen persönlichen Situation wiedergefunden hatte.[17]

Auch hier muss, bei aller notwendigen Berücksichtigung biografischer Motive, die Auslegung von Celans Gedicht über sie hinausgehen. Das »langsam | schabend« hinter dem Ich her steigende »Allverwandelnde« ist nämlich nicht

16 Vgl. Celan, Du sei wie du, *Die Gedichte*, 308–309.

17 Wiedemann, »›Lesen Sie! Immerzu nur lesen.‹«, 176.

eine nur suizidal anmutende intertextuelle Anknüpfung an Hölderlins Dramenfragment, sondern auch eine bedeutende Zäsur, eine Wende. Celans Gedicht wendet sich, das Ich stürzt sich nicht in die Hölle des Kraters. Statt in das Unten der Annihilation hinunterzusteigen, steigt es nach Oben. Die Dichtung, repräsentiert von Hölderlin, folgt dem Ich und verfolgt es, alles durch- und verwandelnd. Sie steigt langsam, man hört sie schaben, ritzen. Man hört sie schaben, schabend schreiben.

2.

Das »Allverwandelnde« ist mehr als das. In dem Wort verbirgt sich Celans Verweis auf sein eigenes Sprachuniversum. Das Wort sollte ursprünglich im Gedicht DENK DIR seinen Platz finden, einem Bekenntnistext Celans aus der Zeit des Sechstagekriegs, der auch in Israel große Bekanntheit erlangte.[18] Das »Allverwandelnde«, das dort dem »Unbestattbaren« wich,[19] eröffnet auch in dem hier besprochenen Triptychon den Raum für die – aus der Perspektive der Entstehungszeit der Gedichte – hochaktuellen Bilder jener sechs Tage zwischen dem 5. und dem 10. Juni 1967:

MIT DER ASCHENKELLE GESCHÖPFT
aus dem Seinstrog,
seifig, im
zweiten
Ansatz, auf-
einanderhin,

unbegreiflich geatzt jetzt,
weit
außerhalb unser und schon – weshalb? –

auseinandergehoben,

dann (im dritten
Ansatz?) hinters
Horn geblasen, vor das

18 Vgl. Celan, *Die Gedichte*, 967.

19 Vgl. ebd., 968 (hier vor allem die Verweise auf die Diskussion um diese Begriffe im Briefwechsel mit Franz Wurm).

stehende
Tränentrumm,
einmal, zweimal, dreimal,

aus unpaariger,
knospend-gespaltener,
fahniger
Lunge.[20]

Auch dieses Gedicht beginnt mit Zeugnissen von Celans Lektüren zur nordeuropäischen Geschichte des spät- und postglazialen Zeitalters.[21] Kelle und Trog – die Verwendung dieser Wörter mag, als Verweis auf archäologische Artefakte aus jener Zeit, mit diesen Lektüren erklärt werden. Aber diese Erklärung bringt die Lektüre des Gedichts nicht sichtlich voran. Dank Barbara Wiedemann weiß man darüber hinaus, dass es sich bei dem Gedicht um eine Collage aus Kühn-Entlehnungen und zwei Zeitungsartikeln zum Sechstagekrieg aus *Der Spiegel* und *Die Zeit* handelt.[22] Auch dieses Wissen verspricht allerdings nicht viel. Man bleibt nach wie vor ratlos gegenüber der Frage nach dem Was: Was wird (oder wurde) mit der Aschenkelle aus dem Seinstrog geschöpft? Geschweige denn – von wem? Worauf oder auf wen beziehen sich all die *participia perfecti passivi*, die fast die gesamte verbale Struktur des Gedichts ohne jegliche finite Verbform organisieren? Fast, das bedeutet: bis auf zwei Ausnahmen, wo sich diese Struktur – bei der Nennung der Jerusalemer Klagemauer und der (halb-)knospenden Lunge – im Präsentisch-Aktiven des nominalen Bereichs aktualisiert. Wie kann aber ein Satz seine – wie auch immer – referenzgebundene Bedeutung beanspruchen, wenn er weder Subjekt – kein Agens und kein Patiens – noch ein syntaktisch überzeugendes Prädikat vorzeigen kann? Das Gedicht sorgt für Verwirrung. Dem nicht genannten Was fehlt in dem aktiven »auf- | einanderhin« ein reziprok-horizontales Gegenüber, und doch gehen sie – ohne dass man einen Grund dafür wüsste – im Disparat-Vertikalen auseinander: Es vollzieht sich im senkrechten Bild des Gedichts, dessen numerische Mitte – die geometrische Mitte des gesamten Triptychons – die Leerzeile nach dem ostentativ separierten Vers »auseinandergehoben« ausmacht. Es ist die Stelle des Sichtbar-Werdens eines Bruchs, einer Umkehr aus dem Weg in die Vergangenheit des »mit der Aschenkelle aus dem Seinstrog Geschöpften« (was auch immer es sein möge) in die unmittel-

20 Celan, *Die Gedichte*, 280–281.

21 Vgl. ebd., 983–984.

22 Vgl. ebd.

bare Gegenwart der Eroberung der Jerusalemer Altstadt samt der Klagemauer durch die israelischen Truppen am 7. Juni 1967 sowie der Heilung der autoreferenziellen »knospenden« Fahnen-Lunge/Zunge.

»Die Zeiten sind hart. Möge Israel dauern und leben!« – schreibt Celan zu jener Zeit an seine Frau.[23] Seine positiv affektive Position gegenüber den damaligen Ereignissen im Nahen Osten repräsentiert im besprochenen Gedicht die Herbeirufung des an der Jerusalemer Klagemauer erklingenden Schofars, von dem *Der Spiegel* am 7. Juli 1967 Folgendes berichtete:

> In Jerusalem stieß Israels oberster Militär-Rabbiner, Fallschirmjäger-General Schlomo Goren, in das Schofar-Widderhorn – ein Blasinstrument, das angeblich schon bei der Eroberung Jerichos geblasen wurde. Es verkündete der Welt, daß Davids Stadt wieder voll im Besitz der Juden sei.[24]

In diesem zeitgeschichtlichen Zusammenhang würde auch das Bild der »fahnige[n] | Lunge« hineinpassen. Der bereits zitierte *Spiegel*-Artikel führt nämlich auch die folgende Äußerung des israelischen Kommandanten an: »Moischele [...], mein Adjutant seit vielen Jahren, rannte sofort mit ein paar anderen zur Mauer, kletterte hoch und hißte dort oben die Fahne [...] Jetzt ist die ganze Altstadt in unserer Hand.«[25]

Celans »fahnige Lunge« ist aber nicht nur »knospend«, sondern bleibt auch »unpaarig« und »gespalten«. Es fehlt ihr ein atmend-sprechendes Gegenüber und eine dialogische Zugehörigkeit zu einem solchen Gegenüber. Das »Unbestattbare« kommt zu Tage – das »mit der Aschenkelle [G]eschöpft[e]« –, mit dem man nicht fertig wird, auch wenn an der Klagemauer in den Schofar geblasen wird. Die *unbestattbaren* Aschen, die ihr einziges Grab in den Rauch-Wolken von Auschwitz und Treblinka gefunden haben, bleiben zwangsläufig *unbestattet*. Man weiß bis zuletzt nicht »weshalb?«, aber das »[A]uf- | einanderhin«-Strebende« bleibt »auseinandergehoben« – jetzt zwar »unbegreiflich geatzt«, aber »weit | außerhalb unser«. Wo denn aber sonst?

Wollte man – bei der Beibehaltung der These, die drei zur Debatte stehenden Gedichte aus *Lichtzwang* seien ein zusammenhängendes Ganzes – nach der syntaktischen Praxis verfahren, dass in einem Satzgefüge das Nominal-Unbestimmte sich immer auf das zuletzt genannte Nominal-Bestimmte bezieht, müsste man die Lektüre des gesamten mittleren Gedichts, mit all

23 Paul Celan, Gisèle Celan-Lestrange, *Briefwechsel*, übers. von Eugen Helmlé und Barbara Wiedemann, hrsg. von Bertrand Badiou, Frankfurt a. M. 2001, 508.

24 Celan, *Die Gedichte*, 984.

25 Ebd.

seiner sprachstrukturellen Unklarheit auf das »Allverwandelnde« von Muschelhaufen beziehen. Das mittlere Gedicht des Triptychons würde demnach nicht nur einen zeitgeschichtlich begründeten Bezug auf die damals aktuellen Ereignisse in Israel/Palästina liefern, sondern auch ein Unbehagen zum Ausdruck bringen, ob die »allverwandelnde« Dichtung tatsächlich im Stande ist, Zeugnis vom »Unbestattbaren« abzulegen. Was »mit der Aschenkelle geschöpft« wird, ist doch nicht nur ein Ergebnis von Schöpfen im Sinne eines »mit einem Gefäß, mit der hohlen Hand o. Ä. entnehmen, heraus-, nach oben holen«, sondern auch von Schöpfen als »entstehen lassen, hervorbringen, ins Leben rufen, schaffen«. Womöglich schwingt im Hintergrund auch die Bedeutung von »Papierbrei mit einem Sieb aus der Bütte herausnehmen« mit,[26] also ein zu beschriftendes Papierblatt schöpfen, die materielle Grundlage eines Gedichts. In dieser Hinsicht hätte wohl Jacques Derrida recht, wenn er hinsichtlich des ontologischen Status der Asche in Celans Gedichten sagt: »Es gibt, vielleicht, Asche, aber Asche ist nicht.«[27] Mag also aus einem Nicht-Seienden etwas hervortreten, was sein könnte? Vermag solches die allverwandelnde Kunst? Ein solches Schöpfen aus dem Nichts? Und wenn, dann welche – etwa die operative Kriegskunst? Oder die »grübelnde Felskunst« des folgenden Gedichts vielleicht?

3.

Mit Mikrolithen gespickte
schenkend-verschenkte
Hände.

Das Gespräch, das sich spinnt
von Spitze zu Spitze,
angesengt von
sprühender Brandluft.

26 Dieses und beide vorhergehende Zitate zur Semantik des Verbs »schöpfen« sind dem Duden entnommen: https://www.duden.de/rechtschreibung/schoepfen_entnehmen_einziehen_gewinnen sowie https://www.duden.de/rechtschreibung/schoepfen_entwickeln_gestalten_schaffen (letzter Zugang am 31. 1. 2021).

27 Jacques Derrida, »Schibboleth für Paul Celan«, in: Paul Celan, hrsg. von Werner Hamacher und Winfried Menninghaus, Frankfurt a. M. 1988, 77.

Ein Zeichen
kämmt es zusammen
zur Antwort auf eine
grübelnde Felskunst.[28]

Das letzte Gedicht des Triptychons versetzt uns wieder ins Archaische der Steinzeit zurück, in die paläolithischen Höhlen, in denen der Mensch die ersten Spuren seiner künstlerischen Expression hinterlassen hat. Es besteht aus drei bildhaften Strophen und spiegelt somit die triadische Struktur des gesamten Triptychons wider.

Das erste Bild stellt »mit Mikrolithen gespickte | […] Hände« dar, die etwas geben, gleichzeitig aber selbst eine Gabe sind. Zwischen diesen Händen besteht eine Reziprozität, die in der zweiten Strophe als ein Gespräch aufgefasst wird, obgleich nicht klar ist, ob sich an ihm jene Hände beteiligen oder nur die in ihnen steckenden scharfen Steingegenstände. Auf der affektiven Ebene aber vermitteln diese Bilder etwas sehr Menschliches. Es wird durch die Hände repräsentiert, die so häufig als authentische Handabdrücke der damals lebenden Menschen in der paläolithischen Kunst erscheinen – nicht als Zeugnisse ihrer mimetischen Vorstellungskraft, sondern als Negativ-Stempel ihrer unverkennbaren Singularität, umgekehrte Abbilder des fremdgewordenen Eigenen.[29]

Es gibt zudem – statt kalter Asche – ein immer noch brennendes Feuer, an dem die Menschen gerade noch gesessen und zueinander gesprochen haben. Dieses flüchtig-orale Gespräch, der »Seinstrog« jeder Dichtung, materialisiert sich in den Mikrolithen, von denen die Hände der Sprechenden verletzt, ja verwundet sind. Sie sind Jäger und gebrauchen Mikrolithen als Pfeilspitzen, aber sie können auch Künstler sein, die die winzigen Steinchen als Ritzwerkzeuge verwenden. Würde man Letzterem folgen, wären diese urzeitlichen Menschen die ersten *Schrift*steller, die mit einem Schaber (»[es] stieg das Allverwandelnde langsam | schabend | hinter mir her«) Zeugnisse ihres Le-

28 Celan, *Die Gedichte*, 281.

29 Der französische Psychoanalytiker André Green deutet die Handabdrücke in prähistorischen Höhlen als Verweise auf die negative Halluzination, die nach dem Verlust des Objektes (der Mutter), durch Auslöschung der Objekt-Koordinate, die Herausbildung einer symbolischen Repräsentationsordnung ermöglicht. Er schreibt dazu: »There is no more vivid example of this than the negative hands found on the walls of Neolithic caves. A hand which is drawn never gives the same sensation of its prehensile power and the elusive nature of its grip, of the lure of perceptions and of the mark which the latter leaves on our body at the point where it perceives. In this sense […] is to understand that ›the negative hallucination‹ (of the mother) […] has made the condition for representation possible […].« André Green, *The Work of the Negative*, London 1999, 211. Für den Hinweis bedanke ich mich bei Adam Lipszyc.

bens ins Grau der Felsen einritzten. Um diese Geste des Schabens/Schreibens scheint es wieder zu gehen. Um das Schreiben aus der Wunde/dem Trauma heraus, das Schreiben *mit* der Wunde in der Hand.

In der dritten Strophe erscheint ein Zeichen, das alle beim Feuer geführten Gespräche, all die erzählten Geschichten »zusammenkämmt«. Es ist die Antwort auf die »grübelnde Felskunst«, kein Bild mehr, sondern ein Zeichen, etwas viel Abstrakteres als die bloße Mimesis.

Seit Anfang des 21. Jahrhunderts sucht die kanadische Forscherin Genevieve von Petzinger in europäischen paläolithischen Höhlen nach grafischen Zeichen, die sich in ähnlicher Form an unterschiedlichen archäologischen Fundstellen wiederholen. Das Ergebnis ihrer Forschung sind 32 Zeichen.[30] Unter ihnen befindet sich neben Handsymbolen das Kammzeichen (eng. *pectiform*), ein archaisches Sinnbild des Regens.[31] Petzinger interpretiert die Zeichen nicht in Hinblick auf ihre mögliche Semiotik. Bereits in dem 1908 von Robert Ranulph Marett edierten Buch *Anthropology and the Classics* wurden sie aber von Arthur John Evans, dem Entdecker der minoischen Kultur auf Kreta, als Buchstaben einer Proto-Schrift gedeutet: »It is strange, indeed, that in the very infancy of its art mankind should have produced the elemental figures which the most perfected alphabetic systems simply repeated.«[32] Über die Höhlen-Piktogramme, darunter auch über die Kammzeichen, insbesondere aber über die Handdarstellungen schreibt er:

> It is certain that groups of singularly alphabetiform figures appear at times associated with the handiwork of the »Reindeer Period«. […] Another curious group shows example of the constantly recurring pectiform or comb-shaped figure. Others have been taken to represent the roof of some kind of hut. The only human sign is an open hand, which may be regarded as identical with the prototype of the Phoenician »kaph«, the »palm« sign – our k. In its pictographic form it is found among the Cretan hieroglyphs,

30 Vgl. Genevieve von Petzinger, *The First Signs: Unlocking the Mysteries of the World's Oldest Symbols*, New York 2017, 12.

31 Celan notierte neben der ersten handschriftlichen Fassung des Gedichts: »Regenwolken, wie Kammzeichen«. Celan, *Lichtzwang*, 14. Es ist eine Lektürespur von Kühn, der von »heiligen Zeichen« schreibt, die »nicht mehr Bilder von Tieren«, sondern »deutlich symbolische Zeichen« seien: »Es sind Wasserzeichen, die, in Steine eingraviert, als Amulett getragen werden. Es sind auch Regenwolken, wie Kammzeichen aussehend.« Kühn, *Die vorgeschichtliche Kunst Deutschlands*, 33. Vgl. Celan, *Die Gedichte*, 982.

32 Arthur John Evans, »The European Diffusion of Primitive Pictography and its Bearings on the Origin of Script«, in: Anthropology and the Classics, hrsg. von Robert Ranulph Marett, London 1908, 15.

> and a linearized version identical with »kaph« recurs among the Minoan linear characters.[33]

Dieser Spur folgend könnte man vermuten, dass dieses alles wie ein Kamm zusammenbringende Schrift-Zeichen ein mit wunden Händen geritzter Buchstabe K wäre. Über seine Bedeutung in Celans Dichtung schrieb neulich Adam Lipszyc, auf dessen Aufsatz von 2018 hiermit verwiesen sei. Lipszyc grübelt dort über das K als

> Gestalt dessen, was die Sprache des Menschen blockiert, gleichzeitig aber ihr eine geradezu unerreichbare Klarheit verleiht, eine Gestalt von etwas, was sowohl eine Bedingung sine qua non jedes anständigen Sprechens als auch sein letztes greifbares Ergebnis ist, von etwas, was die Zunge bricht, und auf der anderen Seite die gesamte Potenz der an sich in ihrer urmateriellen und unreinen Form in sich versammelt.[34]

Sieht er in dem Celan'schen K vor allem ein phonetisches Phänomen des Kehlkopfverschlusslautes, ein Sprechen mit dem Kieselstein im Hals, so erscheint seine symbolische Repräsentation in dem Mikrolithen-Gedicht als ein Ur-Buchstabe, ein optisch wahrnehmbares Zeichen der Präsenz des Anderen und dessen Zeit, die festgehaltene Spur einer Kommunikation mit den Toten.

33 Ebd., 15–16.

34 Vgl. Adam Lipszyc, »Die Wiederkehr des K«, in: *Diálogos. Das Wort im Gespräch*, hrsg. von Paweł Piszczatowski, Göttingen 2018, 183–205, hier 204.

Sandro Zanetti

Aus der Zukunft

Paul Celans Gedicht Wir lagen

Aus welcher Zeit heraus lässt sich sagen »Wir lagen«? Nur aus einer Zeit, die von der grammatikalisch indizierten Vergangenheit her in der Zukunft liegt, wobei zwischen den beiden Zeiten eine Beziehung persönlicher Kontinuität besteht: Das sprechende »Wir« – und somit auch und zunächst das (bzw. jedes) darin enthaltene Ich, das »Wir« sagt und damit mehr als nur sich meint – hat den Moment des Liegens offenbar hinter sich gelassen oder überdauert, ist jedenfalls vom damaligen Liegen aus gedacht in einer Zukunft angekommen, die im Medium der Sprache einen Rückbezug ermöglicht.

»Wir lagen« – die grammatikalisch erste Person im Plural, die notwendig *auch* die erste Person im Singular, und zwar als *sprechendes* Ich, *impliziert*, ruft mit dem Präteritum ein vergangenes Geschehen in Erinnerung. Aber das implizite, im Namen eines Wir nach wie vor sprechende Ich (oder eine Pluralität davon) eröffnet mit ›sich‹ als verbindendem Element mindestens zweier Zeiten zugleich einen transtemporalen, einen transaktuellen Dialog zwischen den Zeiten: von der Gegenwart zurück in die Vergangenheit – oder eben umgekehrt von der Vergangenheit in die Zukunft dieser Vergangenheit.

Lesen ›wir‹, liest ›man‹, liest ›Du‹ oder lese ›ich‹ im Folgenden Celans Gedicht Wir lagen, wird man davon ausgehen können, dass dieses Lesen von dem im Gedicht geschilderten Moment her gedacht in der Zukunft liegt. Vielleicht in derselben Zukunft, von der aus das implizite Ich bzw. das Wir des Gedichts nach wie vor spricht, indem es den Blick zurück in die Vergangenheit wendet und dabei auch von einem vergangenen (oder doch auch künftigen?) Du spricht:

> Wir lagen
> schon tief in der Macchia, als du
> endlich herankrochst.
> Doch konnten wir nicht
> hinüberdunkeln zu dir:
> es herrschte
> Lichtzwang.[1]

1 Paul Celan, Wir lagen, in: id., *Gesammelte Werke in sieben Bänden*, hg. von Beda Allemann und Stefan Reichert unter Mitwirkung von Rudolf Bücher, Frankfurt a. M. 1983, Bd. 2, 239.

Das letzte Wort des Gedichts, 1967 geschrieben, nennt gleichzeitig den Titel des Gedichtbandes, LICHTZWANG, in dem es 1970, drei Monate nach Celans Tod, erschien.[2] Auch hier hat man es mit einem merkwürdigen Vorausgriff in die Zukunft zu tun: Das letzte Wort des Gedichts, »Lichtzwang«, wird aus der Perspektive nicht nur der im Gedicht geschilderten und damit aufgerufenen Vergangenheit, sondern auch von seinem Moment der ersten Artikulation her zugleich den Rahmen oder den Fokus bezeichnet haben, in dem es schließlich – im Gedichtband LICHTZWANG – zu lesen gewesen sein wird. Herrscht demnach, ausgehend von diesem größeren Kontext, *immer noch* »Lichtzwang«? Und heißt »Lichtzwang«, dass es einen Zwang gab oder gibt (und vielleicht weiterhin geben wird), der darin bestand oder besteht (oder bestehen wird), dass alles ans Licht musste oder muss (oder wird müssen), nichts dunkel bleiben durfte oder darf (oder wird bleiben dürfen)?

Kaum etwas spricht jedenfalls aus der Perspektive des Gesamttitels des Gedichtbandes wie auch des darin aufgenommenen Gedichtes WIR LAGEN dafür, den genannten Lichtzwang positiv zu sehen[3] – oder davon auszugehen, es gebe ihn nicht mehr (oder werde ihn nicht mehr geben). Worin bestünde dann aber der – utopische? – Gegenentwurf zum Lichtzwang? Das Gedicht legt zumindest nahe, dass es gegenüber der Sphäre des Lichts, die im Gedicht zwanghaft konnotiert ist, einen Bereich der Dunkelheit gibt, der Hoffnung verspricht, und zwar insofern, als er mit Begegnung assoziiert ist: Der in den letzten beiden Zeilen als herrschend ausgewiesene »Lichtzwang« erscheint im Gedicht – im Zwang dieses Lichts, wenn man so will – als die negativ konno-

2 Ein Jahr davor, 1969, erscheint das Gedicht bereits im bibliophilen Band SCHWARZMAUT, der auch Radierungen von Gisèle Celan-Lestrange enthält.

3 Dass auch das konkrete Lesen des Gedichtes im Prinzip ›zwingend‹ auf Licht angewiesen und in gewissem Sinne auch auf ein bestimmtes, genaues Lesen ausgerichtet ist, wäre ein Argument dafür, im »Lichtzwang« des Gedichtes *auch* eine affirmative Komponente zu sehen. Diese hebt die negativen Konnotationen des vom Gedicht her evozierten Zwangs allerdings nicht auf, sondern rückt diesen allenfalls in ein neues Licht: Um über den Lichtzwang *im* Gedicht etwas in Erfahrung bringen zu können, ist man – zwingend, sofern man mit den Augen liest – auf Licht angewiesen, ebenso wie auf eine basale Aufmerksamkeit auf das Gedicht in seiner (nicht nur) grafischen Gestalt. Was dann *innerhalb* dieser Anordnung stattfindet, der Vorgang des Lesens, geht allerdings genau so wenig in dem Zwang auf wie das Gedicht, das sich thematisch im Feld des genannten Zwangs aufhält, darin aber auch Bewegungen verzeichnet, die konträr dazu verlaufen. Eine weitere Auseinandersetzung mit diesem Komplex findet sich in meinem Videobeitrag »Paul Celan: Wir lagen | We were lying | Nous gisions | Già stavamo distesi« anlässlich des 100. Geburtstages von Paul Celan: *Celebrating Celan at 100*, Erstausstrahlung (online) am 23. November 2020 im NYU Center for the Humanities / Deutsches Haus at NYU. Aufzeichnung: www.youtube.com/watch?v=y3Qu28BQ8do&feature=share&fbclid=IwAR1sn_li_JoO2a4d9qnHWMkD9OafYtD4nK-5SOxbIUghELbZGE_rGz6PoP_s (1h 20min 38s-1h 22min 11s).

tierte Ursache dafür, warum seitens des sprechenden ›Wir‹ ein ›Hinüberdunkeln‹ zum angesprochenen ›Du‹ nicht möglich war: »Doch konnten wir nicht | hinüberdunkeln zu dir: | es herrschte | Lichtzwang.«

Das ungewöhnliche Verb ›hinüberdunkeln‹ kommt bereits in einem viel früheren, um 1939 in der Bukowina entstandenen Gedicht vor.[4] Dort ist ebenfalls entscheidend, dass das Hinüberdunkeln (in dem Fall eines quälenden Tages in die Nacht) *nicht* stattfindet. Nur erscheint dieser Vorgang oder dieses Geschehen im späteren Gedicht WIR LAGEN als eine (verhinderte) Handlungsoption oder Kommunikationsform, die von einem sprechenden Wir ausgeht – und zwar in Richtung eines Gegenübers, das nicht oder noch nicht zu jenem Wir gehört, das spricht (oder in dessen Namen ein implizites Ich spricht).

Wir und Du – beide kommen im Gedicht zweimal vor (»WIR«, »wir« / »du«, »dir«). Sie befinden sich schon von ihren pronominalen Implikationen her in einer dialogischen Beziehung zueinander, auch wenn diese Beziehung im Gedicht gerade unter dem Vorzeichen einer Negation, einer Verhinderung steht: Das Hinüberdunkeln der aufgerufenen Wir-Gemeinschaft zum Du war dem Gedicht zufolge *nicht* möglich. Und doch gibt es *im* Gedicht offenbar ein Wissen darum, dass es überhaupt ein Du gab (gegeben haben wird) – und somit gibt es auch eine Art von Beziehung, die durch das Gedicht selbst, sprachlich, gestiftet wird. Diese Beziehung (sprachlich) oder Nicht-Beziehung (realiter bzw. behauptet) ist durch die Pronomen, wenn man so sagen kann, eingefädelt.

Die Pronomen, die vom Wort her (Pro-Nomen) eine Stellvertreterfunktion anzeigen, erweisen sich im Falle von Du/Ihr und Ich/Wir zugleich als Adressen, deren Bedeutung sich nicht unabhängig von der sprachlichen Äußerung, in der sie vorkommen, bestimmen lässt. Roman Jakobson nannte diese Kategorie von Wörtern im Anschluss an Otto Jespersen »shifter«,[5] rekurrierte ansonsten aber auf die Sprachtheorie von Émile Benveniste, der bis zum Ende der 1960er-Jahre die avancierteste Theorie pronominaler Beziehungen entwickelt hatte. Benveniste legte in seinen Forschungen Wert dar-

4 Vgl. Paul Celan, HEIMKEHR, in: id., *Das Frühwerk*, hg. von Barbara Wiedemann, Frankfurt a. M. 1989. Vgl. hierzu sowie auch weiter zum Gedicht WIR LAGEN: Thomas Strässle, »Sprachschatten. Poetologische Schattenrisse in der Lyrik Paul Celans«, in: *figurationen* 2 (2004), 31–43. Strässle folgert weiter in Richtung auf Celans Dichtung insgesamt: »Celans dialogische Lyrik kann als ein solches ›Hinüberdunkeln‹ gelesen werden, das dem Lichtzwang zu entkommen sucht.« Ebd., 32.

5 Jakobson definiert kurz und knapp: »the general meaning of a shifter cannot be defined without a reference to the message.« Roman Jakobson, »Shifters, Verbal Categories and the Russian Verb«, in: id., *Selected Writings*, Bd. 2, The Hague 1971, 130–147, hier 131.

auf, dass sich die pronominal indizierte Ich-Du-Beziehung grundlegend vom Bereich der ›Nicht-Person‹ (»non-personne«)[6] unterscheide. Letzteren sah Benveniste grammatikalisch durch die dritte Person und die entsprechenden Pronomen (›er‹, ›sie‹, ›es‹, ›man‹ im Singular, ›sie‹ im Plural) repräsentiert.

Celan kannte Benvenistes Sprachtheorie vergleichsweise gut. In einem Brief vom 12. Juni 1967 – genau zwölf Tage vor dem ersten Entwurf von WIR LAGEN[7] – versuchte Celan sogar den Suhrkamp-Verleger Siegfried Unseld davon zu überzeugen, Benvenistes *Problèmes de linguistique générale* in der Theorie-Reihe des Suhrkamp-Verlages in einer deutschen Übersetzung zugänglich zu machen:

> Heute möchte ich Sie noch, für Ihre Reihe Theorie, auf eine besonders wichtige Neuerscheinung aufmerksam machen: Emile Benveniste, *Problèmes de linguistique générale*, Editions Gallimard, Bibliothèque des Sciences humaines. Emile Benveniste, Professor am Collège de France und an der Ecole des Hautes Etudes, ist einer der hervorragendsten Sprachforscher unserer – und wohl nicht nur unserer – Zeit.[8]

Obschon mit diesem Hinweis noch nichts über etwaige konzeptuelle Korrespondenzen zwischen Celans Entwurf von Dichtung und Benvenistes Sprachtheorie ausgesagt ist, fällt doch auf, dass Celan in seiner Dichtung selbst an verschiedenen Orten eine Auseinandersetzung mit der Frage nach der ›Personalität‹/›Nicht-Personalität‹ von Sprache und von Dichtung im Besonderen betreibt: eine Auseinandersetzung, die sich zumindest auf ähnlichen Bahnen bewegt wie diejenige Benvenistes.[9]

6 Émile Benveniste: »Structure des relations de personne dans le verbe« (1946), in: id., *Problèmes de linguistique générale 1 (1966)*, Paris 1990, 225–236, hier 232.

7 Vgl. Paul Celan, *Lichtzwang. Vorstufen, Textgenese, Endfassung*, Frankfurt a. M. 2001 (Tübinger Ausgabe), 18 (das vermerkte Datum ist der »24. 6. 1967«).

8 Zitiert nach: Florian Welling, *»Vom Anblick der Amseln«. Paul Celans Kafka-Rezeption*, Göttingen 2019, 138. Celans eigenes Exemplar von Benvenistes *Problèmes* trägt dasselbe Datum wie der Brief an Unseld. Allerdings weisen die Lektüren Celans von einzelnen Benveniste-Aufsätzen, die 1966 in den *Problèmes* gesammelt erscheinen, zeitlich weiter zurück. Vgl. die Liste mit Benveniste-Publikationen in Celans Bibliothek: Paul Celan, *La Bibliothèque philosophique / Die philosophische Bibliothek*, catalogue raisonné des annotations établi par Alexandra Richter, Patrik Alac et Bertrand Badiou, préface de Jean-Pierre Lefebvre, publié par l'Unité de recherche Paul Celan de l'École normale supérieure, Paris 2004, 463.

9 Eine weitergehende Erörterung der Korrespondenzen, aber auch der Unterschiede zwischen Celans Konzeption von Dichtung und Benvenistes Sprachtheorie findet sich in: Sandro Zanetti, *Celans Lanzen. Entwürfe, Spitzen, Wortkörper*, Zürich 2020, 177–201.

Im Gedicht WIR LAGEN ist die Distribution der Pronomen besonders auffällig, weil die Wir-Du-Beziehung, die im Gedicht gleichermaßen als verhinderte wie als erhoffte im Spiel ist, auch pronominal vom ›nicht-persönlichen‹ Bereich der dritten Person heimgesucht wird, die durch den »Lichtzwang« und das einzige sonstige Pronomen jenseits von Wir und Du im Gedicht – »es« – charakterisiert ist: »es herrschte | Lichtzwang.« Zwar liegt auf diesem unpersönlichen Pronomen »es« keine Betonung, zudem wird man sich an Nietzsches Diktum erinnern können, dass ein grammatikalisches (formales) Subjekt nicht mit einer realen Täterschaft zu verwechseln sei (was für »es« und »Lichtzwang« gleichermaßen gilt).[10] Aber in WIR LAGEN geht es doch gerade in diesem unpersönlichen Bereich um eine Dimension von Macht und Herrschaft, die nicht aufgrund ihrer Unpersönlichkeit schon verkehrt konzipiert oder gar irrelevant wäre, im Gegenteil.

Schon im »Gespräch im Gebirg« (1959) skizziert Celan eine Sprachwelt von »lauter Er, lauter Es, verstehst Du, lauter Sie, und nichts als das«,[11] wobei die Sympathien klar verteilt sind (und mit dem eingeschobenen »verstehst Du« zugleich eine Unterbrechung dieser unpersönlichen Sprachwelt stattfindet). Kurz darauf, in der Büchner-Preis-Rede, im »Meridian« (1960), ist es erneut die Opposition einer Ich-Du-Dialogizität gegenüber einer Er-Sie-Es-und-Man-Sphäre der Sprache,[12] die Celan umtreibt und die zugleich den mit wenig Aussicht auf Erfolg versehenen Versuch bestimmt, zwischen »Dichtung« und »Kunst« eine Unterscheidung zu treffen. Dieser Versuch hört mit dem »Meridian« nicht auf, sondern findet seine Fortsetzung in den Gedichten selbst.[13]

10 Friedrich Nietzsche erkannte in dieser Verwechslung eine »Verführung von Seiten der Grammatik her« (Friedrich Nietzsche, *Jenseits von Gut und Böse*, in: id., *Sämtliche Werke. Kritische Studienausgabe in 15 Bänden*, hg. von Colli und Mazzino Montinari, München, Berlin, New York 1980, 9–243, hier 11 f.).

11 GW 3, 171. Vgl. dazu: Stéphane Mosès: »Wege, auf denen die Sprache stimmhaft wird«, in: Amy D. Colin (Hg.), *Argumentum e Silentio*. International Paul Celan Symposion / Internationales Paul Celan-Symposion, Berlin, New York 1987, 43–57. Stéphane Mosès hat in seiner Auseinandersetzung mit Celans »Gespräch im Gebirg« als erster auf die verblüffenden Parallelen zwischen Celans Konzeption von Dichtung und Benvenistes Sprachtheorie hingewiesen.

12 Vgl. GW 3, 191 f. Es zeichnet sich hier außerdem eine Nähe ab zur Wendung vom »il y a« (»es gibt«), die Maurice Blanchot und Emmanuel Levinas ausgehend von Martin Heideggers Fundamentalontologie zum Einsatzpunkt ihrer Erörterungen zur Kunst und zur Sprache genommen haben. Vgl. dazu: Andreas Gelhard, *Das Denken des Unmöglichen. Sprache, Tod und Inspiration in den Schriften Maurice Blanchots*, München 2005, 104–108.

13 Gleich das erste Gedicht im *Lichtzwang*-Band (HÖRRESTE, SEHRESTE) kann wiederum als Beleg dafür gelesen werden, dass Celans Auseinandersetzung mit den Pronomen und ihren Implikationen seit dem »Gespräch im Gebirg« und dem »Meridian« nicht mehr aufgehört hat: »sie schulen dich um | du wirst wieder | er« (GW 2, 233). Dieses erste *Lichtzwang*-Gedicht

WIR LAGEN nimmt sich gegenüber diesen früheren Versuchen eines dialogischen Aufbegehrens gegenüber den sprachlichen Festlegungen – ohne die allerdings auch kein Dialog und keine Dichtung möglich wäre – zurückgenommener, distanzierter, resignativer aus. Die aufgerufene vergangene, von Hoffnung wie von Resignation geprägte Konstellation von Wir und Du im Kontext einer zwanghaft aufgehellten Umgebung erweist sich in WIR LAGEN allerdings gerade dadurch, *dass* und *wie* sie (aus ihrer Zukunft) als aufrufbare Konstellation adressiert ist, zugleich als unerledigt, mit einer bestimmten Dauer versehen, zukunftsoffen. Das »Hier und Jetzt des Gedichts«, »diese eine, einmalige, punktuelle Gegenwart« des Gedichts, wie Celan im »Meridian« schreibt, ist in WIR LAGEN mehr als ein Punkt, eher ein Zeitraum, ein »Zeithof«,[14] der in jener eingangs erläuterten Spannung zwischen einer aufgerufenen spezifischen Vergangenheit und ihrer (sie artikulierenden) Zukunft steht.

Mehr im Sinne einer Spekulation als im Sinne einer explizierenden Interpretation könnte man fragen, ob für die spezifische Zeitlichkeit von WIR LAGEN auch zutrifft, dass das Gedicht – wie Celan im »Meridian« die eben zitierte Reflexion zur Gegenwart weiterführt – »noch in dieser Unmittelbarkeit und Nähe […] das ihm, dem Anderen, Eigenste mitsprechen [lässt]: dessen Zeit.«[15] Das Du im Gedicht WIR LAGEN ist zwar das (damals) verpasste, das am Ende zwar noch herangekommene, aber gleichwohl nicht erreichte Du. Es ist das Du einer, auch hier, versäumten Begegnung.[16] Aber dieses Du ist doch – und zwar *wegen* des Gedichts – ein im Medium der Sprache (des Gedichts) *nach wie vor nennbares Du*, ein in diesem Sinne immer noch angesprochenes und aufgerufenes, ein zwar vergangenes, aber *nicht gänzlich* vergangenes und insofern immer (auch) noch künftiges Du.

Das Gedicht WIR LAGEN betreibt selbst eine Form von Ansprache, die wiederum eine Nähe zum Vorgang aufweist, den Celan im »Meridian« unmittel-

wird man (auch) als Kritik an der Institution der Psychiatrie lesen können, mit der Celan auch zur Zeit der Arbeit am Gedicht WIR LAGEN konfrontiert war.

14 Der Begriff stammt von Husserl: aus den *Vorlesungen zur Phänomenologie des inneren Zeitbewußtseins*, die Martin Heidegger 1928 herausgegeben hat. In seinem Exemplar streicht Celan die Stelle mit dem »Zeithof« an und verwendet das Wort in der Folge gleich in mehreren Gedichten. Zudem taucht es, verwandelt, im Titel des posthum erschienenen Gedichtbandes *Zeitgehöft* wieder auf. Vgl. zu den weiteren Implikationen des Begriffs, der bei Husserl verbunden ist mit der zeitlichen Ausrichtung des Bewusstseins zwischen Retention und Protention: Sandro Zanetti, *»zeitoffen«. Zur Chronographie Paul Celans*, München 2006 (= Zur Genealogie des Schreibens, Bd. 6), 145 f.

15 GW 3, 199.

16 Eine »versäumte Begegnung im Engadin« (GW 3, 201) nennt Celan im »Meridian« die im Sommer 1959 *nicht* stattgefunden habende Begegnung mit Theodor W. Adorno in Sils Maria, die in der »Erinnerung« allerdings einen Text, das »Gespräch im Gebirg«, mit hervorgebracht hat.

bar vor den zitierten Sätzen zum »Hier und Jetzt des Gedichts« beschreibt und dort auf das »nennende Ich« zurückbezieht, das man auch im pluralen »Wir« des späteren Gedichts noch erkennen kann:

> Erst im Raum dieses Gesprächs konstituiert sich das Angesprochene, versammelt es sich um das es ansprechende und nennende Ich. Aber in diese Gegenwart bringt das Angesprochene und durch Nennung gleichsam zum Du Gewordene auch sein Anderssein mit.[17]

Das »Anderssein« des Du in WIR LAGEN ist schon in seiner Vergangenheit auf eine bestimmte Weise zeitlich bestimmt, und zwar in dem Sinne, dass es von ihm heißt, es sei »endlich« herangekommen, genau genommen ›herangekrochen‹. Dabei impliziert dieses »endlich« nicht nur eine noch in der Retrospektion zu vernehmende Erleichterung darüber, dass das Du überhaupt noch in die Nähe der Wir-Gemeinschaft rückte (endlich!), sondern auch eine Charakterisierung seines schlichten Daseins als endlich, vergänglich, sterblich. Außerdem mag in der Charakterisierung »endlich« noch ein etwaiger Verdruss darüber nachhallen, dass das Du nicht früher schon da war, wo »wir« bereits lagen: »schon tief in der Macchia«.

Der in den ersten drei Zeilen des Gedichts behauptete Umstand, dass »wir« »schon tief in der Macchia« (zu diesem Ort dann später mehr) »lagen«, »als du« »endlich herankrochst«, versetzt das Du in eine Position der Nachträglichkeit, wohl auch eines Zu-spät-Gewesen-Seins. Allerdings bringt die Vorzeitigkeit der Wir-Gemeinschaft keinen Vorteil mit sich, wie die mittlere Zeile »Doch konnten wir nicht« schon der Form nach deutlich macht. Die Begegnung, die mit dem ›Hinüberdunkeln‹ des Wir zum Du als Möglichkeit, als Versprechen vielleicht, als Wunsch vermutlich im Raum steht, erweist sich als ›bloße Möglichkeit‹,[18] die mit dem als herrschend apostrophierten »Lichtzwang« im Status des Nicht-Realisierbaren oder zumindest des Nicht-Realisierten verbleibt.

Dieses Verbleiben ist allerdings entscheidend. Denn »das Gedicht spricht ja!« – sagt Celan im »Meridian«, und das trifft auch auf das rund sieben Jahre später geschriebene Gedicht WIR LAGEN zu. Das Gedicht ist immer noch da, lesbar, es spricht in diesem Sinne. Doch wie spricht es? Das Gedicht spricht,

17 GW 3, 199.

18 Vgl. zur Wendung »bloße Möglichkeit«, in der die Distanz zur Aktualisierung entscheidend ist, den Kafka-Aufsatz von Walter Benjamin, »Franz Kafka. Zur zehnten Wiederkehr seines Todestages«, in: id., *Gesammelte Schriften*, unter Mitwirkung von Theodor W. Adorno und Gershom Scholem hg. von Rolf Tiedemann und Hermann Schweppenhäuser, Frankfurt a. M. 1974, Bd. II.2, 409–438, hier 429.

so Celan im »Meridian« weiter, »immer nur in seiner eigenen, allereigensten Sache«, wobei es »gerade auf diese Weise auch […] *in eines Anderen Sache* zu sprechen« vermag (was Celan zumindest zu den »Hoffnungen des Gedichts« zählt).[19] Was in WIR LAGEN die »Sache« (des Gedichts – vom Wir? vom Du?) ist, bleibt allerdings weitgehend offen.

Es ist nicht untypisch für die späten Gedichte Celans ab den mittleren 1960er-Jahren, dass die Ich-Du- bzw. Wir-Du-Relationen, die allerdings bis zu den allerletzten Gedichten wichtig bleiben, nicht nur als prekär ausgewiesen werden, sondern in einem Vokabular artikuliert sind, das zugleich körpernah und abstrakt anmutet. Dabei entsteht der Abstraktionseindruck oftmals schlicht dadurch, dass Verbindungen zwischen den sehr konkreten Elementen auf ungewohnten Bahnen erfolgen oder eben offen sind. Der Dialog, auf den hin Celans Gedichte bis zum Schluss ausgerichtet sind, findet dann, wenn überhaupt, in den Hohlräumen statt, die durch den Abstand zwischen den hinterlassenen Worten offengelassen sind. Zugleich operieren die Gedichte mit Signalen, die Hinweise geben auf die Frage, *wie* die besagten Relationen allenfalls zu denken oder, wer weiß, zu empfinden sind.

Das Wort »Lichtzwang« verkörpert in sich bereits eine Spannung zwischen einem Eindruck, den man sich sehr konkret, bis hin zu einer forcierten Blendung, vorstellen kann, und einer Form von Abstraktion, die darin besteht, dass im Gedicht nicht weiter geklärt wird, woher der Zwang rührt und wie er genau stattfindet oder zu denken ist. Nur die negativ konnotierten Folgen des Zwangs werden beschrieben (das Nicht-Herüberdunkeln-Können), so dass der »Lichtzwang« selbst als Ursache davon begreifbar wird. Die Verbindung von ›Licht‹ und ›Zwang‹ im Kompositum »Lichtzwang« wiederum ist in sich spannungsvoll, weil sie ein traditionell positiv konnotiertes Wort (›Licht‹) mit einem üblicherweise negativ konnotierten Wort (›Zwang‹) zusammenbringt, ja zusammenzwingt.

Neben der immerhin denkbaren Positivierung des Zwangs durch das Licht[20] dürfte im Gedicht die Negativierung des Lichts durch den Zwang stärker ins Gewicht fallen, zumal die weiteren Assoziationen (Herrschaft) und der als solcher markierte Gegenentwurf (Begegnung) die kritische (De-)Semantisierung des Lichts stützen. Mit der Dunkelheit als Gegenentwurf zum Licht fällt im Gedicht die Aufmerksamkeit auch auf eine grundsätzlichere Diskussion, die hier nur angedeutet werden kann: die philosophische und ästhetische Wertschätzung des Lichts und der Lichtmetaphorik (›erhellen‹, ›erleuchten‹, ›auf-

19 GW 3, 196.
20 Vgl. Anm. 3.

klären‹, ›einsehen‹ etc.), die im selben Zug zu einer Disqualifizierung der Dunkelheit bzw. des angeblich Hermetischen beigetragen hat.[21]

Spätestens seit den Aufzeichnungen Ende der 1950er-Jahre mit dem Arbeitstitel »Von der Dunkelheit des Dichterischen«, die in die Vorbereitungen der »Meridian«-Rede übergehen, ist Dunkelheit für Celan mit der Hoffnung auf eine Möglichkeit von Begegnung verbunden, auf die hin er sein Projekt, das er »Dichtung« nennt, orientiert. Diese Spur macht sich in WIR LAGEN nun wieder bemerkbar, im ungewöhnlichen Verb ›hinüberdunkeln‹, in dem die Ausrichtung auf eine Begegnung (mit dem Du) ebenso deutlich zu erkennen ist wie die nun »Lichtzwang« genannte Gefahr, dass diese Begegnung nicht stattfinden kann.

Liegen (Wir) und Herankriechen (Du) wiederum sind Indizien einer Ver(w)ortung der verhinderten Dialogpartner im Irdischen, Erdnahen, Horizontalen. Das Herankriechen mag auf eine Verletzung hindeuten, das Liegen aufs Ruhen an einem Ort, der bereits ein Grab ist oder einem solchen ähnelt. Celans probeweise Selbstübersetzung des Gedichts ins Französische für seine Frau stützt diese Beobachtung.[22] Je länger man die beiden Titelworte WIR LAGEN oder – wie es in den überlieferten Typoskripten sowie im Erstdruck noch in durchgängigen Majuskeln heißt – WIR LAGEN von ihrer Zukunft her liest, desto mehr mag sich das Bild einer Grabinschrift einstellen. Der Gedanke liegt in dem Fall nahe, die Wir-Gemeinschaft habe sich, obschon weitersprechend, im damaligen Liegen verloren. ›Weitersprechend‹ aber heißt zugleich, dass diese Stimme (oder diese Stimmen), unheimlich, immer noch spricht (oder sprechen), und zwar von den Buchstaben, der Schrift, der *im* (oder sogar *als*) Gedicht hinterlassenen Inschrift WIR LAGEN her.

Noch aus der Zukunft des Gesagten heraus wird das ehemalige Herankriechen des Du allerdings als verspätet markiert: »als du | endlich herankrochst«. Dabei scheint es nicht selbstverständlich (gewesen) zu sein, dass das Du überhaupt noch auftauchte. Lokalisiert man die Sprechinstanz der Wir-Stimme(n), wie gerade vorgeschlagen, zunächst einmal in der Schrift als Ort der Anspra-

21 Vgl. Jacques Derrida, »La mythologie blanche« (1971), in: id., *Marges de la philosophie*, Paris 1972, 247–324; Hans Blumenberg, »Licht als Metapher der Wahrheit. Im Vorfeld der philosophischen Begriffsbildung«, in: id., *Ästhetische und metaphorologische Schriften*, hg. von Anselm Haverkamp, Frankfurt a. M. 2001, 139–171.

22 Celan verwendet in der Selbstübersetzung das Verb ›gésir‹, das im Französischen für ›begraben liegen‹ verwendet wird. Vgl. Paul Celan und Gisèle Celan-Lestrange, *Correspondance (1951–1970)*, avec un choix de lettres de Paul Celan à son fils Éric, éditée et commentée par Bertrand Badiou avec le concours de Éric Celan, Paris 2001, Bd. 1, 619 (Brief 599): »Nous gésîmes [sic] déjà profondément dans le maquis, lorsque tu | t'approchas enfin en rampant. || Mais nous ne pûmes | ténébrer vers toi: | il régnait | contrainte de lumière.«

che, zeichnet sich mit Blick auf das genannte Du und die Frage nach der – unsicheren – Begegnung eine Parallele ab zu einer Bemerkung, die Celan zur Thematik der Schrift als »Sprache eines Abwesenden« ausgehend von Sigmund Freuds *Das Unbehagen in der Kultur* festhielt:

> Freud, Unbehagen S. 49: »Die Schrift ist ursprüngl. die Sprache des Abwesenden« […].
>
> Im Gedicht, und das Gedicht ist, als Schrift, »Sprache eines Abwesenden«, tritt ein Abwesender an dich, den noch Abwesenderen heran.
>
> Der Gedanke, die Begegnung der Abwesenden könnte ausbleiben, liegt nahe.[23]

Auffällig an dieser Bemerkung Celans ist der Gebrauch des Personalpronomens »dich«. Das damit indizierte Du ist (wohl nicht nur, aber auch) das Du der Lektüre.[24] Und gilt das womöglich auch für jenes Du, das im Gedicht WIR LAGEN herankroch? Die Möglichkeit besteht zumindest; mit dem merkwürdigen Effekt allerdings, den eine solche Du-Adressierung auf das Subjekt der Lektüre hätte: seinerseits oder ihrerseits als *vergangenes* und auch noch als (ehemals) *kriechendes* Du apostrophiert zu sein.

Hat man noch die Bemerkung zur Wendung »an dich, den noch Abwesenderen« im Ohr, könnte man das (ehemals) kriechende Du in WIR LAGEN als dann (endlich!) doch noch ›begegnendes‹ Du bestimmen. Allerdings ist das Du in eine ähnliche Zeitspanne versetzt wie das Wir. Das herangekrochene Du liegt grammatikalisch in der Vergangenheit. Aber das Du als adressiertes Du ist immer auch das jetzige oder das kommende Du, d.h. diejenige Figur, die sich in diesem (oder als dieses) Du erkennen kann.

So auch lesend. Als lesendem Gegenüber ist diesem Du zunächst eine Vergangenheit zugewiesen (»herankrochst«), die außerdem eine bestimmte Bewegung impliziert, das Herankriechen eben. Ein ungewöhnliches Verb. Es zeigt einerseits eine *Richtung* an (heran): zu jemandem oder einer Gruppe (Wir)

23 Paul Celan, *Der Meridian. Endfassung, Entwürfe, Materialien*, hg. von Bernhard Böschenstein und Heino Schmull unter Mitarbeit von Michael Schwarzkopf und Christiane Wittkop, Frankfurt a.M. 1999 (Tübinger Ausgabe), 136 [Nr. 458].

24 Das schließt nicht aus, dass das Du hier in Form einer dichterischen Selbstanrede im Spiel ist. Das noch ›abwesendere‹ Du kann ebenfalls den Schreibenden meinen – zumal jenen oder jene, der oder die das eigene Schreiben (wie Celan) als einen Vorgang des (Ver)Antwortens konzipiert. Entscheidend bleibt auch in diesem Fall, dass das Du als angesprochenes und als rezipierendes (und so gesehen auch als lesendes, lesend antwortendes) infrage kommt.

hin. Andererseits zeigt es eine langsame *Bewegung* in einer bestimmten, erdnahen *Lage* an (Kriechen). Das Herankriechen ist allerdings im Unterschied zum Liegen tatsächlich eine, wenn auch langsame, Bewegung. Es tut sich etwas. Oder es wird sich eben etwas schon getan haben – in dem Moment, in dem das Du in eine bestimmte Nähe zum Wir gelangt (war). So zumindest zeichnet sich dieser Zusammenhang in der Lektüre des Gedichtes ab, das von der Grammatik der drei Sätze und ihrer Abfolge her im Übrigen eine vergleichsweise klare und ungebrochene Struktur aufweist (Situationsbeschreibung in Vers 1 bis 3, Exposition der Problematik in Vers 4 und 5, Ursachendiagnostik in Vers 6 und 7).

Diese Struktur ›erhellt‹ allerdings nicht den fraglichen Status des Du. Als nach wie vor angesprochenes kommt das im Verlauf des Gedichts sich abzeichnende Gegenüber jedenfalls zugleich als ein Du infrage, das den Moment des Herankriechens bereits hinter sich hat. Ob das im Gedicht angesprochene Du wusste, dass es überhaupt, folgt man dem Gedicht, in der Nähe der Wir-Gruppe war? Immerhin: Als nach wie vor angesprochenes und – das ist die Frage – ansprech*bares* Du kann es die Fährte aufnehmen, die ihm vom Gedicht her gelegt ist.

Wo führt diese Fährte hin? Sie führt aus der Perspektive der Lektüre wohl überhaupt nur irgendwo hin, wenn die Ansprechbarkeit sich – lesend – in ein tatsächliches Angesprochensein bzw. ein Sichansprechenlassen verwandelt. Celans Gedichte *lesen* heißt in einem emphatischen Sinne vielleicht nichts anderes als eben dies. Also noch einmal: Wo führt dann die Fährte hin?

In die Macchia. Oder genauer: in die »Macchia«, denn wichtig ist hier zunächst das Wort. Es ist im Gedicht das einzige Fremdwort und zieht die Aufmerksamkeit somit schon aus diesem Grund auf sich. Vor allem aber ist es ein hochgradig aufgeladenes Wort, denn es bezeichnet nicht nur – im botanischen Sinn – die vor allem im mediterranen Raum oft anzutreffenden Gebüschformationen, sondern ist zum Inbegriff des Widerstands seitens der Partisanen im Zweiten Weltkrieg geworden: Die Partisanen, so das Bild, versteckten sich in der Macchia, im Untergrund, in schwer zugänglichen Gebieten, im Wald oder Gebüsch[25] eben. Die französische Übersetzung (»Maquis«) des italieni-

25 Eine weiter zu verfolgende Verbindung ergibt sich über das Gebüsch zum späteren Gedicht Du liegst (»umbuscht«), das Celan rund ein halbes Jahr nach dem Gedicht Wir lagen zu Papier bringt und das dann in dem ersten Nachlassband im engeren Sinne, *Schneepart*, erscheinen wird (GW 2, S. 334). Der Widerstand – in dem Fall von Rosa Luxemburg und Karl Liebknecht sowie durch die Hitler-Attentäter vom 20. Juli 1944 – ist in diesem Gedicht ebenfalls zentral. Vgl. hierzu ausführlich: Peter Szondi, »Eden« (1971), in: *Schriften II*, hg. von Jean Bollack u. a., Frankfurt a. M. 1978, 390–398. Du liegst kann als Fortsetzung eines Dialogs begriffen werden, der mit Wir lagen beginnt.

schen Begriffs (»Macchia«) wurde schließlich zum Synonym für die französische *Résistance*, als »Maquisards« werden die Widerstandskämpfer selbst bezeichnet.[26]

Celan war mit der Begrifflichkeit vertraut. Er übersetzte 1959 selbst die *Feuillets d'Hypnos* des französischen Schriftstellers und *Résistance*-Kämpfers René Char. Als deutschen Untertitel (zu *Hypnos* im Haupttitel) wählte Celan die Präzisierung *Aufzeichnungen aus dem Maquis (1943–44)*.[27] Mindestens eine weitere Verbindung zur »Macchia« ergibt sich, diesmal wörtlich, durch die Verwendung des – durchaus häufigen und einschlägig konnotierten – italienischen Begriffs in der 1961 erschienenen Studie *Der Partisan. Ein Beitrag zur politischen Anthropologie* von Rolf Schroers.[28]

Mit Schroers war Celan eine Zeitlang befreundet. Eine Zeitlang: Das heißt in diesem Fall, dass Celan sich mit Schroers, der im Zweiten Weltkrieg selbst SS-Brigadeführer war und also eine Nazi-Vergangenheit hatte, überworfen hatte und dass die Publikation des Partisanen-Buchs dafür mit ausschlaggebend war.[29] Schon dass Schroers im Untertitel des Buches von einer »politischen Anthropologie« spricht, mag als Hinweis darauf gewertet werden, dass

26 Zum historischen Hintergrund: Harry R. Kedward, *In Search of the Maquis. Rural Resistance in Southern France 1942–1944*, Oxford 1993. Dass Celans Gedicht mit der »Macchia« auf den Widerstandskampf im Zweiten Weltkrieg anspielt, ist der Forschung durchaus nicht entgangen. Vgl. zum Beispiel: Horst Bieneck, »Ein Stein blutet nicht«, in: Marcel Reich-Ranicki (Hg.), *Von Marie Luise Kaschnitz bis Paul Celan*, Frankfurt a. M., Leipzig 2002 (= 1400 Deutsche Gedichte und ihre Interpretationen, Bd. 9), 582–584. Bieneck, der Celan »Angst vor dem Eindeutigen« bescheinigt, zögert nicht, das Gedicht selbst mit ein paar markigen Worten zu erhellen, wobei der Versuch gleichwohl in offenen Fragen mündet: »Doch haben wir erst einmal die Basis des Gedichts gefunden, steht es ziemlich klar vor uns: der Machisard (Maquisard), vielleicht verwundet, den man in den Schutz des Dunkels hineinnehmen wollte, in das Dunkel des eigenen Körpers – aber es herrschte ›Lichtzwang‹, vielleicht der Tag, der Mond, die Scheinwerfer des Feinds? Oder ist es die Wahrheit des Gedichts, die es ans Licht ›zwingt‹?« – Ebd., 583.

27 Vgl. GW 4, 436–561.

28 Rolf Schroers, *Der Partisan. Ein Beitrag zur politischen Anthropologie*, Köln, Berlin 1961. Von der »Macchia« als unzugänglichem Gebiet, als Versteck und Unterschlupf ist hier mehrfach die Rede (vgl. ebd., 167, 170, 190). Celan besaß das Buch. Zum weiteren Hintergrund vgl. die folgende Anmerkung.

29 Die Bemerkungen, die Celan in seinem Exemplar an den Rand schreibt, sind praktisch durchgehend enerviert bis empört. Die Markierungen und Bemerkungen sind vollständig wiedergegeben in: Paul Celan, *Briefwechsel mit den rheinischen Freunden. Heinrich Böll, Paul Schallück, Rolf Schroers*, hg. von Barbara Wiedemann, Berlin 2011, 227–235. Zum weiteren Hintergrund: Helmut Böttiger, »Versöhnung, Freundschaft, Differenzen«, Beitrag auf Deutschlandradio Kultur vom 19. April 2012 (Text online zugänglich hier: www.deutschlandfunkkultur.de/versoehnung-freundschaft-differenzen.950.de.html?dram:article_id=141254), Otto Pöggeler, *Die Vielstimmigkeit der Philosophie*, München 2012, 125–131.

der Autor an historischen Differenzierungen nicht sonderlich interessiert war, so wenig wie Carl Schmitt, der 1963, zwei Jahre nach Schroers, seine *Theorie des Partisanen*[30] vorlegte – eine Theorie, in der die »Macchia« noch nicht einmal mehr als Wort vorkommt.[31]

Dagegen setzt Celan mit dem Wort »Macchia« in WIR LAGEN nicht nur ein Signalwort ein, ein Erkennungszeichen, ein Schibboleth,[32] das für alle, die das politische Bedeutungsspektrum dieses Wortes freizulegen verstehen, einen Hinweis auf eine in diesem Fall positiv konnotierte Zone des politischen Widerstands gibt. Das Gedicht selbst ist wie erläutert eine Ansprache, die dem genannten Du gegenüber zugleich einen Weg vorzeichnet, der ins Gebiet der »Macchia«, also des Widerstands, hineinführt – oder zumindest in die Nähe, und dies alles in Form einer vom Gedicht her nahegelegten Erinnerung, die in eine Vergangenheit führt, in ein Dickicht, das wohl überhaupt nur kriechend erreicht werden konnte, weil »Lichtzwang« herrschte.

Unabhängig davon, ob man das im Gedicht angesprochene Du auf das lesende Du oder ein anderes mögliches Du bezieht (wobei schon die lesende Bezugnahme auf ihre Weise eine Kontaktaufnahme impliziert), lässt sich nachvollziehen, *wie* das Gedicht die Du-Ansprache skizziert. Ausgangspunkt bleibt das mit dem ersten Wort des Gedichts gesetzte »Wir«, von dem einzig die Lage – »in der Macchia« – und die Zeit (Vergangenheit) grob festgelegt sind. Diesem Wir gegenüber wird das Du – mit einer gewissen Nachträglichkeit – ›herangekrochen‹ sein, aber so, dass die Begegnung, die mit dem Kompositum des ›Hinüberdunkelns‹ angedeutet ist, nicht oder nicht so, wie erwünscht, stattgefunden haben wird. Die Zeitform der vollendeten Zukunft (Futur II) passt hier, weil die Ansprache als solche nicht ihrerseits in der Vergangenheit liegt, sondern nach wie vor, durch das Gedicht, stattfindet und tendenziell weiterhin stattfinden wird.

In dieser dialogischen Konstellation, in die man lesend auf eine mehr oder weniger sich involvierende Weise eintreten kann, zeichnen sich die Umrisse

30 Carl Schmitt, *Theorie des Partisanen. Zwischenbemerkung zum Begriff des Politischen*, Berlin 1963.

31 Die wiederum von Rolf Schroers zu Carl Schmitt bestehende freundschaftliche Verbindung war für Celan mit ein Grund für das Zerwürfnis mit Schroers. In seinem Partisanen-Buch schreibt Schroers (S. 315): »Ob man ihn [Carl Schmitt] nun einen Verräter oder einen Verratenen nennt, bleibt eine Frage der Instanz, die wegen der Unsicherheit der Instanzen offenbar gefährlich ist.« Celan schreibt an den Rand »infame Ambivalenz!« – und erkennt damit richtig, dass Schroers blind ist gegenüber Schmitts politischen Verstrickungen (die zu einem guten Stück auch Schroers eigene waren). Vgl. Celan, *Briefwechsel mit den rheinischen Freunden*, 234.

32 Vgl. Jacques Derrida, *Schibboleth. Pour Paul Celan*, Paris 1986, 41–77.

eines Erinnerungskomplexes ab. Die verfehlte Begegnung, die verpasste Chance, die zu einer Vereinigung im Widerstand (»Macchia«) hätte führen können (und die immerhin durch ein plurales Wir noch bezeugt ist), wird im Gedicht eigens erinnert. Und wer das Gedicht liest, partizipiert *nolens volens* an dieser wie auch immer realitätsbezogenen Erinnerung. Damit erweist sich der Status dieser (verpassten) Begegnung als resignativ im doppelten Wortsinn: als Einsicht in die Unabänderlichkeit der (damaligen) Situation *und* als ein – seinerseits widerständiges – Bekräftigen (›Wieder-Signieren‹) der Erinnerungswürdigkeit der evozierten Situation. Von beiden Bewegungen zeugt das Gedicht.[33]

Widerstand wogegen? Oder wofür genau? – Die Signale in Richtung Widerstandsbewegung im Zweiten Weltkrieg sind im Gedicht über das Kennwort »Macchia« diskret, aber deutlich gesetzt. Allerdings bildet auch der Text selbst eine Art »Macchia«, Versteck, Dickicht, in die hinein die Lektüre geschickt wird. Die Frage stellt sich daher, wie die Lektüre vonstatten gehen kann oder soll, wenn sie sich der »Macchia« des Textes nähert. Das Gedicht selbst kann darauf keine Antwort geben. Aber es kann, was der Fall ist, die Aufmerksamkeit auf bestimmte Phänomene und Probleme lenken. Das im Gedicht selbst benannte Problem heißt »Lichtzwang«. Es steht für die Verhinderung einer Begegnung, die dem Gedicht zufolge zwar in der Vergangenheit stattgefunden hat, nach wie vor aber als erinnerungswürdig infrage kommt, denn das Gedicht handelt ja davon. Der Gedanke liegt deshalb nahe, dass die im Gedicht provozierte Erinnerung einen Sinn hat.

Welchen? Als Minimalanregung wohl diesen: der Frage Raum zu geben, was »Lichtzwang« heute, also auch im Jetzt der Lektüre, bedeuten kann. Die Frage ist wichtig, weil mit dem »Lichtzwang« auch die Frage aufgerufen ist, in welchem Licht – oder in welchem Dunkel – die Lektüre stattfinden kann oder soll. Das Gedicht selbst kann darauf, wie gesagt, keine Antwort geben. Die Signale, die im Gedicht mit der impliziten Dialogizität (Wir/Du), dem Hinweis aufs ›Hinüberdunkeln‹ und dem Komplex des Widerstands (Macchia) gesetzt sind, deuten allerdings in eine bestimmte Richtung. Konzipiert man das Verhältnis von Gedicht und Lektüre seinerseits als dialogisches Verhältnis, dann stellt sich die Frage, ob eine Hermeneutik, die dem »Leuchtschopf | Bedeutung«[34] hinterherrennt oder selbst etwas, das Helle womöglich gar nicht verträgt, ›erhellen‹ will, überhaupt erstrebenswert sein sollte. Oder anders gefragt,

33 Vgl. zur ›Re-Signation‹ im oben evozierten Doppelsinn: Martin Endres, »Re/Signation. Revision einer ›(ein)schreibenden Entschreibung‹«, in: *Kodikas/Code. Ars Semeiotica* 37 (2014), No. 3–4 (Themenheft: *Roland Barthes' Aisthetik von Schrift und Bild*, hg. von Elisabeth Birk, Mark Halawa und Björn Weyand), 261–282.

34 GW 2, 297 (Schwimmhäute). Dazu ausführlich: Roland Reuß, *Im Zeithof. Celan-Provokationen*, Basel, Frankfurt a. M. 2001, 95–119.

ob es eine Hermeneutik der Dunkelheit gibt oder geben sollte, die dem Projekt, das Celan »Dichtung« nennt, genauer ›auf die Spur‹ kommt.[35]

Im Spätwerk[36] Celans trifft man immer wieder auf Stellen, die zugleich dunkel sind und eine sinnkritische Stoßrichtung enthalten: auf »Graugrätiges hinter | dem Leuchtschopf | Bedeutung«,[37] auf »Sprüche«, die (nah an der »fernsten« »Nebenbedeutung«) »in der Gosse« »nudeln«,[38] auf ein Sprechen »vom Gegenüber« und »seiner | expatriierten | Bedeutung«.[39] Sekundiert werden diese Stellen wie in Wir lagen durch eine dialogische Komponente, die sich mit den poetologischen Überlegungen trifft, die Celan in den Aufzeichnungen »Von der Dunkelheit des Dichterischen« entwickelt und teilweise in jene zum »Meridian« überführt. In einer dieser Aufzeichnungen hält Celan fest:

> aisthesis genügt nicht; [...] noiesis genügt nicht; [...] es bedarf [...] personaler Gegenwart, es bedarf des Gesprächs; Gespräch[e] und Unterhaltung, das ist zweierlei; Gespräche nehmen in Anspruch, sie strengen an.[40]

Auch Lektüren strengen an, könnte man ergänzen, zumindest dann, wenn man sie – wie hier vorgeschlagen und wie vom Gedicht Wir lagen ›nahegelegt‹ – ihrerseits als eine Form des Dialogs begreift. Wir lagen bringt im Verbund mit der dialogischen und der lichtkritischen Ausrichtung zudem die erwähnte historische und (doppelt) resignative Dimension ins Spiel, die

35 Wie weit die Differenzierungen und Abschattungen der Dunkelheit bei Celan reichen – von der Nacht über den Schatten bis zur Obscuritas und zum Opaken – und welche utopischen Gegenlichter darin erkennbar werden, zeigt: Chiara Caradonna, *Opak. Schatten der Erkenntnis in Paul Celans Meridian und im Gedicht Schwanengefahr*, Göttingen 2020. Weiterführend zudem: Felix Christen, »›Mystik als Wortlosigkeit / Dichtung als Form‹. Celans Poetik der Dunkelheit«, in: Cornelia Temesvári, Roberto Sanchiño Martínez (Hg.), *»Wovon man nicht sprechen kann ...« Ästhetik und Mystik im 20. Jahrhundert. Philosophie – Literatur – Visuelle Medien*, Bielefeld 2010, 67–83, sowie: Felix Christen, *Sprachen der Dunkelheit. Theoriegeschichte der Unverständlichkeit 1870–1970*, Göttingen 2021.

36 Der Begriff des Spätwerks ist weiterhin deutungsoffen. Vgl. zu seiner Geschichte und seinem möglichen Sinn: Sandro Zanetti, *Avantgardismus der Greise? Spätwerke und ihre Poetik*, München 2012. Bei Celan scheint es zwar fraglich, wie weit von einem ›Spätwerk‹, verstanden als Werkeinteilung (z. B. ab dem Band *Atemwende*) oder als heuristisches Instrumentarium zur Erschließung bestimmter Verweisstrukturen, Entwicklungen und Brüche die Rede sein kann. Die im Folgenden noch einmal pointierten Bewegungen der Lichtkritik, der (doppelten) Resignation, der Dialogizität und der darin enthaltenen Widerständigkeit wären aber durchaus in diese Richtung weiterzudenken.

37 GW 2, 297 (Schwimmhäute).

38 GW 3, 77 (In der fernsten).

39 GW 2, 358 (Mit den Sackgassen).

40 Celan, *Der Meridian. Endfassung, Entwürfe, Materialien*, 132 [Nr. 426].

über die »Macchia« in die Erinnerung an den politischen Widerstand führt. Der Widerstand und mit ihm das ganze Wortfeld des Stehens (des Aufständischen, Aufrechten, aber auch des Beständigen) hat für Celan seit der sogenannte Goll-Affäre auch eine biografische Implikation.[41]

Im Gedicht WIR LAGEN ist der Widerstand allerdings, rein bildlich (Stehen/Liegen), in die Horizontale – und in dieser Dimension weitergedacht: ins Dialogische – ›verlegt‹. Das Gedicht selbst ist widerständig im Hinblick auf seine Lektüre. Es lässt sich nicht einfach erhellen, ja sollte sich nicht einfach erhellen lassen. Warum? Weil dann, so eine mögliche Antwort, Gelegenheit besteht, Widerstand als Praxis zu verstehen, die – in Richtung einer möglichen (wie auch immer realen oder virtuellen) Gemeinschaft – auf Dialog angewiesen ist. Das Gedicht selbst ist die Eröffnung eines solchen Dialogs. Es trifft sich auf diese Weise mit einer Notiz aus dem »Nachdank« (»Post-merci«) einer anderen Schrift des Autors der *Aufzeichnungen aus dem Maquis (1943–44)* und *Résistance*-Kämpfers René Char: *Einer harschen Heiterkeit* (*À une sérénité crispée*). Celan ist auch hier der Übersetzer. Er übersetzt die Stelle, die ihrerseits vom Dichter als »passeur« – Fährmann, Schlepper, Schleuser – spricht, mit dem Sinn, dass etwas »übergesetzt«, hinübergetragen, womöglich hinübergerettet wird. Der Widerstand, der sich hier im Holpern des Wortes »übergesetzt« artikuliert, gehört mit zum Gedanken, dass die Ordnung der Dichtung selbst eine »aufständische« sei:

> Dans le tissu du poème doit se retrouver un nombre égal de tunnels dérobés, de chambres d'harmonie, en même temps que d'éléments futurs, de havres au soleil, de pistes captieuses et d'existants s'entr'appelant. Le poète est le passeur de tout cela qui forme un ordre. Et un ordre insurgé.

> Das Gewebe des Gedichts muss ebenso viele versteckte Durchgänge und Harmoniekammern aufweisen als Elemente des Künftigen, sonnenüberglänzte Länden, verfängliche Bahnen und einander anrufende Existierende. All das wird vom Dichter übergesetzt, all das bildet eine Ordnung. Und zwar eine aufständische.[42]

41 Vgl. z. B. Paul Celan und Gisèle Celan-Lestrange, *Correspondance* (1951–1970), Bd. 1, 133 [Nr. 137], und (Kommentar) Bd. 2, 152 f. Zudem: Leonard Moore Olschner, »›STEHEN‹ und Constantia. Eine Spur des Barock bei Celan«, in: Gerhard Buhr, Roland Reuß (Hg.), *Paul Celan. »Atemwende«. Materialien*, Würzburg 1991, 201–217.

42 GW 4, 588 f. (»Post-merci« / »Nachdank«).

Christine Frank

»Du liest […] Rebleute«

Celan's Poetics of Reading

What happens when we read a poem? Or, rather, when is the very moment for a poem to happen? Is it the moment in which it is first spoken, when it becomes language? Is it the moment of its composition? Or is it the moment in which it is captured being read, a process which might be called upon over and over again?

Can one take a poem to be like a musical score which, once written, is only waiting to be performed: to become sound, to fill a space, to enliven the listeners, to reach them? Does reading a poem aloud serve a desire to speak to another person, to tell us something, to move us, or is it pure language – sound, which, in the moment it resonates, satisfies us, and passes away? Or is the poem more than that, something that wants to be perceived, not just mere sound but speech sound, breath sound, pronounced words, the emerging and fading away of sounds, breath traces of a person who will reach us, who wants to reach us, to spread out in us, to bring us the seed of the word, to enrich us? How do we as readers re-act to this aim, how do we re-enact the speaking of the poem in reading it?

Or does the poem rather occur in silent, internalized reading? Is it a predominantly visual event whose mediating organ is the eye, which grasps the text instantaneously, as a whole, at a glance – maybe even without understanding? Is it a grasping – perceiving – that immediately takes in the poem as a whole, in its formed entirety, its gestalt? Does repeated reading mean that its form, its verses and lines, its words and letters, are simultaneously scanned and continuously worked through? Does this bring about a tiered experience in the tracing, in the passage through what has been seen, with the eye, and behind it, with the mind? Is the poem that which is thus grasped, that which is perceived? But what is it that we are able to perceive? Not just a message, but rather an inner stance, a conviction that might ask for a confirmation, and, eventually, for a confession?

»Du liest« – »You read«. Celan's poem REBLEUTE (literally: vine people) is a poem that addresses the process of reading as a stance. First in the naming of those whose task it is to plant and to care for the vines, and who will finally »read« the grapes – in German »lesen« (to glean). Twice, in two inserted lines, Celan's poem addresses a reading »you«. It is a poem that explicitly speaks of reading, not of sound, not of hearing, and not of speaking. It speaks of the many – »Rebleute«, »die Schranken« (the barriers), and »die Offenen« (the open ones); it speaks of the ones – »die Uhr« (clock/watch), »der Unsichtbare« (the invisible one), »der Wind« (wind), »der Stein« (stone), »das Auge« (eye) – and finally of the very one to whom it turns: »du«, »you«. It is a you that is in part directed towards reading while it observes itself, a reading subject that comments on its own activity. Is it a you in which, as a reader of the poem, one may see oneself addressed and recognized? Or is it just another, unique »you«, precisely that which can be identified by the stone »on the Sabbath«, and only then – or which can be recognized only by the Sabbath? Recognized by the one distinguishing word/sign/period which makes this reading-oriented »you« recognizable? Rarely has a poem weighed reading as heavily, made it a distinguishing feature *per se* and assigned it existential significance, as in REBLEUTE.

Celan's poem is a commitment to reading, to revelation in reading, to the erratic, the wandering, the searching, the scattered, the to-be-picked-up – as it was called in an earlier poem, ERRATISCH [ERRATIC], from Celan's volume *Die Niemandsrose* [*The No-One's-Rose*]:

[…] Mit der Lippe auf-
gesammelte Silben – schönes,
lautloses Rund –
helfen dem Kriechstern
in ihre Mitte. Der Stein,
schläfennah einst, tut sich hier auf:
[…][1]

[…] With the lip ga-
thered syllables – beautiful,
soundless round –
help the crawlstar
in their midst. The stone,
once temple-close, now opens here:
[…][2]

1 Paul Celan, *Die Gedichte. Neue kommentierte Gesamtausgabe in einem Band*, ed. Barbara Wiedemann, Frankfurt a. M. 2018, 142.

2 Paul Celan, *Breathturn into Timestead: The Collected Later Poetry: A Bilingual Edition*, trans. Pierre Joris, New York 2014, 279.

Some of the words and activities mentioned here, in what seems to be another recollection of a reading process, we encounter again in Rebleute. This counts for the movement into the midst, but above all for the stone, which, initiated by the silent reading of the syllables, »opens up«. Of this stone, which is carried »behind the eye« in Rebleute, it is said that it was »once« located »temple-close« – here, the translation into English makes room for a remarkably different association, which we might keep in mind as we turn to the late poem.

In my reading of Rebleute I would like to trace the mode of reading about which the poem speaks. In Celan's published works it has been placed in a prominent position, the fiftieth poem at the end of the volume *Zeitgehöft* [*Timestead*], which however, was not published until six years after Celan's suicide and was not compiled by the author himself.[3] Celan drafted the poem sometime between April 1 and 13, 1970,[4] in the same period when the poem Krokus (from April 7, 1970) was also conceived.[5] It was the time after Easter, which fell on March 29 that year. Passover was celebrated shortly afterward (April 20–28), in the days around Celan's death.

Because of its dates – it is the last proven record of a poem by Paul Celan – Rebleute is often regarded as the final poem of his œuvre, a poem that »finally seals« itself and his poetry as a whole[6] in the keyword to which it refers at its very end: »on the Sabbath«. But how would it be to read the poem as if it could be kept open – alive – forever precisely by reading it? »Du liest«, again and again.

I will first read Rebleute in the track of those who have read it as translators and interpreters. I will then read it in contrast to the poem Schibboleth, which was conceived much earlier in Celan's life. I would like to point out the linguistic matter of both poems. While the poem from 1954 emphatically demands »Ruf's, das Schibboleth, hinaus, | in die Fremde der Heimat«[7] (»Call the shibboleth, call it out | into your alien homeland«[8]), the later poem is characterized by a rather reserved gesture. It is the record of an experience of both

3 Celan, *Die Gedichte*, 1219.

4 Paul Celan, *Werke. Historisch-kritische Ausgabe. I. Abteilung: Lyrik und Prosa – Band 14: Nachgelassene Gedichte 1968 bis 1970*, Frankfurt a. M. 2008, 379.

5 Ibid., 377.

6 Jürgen Nieraad, »›Toposforschung? Gewiss! Aber … ‹: Zu Paul Celans ›Rebleute graben‹«, in: *Wirkendes Wort: Deutsche Sprache und Literatur in Forschung und Lehre* 39:3 (1989), 409–418, here 417.

7 Celan, Die *Gedichte*, 87.

8 Paul Celan, *Poems of Paul Celan*, trans. Michael Hamburger, New York 2002, 67.

reading and being read, which fades out in a no less decisive word, an identifier with a voiceless closing sound.

Traces of Reading

Those who are most likely to document the trace of their reading are the translators. At least five different English translations of Rebleute have been published, including two by John Felstiner (from 1982 and 1995, respectively), who also considers further variants for single passages.[9] Despite its prominent position in Celan's œuvre, the poem has rarely been discussed in academic papers. Many of the pioneering interpreters do not address it at all. Neither Jacques Derrida nor Jean Bollack, neither Werner Hamacher nor Winfried Menninghaus, turn to it. Otto Pöggeler borrows from it for the title of his second book on Celan, *Der Stein hinterm Aug* (2000), but restricts himself to a brief »translation« of its wording into an empty generalization.[10]

Felstiner, who, as a translator and interpreter, has left a lasting trace on how Celan is read in English, inaugurated his decades-long preoccupation with Celan's poems in 1982 with his article »Translating Celan's Last Poem« in *The American Poetry Review*, a reading that he revisited yet again thirteen years later in his biography of Celan, *Paul Celan: Poet, Survivor, Jew* (1995). At first sight Felstiner may be correct when he states that Celan's »very last poem does not differ radically from others he wrote«.[11] Yet one could contend that it is the very *raison d'être* of every poem to be unique and radically different. It is precisely in the radicality of its reference to reading that REBLEUTE, as I would like to show, differs from other poems. It differs even if Celan predominantly uses words broadly characteristic of his poetry, words which, as Delia Eşian observes, »had always been with him«.[12] These words are like living beings,

9 The complete translations are found in the APPENDIX to this chapter. I will occasionally refer to Giuseppe Bevilacqua's Italian translation of the poem; see Paul Celan, *Poesie*, trans. Giuseppe Bevilacqua, Milan 1998. Unless mentioned otherwise, all translations are mine.

10 »The stone, the coagulated suffering, governs all seeing and all orientation in the world; this stone recognizes the poet, makes him a witness. Thus all events enter into that connection with the Eternal, as the Sabbath brings them.« Otto Pöggeler, *Der Stein hinterm Aug*, München 2000, 63.

11 John Felstiner, »Translating Celan's Last Poem«, in: *The American Poetry Review* 11:4 (1982), 21–27, here 25.

12 Quote originally in German: »Sein letztes Gedicht, das Celan am 13. April 1970, eine Woche vor seinem Tod schrieb, greift auf Wörter zurück, die immer bei ihm gewesen waren: ›graben‹, ›dunkel‹, ›tief‹, ›Stein‹, ›Aug‹, ›du‹, ›lesen‹.« Delia Eşian, »Blasphemische Gebete. Zur versuchten Rettung des Menschen durch Gottesfremde in der Lyrik Paul Celans«, http://doc-

lifelong companions. They are not only basic words of Celan's poetry; they are also basic words of German, as of any other language, for which equivalents can easily be found. Due to their frequency in Celan's œuvre as a whole, they carry much weight. Of the thirty-four words that comprise the poem, almost half (fifteen) are articles (six), prepositions (five), or pronouns (four). As so often in his late poems, there are no conjunctions; parataxis dominates.[13] Of the remaining eighteen words, twelve are Celan's most basic words, which denote concrete things, characteristics, or activities: »graben« (digging), »dunkel« (dark) and »Stunde« (hour),[14] »Uhr« (clock), »Tiefe« (depth) (two times), »lesen« (reading) (twice), »Wind« (wind), »offen« (open), »tragen« (carry), »Stein« (stone), and »Auge« (eye). The remaining words are an idiom, »in die Schranken fordern« (to summon somebody into the barriers), to which I will soon return, and two designations: »Rebleute« (»vinegrowers«[15]) and »Sabbath«.

The two terms not included in these groups, »der Unsichtbare« (the invisible one) and »erkennen« (to recognize), are of critical importance for the poem. They are the »cornerstones« of the ontological-metaphysical problem that the poem addresses through the constitutive activity of reading.

Although the lexicon of this poem appears to comprise standard German words and would thus seem anything but special,[16] the words' phonetic relations, their connotations, and the breadth (or depth) of their meaning can hardly be rendered in translation.

In using the term »Rebleute«, Celan distinguishes the late poem from the earlier Die Winzer [The Vintagers], from the volume *Von Schwelle zu Schwelle* [*From Threshold to Threshold*] (1955). Celan dedicated this earlier poem to his Viennese friends Klaus and Nani Demus. With allusion to them he writes therein: »Sie herbsten den Wein ihrer Augen, | sie keltern alles Geweinte, auch dieses«[17] (»They gather the grapes of their eyes, | they tread all

player.org/20889285-Blasphemische-gebete-zur-versuchten-rettung-des-menschen-durch-gottesfremde-in-der-lyrik-paul-celans.html, 1–8, here 6 (last retrieved 29 May 2021).

13 Cf. Klaus Reichert, who considers parataxis »perhaps the most striking similarity between Hebrew and the language of Celan«. Klaus Reichert, »Hebräische Züge in der Sprache Paul Celans«, in: Werner Hamacher, Winfried Menninghaus (eds.), *Paul Celan*, Frankfurt a. M. 1988, 156–169, here 157.

14 The words »dunkel« (dark) and »Stunde« (hour) are counted as one word.

15 John Felstiner, *Paul Celan: Poet, Survivor, Jew*, New Haven 1995, 284.

16 Exceptions are »dunkelstündige Uhr« (darkhoured clock) and »die Uhr umgraben« (to dig up the clock). They follow the way of idiomatic shifting typical of Celan's poetic language: »dunkelstündig« (darkhoured) is a shift from German, e. g., »dunkelhäutig« (dark skin), »die Uhr umgraben« from German, e. g., »die Erde umgraben« (to dig up earth).

17 Celan, *Die Gedichte*, 91.

weeping, even this«[18]). However, »Rebleute« (»vine people«) refers exclusively to vines, not to wine. Katherine Washburn and Margaret Guillemin try to reproduce this distinction in English with »grapegrowers«, while Felstiner and Pierre Joris choose »vinegrowers«.[19]

Preserving the etymological proximity of German »graben« (to dig) and »Grab« (grave) proves similarly difficult. Moreover, the specific nuance and density of Celan's extension of the phrase »graben | […] um« (to dig up) to »Tiefe um Tiefe« (depth by depth) in contrast to the more common idiom »in die Tiefe graben« (to dig into the depth) can hardly be preserved in translation. This linguistic complexity especially concerns rhythm and sound values. Felstiner comes closest, with »deep upon deep«, as this gives a resonance with the following verse, »you read«, which corresponds to the sound expansion in German of »Tiefe um Tiefe, || du liest« (»deep upon deep || you read«[20]).

Semantic ambiguity likewise characterizes the seemingly lexically simple terms »lesen« (to read), »tragen« (to wear, to carry, to bear), and »erkennen« (to recognize), which are crucially connected in the poem. In German, »lesen« oscillates between picking up (collecting, harvesting, gleaning) and reading out and deciphering (written) characters. It may even point to the process of selecting or singling out (as in »er-lesen«). Written characters, signs, or marks, on the other hand, might be suggested by the verb »tragen« (cf. »eine Aufschrift tragen« – to bear an inscription; »ein Mal im Gesicht tragen« – to bear a mark on the face). »Tragen« is used in relation to what one wears on the body, such as with clothing, but also for a badge or a mark; it is furthermore used to mean carrying a load, while in the figurative sense it refers to the suffering, the fate, that one must bear, that one is carrying. It is accordingly also used in relation to plants, which bear fruit, and can then refer to their yield (Ertrag), to the harvest. Finally, the present participle »tragend« can mean »decisive«, »essential«: in a building there are »tragende Säulen« (supporting pillars); in a similar way one speaks figuratively of »ein tragendes Argument« (a supporting argument). The translators of this poem never choose to render it as »to wear«. They vary between »to carry« and »to bear«; both can also be used for »carrying the name«. The three actions named in the verses »you

18 Paul Celan, The Vintagers, trans. Joachim Neugroschel, in: Paul Celan., *Selections*, trans. Pierre Joris et al., Berkeley 2005, 56–57, here 56.

19 Paul Celan, *Last Poems*, trans. Katherine Washburn and Margret Guillemin, New York 1986, 204; Felstiner has »Winegrowers« in »Translating Celan's Last Poem« 1982, 22, »Vinegrowers« in Felstiner, *Paul Celan*, 284, and Felstiner, *Selected Poems and Prose of Paul Celan*, 377; Joris, *Breathturn into Timestead*, 455.

20 Felstiner, *Paul Celan*, 284.

read«, »the open ones carry«, and »it knows you« clearly generate a semantic context in which the carried feature, the yield (»Ertrag«), or mark, respectively, corresponds with the idea of a readable sign. Here, however, that which is carried (i. e., the stone) is the object, yet at the same time it also functions reciprocally, as the subject of the process of recognition.

This process (»der erkennt dich«) is likewise difficult to render. The English translators choose:

»it recognizes you | on the Sabbath« (Felstiner 1982;[21] Washburn/Guillemin)[22]
»it recognizes you | on a Sabbath« (Joris)[23]
»it knows you | on the Sabbath« (Gillespie)[24]
»it knows you, | come the Sabbath« (Felstiner 1982 and 1995)[25]
»[it] will know [you]« (Felstiner 1995)[26]
»it sees you« (Felstiner 1982)[27]

Joris's decision for »a Sabbath« seems especially noteworthy. To compare: in the poem SCHIBBOLETH the German »erkennen« (to recognize) in the verse »gib dich auch hier zu erkennen«[28] varies across different English translations:

21 Felstiner, »Translating Celan's Last Poem«, 22.

22 Washburn/Guillemin, *Last Poems*, 204.

23 Celan, *Breathturn into Timestead*, 457.

24 Paul Celan, *Corona: Selected Poems of Paul Celan*, trans. Susan G. Gillespie, Barrytown 2013, 231.

25 Same translation in Felstiner, »Translating Celan's Last Poem«, 25, and Felstiner, *Paul Celan*, 284. Cf. Felstiner's following observations: »The Jewish Sabbath has always meant a time for renewing the sexual union, a day of rest, a promise of peace after the world's work, and has meant something more – both a reminder of Creation and a yearning foretaste of messianic redemption. So in translating Celan's final line, *am Sabbath*, I want to try something more than ›on the Sabbath‹. I would give a wishful (and a rhythmic) push to the advent of Sabbath, as we say ›Come Summer, all will be well‹, or as we beseech the Sabbath to come.« Felstiner, »Translating Celan's Last Poem«, 27; »I like the lift of ›come the Sabbath‹, to hasten that moment of rest and yet keep anticipating it.« Felstiner *Paul Celan*, 286.

26 Felstiner, *Paul Celan*, 285. Here Felstiner reminds us that »in the Buber-Rosenzweig and Luther bibles, Adam ›knew‹ (*erkannte*) his wife Eve (and sexual union takes place on the Sabbath)«.

27 Felstiner, »Translating Celan's Last Poem«, 26.

28 Celan, *Die Gedichte*, 87.

»here too reveal what you are« (Hamburger)[29]
»make yourself known even here« (Felstiner 2001)[30]
»let us see you here too« (Rothenberg)[31]

In the third section of REBLEUTE we encounter the idiomatic expression »in die Schranken fordern« (to call or summon into the barriers; to challenge the limits; to challenge to a fight), which dates to medieval tournaments and legal practice.[32] It may easily be confused with the more common German phrase »in die Schranken *weisen*« (to put limits on, to put someone in his or her place) in the sense of rejecting, restricting. Pierre Joris thus arrives at »the invisible | one commands the wind | to stay in bounds«,[33] while John Felstiner renders the verses: »summons the wind | into bounds«.[34] In German, there is a resounding quotation from Schiller's *Don Carlos*:

Carlos:
Jetzt zum König.
Ich fürchte nichts mehr – Arm in Arm mit dir,
So fordr' ich mein Jahrhundert in die Schranken. (I, 9)

Carlos.
Now to the King – my fears are at an end:
Thus, arm in arm with thee, I dare defy
The universal world into the lists.[35]

One of the biggest problems of translating – and understanding the poem – is the high valence of the »basic words« Celan uses here. One hears some of Celan's earlier poems echoing, not to mention the »Conversation in the Mountains« and »The Meridian«. Felstiner captures the digging of the vine people as »bitterness of digging«, in memory of the poem TODESFUGE [DEATHFUGUE].[36] Not only does the term »dunkel« (»dark«, in connection with the measure-

29 Celan, *Poems of Paul Celan*, 67.
30 Paul Celan, *Selected Poems and Prose of Paul Celan*, trans. John Felstiner, New York 2001, 75.
31 Paul Celan, SHIBBOLETH, trans. Jerome Rothenberg, in: Celan, *Selections*, 52–53, here 52.
32 Cf. *Duden*, s. v. Schranke.
33 Celan, *Breathturn into Timestead*, 455.
34 Felstiner, *Paul Celan*, 284.
35 Friedrich Schiller, *The Dramas of Friedrich Schiller*, trans. R. D. Boylan, London 1847, 36. Felstiner's first translation accordingly renders the third section: »the invisible one | summons the wind | into the lists«, Felstiner, »Translating Celan's Last Poem«, 22.
36 Ibid., 25.

ment of time – »dunkelstündige Uhr« – »dark-houred clock«) appear in an abundance of passages in the complete works, but the topos of darkness is of central importance throughout Celan's poetry.[37] The same applies, however, to the other »basic words« in this poem, which are fundamental for Celan's poetics in general: the idea of the »desire to go deep« in connection with reading (cf. the poem DAS WORT VOM ZUR-TIEFE-GEHN[38]), of deepening oneself, as well as the topos of openness, whose spectrum of meaning ranges from erotic encounter to revelation. It also concerns the reappearance of the somehow notorious connection of eye and stone in Celan's poetry, to which numerous references can be made (e. g. »stumm | unter steinernem Lid«,[39] »mute | under a stony lid«;[40] »dein Aug, so blind wie der Stein«,[41] »Your eye, as blind as the stone«;[42] »Steinblick«,[43] »stone gaze«).

»Something is happening in this poem that seems just outside our comprehension but that gestures to possible meanings – as so often in [Celan's] poetry«, Leonard Olschner states in a recent article.[44] But what is it, this »something«? Is it not the process of reading itself that makes this poem happen? How can one read the poem, which is structured by the repeated line »Du liest« – you read – which intersects the poem twice? Does this twice rendered verse not make the reading of the poem a reading of the reading? Let us read it section by section.

Section 1: Rebleute graben | die dunkelstündige Uhr um, | Tiefe um Tiefe,

Felstiner explicitly understands the opening word, »Rebleute«, not only as a synonym for »vintners«, but also to a certain extent as a confidential foreign word: »I cannot help hearing in Rebleute overtones of the Yiddish Rebbe, a Hasidic rabbi or teacher«, he remarked as early as 1982.[45] Indeed, as he notes in his biography of Celan,

37 Cf. most recently Chiara Caradonna, *Opak. Schatten der Erkenntnis in Paul Celans »Meridian« und im Gedicht »Schwanengefahr«*, Göttingen 2020.

38 Celan, *Die Gedichte*, 129.

39 Ibid., 97.

40 Celan, *Selected Poems and Prose*, 95.

41 Celan, *Die Gedichte*, 102.

42 Celan, *Selected Poems and Prose*, 105.

43 Celan, *Die Gedichte*, 102.

44 Leonard Olschner, »›Tief | in der Zeitenschrunde‹: Reading Time in Paul Celan's Poetics«, in: *German Life and Letters* 73:4 (2020), 642–658, here 658.

45 Felstiner, »Translating Celan's Last Poem«, 25.

> one can overhear the Yiddish term *Reb* (like »rabbi«) used among East European Jews to address a pious man. Since those were the most vulnerable Jews from 1941 on, Celan's *Rebleute* are digging down into the catastrophe's dark time. But to convey that pun on *Reb* and make the vinegrowers Hasidic – there I'm at a loss.[46]

If we as readers have still preserved the memory of it, we may recognize the »Reb« or »Rebbe« in »Rebleute«, as Felstiner does, even if it is an etymological relationship that does not seem provable. The reading of the poem will thus revive and preserve the word and those designated by it as a testimony beyond the demise of the murdered. Is the word »Rebleute« as such then capable of releasing »the Other«, as Celan says in »The Meridian«? Surprisingly, Felstiner does not mention that »Reb« or »Rebstock« was long used as a metonym for the people of Israel.[47] One of the earliest pieces of evidence of the word »Rebleute« being used in an anti-Judaic sense in early modern German theological literature is found in Johann Conrad Dannhauer's *Catechismus Milch* [Catechism-Milk] of 1673. It speaks of the »unfaithful vine people« who, »after they have murdered the servants (of God) and finally even his son, are not allowed to come to Jerusalem to this day, except with tears, and must pay with money that they may mourn the downfall of their town and stone-heaps«.[48] The title of Dannhauser's work appears as an unsourced note in Lichtenberg's notebooks (*Sudelhefte*). Celan may have encountered the title »Katechismus-Milch« in Lichtenberg, but hardly Dannhauser's work itself.[49]

46 Felstiner, *Paul Celan*, 284. Felstiner's observation, which he put forward with reservations, has often been repeated by other interpreters as a statement of fact, but without the problem of this double reading being grasped – which is possibly also reflected in the twice inserted line »you read«. Cf. »In the word ›Rebleute‹ there is ›Rebe‹ [vine], the Yiddish Reb [like ›rabbi‹], with which Eastern European Jews used to address a God-fearing man«, Eşian, »Blasphemische Gebete«, 6.

47 Cf. Grimm dictionary: »(Noah hat) auch die feldarbeit umb einen herrlichen fund des weinrebenbauens gemehret, und seine söne zu den ersten rebleuten gemachet. Sebiz vorrede 2b.« V. 14, column 337. https://woerterbuchnetz.de/?sigle=DWB#1 (last retrieved 8 May 2021). In discussing this paper Chiara Caradonna also considered a reference to the Siddur for Shabbat evening. The shabbat dinner begins with the Kiddush, the blessing of the wine: »Blessed art thou, Lord our God, King of the universe, who creates the fruit of the vine«.

48 Johann Conrad Dannhauer, *Catechismus Milch* Vol. 10, Strassburg, 1673, 104, https://www.deutschestextarchiv.de/book/view/dannhauer_catechismus10_1673/?hl=Die&p=104 (last retrieved 8 May 2021).

49 Although the parallelization of catechism and milk was preserved until Herder, the title has been wrongly interpreted as a genuine aphorism of Lichtenberg's. Cf. H. Fricke's statement: »Yes, with Lichtenberg occasionally a single word constitutes a complete aphorism: ›Catechism-Milk‹«, Harald Fricke, *Aphorismus*, Stuttgart 1984, 16.

It was not until 2008, with the publication of the Historical Critical Edition of Celan's posthumous poems, that a particular note on the poem became known, which records the word »Rebstockdienst« (vine service) without context.[50] The nature of this isolated note suggests that the term is one of the myriad reading troves, many documented by Barbara Wiedemann, which found their way into Celan's poems. »Rebstockdienst« can refer to the care of the vines, a service that those working in viticulture must provide with care. But »Rebstock« was also the name of a labor camp, set up by the Nazis, in the Ahr Valley; it was one of the many subcamps of the Buchenwald concentration camp complex, and its prisoners were forced to work in the arms industry. Among those who had to serve as supervisors in the Rebstock camp was Josef Heinen from Ahrweiler. On October 16, 1969, the last day of Celan's stay in Israel, Heinen received the honorary title »Righteous Among the Nations«, in recognition for his having hidden a Jewish family in his weekend house during the war. The newspapers reported the event; the ambassador of Israel presented the certificate.[51] Did Celan learn about the »Rebstock« camp at that time? In any case, his poem REBLEUTE refers to those who are defined by, on one hand, their affiliation to the vine and, on the other, by the digging up.

With this movement, the poem's opening verse takes up one of the main themes of Celan's poetry once again. It seems impossible not to overhear the digging of the grave of TODESFUGE [DEATHFUGUE][52] or the digging of ES WAR ERDE IN IHNEN [THERE WAS EARTH INSIDE THEM] that opens the volume *Die Niemandsrose* [*The No-One's-Rose*]: »Es war Erde in ihnen, und | sie gruben. || Sie gruben und gruben, so ging | ihr Tag dahin, ihre Nacht«[53] (»There was earth inside them, and | they dug. || They dug and dug, and so | their day went past, their night«.)[54] In both poems the duration of the catastrophe is emphasized by the indication of the time passing day by day; in DEATHFUGUE the adverbial phrases »in the evening«, »at noon«, »in the morning«, and »at night« chant the permanent presence of this state, while THERE WAS EARTH INSIDE THEM addresses a transition from the remembered time to the present – and a perspective on a future new covenant.[55]

Here the digging of the »vine people« no longer refers to earth that was »inside

50 Celan, *Nachgelassene Gedichte*, 379.

51 Daniel Fraenkel, Jakob Borut, Jakob (eds.), *Lexikon der Gerechten unter den Völkern. Deutsche und Österreicher*, Göttingen 2005, 142.

52 Celan, *Die Gedichte*, 46 f.

53 Ibid., 129.

54 Celan, *Selected Poems and Prose*, 135.

55 Celan, *Die Gedichte*, 129; Celan, *Selected Poems and Prose*, 135.

them«; nor do they »dig this earth deeper«,[56] as in DEATHFUGUE.[57] However, they seem to be digging up the very time whose dark hours the clock shows. In doing so, their act reveals the distortions of the earth's time, layer after layer of its history, »deep upon deep«.[58] A bond of empathy seems to connect those digging with those once forced to dig. Whether one can easily identify them as the poets, as Jürgen C. Thöming does, remains to be seen.[59] As it begins with the naming of »Rebleute«, this first section may well speak of those people who are used to reading from the onset of one darkness to the beginning of the next darkness, as is customary for Jews observing the Sabbath. It may indeed speak of reading itself as a process of immersion in the depths of time, of working through history through reading.

Sections 2 and 4: *du liest,*

After this first section, the isolated line »du liest« (you read) forms a first break in the poem. The same line cuts the poem again, between the third and the fifth sections. Although the poem consists of only a single sentence, the sections 1–3–5 describe three distinct situations, which cannot without reservation be placed in a causal-logical relation to each other. »Du liest« – which most translators render as »you read«, though Gillespie chooses »you glean«[60] – can be understood as a simultaneous event in the sense of »while you are reading«, especially as the verse ends with a comma rather than with a colon. An early draft also refers to such a reading.[61] Equally justified seems a reading of each of the parts following »you read« as the object of reading, as Chiara Caradonna suggested in the discussion.

Both the unclear attribution of the »you« to an identifiable subject and the process of reading itself have preoccupied, if not disturbed, previous inter-

56 Ibid., 31.

57 Celan, *Die Gedichte*, 46.

58 Felstiner, *Paul Celan*, 284.

59 Cf. Jürgen C. Thöming, »›Die Blume Heute schmilzt hinweg‹. Paul Celans Signale zum Ertrinkenstod«, in: *Studia austriaca* XXIV (2016), 6–26, here 26.

60 Gillespie, *Corona*, 231.

61 In a preserved early stage (H^2), the line was initially an integral part of the first section. Celan noted here, in contrast to the edited text: »Rebleute schürfen | die dunkelstündige Uhr um, | während du liest | Tiefe um Tiefe« (»Vine people mine | the darkhoured clock | while you read | depth by depth«); he corrected this immediately to »Rebleute graben | die dunkelstündige Uhr um, | Tiefe um Tiefe« (»Vine people dig up | the darkhoured clock, | depth by depth«), Celan, *Nachgelassene Gedichte*, 380.

preters of the poem. Felstiner considers first if the verse could be addressed to himself or to a private listener, or to each of us. Reading a poem that tells you you are reading, will slightly remove it from you, will call its immediacy into question, but at the same time may highlight the experience of reading and draw the reader toward the speaking poet.[62]

He then comes to the conclusion: »Celan involves us as readers, as gleaners, in a cycle of spading up the past and now of harvesting. This cycle, like the poem itself, can be completed only by the reader«.[63]

Felstiner reveals a cyclical structure, linking past and present, comparable to the seasonal cycle, which requires »harvesting«, or »completion«, by the reader. However, the three-stage nature of the poem, clearly marked by the two lines dividing the sections, as well as its paratactic structure, cannot be reconciled straightforwardly with a cyclical model. Rather, the reading process itself seems to indicate a kind of simultaneity of the events in the three sections.

Arnold Stadler, on the other hand, in highlighting the »framing« function of reading in this poem, whose actual content he considers to be reading itself,[64] emphasizes: »Here, in this poem, there is no longer singing (psalm!), but reading. […] ›you read‹ is the poet's existential commentary on Scripture«.[65] Stadler sees in this an emphasis on reading instead of hearing, which is rather unusual for Celan, and an act of distancing. Celan does not express the »acceptance« of God's word, whose reception takes place in listening, but rather marks an intelligible distancing (as Felstiner has it). The reading mentioned accordingly expresses criticism, rejection, even refusal (of God's word).[66] Stadler further notes that »the vocabulary [of the entire poem] is in principle determined by the language of the Bible«.[67] He concludes that »›you read‹ seems to be a reference to Bible passages«.[68] In this he presumes that these are »not verses that can be found« but rather »as-if references that originate

62 Felstiner, »Translating Celan's Last Poem«, 26.

63 Ibid. In his biography of Celan, Felstiner (*Paul Celan*, 284) explains: »Turning over soil like time, drawn into straits by God, confronted by stone: for such encounters, the poem tells each of us, ›you read‹ (du liest)«.

64 Cf. Arnold Stadler, Das Buch der Psalmen und die deutschsprachige Lyrik des 20. Jahrhunderts: *Zu den Psalmen im Werk Bertolt Brechts und Paul Celans*, Vienna 1989, 261–270, here 262.

65 Ibid., 269.

66 Ibid., 264 f.

67 Ibid., 236.

68 Ibid.

in the fiction of poetry«.[69] This seems to me to be a labored, even unnecessary extrapolation.

Section 3: es fordert | der Unsichtbare den Wind | in die Schranken,

In translation it seems almost impossible to preserve the striking inversion of the sentence structure at the beginning of the third section. An impersonal grammatical subject occupies the first position, and the actual subject follows the verb, in what is, for readers of English, the typical position of the object. The cited translations position »the invisible one« (»der Unsichtbare«) at the beginning of the sequence and thereby isolate it, as an autonomous subject, from the object of its action, the »wind«. Washburn and Guillemin tackle the problem as follows: »the invisible one | he orders the winds« (whereby the plural form chosen in English changes the structural balance). The original inversion, however, is highly significant. First, it shifts the subject of the sentence, from the first position to the second line of the section, thus foregrounding the action itself. The order, which occupies the first line alone, appears to be autonomous, inevitable, a proof of itself, like a law of nature. The second line, conversely, lacks a verb. It juxtaposes subject and object: »der Unsichtbare den Wind« (»the invisible the wind«). What »the invisible« does to »the wind« is a matter of sheer authority: by his presence alone »the invisible one« subjects »the wind« to his will, makes it a mere object of his will. This is probably the most extreme example of »disruptive connection« (»harte Fügung«, ἁρμονία αὐστηρά) in Celan's work, which Klaus Reichert not only describes as standing in the tradition of Hölderlin, but also evaluates as a reference to Hebrew.[70] Celan thus emphasizes the enormity of this challenge imposed by »the invisible« on »the wind«: »To order into the barriers« means to challenge an opponent to a public fight to be held within a limited, confined area marked by visible barriers. In the poem, the two agents of this challenge to a fight (the invisible, the wind) are by definition neither visible nor limitable. It is also notable that the period or ritual in whose name the poem culminates, »Sabbath«, is defined by temporal limitations marked by the onset of the »dark hour«.

69 Ibid.

70 The term was coined by Friedrich Norbert von Hellingrath. See Friedrich Norbert von Hellingrath, *Pindarübertragungen von Hölderlin. Prolegomena zu einer Erstausgabe*, München 1910/Leipzig 1910, 1. See also Reichert, »Hebräische Züge in der Sprache Paul Celans«, 158.

Who might be referred to here as »the invisible one«, and what might be implied by his powerful challenge?[71] It is the central passage of the poem, positioned between the two lines that explicitly appeal to reading. It seems puzzling that both »the invisible« and »the wind«, in the sense of *ruach*, the divine breath, which Luther also translates as »the wind«, can refer to God. Is »wind« here to be restricted to the temporal, in contrast to »the invisible«, which is both transcendent and immanent, eternal? Is the »call into barriers« by the highest power himself a demand to put an end to »the wind«? Or is it a »call to fight« that is imposed on this power (hence the syntactic inversion)? A call to fight considered through the process of reading? This section reminds me of Kafka's famous parable »He«, from his unpublished notes, which begins with the phrase »He has two antagonists«, and ends with the statement that »his dream, though, is that at some time […] he will jump out of the fighting line […]«.[72] Hannah Arendt, in a remarkable reading of this passage, identifies the subject's position as »between past and future«.[73] In Celan's poem, too, there may be a temporal reference in question. In any case, it is striking that the summons to enter the barriers is located exactly in the middle of the poem and is limited by the two lines »you read«. This renders the two lines the barriers of the challenge while simultaneously positioning the reading »you« explicitly outside the battle line: it is but an observing you.

»Wind« is a recurring word in Celan's œuvre, though its use and meaning are by no means fixed. It appears repeatedly – such as »Zeitwind«[74] (»timewind«),[75] in Kolon [Colon] – and often in reference to the historical catastrophe, for instance in Tenebrae, in the line »Windschief gingen wir hin«[76] (»Wind-skewed we went there«,[77] Felstiner; »Windbent we went there«,[78] Jo-

71 Here, in our discussion Caradonna again added a useful reference to the Siddur for the evening service on Shabbat and holidays– between Sukkoth and Pessach, a line is added during the Amidah: »Thou causest the wind to blow and the rain to fall«; before that, a passage from Deut. 11:13–21 is recited: »I will give you rain for your land at the right season, the autumn rains and the spring rains, that you may gather in your grain, your wine and your oil«.

72 Quoted in Hannah Arendt, *Between Past and Future: Eight Exercises in Political Thought*, New York 2006, 7.

73 Cf. »Kafka mentions the experience, the fighting experience gained by ›him‹ who stands his ground between the clashing waves of past and future. This experience is an experience in thinking«, ibid., 13.

74 Celan, *Die Gedichte*, 156.

75 Paul Celan, *Memory Rose into Threshold Speech: The Collected Earlier Poetry: A Bilingual Edition*, trans. Pierre Joris, New York 2020, 321.

76 Celan, *Die Gedichte*, 101.

77 Celan, *Selected Poems and Prose*, 103.

78 Celan, *Memory Rose into Threshold Speech*, 185.

ris), and in WINDGERECHT [WINDTRUE]: »Die Stimmen: | windgerecht, herznah, | brandbestattet«[79] (»The voices: | wind true, heartnear, | cremation-buried«[80]).

Jürgen Nieraad, who presented one of the first interpretations of the poem, sees in the digging of the vine people in the first section the »persistence of processing in the material, as well as working through the material of the historical-linguistic given«.[81] This digging is opposed to »what the invisible, and only he, can do under the sign of the name: call/summon the wind into the barriers, the wind, as it temporalizes events as the storm of history and as it verbalizes the world as air to breathe«.[82] Nieraad is surely alluding to Walter Benjamin's »Theses on the Philosophy of History« in referring to the »storm of history« – but to what extent is it feasible to read »wind« here as equivalent to the »storm of history«? In terms of digging up the past in the acute present, this would in fact establish a connection between the first and third sections. But the call to the barriers would also suggest an awareness of the end of time. Could it be a kind of »Last Judgement« that is conjured here?

John Felstiner reads the fifth section of the poem as a logical consequence of the third: »Because the Invisible has acted, the vinegrowers are now ›open‹, in the clear«,[83] clearly identifying »Rebleute« with »die Offenen«. Contrary to his first version, Felstiner, in his later translation, opts for »the Open ones«,[84] with a capital letter, as does Pierre Joris (»the Open Ones«[85]). Interestingly, Felstiner also capitalizes »the Invisible«, whereas the other English translators opt for lowercase (»the invisible«). In Felstiner's rendering of the poem, »Vinegrowers«, »the Invisible«, »the Open ones«, and »Sabbath« visibly protrude, rising above the general text line. If left uncapitalized, the explicitly masculine term »der Unsichtbare« would become even less recognizable in English, which has no gender-specific articles, while in German it might more readily announce an apostrophizing of the invisible God.

79 Celan, *Die Gedichte*, 105.
80 Celan, *Memory Rose into Threshold Speech*, 195.
81 Nieraad, »›Toposforschung? Gewiss! Aber … ‹«, 416.
82 Ibid., 416.
83 Felstiner, *Paul Celan*, 285.
84 Felstiner, *Paul Celan*, 284.
85 Celan, *Breathturn into Timestead*, 457.

Section 5: die Offenen tragen | den Stein hinterm Aug, | der erkennt dich, | am Sabbath.

Through the repeated positioning of the definite article or relative (personal) pronoun (»die Offenen«, »den Stein«, »der erkennt« – »the open ones«, »the stone«, »it recognizes«[86]) the deictic mode, already noted in »die […] Uhr«, »es«, »der Unsichtbare«, and »die Schranken« (»the […] clock«, »the invisible«, »the lists«),[87] becomes more evident. The verses »Rebleute graben« (– ◡◡ – ◡) and »die Offenen tragen« (◡ – ◡◡ – ◡) are rhythmically parallel, save for the prelude in the latter. They stand in a peculiarly assonantic relationship to one another (»graben« – »tragen«), which none of the translations succeeds in reproducing. In this respect Giuseppe Bevilacqua comes closest to the original in his translation into Italian (»vangano« – »recano«), while at the same time narrowing down the semantic association of »Grab« (grave) in »graben« to mere digging. A further phonetic correspondence (o-e) arises between »fordert« and »die Offenen«, a reverberation of which can be recognized in Washburn and Guillemin's »orders« – »borders« and »open« but not in Bevilacqua's »invita« and »aperti«. On the other hand, the contrast between the summons »into bounds«[88] and the subsequent perspective on »the Open ones« results in a tension between the statements in sections 3 and 5. Contrary to Felstiner, however, the question of who is addressed by »the Open ones« is anything but straightforward. The same caution still applies to the semantic range of the other actors in the poem (»Rebleute«, »du«, »der Unsichtbare«, »de[r] Wind«). Just like »tief« (»deep«) or »Tiefe« (»depth«), »offen« (»open«), and above all the female form »Offene« are fundamental categories in Celan's poems. The orientation towards something open, something that can be occupied, especially a movement towards an open »Du«, is an overt component of Celan's poetic program since »The Meridian«. Felstiner refers to a timely parallel in the Jerusalem poem Die Glut (which he renders as The heat):

> Am nächsten der Tore tut sich nichts auf,
> über dich, Offene, trag ich dich zu mir.[89]

86 Felstiner, »Translating Celan's Last Poem«, 22.

87 Ibid., 22.

88 Felstiner, *Paul Celan*, 284.

89 Celan, *Die Gedichte*, 568.

At the nearest gate nothing opens up,
over you, open one, I carry you to me.[90]

In addition to the erotic connotation, a reading of »the open ones« as the dead also appears noteworthy – as for instance in GRABSCHRIFT FÜR FRANÇOIS [EPITAPH FOR FRANÇOIS][91] and in DAS FLÜSTERHAUS [THE WHISPERHOUSE] (»Das Flüsterhaus | schalttags geöffnet«[92] – »The whisperhouse, | open on leapday«[93]). Michael Levine also refers to REBLEUTE in the context of a subtle reading of DIE WINZER [THE VINTAGERS][94] and EPITAPH FOR FRANÇOIS. The three poems have more in common than it might seem at first glance. DIE WINZER and REBLEUTE are linked above all by the connection of stone and eye with the service of the vine. Apart from what sounds like a conclusion, a decision, or confession in EPITAPH FOR FRANÇOIS – »und *tragen* das ungewisse, | und *tragen* das Grün in dein Immer«[95] (emphasis added) (»and carry the thing that's uncertain | and carry the green thing into your Ever«),[96] the stress on openness, on the threshold between life and death should also be noted: »Die beiden Türen der Welt | stehen offen«[97] (»The two doors of the world | stand open«).[98] »Celan's poetry […] is shadowed by his traumatic moment«, Levine concludes, »both by the death of his infant son, François, whose French name echoes that of the poet's newly adopted *patrie* and by his own haunting sense of being exiled at the threshold of life/death«.[99]

With reference to the phrase »to bear in mind«, a reading in this sense seems to me more apt than »to carry«, a variant preferred by only a few of the English

90 Felstiner, »Translating Celan's Last Poem«, 27. In the print version of Felstiner's early paper, the blank line between the two verses has been erased from Celan's poem. Yet it seems to be of semantic relevance here. Cf. more recently Pierre Joris's rendering of the verse, in which he retains the original line spacing: »At the nearest gate nothing opens up || above you, open one, I carry you toward me« (Celan, *Breathturn into Timestead*, 433).

91 Celan, *Die Gedichte*, 75.

92 Ibid., 563.

93 Celan, Breathturn into Timestead, 419. Cf. my related argument in »Lesen: Paul Celans Das Flüsterhaus. Unter Einbeziehung von Elfriede Jelineks Stecken, Stab und Stangl«, in: Johann Georg Lughofer (ed.*), Paul Celan. Interpretationen – Kommentare – Didaktisierungen*, Vienna 2020 (Ljurik 9), 30–56.

94 Celan, *Die Gedichte*, 91 f.

95 Ibid., 75.

96 Celan, *Poems of Paul Celan*, 49.

97 Celan, *Die Gedichte*, 75.

98 Celan, *Poems of Paul Celan*, 49.

99 Michael G. Levine, »Silent Wine: Celan and the Poetics of Belatedness«, in: *New German Critique* 91 (2004), 151–170, here 166.

translators.[100] In the course of the last section a logical reversal occurs: it is not that the stone itself may function as a sign or mark of identification (»stone« and »star« are closely related to each other and often interchangeable in Celan's poetry; »wearing the star«, however, would bluntly refer to its historical discriminating feature). Here, the stone itself becomes the subject or, say, the medium of cognition – think of the philosopher's stone. It is exactly the stone of »the Open ones« (with a stress on the pronoun, »*der* erkennt dich«, which none of the English translations is able to reproduce) that identifies the reading subject – »you«. Are »the Open ones« thus »open« precisely because they »bear | the stone behind their eye«? Since the stone may not be visible itself, one would rather think of a mark of remembrance, a remnant, a shared »piece« of language »in the back of my mind«, as Hannah Arendt famously put it in a 1964 interview, briefly switching from her mother tongue to her adopted language.[101] Do »the Open ones« carry »the stone« with them forever, do they keep what has been transformed into stone »in the back of their mind« – »behind their eye«, and not in front of their eyes like a barrier? Could »tragen« therefore also be translated as »to keep«? Then »the stone« would signify not something that one has to have visibly »in front of one's eyes«, but rather that which is not visible – invisible, by definition: something immaterial yet manifest, something carried or kept inside consciousness, something that has been preserved only here, that proves true. Do these two lines say: those who have an open mind are able to keep what is weighty in the back of their mind? Is it something more than what can be perceived by optical means – something transcendent? Or shall we remember all that has been said in respect of the memory of the deceased, the murdered, the dead in Celan's poems – poems conceived as gravestones for those who have no graves: are »the Open ones« those who cannot see anymore, who are marked by the stone – the very stone which will recognize the reading you on this single day, the Sabbath, while it reads?

der erkennt dich, | am Sabbath.

Klaus Reichert notes that the Hebrew word for seeing begins with the same ra- [ראה] that is cut off or »circumcised« in Celan's poem Einem, der vor der

100 See Felstiner, »Translating Celan's Last Poem«, 25; and Celan, *Corona*, trans. Susan G. Gillespie, 231. »To add a sense of endurance and rebirth, I say the open ones ›bear‹ rather than simply ›carry‹ a stone behind the eye«, Felstiner explains (Felstiner, »Translating Celan's Last Poem«, 26). In his early approach he explores both variants (ibid., 22 and 25).

101 Günter Gaus, »Hannah Arendt (28. Oktober 1964): Was bleibt? Es bleibt die Muttersprache« [What remains? What Remains is the Mother Tongue], in: Hans-Dieter Schütt (ed.), *Günter Gaus: Was bleibt, sind Fragen. Die klassischen Interviews*, Berlin 2000, 310–335, here 324.

Tür stand[102] [To one who stood before the door].[103] Interpreters usually see an allusion here to the Jewish rite of circumcision, and in the ra- the rabbi [רַב], whose name can no longer be called out despite the horror that is seen (»die Schrecklichkeit des Gesehenen«).[104] At this very moment, the breath pauses (»stockt«, in Celan's wording), and thus the word is not called out in its entirety. Reichert also observes the many equivalents the Hebrew word ראה can have in German: »sehen, erkennen, fühlen, erfahren«.[105] If we follow Reichert this observation facilitates a better understanding of the verse »it recognizes you« at this point in the poem, which initially addresses »vine people«, whom, as we have seen, may be associated with the Rabbi. In Rebleute the verse »der erkennt dich« may thus also be understood as »He knows you«, i. e., God. Felstiner points to yet another reference. As he explains in his 1982 article, while translating Rebleute,

> suddenly Rilke's great poem comes over me, the Archaic torso of Apollo. Despite the missing eyes and head, Apollo's blinding gaze holds fast within the torso, and this stone statue also challenges, »for there is no part of it | that does not see you. You must change your life«. Because Celan took Rilke to heart, I'm tempted now to recall Rilke's word »see« instead of the bulky »recognize«. That limits the idea of recognition but makes Celan's *der erkennt dich* immediate and demanding.[106]

One may also recall Celan's »Conversation in the Mountains«, the end of which recounts a memory scene, as one speaker tells the other, »Auf dem Stein bin ich gelegen, damals, du weißt […]«[107] (»I lay on the stone, back then, you know […]«),[108] and then speaks of the lightning and burning down of the Sabbath candle:

102 Celan, *Die Gedichte*, 145.
103 Celan, *Selected Poems and Prose*, 171.
104 Reichert, »Hebräische Züge in der Sprache Paul Celans«, 168. Rather than following Reichert, Chiara Caradonna in our discussion suggested a passage from *Pirkei Avot* (2,1): »Consider three things and you will not come in the grip of sin – know what is above you: a seeing eye (האור ועין), a hearing ear, and a book in which all your deeds are recorded.« (trans. by Dr. Joshua Kulp, https://www.sefaria.org.il/Pirkei_Avot.2.1?lang=bi&with=Translations&lang2=en, last retrieved 29 May 2021) In this sense the verses »der erkennt dich | am Sabbath« would imply a scene of judgment in reference to respecting the mitzvot.
105 Reichert, »Hebräische Züge in der Sprache Paul Celans«, 168.
106 Felstiner, »Translating Celan's Last Poem«, 26.
107 Paul Celan, *Gesammelte Werke in fünf Bänden. Dritter Band: Gedichte III. Prosa. Reden.* Frankfurt a. M. 1983, 171.
108 Paul Celan, *Collected Prose*, trans. Rosmarie Waldrop, Manchester 2003, 21.

> I loved the candle […] because it burned down, not because *it* burned down, because *it* was *his* candle, the candle he had lit, our mothers' father, because on that evening there had begun a day, a particular day: the seventh, the seventh to be followed by the first, the seventh and not the last, […].[109]

Here, too, the wording of the poem remains ambivalent: »on the Sabbath«, as most translations have it, can be a simple indication of time like »on Monday« or »in the morning«. The phrase »erkennen *an* etwas« (to recognize by, or to recognize from), however, is directed at a feature that allows identification. In this case, the feature relates to a distinctive period of time, the time of a religious ritual that makes those who observe it recognizable as members of that particular religion. Thus, »on the Sabbath« merges both qualities into one: the distinguishing indication of time, which limits (restricts) the beginning and end of the holiday to the onset of the »dark hours« (cf. »die dunkelstündige Uhr«). Does the stone recognize »you« *on* the Sabbath, i.e., within the period of the Sabbath, or *by* your observation of the Sabbath? The German phrase »am Sabbath erkennen« can be read in both senses. It is precisely the recognition of the temporal distinction that becomes the distinction itself: The »you« to whom the poem is addressed, or addresses itself, becomes recognizable to the stone as the manifestation of remembrance only by the fact that one observes the Sabbath, which becomes the distinguishing feature per se.

What is the matter with this cognitive faculty of the stone, which is the stone of »the Open ones«, the stone that they carry/bear/keep »behind their eye«? At this point, I will again draw upon Felstiner, the better to delineate my own interpretation, although our divergence will swiftly become apparent. In his early essay on REBLEUTE, Felstiner traces a progression from section 1 through 3 to 5: »So ›*Rebleute graben*‹, after the dark time of stanza one and then the challenge of the invisible, may be identifying in stone a visionary power beyond blindness«.[110]

It is unclear, however, to what extent the stone is supposed to represent »a visionary power beyond blindness«. I see no evidence for introducing the concept of »blindness« into the discussion here. In his biography of Celan, Felstiner reads the image of the stone differently:

> A »stone« for Celan has always meant muteness, danger, or death he cannot bypass. Like the cousins in »Conversation in the Mountains«, who had

109 Ibid.

110 Felstiner, »Translating Celan's Last Poem«, 26.

> a veil behind their eyes, now »the Open ones carry | the stone behind their eye«, hardening their vision.[111]

The two cousins who hold a conversation high in the mountains – i. e., in a landscape of stone and glacier – have, as Celan puts it,

> no eyes, alas. Or, more exactly: they have, even they have eyes, but with a veil hanging in front of them, no, not in front, behind them, a movable veil. No sooner does an image enter than it gets caught in the web, and a thread starts spinning, spinning itself around the image, a veil-thread; spins itself around the image and begets a child, half image, half veil.[112]

The material difference between veil and stone is not without significance. In »Conversation in the Mountains« we read: »es schweigt der Stock, es schweigt der Stein, und das Schweigen ist kein Schweigen […] und in den Augen hängt ihnen der Schleier«[113] (»the stick silent, the stones silent, and the silence no silence at all […] and in their eyes there hangs a veil«),[114] and, eventually, »und in meinem Aug, da hängt der Schleier, der bewegliche, da hängen die Schleier, die beweglichen, da hast du den einen gelüpft, und da hängt schon der zweite«[115] (»and in my eyes there is that movable veil, there are veils, movable veils, you lift one, and there hangs another«).[116] I would contend that the situation in »Conversation in the Mountains«, where the »conversation« between stick and stone is opposed to the conversation between the two cousins, differs substantially from that presented in REBLEUTE. While the prose text, implicitly addressed to Theodor W. Adorno, is specifically concerned with ascertaining the extent to which the ability to listen and to speak out is still available after the historical catastrophe (»auf dem Stein bin ich gelegen …«[117] – »I lay on the stones, back then, you know […]«),[118] the later poem focuses exclusively on reading. It must, therefore, refer to a different relationship between the eye as the organ of reading perception – and thus of recognition – and the stone behind it. At that point in time, Celan's stance has manifestly become a different one. A »Conversation in the Mountains« like the one he imagined at the end of

111 Felstiner, *Paul Celan*, 285.
112 Celan, *Collected Prose*, 18.
113 Celan, *Gesammelte Werke*, 170.
114 Celan, *Collected Prose*, 18.
115 Celan, *Gesammelte Werke*, 172.
116 Celan, *Collected Prose*, 22.
117 Celan, *Gesammelte Werke*, 172.
118 Celan, *Collected Prose*, 21.

the 1950s was no longer in sight. As Barbara Wiedemann notes in the commentary to her most recent edition of Celan's complete poetry, the date of the poem's conception, April 3, 1970, was a Friday, the day when the Sabbath begins.[119]

The assertion that Jürgen C. Thöming expresses in a recent interpretation of the poem remains quite incomprehensible to me. He recognizes a kind of secret code used by a circumscribed group of peers:

> The stone that is supposed to »recognize« the speaker is used metaphorically but does not reach the conciseness of a symbol. It remains a vague allegory, beholden to the pictorial code of a group of people in Antschel's and Celan's circles, initiated in the use of the phrase »stone behind the eye«.[120]

Thöming's statement, with its explicit distancing gesture and hint at »a group of people in Antschel's and Celan's circles«, leaves a distasteful impression. Thöming seems unwilling to recognize – recognizing in reading this very poem – what it was that Celan shared with »a group of people« who happened to be Jewish. In stark contrast, John Felstiner reads the closing lines of the poem as the ultimate intention of Celan's poetry in general, which culminates in »Sabbath« as his last word:

> As in some sense Paul Celan's postwar years were drawing him toward Jerusalem and the ending of his own life, this poem may be drawing toward his final word, Sabbath. […] the verse at the end comes to rest in Sabbath, a truly Hebraic word.[121]

Felstiner underscores the unusual spelling of »Sabbath« with the silent »h« at the end, which, as he argues, does not correspond to current German orthography. As Celan keeps to the »correct« spelling in two other poems, Felstiner concludes: »The ›h‹ Celan put on *Sabbath*, instead of German *Sabbat*, Hebraizes it. This was his last poem«.[122] In »following an older transliteration from Hebrew«, Felstiner's argument goes, Celan made a decision to mark his turning to his own Jewishness, as he had rediscovered it in the Jerusalem poems.[123] In his biography of Celan, Felstiner finally supplements these considerations with reference to his own translation of the poem:

119 Celan, *Gedichte*, 1544.
120 Thöming, »›Die Blume Heute schmilzt hinweg‹«, 26 f.
121 Felstiner, »Translating Celan's Last Poem«, 26.
122 John Felstiner, »›Apostate Only Am I True‹: Paul Celan's Poetry and His Devotion«, in: *Religion & Literature* 42:3 (2010), 198–205, here 204.
123 Felstiner, »Translating Celan's Last Poem«, 26.

> »Sabbath« in English can stay the same as Celan's *Sabbath* – cognates in two Diasporas. Naturally a Hebrew translation returns Sabbath to the source-word Shabbat. But in my version, »Shabbat«, with its Biblical and Israeli originality, would shortcut the exile of a people nearly lost to deathbringing speech. [...] All this and more – though it seems extravagant to say so – flows into one silent letter, the last in his poem.[124]

In addition, it should be remembered that Celan, in his poetry, continually dealt with questions of phonetics. Terms that denote the so-called »speaking apparatus«, the »voice tools«, and the formation of sounds and their impairment recur throughout the poems. In a poem referring to Kafka, FRANKFURT, SEPTEMBER, Celan famously mentions the singing of the »Kehlkopfverschlusslaut«,[125] or the »glottal stop«.[126] In DAS FLÜSTERHAUS [THE WHISPERHOUSE], also one of Celan's late poems, from *Lichtzwang* [*Lightduress*], he deals with the »Enge-laut«[127] – »the fricatives«,[128] as Pierre Joris translates it (literally, »strait-sound«, with an allusion to »Engführung«). As Barbara Wiedemann has documented, Celan found this term in Roman Jakobson's *Kindersprache, Aphasie und allgemeine Lautbildung* [*Child Language, Aphasia and Phonological Universals*], a collection of his writings on children's language.[129] Jakobson drafted the volume in German during the war, while in exile in Sweden. It was first published in German in 1944 and reappeared as a pocket edition in 1969. It was this edition that Celan owned and worked through in summer 1969,[130] just weeks after Theodor W. Adorno's death in the Swiss Alps. While DAS FLÜSTERHAUS [THE WHISPERHOUSE] joins together a whole series of fricatives in its title, REBLEUTE ends with the voiceless alveolar stop [t]. The spelling variant »Sabbath« adds but a mark for the German way of pronouncing [t] with aspiration as [th] – it is a mark of the breath. Of interest here is not only the deviation in the last character itself (Heine's poem PRINCESS SABBATH also uses the th); whether it can – or must – be understood as Hebraization can be left open for discussion. The perhaps more striking »deviation« in the spelling, however, does not go back to Celan (Felstiner mentions this, too, in the pre-

124 Felstiner, *Paul Celan*, 286.

125 Celan, *Die Gedichte*, 225.

126 Celan, *Breathturn into Timestead*, 113.

127 Celan, *Die Gedichte*, 563.

128 Celan, *Breathturn into Timestead*, 419.

129 Celan, *Die Gedichte*, 1228. As noted, Jakobson uses the older German term »Engelaut«, cf. Roman Jakobson, *Kindersprache, Aphasie und allgemeine Lautbildung*, Frankfurt a. M. 1969, 67 and 78.

130 Celan, *Die Gedichte*, 1227f.

ceding quotation from his biography). It is the variant of »Sabbath« as »Shabbat« שבת (following the Greek transcription),[131] so common in German. Yet it was the different pronunciation of this initial sound which in another context became a deadly distinguishing feature: in the word »Shibboleth« שיבולת.

REBLEUTE brings together the ambivalence of reading, confessing, and being recognized »on the Sabbath«. The inconceivable confrontation »der Unsichtbare den Wind« is placed in the sixth line, while the seventh line points to the barriers, »in die Schranken«, defining the limits. What remains as the last word of Celan's poetry is also a kind of »shibboleth«, a differential mark. Yet it is in this poem through the process of reading, a process that is being performed and observed at the same time, that the word »Sabbath« is called out as another »shibboleth«, visible as well as audible in the fading breath of its closing sound. In REBLEUTE, there are three sections, each evoking a different situation; the two divisions between these sections are each demarcated by the line »du liest« (you read) – while the rest is silence. We eventually recognize four visible, audible pauses between the lines. Each time, these pauses mark a questionable, a repeated, a worrying break. »Du liest« in all its slowness, quietness, is no longer a »calling out« as the earlier poem SCHIBBOLETH had demanded in such an emphatic if not programmatic way. Rather, it is a permanent reading, in which the reading subject and those who are being read mutually reflect if not recognize each other: you read that you read.

אורקל – Reading Means Calling Out

In his comments »Zu einer neuen Verdeutschung der Schrift« [»On a New Germanization of Scripture«] accompanying his and Franz Rosenzweig's new German translation of the Torah, Martin Buber notes:

> Was aber im Sprechen entstanden ist, kann nur im Sprechen je und je wieder leben, ja nur durch es rein wahr- und aufgenommen werden. In der jüdischen Tradition ist die Schrift bestimmt, vorgetragen zu werden; das sogenannte Akzentsystem, das Wort um Wort des Texts begleitet, dient dem rechtmäßigen Zurückgehen auf seine Gesprochenheit; schon die hebräische Bezeichnung für »lesen« bedeutet: »ausrufen« […].[132]

131 »Schabbat, wie die hebräische Form des gräzisierten Sabbat lautet«, Stadler, DAS BUCH DER PSALMEN, 268.

132 Martin Buber, »Zu einer neuen Verdeutschung der Schrift«, supplement to Vol. I of *Die fünf Bücher der Weisung*, trans. Martin Buber and Franz Rosenzweig. Heidelberg 1976, 35. (»But

There are several poems in Celan's œuvre that deal with this issue: the intention to speak out loudly so that »what has arisen in speech can live again and again only in speech«. Reading happens as a proof of life, as an audible pronunciation, and thus not only as a performative act but also as a confession that has to brook the existential risk of being »recognized«. One of Celan's earliest preserved poems, EIN KRIEGER [A WARRIOR], from 1943, ends with the words: »Ich steh. Ich bekenne. Ich ruf«[133] (»I stand. I confess. I call«). To conclude my reading of REBLEUTE, I would like to compare this poem with another by Celan, the earlier and better-known SCHIBBOLETH. Both poems, in remarkably different ways, circle around a word that is tantamount to a confession and touch upon reading and speaking aloud.

In reading SCHIBBOLETH[134] [SHIBBOLETH] we are confronted with a situation of violence and distress, a state of mind which is to be turned around in the course of the poem. It eventually culminates in a demand to call out. Initially, there is a traumatic event, recalled by the speaking subject in the first two sections: From captivity behind bars, it was dragged »in die Mitte des Marktes« (»into the midst of the market«) and forced to make a confession in public, an oath of allegiance, which it refused to do (lines 7–8). In looking back, the subject encourages itself by recognizing that there were other resisters »bleeding« in Vienna and Madrid (section 3). Perhaps it is the sound of the »Flöte, | Doppelflöte der Nacht« (lines 9–10) (»Flute, | double flute of night«)[135] that initiated the memory of it. The poem blends the individual experience with historical events, and in doing so brings forth four imperatives: first, a call for historical memory (lines 11–13), and then a call for a persistent remembrance of the dead ones (»für heute und immer«, »for today and forever«, section 4). In the last two sections, two different subjects are addressed: the (speaker's own) heart, of which the demand is made to reveal itself; and the unicorn (»Einhorn«), to which the speaking subject finally turns in a consoling gesture, an appeal, a promise. It is only in this last section, following the resumption of the slogan of resistance, »No pasarán«, that the speaking subject actually turns towards another, calls upon this other, and offers him »safe conduct«: »Einhorn: [...] komm, | ich führ dich hinweg« (»Unicorn: | [...] come, | I shall lead you

what has arisen in speech can live again and again only in speech, yes, only through it can it be purely perceived and absorbed. In the Jewish tradition, Scripture is destined to be recited; the so-called system of accentuation, which accompanies the text word by word, serves the legitimate return to its spokenness; even the Hebrew term for ›reading‹ means ›calling out‹ [...].«)

133 Celan, *Die Gedichte*, 15.

134 Ibid., 87.

135 Celan, *Poems of Paul Celan*, 67.

away«).[136] Although there are identifiable historical dates to which the poem refers – »Zwillingsröte | in Wien und Madrid« (»twin redness | of Vienna and Madrid«)[137] hints at the last uprisings against the victory of fascism in Europe around 1936–1938 – it remains unclear throughout what happened in the past to the speaking subject and what is happening in the acute present. It is the very moment of remembrance from which the demand arises here and now: the demand to make another confession »in the midst of the market«, to reveal oneself by calling out »the shibboleth«.

The word »shibboleth« is used here as a recollection of the conflict between the Ephraimites and the Gileadites, a series of events related in the Hebrew Bible. As the pronunciation of the word's initial sound differed between the two warring groups, »shibboleth« was used as a password. The slight difference in pronunciation was enough to make it a differential mark of belonging. If the speaker's pronunciation of »shibboleth« identified him as belonging to the other group, he would be killed. In »Shibboleth: For Paul Celan«, his famous treatise on Celan's poem, Jacques Derrida points out:

> *Shibboleth* does not cipher something. It is not only a cipher, and the cipher of the poem; it is now, from the outside-of-meaning where it holds itself in reserve, the cipher *of* the cipher, the ciphered manifestation of the cipher as such.[138]

For Derrida, the use of a word *as shibboleth* not only implies knowing the word and its meaning. One must also know that – and how – it is used quite independently of its meaning as a differential mark: »This differential mark that is not enough to know like a theorem – that is the secret. A secret without a secret«.[139] In the case of the Ephraimites and the Gileadites, it is about how the word »shibboleth« is called out. The different pronunciation makes it the password that determines life and death. In Celan's poem of the same name, memory – individual as well as historical memory – is translated into the present. Section by section, the speaking subject struggles to make a commitment. It is not an oath; it is the calling out of the »shibboleth« in an alienated situation: »Ruf's, das Schibboleth, hinaus | in die Fremde der Heimat« (»Call the

136 Ibid.

137 Ibid.

138 Jacques Derrida, »Shibboleth: For Paul Celan«, trans. Joshua Wilner, in: id., *Sovereignties in Question: The Poetics of Paul Celan*, eds. Thomas Dutoit and Outi Pasanen, New York 2005, 1–64, here 27.

139 Ibid., 26.

shibboleth, call it out | into your alien homeland«).[140] It eventually assigns itself courage, the courage to confess: »Herz: | gib dich auch hier zu erkennen« (»Heart: | here too reveal what you are«),[141] the courage to pronounce the word of distinction, the »shibboleth«. Only in the last two sections does this act actually transpire – and now it is the poem itself that speaks, that, in a twist of personal and historical memory, *becomes* a shibboleth in the very moment when the required »shibboleth« is called out: »Februar. *No pasarán.* || Einhorn: | du weisst […]«.

What is the decisive twist of personal and historical memory at play here? Traditionally »Einhorn«, or »unicorn«, denotes a mythical animal, which in Christian iconography relates to the Holy Virgin and her son.[142] In Celan's poem, however, it is »the shibboleth«: »Einhorn« is here a personal name, of a real person, namely, Erich Einhorn, a schoolmate and close friend of Celan's from Czernowitz. Einhorn had left the city in 1940 with the Red Army during its retreat from the Nazis; he later settled in Moscow and married. Celan happened to meet him during a brief stay in Vienna in February 1948, under circumstances that did not allow either to make himself known: Einhorn was there as a Soviet officer; Celan was a displaced person who had escaped from what was now the territory of the Soviet Union.[143] Since it was a revelatory term, a »shibboleth«, Celan never confirmed the reference to Erich Einhorn in this poem. Instead, soon after writing it, he explained in a letter: »Das Einhorn ist – auch – die Dichtung«[144] (»The Einhorn is – also – poetry«).

In Celan's work, poetry too is usually referred to by images such as »stone« and »tears«, images which appear in this poem, in a prominent position, at the outset: »Mitsamt meinen Steinen | den großgeweinten | hinter den Gittern«[145] (»Together with my stones | grown big with weeping | behind the bars«).[146] Towards the end, and precisely by invoking the name of the unicorn (»Einhorn«), SCHIBBOLETH opens the perspective of a release, a release

140 Celan, *Poems of Paul Celan*, 67.

141 Ibid.

142 A medieval reading goes back to the *Physiologus*, which assigns the unicorn to the virgin Maria and sees in the ›unicorn‹ a symbol of her only begotten son Christus (›unigenitus‹). Cf. Anselm Salzer, *Die Sinnbilder und Beiworte Mariens in der deutschen Literatur und lateinischen Hymnenpoesie des Mittelalters, mit Berücksichtigung der patristischen Literatur. Eine literar-historische Studie* (1886–1894); Reprint: Darmstadt 1967, 44–50, 524f.

143 Cf. the report by Erich Einhorn's daughter, who edited the correspondence, in: Paul Celan, Erich Einhorn, *Einhorn, du weisst um die Steine*, ed. Marina Dmitrieva-Einhorn, Berlin 2001.

144 Celan, *Die Gedichte*, 728.

145 Ibid., 87.

146 Celan, *Poems of Paul Celan*, 67.

in the realm of »the voices | of Estremadura«. It reads like a promise. It is an opening. An »awakening from the nightmare of history« seems possible. It is an opening. It is through the poem – and only here – that the word, which could not be named in reality, becomes pronounceable, becomes a sign of recognition. It is by means of the poem that reading may happen as calling out, that poetry gains the power to speak aloud and – at the time – offers shelter to those in danger – here in the word/name »unicorn«/»Einhorn«. As soon as the demand to call out »the shibboleth« is made, the name »Einhorn« becomes someone that can be addressed – like the »heart«. It becomes something that the poem can now address itself to. In its name, in recalling the name, in calling out the name *as* a »shibboleth«, the poem turns the threat of violence into the perspective of a release. Like a legacy, it formulates a performatively executed promise, it offers itself as a guide into another world, »to the voices | of Estremadura«. It is the promise of a transgression into a distant, acoustically remembered region, albeit imaginary, that bears a Spanish name. It is a release in and through the speaking of the poem, a release in the sense of a different speaking in the space of political resistance. It is memory and confession. In calling out, it becomes acute presence. In the way the speaking subject reveals itself here by addressing itself to its counterpart, in the way it takes this counterpart into conversation, SCHIBBOLETH is groundbreaking for the poems of the middle phase of Celan's work. It is the first poem in which he speaks of »voices«. It is the first poem in which the ability to call out, to name the other, reappears. Having passed through terrible experiences, and been »enriched« by them, as Celan had put it in his Bremen Prize Speech, he can now write that his language becomes »voiced« (»stimmhaft«). For a while, »voices« remain present in Celan's poems, especially in the poems of the volume *Sprachgitter* [*Speech-Grille*], as Felstiner notes,[147] from STIMMEN [VOICES][148] to WINDGERECHT[149] [WINDTRUE].[150]

If we now turn again to REBLEUTE, we recognize the image of »being dragged out into the middle of the market«, we recognize the demand to confess, to call out. »The wind« which has been »summoned into the barriers« seems to be the only reminiscence of this earlier period, a wind that now offers no cause for hope for the lost and their »voices«. Who is it that now reveals himself here, who calls out the decisive word in reading?

At first, the summons into the barriers at the heart of the later text seems to

147 Celan, *Selected Poems and Prose*, viii.

148 Celan, *Die Gedichte*, 95.

149 Ibid., 105.

150 Celan, *Memory Rose into Threshold Speech*, 195.

resemble the situation in Schibboleth, in terms of the public space in which the »scene of recognition« is to take place. The key moment in which recognition comes together with, on the one hand, the opening and, on the other, the »stone« as an expression of experienced suffering also appears comparable. What radically separates the two poems, however, is the absence of a proclamation, the absence of a voice in Rebleute. This poem happens reflexively, in the contemplative horizon of reading. »It summons | the invisible the wind | into the barriers« remains as a demand – a somehow frozen phrase. We do not know whether, or when, or to what end the demand is carried out or fulfilled. The heart of the poem denotes a confrontation in the transcendent space that has taken the place of the historical-political space of action. What separates Schibboleth and Rebleute from each other, then, is the radical isolation of speech in the latter poem, which no longer addresses a counterpart, which can no longer turn to a responsive, »occupiable« »you«. It can no longer offer »safe conduct«. There is no route to take. In this poem, the »you« addresses itself as a reading one. The reading of the »you« becomes its defining feature. Is it also a closing feature? »You read« is set in perpetuity. It identifies and distances at the same time. With the reference to the »Sabbath«, it indicates a suspension of time, a period of time separated and distinguished from the profane »passing« time, a period in which reading is of central importance. It is a reading that might intend to grasp the eternal tension between the vinegrowers' digging up »deep upon deep« and »the invisible«, who comes to a halt in his enormous, unimaginable demand. It is a reading that cuts and connects the first, third, and fifth sections, a reading with dire breaks. It is a reading that exposes itself to this tension in its reading, and that reveals what could not be perceived otherwise. Reading, in this poem, literally practices a way of calling out those who are not perceivable in any other way: those who are named »Rebleute«, »the invisible«, »the open ones«, as well as what they are doing. If Celan, in his earlier poems, spoke of »my stones« as »grown big with weeping«,[151] if he repeatedly mentioned the tear turned to stone as the expression of the poem (as did Mandelstam), if he considered his poem as the only tombstone for his mother, for the murdered, then the stone that is assigned here to the open ones – possibly the dead – may also be this poem itself.

As readers of Rebleute, we read, again and again, this reading of the you, the you as a reading one. The reading of the »you« no longer leads to an – objectifying – perception and recognition of a distanced object. Instead, in this very reading »am Sabbath«, the »you« experiences being recognized by the reading itself. It experiences a reversal of its own devotion, something that

151 Celan, *Poems of Paul Celan*, 67.

Walter Benjamin describes, in his *Berlin Childhood Around 1900*, in relation to a childhood memory of a hunchbacked little man:

> Coming before, he barred the way. But otherwise, he did nothing more to me, this grey assessor, than exact the half part of oblivion from each thing to which I turned. »When I go into my little room | To have my little sweet, | I find a little hunchback there | Has eaten half the treat«. The little man was often found thus. Only, I never saw him. It was he who always saw me. […] He has long since abdicated. Yet his voice, which is like the hum of the gas burner, whispers to me over the threshold of the century: »Dear little child, I beg of you, | Pray for the little hunchback too«.[152]

Benjamin's memory refers to the profane space of his Berlin childhood as well as to an old children's song. The reading »you« in Celan's poem is recognized »on the Sabbath« – in the sacred space of a deepening of reading that interrupts the passage of time in order to turn to reading. To be recognized »on the Sabbath« means that the »you« is recognized under the law thus named. Jürgen Nieraad recognizes in this the utopian content of the poem:

> With the word »Sabbath« this poem is sealed like no other. And with this word, as the last poetic Paul Celan, his work as a whole is also, one might say, sealed – as a work under the sign of Jewish destiny and Jewish hope. But it is sealed in the name of the seventh day, the last day of world time before the eighth day of the renewed creation. Only that eighth day, with the actual dawn of the Messiah's time, brings the actual liberation from historical time, the redemption and the New Covenant. With the mention of the word »Sabbath« a place of time is thus called up that has kept awake and keeps awake like no other the claim and the reality of the utopian in the immanence of the historical: not as its redemption, insofar not conclusively, but as its most concise symbolic realization.[153]

In a similar way, John Felstiner sees Celan's poetic work in this poem as fulfilled and as having arrived at its final destination, so to speak:

> As in some sense Paul Celan's postwar years were drawing him toward Jerusalem and the ending of his own life, this poem may be drawing toward

152 Walter Benjamin, *Berlin Childhood Around 1900*, trans. Howard Eiland, Cambridge 2006, 120–121.

153 Nieraad, »›Toposforschung? Gewiss! Aber … ‹«, 417.

> his final word, Sabbath. […] the verse at the end comes to rest in Sabbath, a truly Hebraic word.[154]

»Sabbath« is the last word Celan wrote in a poem. It is no longer a word that has been »called out«. And yet it is, with Buber in mind, a spoken word from which Celan's entire work will be read aloud, again and again: »But what has arisen in speech can live again and again only in speech, indeed can only be perceived and absorbed purely through it.«[155]

154 Felstiner, »Translating Celan's Last Poem«, 26.

155 Buber, »Zu einer neuen Verdeutschung der Schrift«, 35.

Celans Spätwerk | Celan's Later Work – Philosophische Annäherungen | Philosophical Approaches

Agata Bielik-Robson

Nehm ich dich auf, statt aller Ruhe

Madness of Language in Paul Celan's Last Poems

In an interview aired by German television in 1964, Hannah Arendt, asked the Hölderlinian question about *was aber bleibt* – what remains for her from the German culture after the Holocaust – famously declared: »*Was bleibt? Es bleibt die Muttersprache* … Always. I was telling myself: What is to be done? It is not really the German language, after all, that has gone mad. And in the second place, nothing can replace the mother tongue«.[1] I will argue that Paul Celan partly agrees with Arendt that, indeed, »nothing can replace the mother tongue«, but begs to differ on the point of linguistic madness. I would like to claim that it is precisely this possibility – that the mother tongue *can* go mad – that Celan demonstrates in his post-war poetry, which painfully articulates the demented »husky voice« of which Hölderlin spoke:

> Und nicht übel ist, wenn einiges
> verloren gehet, und von der Rede
> verhallet der lebendige Laut.[2]

> And there's no harm if some of it
> Is lost, and of the speech
> The living sound dies away.[3]

> It is not an evil thing if something
> endures perdition and the living voice
> of speech becomes husky as a result.[4]

1 Quoted in: Jacques Derrida, *Monolingualism of the Other; or The Prosthesis of Origin*, trans. Patrick Mensah, Stanford 1998, 84.

2 Friedrich Hölderlin, *Patmos*, in *Gedichte. Eine Auswahl*, ed. Gerhard Kurz, Frankfurt a. M. 2015, 92.

3 Friedrich Hölderlin, *Patmos*, trans. Michael Hamburger, in *Hyperion and Selected Poems*, ed. Eric L. Santner, New York 1990, 254.

4 I add this translation of Patrick Mensah, following closely the French version of Hölderlin's poem, because it is essential for Derrida's analysis of Scholem's speech; especially important here is the word »husky« which does not appear in Hamburger's version: Derrida, *Monolingualism of the Other*, 83.

Thus, when Celan states in the penultimate poem of the *Lichtzwang* volume – »nehm ich dich auf, statt aller Ruhe«[5] – he chimes with the mad poet, Hölderlin, saying that it is not an evil thing after all to stand in the madness of language and that there is a *poetic* manner in which the mother tongue goes mad, which constitutes the saving reverse of its *political* madness. What remains in the end is a peculiar acceptance of the mad/absurd/restless condition of language, which, for Celan, is also a universal condition of the poet: the one who indeed *stiftet*, founds, what endured perdition in the form of a »husky« linguistic remnant, a stammering word-survivor. Celan's *nehm ich dich auf* could thus be read as an invocation to poetry which, in Jacques Derrida's words, »inscribes Babel in the very body of each poem«.[6] Yet, by introducing the Babelic confusion bordering on inarticulacy and silence, poetry not only does not destroy language but allows it, precisely as a surviving remnant, to become an instrument of justice. Vivian Liska articulates the logic of this transformation quite aptly, explaining that »Celan enlists the power of poetic language in order to invert a murderous trope directed against the stranger into a metaphor of a positive self-estrangement performed by poetry itself«.[7] It is precisely this inversion I would like to focus on and present as the main imperative behind Celan's poetic strategy.

The phrase »nehm ich dich auf, statt aller Ruhe« derives from Celan's last poem in the collection *Lichtzwang* [*Lightduresse*], which he was preparing for print in 1970, shortly before his suicide. He did not compose these poems in Jerusalem, yet all are about Jerusalem, this messianic *Stadt aller Ruhe* which – *nach der Vor-Schrift*, »as the Arche-Script says« – will one day rise and shine, *kumi ori*. The poem belongs to the last series of the poems which were conceived under strong influence of Meister Eckhart, who also wrote sermons about Mystical Jerusalem. But, as I will try to show, this influence is tinged with polemical intent – particularly in regard to Eckart's chief imperative of appeasement, *Gelassenheit*. Celan's polemic extends to Heidegger, too, whose post-war philosophy explicitly recommends *Gelassenheit* as the only way to *Heil*, the process of healing the wound which destroyed Western thinking and plunged it into political madness. Only when man once again learns how to »dwell poetically on Earth« and reject the will to power, which distorts language into an instrument of mad domination over the world, can he hope for a

5 Paul Celan, WIRK NICHT VORAUS/ DO NOT WORK AHEAD, in *Breathturn into Timestead: The Collected Later Poetry: A Bilingual Edition*, trans. Pierre Joris, New York 2014, 316.

6 Derrida, *Monolingualism of the Other*, 69.

7 Vivian Liska, *German-Jewish Thought and Its Afterlife: A Tenuous Legacy*, Bloomington 2017, 132.

»reconvalescence«. Heidegger, in a text from 1953 entitled »Who is Nietzsche's Zarathustra?«, interprets the Nietzschean motif of reconvalescence in terms of *nostos*, or »homecoming«:

> But what does »the convalescent« mean? »To convalesce« (*genesen*) is the same as the Greek *nomai, nostos*. This means »to return home«; nostalgia is the aching for home, homesickness. The convalescent is the man who collects himself to return home, that is to turn in, into his own destiny. The convalescent is on the road to himself, so that he can say of himself who he is.[8]

Heil, therefore, is the return home from the regions of error/errance/exile, where the convalescent regains his *Muttersprache* and, thanks to that, can articulate and confirm his true identity: drawn back to the healing center, he can again feel safe and sound. The same counts for language: in this double movement of convalescence, *Muttersprache* also returns home, regaining itself in its original peace after the exile into alien territories of war and destruction. To heal the German mother tongue means thus to redeem it from its guilt of the deviation from its true destiny, which implicated it in the alien language of the will to power and metaphysical violence. Celan could not know what we now know of Heidegger's convictions about who was truly responsible for this distortion: the *Schwarze Hefte*, especially those from 1942, leave no doubt that it was not the Germans, naturally prone towards *Gelassenheit*, but the Jews who brought the Shoah upon themselves. According to Heidegger, »Die Judenschaft ist im Zeitraum des christlichen Abendlandes, d. h. der Metaphysik, das Prinzip der Zerstörung«:[9] the calculating Jews embody the »principle of destruction« issuing in metaphysical violence which attacked the peaceful poetic dwelling on Earth and turned the world into a soulless machine. Thus, when Heidegger goes on to define the Shoah as *Selbstvernichtung der Juden*, the »self-destruction of the Jews«, he quite openly suggests that it was, in truth, self-inflicted. Since the Jews represent the principle of metaphysical destruction, this violence inevitably had to turn against their carriers and end in the »ontological massacre«.[10] Heidegger thus seconds Arendt in her opinion that

8 Martin Heidegger, »Who Is Nietzsche's Zarathustra?«, trans. Bernd Magnus, in: *The Review of Metaphysics* 20.3 (1967), 411–431, here 412; emphasis added.

9 »Within the time-space of the Christian West, that is, metaphysics, Jewry is the principle of destruction«, Martin Heidegger, *Anmerkungen I-V (Schwarze Hefte 1942–1948)*, in: Peter Trawny (ed.), *Martin Heideggers Gesamtausgabe, Band 97*, Frankfurt a. M. 2015, 20. If not stated otherwise, all translations in the present essay are mine.

10 Ibid., 20.

»it is not really the German language, after all, that has gone mad«: it merely erred for a while, because

> [w]hen what is »Jewish« in the metaphysical sense [i. e., the principle of destruction] combats what is Jewish, the high point of self-annihilation in history has been attained – supposing that the »Jewish« has everywhere completely seized mastery, so that *even the fight against »the Jewish«, and it above all, becomes subject to it.*[11]

The German guilt, therefore, does not consist in destroying the Jews (this seems to be, for Heidegger, a valid and commendable aim), but in implicating itself in the very principle of destruction which the Jews represent. In order to fight against »the Jewish«, the Nazis erred into a foreign land of violent mastery and thus became »Jews« combatting the Jews. Caught in the self-annihilating paradox, they betrayed the metaphysical truth of the German *Muttersprache*, which consists in a peaceful – *gelassen* – contemplation of Being. The convalescence is thus a *nostos*, *Heimkunft* to what German language always was and will be, despite all the merely accidental errors: its essence is not war and madness but *Gelassenheit*, the Eckhartian-Hölderlinian gentle poetic dwelling on Earth. The Shoah was only a climactic episode in the history of Being, with which the »time of the world-picture« had come to a violent end, thus allowing Being to self-purify from the »Jewish« toxin and threturn to the homely niche of German, the mother tongue of Being. Doubtlessly, Heidegger sees himself as the prophet of the self-healed and self-purified Being, when he, speaking in Being's name, outlines a »new beginning« of thinking: »Bauen, Wohnen, Denken«, an essay composed in 1951, offers a vision of a peaceful and perfectly balanced Fourfold (*das Geviert*) from which all previous traces of madness, violence, unrest, and even historical dynamism are forever expelled: »Mortals dwell in that they receive the sky as sky. They leave to the sun and the moon their journey, to the stars their courses, to the seasons their blessing and their inclemency; they do not turn night into day nor day into a *harassed unrest*«.[12] This is Heidegger's world truly saved and healed: motionless, timeless, slowly rotating in its cyclical »courses«, relieved of »harassed unrest«. A therapeutical ideal where all elements of the Fourfold rest in peace: withdrawn from action (apart from the organic minimal practice of *Bauen* as building shelters), they merely contemplate one another. The Mortals

11 Ibid., emphasis added.

12 Martin Heidegger, »Dwelling, Building, Thinking«, in: *Poetry, Language, Thought*, trans. Albert Hofstadter, New York 2001, 145–159, here 148.

dwell *gelassen* on Earth and speak the poetic German of Hölderlin and Trakl, the only language fit to meditate upon the mystery of *Seyn*.

Against Therapy: »Jump into the World«

Nothing can be more alien to Paul Celan, the paradigmatic poet of »harassed unrest«, refusing all attempts to heal his *Muttersprache* and relieve it from madness. Celan's wrestling with his personal therapeutic process – his hopes to become healthy constantly alternating with disappointments with new pills and treatments – does not seem to affect his poetic position and strategy. Even if he suffers from photophobia and finds it hard to face the light of the ordinary day, which engulfs the fading memory of the victims; even if he preferred to withdraw from the world and return to himself as a shadow living in the house of the dead, he, as a poet, opposes this self-appeasing tendency. *Lichtzwang*, light compulsion, is also *Weltzwang*, world compulsion: the necessity to stay in the world instead of all shadowy peace, *statt aller Ruhe*. Celan not only is not the Nietzschean-Heideggerian convalescent: he will also prevent all attempts of *Heimkunft* or the return home to *die Stadt aller Ruhe*, the stead-place of the ultimate redemption and peace, the *Heil der Heilen*, peace of peaces, which reverberates in the Hebrew name of Jerusalem: *Yerushalaim*, the city of all sabbaths. He stubbornly remains on the exile/errance, sticking to his erring and maddened mother tongue in which he no longer »can say of himself who he is«, because, in her madness, the German tongue excluded him from the community of speakers. And he, as poet, does not crave redemption as convalescence (*Heil-Heilung*): *Yerushalaim, die Stadt aller Ruhe*, appears to him as a false eschatological mirage, an ironic contrast against which he can state his declaration of »harassed unrest«. Celan rejects the therapeutic *nostos* of the convalescent who returns home: whether this home be Jerusalem, to which he indeed returned shortly before his death, in a desperate hope to experience miraculous healing, or the renovated house of German, in which Martin and Hannah had already begun to dwell poetically and peacefully. His poetic self remains a *Fremdling*,[13] a stranger and man of exile, an *exul umbra*, the shadow-refugee, who embraces his errance through the desert scorched by the terrible light:

13 »Sie versetzt den künftigen Menschen in jenes Zwischen, darin er dem Sein zugehört und doch im Seienden ein Fremdling bleibt«, Martin Heidegger, »Die Zeit des Welt-Bilds«, in: id., *Holzwege. Martin Heideggers Gesamtausgabe Band* 5, ed. by Friedrich-Wilhelm von Herrmann, Frankfurt a. M. 1977, 75–113 here 96.

Du sei wie du, immer.
Stant vp Jherosalem inde
erheyff dich

Auch wer das Band zerschnitt zu dir hin,

inde wirt
erluchtet

knüpfte es neu, in der Gehugnis,

Schlammbrocken schluckt ich, im Turm,

Sprache, Finster-Lisene,

kumi
ori.

You be like you, always.
Stant up Jherosalem inde
erheyff dich

Even he who cut the band with you,

inde wirt
erluchtet

tied it anew, in the gehugnis,

mudclots I swallowed, in the tower,

language, dark pilaster strip,

kumi
ori.

Wirk nicht voraus,
sende nicht aus,
steh
herein:

durchgründet vom Nichts,
ledig allen
Gebets,
feinfügig, nach
der Vor-schrift,
unüberholbar,

nehm ich dich auf,
statt aller
Ruhe.

Do not work ahead,
do not send out,
stand
inward:

transgrounded by the void,
free of all
prayer,
fine-fugued, according to
Writ's pre-Script,
not overtakable,

I take you in,
instead of any
rest.[14]

If we were to further contract these two already hyper-dense poems, to the incipit of the latter and the conclusion of the former, we would obtain a kind of Celan *credo*, his *alpha and omega* on the matters of God, language, and redemption –

14 Celan, *Breathturn into Timestead*, 314–16.

Du sei wie du, immer.

nehm ich dich auf,
statt aller
Ruhe.

The gnomic finality of both phrases – the alpha and the omega – is emphasized by the full points, which, in contradistinction to colons, so often used by Celan, suggest final cuts. First, the imperative – you be like you, always – and then a confession implied by it: I take you in, instead of all peace. Which may also be read as a declaration of poetic strategy: o trauma, stay what you are, my intimate/extimate, forever irreconciled thorn of madness, and I will always be with you, rejecting the therapeutic gift of *Ruhe* or *Gelassenheit*.

The second poem, Wirk nicht voraus, is built in a typically Celanian manner: the two parts are divided by a large space – a caesura or *Atem-wende*, the turn of the breath/*ruah* (the Hebrew connotation of »breath« will become clear in a moment) – and thus stand in an aporetic relation to one another. The first part is formulated as a series of imperatives – do not act outwards, stand in – which closely follow the teaching of Meister Eckhart. »Sende nicht aus, | steh | herein: || durchgründet vom Nichts« states the rules of the strategy of *In-sich-Gehen*, the aim of which is to reach the inner state of peace as no-thingness, a vast abyss of *Gelassenheit* free of any being and property, *ohne Eigenschaften*, without subject and its predicates. The word *Vor-Schrift*, translated by Joris as *Pre-Script*, may signify a Holy Writ earlier than the gospels, i. e., the Hebrew Bible, or an even more original writing of the abyss and silence, »durchgegründet vom Nichts«, the Eckhartian *Gottheit* pervaded by nothingness[15] – but it also sounds ironic: *nach Vorschrift*, »according to regulation«, alludes to the German spirit of *Vorschriftmäßigkeit*, obedience in following the rule, which turns Eckhartian mysticism into a therapeutic formula of do's and don'ts in the thirty-step program to achieve perfect peace. But when read without sarcasm, *Vor-Schrift* can indeed mean a prescription: a recipe formulating a method of achieving a poetic idiomacy, thanks to which language becomes harnessed to incarnate and expresse the poet's name, *Cel-an*: the manifestation of the Hebrew *tsel*, »shadow«, a dark blue flame of the di-

15 Comp. one of Eckhart's sermons: »Alles, was in der Gottheit ist, das ist Eins. Und davon kann man nicht reden. Gott wirkt, die Gottheit wirkt nicht. Sie hat auch nichts zu wirken. In ihr ist auch kein Werk. Sie hat auch nach keinem Werk ausgelugt. Gott und Gottheit unterscheiden sich durch Wirken und Nichtwirken«: Meister Eckhart, *Predigt 109*, in *Meister Eckhart: Die deutschen und lateinischen Werke*, trans. and ed. Josef Quint and Georg Steer, Stuttgart 1936, vol. 4/2, 772.

vine Night, which often appears in Gustav Landauer's writings, an important inspiration for Celan.[16]

Most likely, Celan's polemical non-Heideggerian treatment of the Eckhartian ideal of *Gelassenheit* derives also from Gustav Landauer, whose interpretation strongly rejects the nirvanic line of Eckhart's reception and emphasizes the necessity of the »return to the world«:

> Let's take another path now. Let the world pass through us. If we prepare state of readiness within us, we will experience the world [...] *In order not to be one and the same as God alone, I acknowledge the world* and in so doing reveal myself; but only to feel myself in the world I had left. Like a suicide plunging into the water, I plummet straight down into the world and don't find death, but life.[17]

Landauer's influence on Celan's last poems is palpable; and, perhaps, not just on the poems, but on his final decision to take his own life. Yet, again, the biography and poetic strategy diverge: the suicide, which ends Celan's life, is not the same as the suicidal gesture of the poet. The famous line from *Skepsis und Mystik* speaks of suicide as an attempt to shed the shell of the false ego and reach the kernel of the true self, which is no longer separate from the world but flows into it like a newly released (*gelassen*) stream. The suicide here is not a failure, but a means of plummeting straight into the world, where one finds not death, but life; not eternal peace, but an acceptance of *die Unruhe*, of the realm of the living, from which Celan – but also Landauer before him – feels *abgeschieden*, *getrennt*, cut off and separated. In the earlier version of Landau-

16 See Gustav Landauer, *Meister Eckharts mystische Schriften*, Berlin 1903. On the relation between Celan and Landauer, see Donatella Ester di Cesare, *Utopia of Understanding. Between Babel and Auschwitz*, trans. Niall Keane, Albany 2012, 185–188. In *The Meridian*, Celan admits that he never stopped reading »the writings of Petr Kropotkin and Gustav Landauer«, Paul Celan, *The Meridian*, in: id., *Selected Poems and Prose of Paul Celan*, trans. John Felstiner, New York 2001, 403. See, for instance, this fragment from Landauer's *Revolution*: »The further we depart from Christianity, the clearer it becomes that Christianity was not colorless. It was not a gloomy reflection, but magical blue light. We must remember this when reading the great minds of those times: from Dionysius to Meister Eckhart to Nicolaus Cusanus; we must remember it when we encounter a form of ignorance (*Unwissen*) that is actually a form of superior knowledge (*Überwissen*); we must remember it when we encounter a darkness that is actually a light transcending the earth as well as the Gods«, Gustav Landauer, »Revolution«, in: id., *Revolution and Other Writings: A Political Reader*, ed. and trans. Gabriel Kuhn, Pontypool 2010, 110–187, here 129.

17 Gustav Landauer, *Skepticism and Mysticism: On Mauthner's Critique of Language*, trans. David Grunwald, Wrocław 2019, 31, 29; emphasis added.

er's suicidal argument, deriving from »Through Separation to Community«,[18] this is articulated more extensively:

> [...] my inner feeling that I am an isolated unit can be wrong – and I declare it so, because *I do not want to be isolated.* Yet, I must be aware of what this declaration means: I leave behind the only thing that seems certain within myself; I now float out into the uncertain world of hypotheses and fantasies. *I reject the certainty of my I so that I can bear life.* I try to build myself a new world, knowing that I do not really have any ground to build it on; all I have is a need. This need, as a part of life, includes a liberating, joyful strength: I know from now on that I live, that I perceive and act in my own, self-created world. Then, however, *in order not to be a godforsaken loner, I accept this world and surrender my I.* I do this to feel one with the world in which my I has dissolved. Just like someone who jumps into the water to kill himself, I jump into the world – but instead of death, I find life. *The I kills itself so that the World-I can live.* And so, even if it may not be the absolute – which really means »isolated« – reality that I create, it is the reality that is relevant to me, born in myself, put in place by myself, and coming to life in myself.[19]

Is the last line of Celan's poem WIRK NICHT VORAUS a harbinger of the suicide as a »jump into the world«, the place of »harassed unrest« and *not* the stead/*Stadt* of all peaces? An act of the I who kills itself so that the World-I, coextensive with its own poetic body, put in place by itself, can live? The death of the poet would thus begin the survival of his poetry, no longer held back and isolated from the world, to which Celan himself could not return. »I do not want to be isolated«, states Landauer, and Celan repeats after him: »nehm ich dich auf, | statt aller | Ruhe« – but it is not *him* who will be able to return to the world, only his »World-I« that survives in the poetic idiom. This survival is thus akin to Derrida's *sur-vie* that continues to »write the world in the instance of his [the poet's] death«:

> Tomb there is, and the Poet, but the latter will have done more than live or die, something more and altogether other, he would have survived. By dying, however. Neither living nor dead: *ci-devant*, surviving, but *surviving as*

18 The first result of Landauer's interest in Eckhart was the lecture »Durch Absonderung zur Gemeinschaft«, which he delivered in the »Die Neue Gemeinschaft« commune in June 1900 in Berlin, and which he later developed into his main philosophical work, *Skepsis und Mystik. Versuche im Anschluß an Mauthners Sprachkritik*, Berlin 1903.

19 Gustav Landauer, »Through Separation to Community«, in: id., *Revolution and Other Writings*, 94–109, here 97; emphasis added.

> *dying*. Dying [*la mourance*] and survival [*survivance*] belong to one another because the being-toward-death of the Poet, in its temporality of incessant imminence, is inseparable from a promise. And it belongs to the structure of this promise to first of all promise its survival, to survive itself, to pass through death [...] The Poet would be, from the beginning, a sort of survivor, thus *a dying being who writes the world in the instance of his death*, his own or the world's. He haunts a memory, but the memory of a promise. *The last will of a testament opens the chance of the future.*[20]

The stake of this suicidal operation, therefore, is to break the separation and return to the world with a promise, even if in the form of the »last will of a testament« and »in the instance of one's death«: »nehm ich dich auf, | statt aller | Ruhe«. This is also how Landauer reads Eckhart: certainly not as a mystic who prescribes the retreat into the inner *Ruhe* and the dissolution in the anonymous *Gottheit*, a subjectless *unio mystica* in which all singularity drowns into undifferentiation. On the contrary: the retreat enables the individuation which allows the poet to speak in his own deep name and thus communicate with the world on his own terms, in the idiom »relevant to him, born in himself, put in place by himself, and coming to life in himself«.[21] Celan, similarly, rejects the nirvanic *Auslöschung* of the therapeutic appeasement, or what Schopenhauer and Heidegger saw as the liberation from the madness of the world, to be realized by a withdrawal into one's deep Self identical to a peaceful, harmonious, and eternally static *Gottheit*. By turning against the therapeutic formula of *Ruhe*, he decides to act *gegen die Vorschrift*: against therapy, prescription, and rule; against the ever-pressing ordination to get healthy.

20 Jacques Derrida, *Advances*, trans. Philip Lynes, Minneapolis 2017, 11; emphasis added. In this preface to Steven Margel's *Le tombeau de dieu artisan*, a commentary to Plato's *Timaeus*, Derrida talks about the Demiurge as the finite dying God who writes the world at the instance of his death, but since the quote hints to Maurice Blanchot, it is not too far-fetched to replace the »Demiurge« with the »Poet«. In *Circumfession*, Derrida emphasizes »the intense relation to survival that writing is, is not driven by the desire that something remain after me, since I shall not be there to enjoy it in a word, there where the point is, rather, in producing these remains and therefore the witnesses of my radical absence, to live today, here and now, this death of me, for example, the very counterexample which *finally reveals the truth of the world such as it is, itself, i. e. without me*, and all the more intensely to enjoy this light I am producing through the present experimentation of my possible survival, i. e. of absolute death ...« (Jacques Derrida, *Circumfession* in: Jacques Derrida and Geoffrey Bennington, *Jacques Derrida*, trans. Geoffrey Bennington, Chicago 1993, 3–315, here 190–191; emphasis added). The Landauerian World-I is precisely such a paradoxical experience of the world as it is, that is, *without me*: without the blocking agent of the isolated *ego*.

21 See again Landauer, »Through Separation to Community«, 97.

Besides Eckhart and Landauer, Celan also refers here to Jung, whom he utilized quite widely in his alchemic poems, but this reference is equally polemical: Celan applies the Jungian motif of the appropriation of the shadow with a characteristic *clinamen* which rejects Jung's purpose of integration and reconciliation within the *Ichheit*, the deep Self thus reconstituted in the act of *restitutio ad integrum.*[22] Celan was always mistrustful towards any image of God as a rounded, mandala-like, pleromatic, and essentially indifferent highest being which founds all that exists, good and evil alike, and manifests itself in cruelly sublime beauty. Whether it be the White-Green One, the Lord of the Icebergs, the God of Vast Landscapes and High Mountains, the God of *physis*, as we know Him from »Gespräch im Gebirge«, or the Eckhartian-Jungian *Ichheit*, such a deity appears equally indifferent, impersonal, and completely oblivious to the suffering of the singular parts of the totality of being: »Do-you-hear-me is one with the glaciers, is three in one, and not for men .. . The green-and-white there, with the turk'scap lily, with the corn-salad.«[23] Caspar David Friedrich's *Watzmann* – a solemn portrait of one of the Northern Alps' highest mountains, composed in white-greenish shades against a clear blue sky – could indeed have been an inspiration for Celan's green-and-white One, especially if accompanied by Goethe's famous line ÜBER ALLEN GIPFELN IST RUH': both contain the German *Geist* and its preference of peace-*Gelassenheit*, so highly praised by Heidegger.

It would thus seem that, when the German thinker hears the Hebrew word *Ruah*, he immediately substitutes for it the Goethean *Ruh'*. But not Celan, much more careful in his experimental Babelization of the poetic idiom: for him, *ruah* is what it is, a fire – the opposite of all peace. In *Of Spirit*, the 1987 essay which poses Heidegger in front of »*the* question«, Derrida writes about the Hebrew »tradition of fire« as opposed to the alternative tradition of peace, the goal of which is to extinguish the spark of *ruah*. Radically differing from the Neoplatonic concept of the origin as the One resting in itself, *ruah* represents a non-original origin, from the outset contaminated and contagious, being itself only in being *outside itself* – like fire. *Ruah* knows no fixed identities and boundaries; it is the paradigmatic *Unruhe*, the original »rousedness« that spontaneously moves towards the Other: »what is proper to spirit is this auto-affective spontaneity which has no need of exteriority to catch fire or set

22 On Jung's presence in Celan's poetry, see: James K. Lyon, »The Poetry of Paul Celan: An Approach«, *Germanic Review*, vol. 39, no 1/ 1964, 50–67.

23 Paul Celan, »Conversation in the Mountains«, in: *Selections*, trans. and ed. Pierre Joris, Berkeley 2005, 152.

fire, to pass ecstatically outside itself«.[24] The *ruah*, therefore, is the origin which has no home and is everywhere in »exile which is [...] in some way a non-exile«; while it always »invents the other«, it can never rest in peaceful sameness.[25] Celan's poetic intuition about the fiery *ruah* is very similar. If there is God for Celan, he is defined not by *Ichheit*, but by *Du-heit*: a primordial *Thouness* which never rests in its inner integrity but, being itself originally divided, always reaches outward, towards alterity and towards encounter. The *In-sich-Gehen*, therefore, is not an autotelic process aiming at finding an eternal rest: it is a stage of preparation for a jump into a new relation with the other, a new mode of living together, which can be achieved only through the initial separation, *Abgeschiedenheit*. Hence the space, caesura, pause – the time of the *Atemwende*, the turn of the breath/spirit/*ruah*, »taking another path«[26] – which issues in the concluding line, now stated in the firm first person, strongly subjective constative: »nehm ich dich auf, | statt aller | Ruhe«, I take you, *ruah*, the »tradition of fire« – instead of all peace, *Ruh'*. When Goethe gently summons death as a peaceful solution to the madness of life – »[b]alde ruhest du auch«[27] – Celan does the very opposite: he chooses the Landauerian suicide as the »jump into the world«, the state/stead of incurable »harassed unrest«.

The therapeutic teaching of *Gelassenheit/Ruh'* as the final withdrawal is thus rejected for the sake of an adventurous – surprising and simultaneously traumatizing – »out-of-joint« encounter with alterity, strangeness, with its irreducible wonder, anxiety, unrest, madness, harassment, or as Landauer puts it, »unheard-of iniquity«.[28] The self enters back the communal world on its own risk, choosing the other as he/she is: an an-archic, i.e., abyssal, *ungründig*, unpredictable, forever enigmatic neighbor, another *tselem* (*cel-an*), infinitely mysterious in its alterity. *Du sei wie du, immer* (you, be like you, always) – the incipit of the other, equally Landauerian-Eckhartian poem in this volume, apparently addressed to God, is, in fact, an invocation to every other who is entirely other: inscrutable in his/her otherness, absolutely transcendent despite the immanent horizon of the communal encounter.

The primary version of the poem's incipit was, in fact, a perfect reverse of the later one, very much in the vein of Eckhart's negative theology: »Nichts ist

24 Jacques Derrida, *Of Spirit: Heidegger and the Question*, trans. Geoffrey Bennington and Rachel Bowlby, Chicago 1989, 98.

25 See Benjamin D. Sommer, »Expulsion as Initiation: Displacement, Divine Presence, and Divine Exile in the Torah«, in: Aryeh Cohen, Shaul Magid (eds.), *Beginning/Again: Towards a Hermeneutics of Jewish Texts*, New York 2002, 23–48, here 26.

26 Landauer, *Skepticism and Mysticism*, 34.

27 J.W. Goethe, *Wanderers Nachtlied II (Ein Gleiches)*, in: *Gedichte*, Berlin 1873, 52.

28 Ibid., 27.

wie du, nirgends« (Nothing is like You, nowhere).[29] After a second thought, Celan changes the constative into the imperative and bestows it with a strong kataphatic stress: *Du sei wie du, immer*, where the spatial timeless *nirgends* turns into a temporal *immer*. Already this transformation signals a declension from the static vision of Meister Eckhart of the other, non-Landauerian, line of reception, where all is steeped in the eternal *Ruhe*: motionless quietistic appeasement which invalidates all happening, all history as nothing but a passing madness (*Verwirrung*). In that manner, Celan contrasts the peace of the *Ichheit*, where all events turn out to be nothing but a *Schein*, with the madness/*Unruhe* of the *Du-heit*, Thou-ness, where all emerges as singular, dispersed, irreducible to any oneness, and exposed to the temporal dimension of historicity the finale of which cannot be safely predicted. The Thou-God of this more anxious and not at all appeasing vision is not a God of theodicy, who can be made responsible for the evils of the created world: in His readiness to risk everything and give Himself over to the chance of becoming, He rather resembles the self-conflicted divinity from the Kabbalah of Isaac Luria, a divinity whom Hans Jonas, in his famous essay »The Concept of God after Auschwitz: A Jewish Voice«, written in a similar time, designated as the only God capable of surviving the accusation of the Shoah.[30] When the God who is unreconciled with himself breaks into the world and its historical becoming, there is no longer one grand subject – the I, *Ich*, that would be able to collect all under a unified narrative and serve as a guarantee of a safe *tikkun*, the ultimate ›repair of the world,‹ understood as a return to unity.

29 Paul Celan, *Lichtzwang. Vorstufen – Textgenese – Endfassung*, ed. Heino Schmull, Frankfurt a. M. 2001, 176–77.

30 Hans Jonas refers to the »Lurianic myth« in order to champion a »new metaphysics of the gamble«, the only one that can be seriously considered after Auschwitz: »In the beginning, for unknowable reasons, the ground of being, or the Divine, chose to give itself over to chance and risk an endless variety of becoming. And wholly so: entering into the adventure of space and time, the deity held back nothing of itself: no uncommitted or unimpaired part remained to direct, correct, and ultimately guarantee the devious working-out of its destiny in creation. On this unconditional immanence the modern temper insists. It is its courage or despair, in any case its bitter honesty, to take our being-in-the-world seriously: to view the world as left to itself, its laws as brooking no interference, and the rigor of our belonging to it as not softened by extramundane providence. The same our myth postulates for God's being in the world […]. In such self-forfeiture of divine integrity for the sake of unprejudiced becoming, no other knowledge can be admitted than that of *possibilities*, which cosmic being offers in its own terms: to these, God committed his cause in effacing himself from the world«, Hans Jonas, »The Concept of God after Auschwitz: A Jewish Voice«, in: id., *Mortality and Morality: A Search for the Good after Auschwitz*, ed. by Lawrence Vogel, Evanston 1996, 131–143, here 134.

It this sense, *tikkun* can never be a return/*Heimkunft*/*nostos*, because there never was a One God who, at some mysterious point, suffered a catastrophic inner split: the plurality of *Du-heit* was the original condition, then reflected and repeated in the irreducible manifold of all those small separated *thous* that can come together only in the act of encounter, of striking a connection. The *tikkun*, therefore, is not a *regressio* into a transcendent *Ruhe* which underwent a maddening disturbance. It is the opposite movement of pushing forward into the future; of taking on (*aufnehmen*) all difference, alienation, and trauma that throw off beings as exiled and separate and then striking a relation between them, so that every isolated fragment can emerge from the anonymous dispersed *Es/It* of ashes and become a *Du/Thou*, an addressee of redemptive speech. Everything is thus to meet everything in the mode not of unification but of relation – and poetry is the place/stead where this universal »shaking hands« of all with all becomes possible as an *u-topia* of the tikkunic all-encounter of which *The Meridian* speaks. With sparks lifted from ashes in the all-encompassing constellation, the *tikkun* will light *das Graue*, the greyness of the world, and transform it into a Jerusalem Golden, prophesied by Isaiah and Eckhart, that will have risen up full of light: *kumi, ori*. »In jedem Gedicht wartet die Sprache als Stimme«,[31] says Celan in *The Meridian*: »in every poem there waits a language as a voice«,[32] ready to address and enliven the *Es* into *Du*, be it God, man, tree, or a star; a voice ready to awaken the dormant spark of each and every other – *kumi, ori!* – and make it shine. *Lichtzwang*, therefore, has also a positive connotation: it is not just a lightduress which oppresses Celan with the »harassed unrest«, but also a messianic compulsion which tries, in Jonas's words, to »rescue God from the odyssey of time«.[33]

The stakes are high and not at all certain; no one, not even God, can be sure that »all shall be well«, as it was once announced by Julian of Norwich, another great mystic advocating the cures of holy therapy.[34] The mad – restless, fiery, anxious – God of Isaac Luria, mediated via Boehme and Schelling, God confused and *verwirrt*, is nonetheless the only God which can be exon-

31 Paul Celan: *Der Meridian. Endfassung – Entwürfe – Materialien*, eds. Heino Schmull and Bernhard Böschenstein, Frankfurt a. M. 1999, 145.

32 Celan, *The Meridian*, 406.

33 Jonas, »The Concept of God after Auschwitz«, 134.

34 See her »Revelation of Love«, where the Christ, with whom Julian mystically communicates, promises the eternal peace and the end of all troubles in a kind of an appeasing mantra: »And ther shall it verely be made knowen to us, his mening in the swete wordes wher he seyth: ›Alle shalle be welle, and thou shalt see it thyselfe that alle manner thing shall be welle‹«,in: *The Wiritings of Julian of Norwich*, eds. Nicholas Watson and Jacqueline Jenkins, University Park-Pennsylvania 2006, 321).

erated from any implication in any theodicy, and precisely because of that can be accepted (*aufgenommen*) after the Shoah. I take You – as You, always, the way You are – instead of all peace, because any metaphysics implying an all-mighty and all-present God having all under his providential control is, after what happened, simply unthinkable. A certain critical point has been reached in all the metaphysical attempts to invalidate history for the sake of a timeless perfect *nunc stans*, which now makes the Eckhartian quietistic withdrawal from the madness of the world no longer possible. The Shoah as the historical event marks the moment in history when history truly begins to matter, with all its traumatic Real that can no longer be treated as merely apparent, just a *Schein*. This is yet another aspect of the Celanian *Lichtzwang*: the necessity of taking seriously this very shine – the reflected light of the seemingly relative sublunar reality – as designating not just an appearance, but the metaphysical Real. Just as for Adorno, the »Big Jew« from *Conversation in the Mountains*, after Auschwitz, the individual suffering occurring in time becomes the new Archimedean point of all philosophical reflection,[35] so does pain, confusion, and *Unruhe* become the undeniable criterion of the Real for the »little Jew«, Celan. The Shoah forces, therefore, a metaphysical mutation that questions the spiritual authority of such *alte Meister* as Eckhart read by Heidegger: it paves the way towards a new metaphysics of *Unruhe*, where no element – be it God, Man, or the World (to use the Rosenzweigian trinity)[36] – stays free from gamble, risk, uncertainty, madness.

35 In the series of lectures conducted in the time of writing *Negative Dialectics*, and particularly its final section, »Meditation on Metaphysics«, Adorno presents Auschwitz as an absolute caesura in the metaphysical thinking of the West, which can never return to the ideal of *Gelassenheit* and must embrace the restless dimension of time as real, following in this the »mystical doctrine« of the Kabbalah: »In the light of what we have experienced in our time […] these experiences, I say, change the content of metaphysics. *The mutual indifference of the temporal world and ideas, which has been asserted throughout metaphysics, can no longer be maintained.* There are isolated motifs scattered in the history of ideas which hint at this. And, curiously enough, they are to be found less in the history of philosophy, if you leave aside certain elements in Hegel, than in *heretical theology* – that is to say, in mystical speculation, which has always been essentially heretical and has always occupied a precarious position within institutional religions. I am thinking here of the mystical doctrine – which is common to the Cabbala and to Christian mysticism such as that of Angelus Silesius – *of the infinite relevance of the intra-mundane, and thus the historical, to transcendence, and to any possible conception of transcendence*«: Theodor W. Adorno, *Metaphysics: Concepts and Problems*, trans. Edmund Jephcott, London 2001, 100–101; emphasis added.

36 Franz Rosenzweig, *The Star of Redemption*, trans. Barbara Galli, Madison 2005, 260.

Language, the Abyss of *Bezobrazye*

But that also includes language. As noted earlier, the phrase »nehm ich dich auf, | statt aller | Ruhe« can also be understood as an invocation to poetry: the language which begins to reflect on its inherent state of »harassed unrest« that can never be appeased. Just as Celan cannot accept the always safe and secure »White-Green One of the Icebergs«, he is also bound to reject any recipe/*Vorschrift* of *Heilung*, of returning the mother tongue to its seemingly lost sanity. In *The Monolingualism of the Other*, Derrida juxtaposes Hannah Arendt and Paul Celan precisely on that point in order to take the side of the latter. Derrida reminds us that Gershom Scholem, in his speech devoted to Martin Buber's Bible translation and delivered on the occasion of Buber's burial in 1961, used a fragment from Hölderlin to ponder the demise of the German-Jewish dialogue, itself irreversibly dying with its last representative: »This living voice, which you wanted to stir up from the bosom of the German language, has become husky. Will someone be found who can still hear it?«[37]

Scholem did not have Celan in mind, yet would Celan not be the best candidate to hear the husky voice of German and keep it that way? Such was precisely Derrida's suggestion when he alluded to Celan in his comment on Scholem's speech at Buber's burial site that could just as well be the poet's tomb (»Tomb there is, and the Poet …«):

> A translation of the Bible as a tombstone, a tombstone in the place of a gift from the guest or a gift of hospitality (*Gastgeschenk*), a funerary crypt given in thanks for a language, the tomb of a poem in memory of a language given, a tomb which contains several other ones, including all the ones from the Bible, including the one from the Scriptures […], *the gift of a poem as the offering from a tomb* which could be, for all one will ever know, a cenotaph, what an opportunity to commemorate a monolingualism of the other! What a sanctuary, and what a seal, for so many languages![38]

Celan's poetic strategy forms itself in opposition to the likes of Buber, whom Scholem gently admonishes for his failed investment in the German-Jewish

37 The English translator of *Monolingualism* follows the French translation of Hölderlin and Scholem's text, so the English translation reads a bit differently: »For many of us the living sound which you tried to evoke in the German language has faded away. Will anyone be found to take it up again?« Gershom Scholem, »At the Completion of Buber's Translation of the Bible«, trans. Michael A. Meyer, in: Gershom Scholem, *The Messianic Idea in Judaism, and Other Essays on Jewish Spirituality*, New York 1995, 314–319, here 319.

38 Derrida, *Monolingualism*, 81.

friendship. Scholem does not want to resurrect the living voice of the mother tongue; he wants German to remain husky, forever marked with the trauma, deranged: »statt aller | Ruhe«. He thus truly embraces this »demented mother« who can only transmit a mad mother tongue. This is also Derrida's position in his polemic with Arendt:

> [...] a language can, in itself, become mad, even a madness, madness itself, the place of madness, madness in the law. Arendt is not willing or able to think this aberration: in order for the »subjects« of a language to become »mad«, perverse, or diabolical, evil with a radical evil, it was indeed necessary that language have a hand in it; it must have had its share in what made that madness possible; a non-speaking being, a being without a »mother« tongue cannot become »mad«, perverse, wicked, murderous, criminal, or diabolical; and if language is for them something other than a simple, neutral, and external instrument [...] it is indeed necessary that the speaking citizen become mad in a mad language – in which the same words lose or pervert their so-called commonsense. And we will understand less than nothing in something like Nazism if, along with language and speech, we exclude everything that is inseparable from it: it is not nothing, it is almost everything.[39]

What Arendt did not want to see and what Buber tried to counteract with all his might, becomes, for Celan, a daily »black milk« of speech flowing from the breast which blackened itself in the act of madness – precisely as in Kierkegaard's rendering of the *akedah*, the Binding of Isaac, in *Fear and Trembling*, where the violent process of weaning, via the strategy of the blackened breast, serves as the canvas for explaining the story of metaphysical separation between God and Man with its necessary component of metaphysical vertigo and *Unruhe*.[40] We will find a similar intuition in Freud, who also talks about separation anxiety as the necessary stage in the maturational process of the psyche. »[N]ehm ich dich auf, | statt aller | Ruhe« refers to this form of *Angst* too and indicates an acceptance of the state of danger *(das Gefährlichste)*, in which the

39 Ibid., 87.

40 The famous last line of Kierkegaard's *Exordium* reads: »When the child is to be weaned, the mother blackens her breast. It would be hard to have the breast look inviting when the child must not have it. So the child believes that the breast has changed, but the mother – she is still the same, her gaze is tender and loving as ever«, Soren Kierkegaard, *Fear and Trembling*, trans. Howard V. Hong and Edna Hong, Princeton 1983, 11. But Derrida goes further than that: the blackened breast is not just a pedagogical decoy; it is the very truth of the mother-child relation.

speaker of the language becomes separated from the mother tongue that went mad and blackened its breast. For Derrida as well, the blackened breast caesura which expels the child from all imaginary wombs is the paradigmatic locus of trauma and unappeasable anxiety: »I have always suspected the law, as well as language, of being mad, of being, at any rate, the unique place and the first condition of madness«.[41] While continuing his critique of Arendt, Derrida reproaches her for not being able to see that it is precisely this »one and unique« aspect of our relation to the Mother, the mother tongue, and God as One that necessarily entails a disruption of the law as the foundational act of the law – and that inevitably must »drive one crazy«:

> […] what Arendt does not seem, more profoundly, to have in sight even from very far off, what she did not perhaps wish to see, could not wish to see, is that it is possible to have a demented mother, a mother ›unique‹ and demented, *demented because unique*, in the logic of the phantasm. Even if a mother is not demented, *can one not have a demented mother*? […] When a mother loses her reason and common sense, the experience of it is as frightening as when a king becomes mad. In both cases, what becomes mad is something like the law or the origin of meaning (the father, the king, the queen, the mother) […]. *As mad as the One of the unique.* A mother, a relationship with the mother, a maternity is always unique and hence always a place of madness (*nothing drives one crazier than the absolute uniqueness of the One or of the She-One* [*l'Une*]).[42]

But then, to leave the maternal womb and get out through *die Engführung*, the narrow birthing channel, into the world as a singular being who no longer needs motherly protection and does not search for any other better mother means also to leave *die Muttersprache*, which no longer feels as a safe womb, and stand outside, yet without any attempt to look for another language. Just as Derrida, therefore, Celan is *monolingual*: he has only one language, which is not his language. When Derrida confesses – »it will never be mine, this language, the only one I am thus destined to speak«[43] – it applies to Celan *a fortiori*. He too speaks the language to which he does not belong – and this pre-

41 Derrida, *Monolingualism*, 10.

42 Ibid., 87–88; emphasis added.

43 »When I said that the only language I speak is not mine, I did not say it was foreign to me. There is a difference […]. It is possible to be monolingual (I thoroughly am, aren't I?) and speak a language that is not one's own? […] it will never be mine, this language, the only one I am thus destined to speak, as long as speech is possible for me in life and in death; you see, never will this language be mine. And, truth to tell, it never was«, ibid., 2, 5.

carious situation is the constant source of anxiety, *Unruhe*, but also allows Celan to articulate his voice as *votum separatum*, a voice separate and contrary, which, by breaking with the illusory safety of floating in the womb of the mother tongue, creates a poetic idiom, based on the resistance to the easiness of flowing speech. »We only ever speak one language – and, since it returns to the other, it exists asymmetrically, always for the other, from the other, kept by the other. Coming from the other, remaining with the other, and returning to the other«, writes Derrida further on.[44] This sense of alienation which prevents from appropriating the »one language« that we speak perfectly characterizes the specificity of Celan's idiom: a singular use of language, which derives not from possession, propriety, and the feel for »what is proper«, but from dispossession, non-belonging, and the opposite feel for the »unheard-of iniquities« and anarchic traces of madness that derail the language from its safe, predictable routes and instead make it constantly turn on itself. It is precisely this turning-on-itself of the self-alienating language, which, for Celan, constitutes the primary meaning of the *trope*: the violent *trophein* that is more akin to *catastrophe* than to the gentle rhetorical meanders of the flowing speech.

This standing next to the one language which is no longer his language allows Celan to execute the crucial operation on which his idiom rests: the same madness which can cause the mother tongue to become »mad, perverse, wicked, murderous, criminal, or diabolical«[45] can be troped, turned on itself, and thus become a chance of salvation (not to be mistaken with sanation) which will use the mad unpredictability and uniqueness of language against its political perversity. There is a method in this madness: one form of insanity immunizing against the other. The only way, therefore, is, just in the case of the Lurianic *tikkun*, to push forward, exacerbate, and embrace (*aufnehmen*) the madness of language itself, which then becomes synonymous with its *Babelization*: a contaminating procedure in which every word is shown to have many mothers and, in that sense, not belonging to any clan, disrupting any self-enclosed identity, essentially an-archic, cut from the flow, singularized, standing apart from other words in the condition of permanent catastrophe. Just as Celan, excluded from the maternal community of German speakers, accepts the ban and turns it into his poetic advantage, so does every word in his vocabulary: banned from any natural belonging, it transforms into a *verbum sacer*, a word-remnant or a word-survivor that, after Hölderlin, endures perdition but goes *verhüllt*, »marred«, in the process. Derrida could have called

44 Ibid., 40.
45 Ibid., 87.

such words *voyou*: »rogue words« with a mixed parentage and dubious origin, no longer members of a »healthy community«:

> For the word *voyou* is itself a suspect word and the *voyou* himself a suspect character. Shady, questionable, of dubious character [*mauvais aloi*], which is to say of suspicious origin [*mauvais alliage*] (as is said of bad or counterfeit money, illegal money that passes for genuine). It is always a question of a suspicious or mixed origin, of *alliage* and alliance, of, this time, some »alligation« [*alligare*].[46]

The *voyou* word is a refugee, turning permanent exile into its *unheimlicher Heim*, the uncanny home of language which can never return to the shelter of *Muttersprache*. As Celan explains in *The Meridian*, while quoting Büchner: »It is a word against the grain, the word which cuts the ›string‹, which does not bow to the ›bystanders and old warhorses of history‹. It is an act of freedom. It is a step«.[47] But it is also a mad step – *ad absurdum*, which, as Celan asserts, is a homage paid to the truly human dimension of speech; one madness fighting the other, the political madness of speech based on the pretense to make full sense, too much sense, that would explain all the ills of the world and name the culprits-enemies, and all this in the name of the true destiny of the German language, which, as we know from Heidegger, is the ideal of absolute *Ruhe*-peace. The polylingual Babelization renders every word a linguistic microcosm of a mixed abyssal origin, which stands out from, as well as against, the flux of the speech that merely consumes words, stringed in an obedient sequence, rushing towards violence and warmongering. Isolated and made themselves *abyssal*, the words resist utilization which turns them into »warhorses«. Hence Derrida's empathic description of »Celan, the poet-translator who, while writing in the language of the other, and about the Holocaust, *while inscribing Babel in the very body of each poem*, expressly claimed, signed, and sealed the poetic monolingualism of his work just the same«.[48] This chimes well with Celan's self-portrait in his penultimate poems: pacing anxiously through the tower – the tower of Babel, but also the last place of (un)rest of the paradigmatically mad poet, Hölderlin – supported/*gestiftet* solely by one shaky foundation which can always turn the other way and become *lashon hara*, the »evil speech«: »Sprache, Finster-Lisene«, »speech – the dark buttress«. This is what, ultimately, remains.

46 Jacques Derrida, *Rogues: Two Essays on Reason*, trans. Pascale-Anne Brault and Michael Naas, Stanford 2005, 32.

47 Celan, *The Meridian*, 40.

48 Derrida, *Monolingualism*, 69; emphasis added.

According to Vivian Liska, this shift of perspectives – from the negative exclusion to the positive poetic strategy – can be epitomized in just one sentence deriving from Celan's preparatory notes to the *Meridian*-speech: »Man kann verjuden«.[49] This permission to Judaize – a liberty to trope, that is, to twist and turn words against the prohibition of those guardians of the German language, who would like to see their *Muttersprache* purified and healed – transforms the ban into a gift of freedom, a declaration of the poetic independence which liberates the poet as »the Jew of literature«, together with his Judaized words, the *verba sacra* on its way to »become other«: the free-circulating wandering strangers/nomads of »suspicious and mixed origin« and with no fixed abode. Celan writes:

> One can become a Jew, just as one can become a human being; one can Judaize, and, I would like to add, from experience: today most of all in German […] Judaize. One can Judaize; this is, admittedly, difficult, and – why not admit this too? – many a Jew has failed in it; that is precisely why I consider it commendable […] Judaize: it is the becoming other […] Not because the poem speaks of irritation, but because it unshakably remains itself that *the poem becomes irritation* – that it becomes the Jew of literature. The poet is the Jew of literature …[50]

This note brings in yet another dimension of *die Unruhe* that must be embraced instead of all peace: the *irritation* – the »rousedness« of *ruah* – which the poem should embody in order to shake the apparent calm, *Ruh'* of the once-again-healed German, itself unshakable and *unüberholbar* in its resolve to irritate, madden, disturb. It is precisely in this resolve to *verjuden* and thus irritate that Liska sees the reversal determining Celan's poetic strategy:

> In bringing into play the word »*verjuden*«, Celan both speaks of *and* performs a transformation: He invokes a vocabulary of exclusion and discrimination and simultaneously turns this historically loaded, negative term – a term indicating an abject contamination by the Jew and »his spirit« – into an affirmative metaphor for transformation, for »becoming other«. »*Verjuden*« thus comes to stand for an affirmation of the other in one's midst […]. In his preparatory notes to the Meridian speech, Celan links the process of *Verjudung* explicitly to the effect of poetry, its unsettling of common discourse, its power to transform the one it addresses, and its own openness

49 Quoted in Liska, *German-Jewish Thought and Its Afterlife*, 131.
50 Quoted in Liska, *German-Jewish Thought and Its Afterlife*, 131.

to being transformed by the addressee through his or her experiences, language, situation, and individual reading.[51]

Probably the best word in Celan's *verbiarium*,[52] itself rogue and of impure origin, to describe this other anarchic madness of language beyond any control is *Ohnebild*: at once the Russian *bezobrazye* (literally: without-image), meaning »anarchy« – and the Jewish-iconoclastic *Ohne-Bild*, most likely deriving from the French *le sans-image*. It appears in the poem written on January 20, 1968, and published in 1970 in the volume *Schneepart*:

Aus dem Moorboden ins
Ohnebild steigen,
ein Häm
im Flintenlauf Hoffnung,
das Ziel, wie Ungeduld mündig,
darin.

Dorfluft, rue Tournefort.

From the moorfloor to
climb into the sans-image,
a hemo
in the gun barrel hope,
the aim, like impatience, of age,
in it.

Village air, rue Tournefort.[53]

The anarchic without-image that can be heard in the Russian *bezobrazye* is most of all »without example« – *Ohne-Vorbild* – that is, unprecedented, without any primary pattern to follow and imitate. In Russian, this unprecedentedness sounds pejorative: *bezobrazny* is an adjective often used in accusatory

51 Ibid., 132.

52 The term *verbiarium*, which derives from Nicolas Abraham and Maria Torok's book *Wolf Man's Magic Word: A Cryptonymy*, seems particularly apt in Celan's case, because of its association with *bestiarium*: Celanesque words are indeed like wild, rogue beasts that can never be domesticated, i. e., made part of the Heideggerian homely »dwelling«; see Nicolas Abraham and Maria Torok, *Wolf Man's Magic Word: A Cryptonymy*, trans. Nicholas Rand, Minneapolis 1986.

53 Celan, *Breathturn into Timestead*, 372.

mode against the most daring offenders, criminals, or generally, the *voyous* who went rogue and fell outside the law. It refers to what is not pre-scribed (*nach der Vor-Schrift*) and what, because of that, must be pro-scribed, forbidden. But not in Celan's usage: the *bezobrazny Ohnebild* designates the antinomian condition of language as indeed *unvorbildlich* and *unvorschriftlich*, always new and because of that lawless, not to be submitted to any rule. Speech cannot be gathered under the imaginary banner of Oneness, for it is – as in Lacan's mirror stage – forever immersed in the Real of *le corps morcelé*, the body fragmented and dispersed, *ausgeschrieben*, no longer on the leash of the Father/Mother of logos, i. e., the »one and unique« instances that attempt to control the meaning according to their respective *Pre-scripts*. The speech is *Ohne-Bild* because it cannot be framed as if it were a picture: it cannot be healed as one and integral. The *Ohnebild* is elemental, untamed, beyond all frames and limits, comparable only to another great »without«: *Ein-Sof*, »without boundary«, the primary element from which everything derives and which no icon can contain. Just as the Landauerian »World-I« is the whole world in its limitless expanse, so is this primordial »All-I«, as well as the »Speech-I« of the poet: *ohnebildlich*, beyond representation.

»[N]ehm ich dich auf, | statt aller | Ruhe« could thus also announce the Landauerian suicidal jump into this limitless abyss of language, which nonetheless allows the poetic »Speech-I« to survive and go on: »ins Ohnebild | steigen«, from the swamp of one madness into the vast open land of another; from the Kafkan-Benjaminian *Moorboden* als *die Vorwelt*, the pre-world where every word hopelessly sinks back into the womb of indifferentiation (the Eckhartian-Jungian *Indifferenz*), to the desert of anarchy where words can finally breathe and celebrate their liberation from the »demented mother«, taken out from the swampy Egypt (*mizraim* means precisely that: a »moorland«, a damp dark and narrow place) into the wilderness. This is Celan's last and only destination: *ein Häm*, the uncanny home/*Heim* – between the sheltering house and the shattering hammer, between the last haven of life (*Zuflucht*) and the violent explosion of messianic hope – in which the rogue words live freely and dangerously, sparking with hope (»im Flintenlauf Hoffnung«) and breathing with the country air (*Dorfluft*), which, as we know from Kafka, is the only atmosphere that makes people invent new religions. This is precisely what Celan is doing here: he professes his *faith in language* as unhomely and uncanny, into which one can only *jump* in a leap of faith, but never *dwell* as in the Heideggerian Fourfold. And he cannot wait. His impatience (*Ungeduld*) to reach his new *Häm* is akin to the »rapturous enthusiasm which, like a shot from a pistol, begins straight away«, oblivious of the inertial conditions of swampy reality that, as Hegel famously admonished us, must be taken into account in the patient realization of all messianic projects.[54] Celan's flint is about to fire, here and now, disregarding Hegel's warning. His hope aims (*zielt*) at the *Ohne-Bild* as a linguistic variant of *Ein-Sof*: the restless body of language which can never become a place of therapy, the domicile of *Heimkunft*. Werner Hamacher, who, in his interpretation of the poem, first associates *Häm* with the bullet or the explosive material, lending fire to the hope hidden in the barrel of the pistol, makes room also for the other reading of Celan's neologism which focuses on its effect of uncanniness, the *unheimlich* way of hoping for a »home in exile«, or the Hölderlinian *Fremde* (before it became shamelessly domesticated by Heidegger):[55]

> *Häm* can also be a deformed inscription of the medieval *Heim* or an unusual transliteration of the yiddish *Hajm* […]. As all interpretations, this one bifurcates too: on the one hand, *Häm* may be a bullet of hope in the flint barrel – on the other hand, however, it may signify a »home« that is shot by hope into an alien land and far away: »to be on the way home« would thus mean to get away from oneself. »On the way home« and hope can exist only for the one who is not home and for whom home is always a deformed, strange and alien-speaking, quasi-home, merely quoted, a home in exile.[56]

But in order to get there – *lekh lekha*, away from the swampy origins, into this *Stadt aller Unruhe, der unheimliche Heim/Hajm/Häm*, or the true Jerusalem Golden, standing tall and alight, knowing no ideal of appeasement, only an-

54 G. W. F. Hegel, *Phenomenology of Spirit*, trans. A. V. Miller, Oxford 1977, 16.

55 For the critique of Heidegger's misreading of Hölderlin, see again the »Big Jew«: Theodor W. Adorno, »Parataxis: On Hölderlin's Late Poetry«, in: id., *Notes on Literature*, Vol. 2, trans. Shierry Weber Nicholsen, New York 1992, 109–151.

56 Werner Hamacher, »*Häm*. Ein Gedicht Celans mit Motiven Benjamins«, in: id., *Keinmaleins. Texte zu Celan*, Frankfurt a. M. 2019, 13–56, here 35. Hamacher connects Celan's poem to Kafka and Benjamin: the *Moorboden* is the domain of the prehistoric pre-world and, at the same time, of the Mother who, in her permanent madness, keeps her children in the womb as *die Ungestalten*, i. e., in the state of embryonic half-formation. Celan's imperative is to get out from this narrow dark place (*mizraim*): »the elevation which takes him out of the ›swamp‹ and gradually orients towards the *Ohnebild*, ›without-image‹« (ibid., 19), which is the dry desert-like counter-domain of the Jewish iconoclastic God. Hamacher, however, fails to notice the Russian component of *Ohnebild-bezobrazye* – which, in fact, only strengthens his reference to the Exodus out of Egypt into the »land of God« (ibid., 34): the goal/*Ziel* of this liberation is precisely the linguistic anarchy of the words that cut off the umbilical cord linking them to the »demented mother« of the sticky origins. Pierre Joris, on the other hand, in his translation of *Häm*, goes for the rare English word *hemo* as alluding to the Greek *haima*, the »flowing blood«. Unfortunately, his *moorfloor* completely loses the Biblical-Kafkan-Benjaminian associations which Hamacher rightly finds in Celan's original *Moorboden*.

archic joy of wilderness – one must turn, and turn radically, *fort-tourner* on *rue Tournefort*: reject all the therapeutic instructions of how to reach the inner peace and make a suicidal leap of faith into this new *Häm*, the mad house of language, which gives »no shelter, no relief«[57] and cannot ever be expected to do otherwise.

No, it shall not be well. *Sprache, Finster-Lisene: Du sei wie du, immer.*

57 See T. S. Eliot, *The Waste Land. A Norton Critical Edition*, ed. Michael North, New York-London 2001, 5. What Celan ultimately accepts as the desert condition of language, T. S. Eliot anxiously rejects, terrified by the barren waste land where »the dead tree gives no shelter, the cricket no relief« and the only thing the poet can do is to »show you fear in a handful of dust« (ibid., 6).

Shira Wolosky

Art's Time

Celan's and Levinas's Answerable Aesthetics

In the poetry of Paul Celan, long-standing traditions of aesthetics are challenged and transformed. The very term »aesthetics«, as commonly used, continues to project these age-old traditions, going back, of course, to Ancient Greece. Aristotle's *Poetics* sounds the tone, albeit speaking of drama rather than lyric. Plot, which is how Aristotle defines a sequence of actions that make up tragedy, is based on analogy as the »imitation of an action«. As aesthetic form, such imitation integrates the sequence of action to represent it as »complete and whole«, governed by its telos, its end. Just as »a beautiful whole« is »made up of parts«, so narrative must »present a certain order in its arrangement of parts«,[1] in which »the end is everywhere the chief thing«.[2] Narrative structure is thus teleological. The telos, or end, provides the »Unity« that is necessary to »Plot« as an integrated whole.[3] Aristotle summarizes:

> The truth is that, just as in the other imitative arts one imitation is always of one thing, so in poetry the story, as an imitation of action, must represent one action, a complete whole, with its several incidents so closely connected that the transposition or withdrawal of anyone of them will disjoin and dislocate the whole. For that which makes no perceptible difference by its presence or absence is no real part of the whole.[4]

Art, then, in classical terms, is a form of wholeness, a »structural union of the parts« in which the removal of any will disturb and disjoin the »whole«. This essentially formalist tradition has largely dominated aesthetic theory, including in the contexts where Paul Celan worked, as well as Emmanuel Levinas. Roman Jakobson provides the clearest and most impelling definition of such formalist aesthetics.

Aesthetics is taken to be what occurs within the frame of the text, essen-

1 Aristotle, *Poetics*, trans. Ingram Bywater, in: Jonathan Barnes (ed.), The Complete Works of Aristotle. The Revised Oxford Translation, Vol. 2, New Jersey 1984, 1450b, 2322.

2 Ibid., 1450a, 2321.

3 Ibid., 1451a, 2322.

4 Ibid., 1451b, 2322.

tially referring back to its own compositional elements. There is a blockage or turn away from what is »signified«, what Jakobson calls context in the sense of referential meaning, as well as against who is speaking (the addresser) and who is being spoken to (the addressee). The focus instead is on the interactions among the text's material elements, the »signifiers«.[5] This Jakobsonian schema itself formalizes the aestheticism declared in »art for art's sake«. Celan's ties to this aesthetic formalism is confirmed in his invocations of Mallarmé (who, however, complicates formalism as well).[6] Yet Celan breaks out of aestheticist closures, self-reference, and idealization of textual unity as opposing itself to contextual dispersion.

How aesthetic form implicates time remains a pivotal theoretical topic. Saussure establishes language as linear although also configured synchronically.[7] This tradition continues into phenomenology, such as with Paul Ricoeur. Temporal succession is grasped by consciousness through »anticipation, present attention, and reconfiguration«, as Ricoeur sketches it, in an »integrative process« yielding a »synthesis of heterogeneity«, an interplay between wholeness and the parts that comprise it, with both phenomenological understanding and art as drives toward wholeness, albeit in tension and contact with the unfolding of multiplicity.[8]

There is a metaphysics here, displaced in aestheticism yet still underlying many of its assumptions. Augustine remains the most powerful resource to a metaphysics of art. In his *Confessions* XI, cited by Ricoeur, Augustine describes reading a psalm as an experience of time apprehended into wholeness, proceeding from expectation to memory through present apprehension. As Augustine writes, »my attention is continually present with me, and through it what was future is carried over so that it becomes past«.[9] The wholeness of this phenomenology of time is how language itself is to be understood.

> Our speech follows the same rule, using sounds to signify a meaning. For a sentence is not complete unless each word, once its syllables have been pronounced, gives way to make room for the next. […] but you do not want

5 Roman Jakobson, »Linguistics and Poetics«, in: Thomas Sebeok (ed.), *Style in Language*, Cambridge 1960, 350–377.

6 For example in the *Meridian*-Speech where Celan asks: »Should we think Mallarmé through to the end?« Paul Celan, »The Meridian«, in: id., *Collected Prose*, trans. Rosemary Waldrop, New York 1986, 44.

7 Ferdinand de Saussure, *Course in General Linguistics*, New York 1959, 65–66.

8 Paul Ricoeur, »Life: A Story in Search of a Narrator«, in: Mario Valdes (ed.), *A Ricoeur Reader*, Toronto 1991, 425–437, here 426–427.

9 Augustine, *Confessions*, trans. R. S. Pine-Coffin, London 1961, IV 10–11.

> the syllables to sound for ever in my mouth: you want them to fly from my tongue and give place to others, so that you may hear the whole.[10]

It is only when the sentence is completed, and all its word parts have been expressed that they can be put together into a whole and be understood. This completed wholeness is in turn an image of a person's life experienced in time, but whose meaning emerges only through a synthetic »configuration«, in Ricoeur's terms. As Ricoeur explains Augustine's reading of the psalm in the *Confessions*: time »consists in the permanent contrast between the instability of the human ›now‹ and the stability of the divine ›now‹ which embraces past, present and future in a unity of creative vision and action«.[11]

Augustine himself is drawing on Plotinus and Neoplatonism. Plotinus opens the *Enneads* with a treatise »On Beauty«, declaring: »We say that these [things] are beautiful by participation in Form. [...] The form, then, approaches the matter and organizes what is going to be a single composite made from many parts, and guides it into being a completed unity«.[12] The ideal is unity. Beauty is itself reflective of ontology, attesting to its unifying power where reason mastering the world is the measure of both the real and the beautiful. Thus, art's truth emerges when »a single term, a single concept, can be predicated of otherwise heterogeneous realities, as a cohesive force of the Idea, an organizing principle which communicates symmetry, measure and Beauty of the object«.[13] As Jean-Marc Narbonne summarizes: the »object [...] is beautiful only as the epiphany of the Idea«.[14]

Plotinus is exemplary of aesthetic tradition in which »unity is the most fundamental and comprehensive aesthetic criterion upon which all others depend«[15] and its basis in an »art of metaphysics« uniting mind with the »Nous [...] revealed to the artist in an act of intellectual contemplation.«[16] Such classic theo-aesthetics as the reconfiguration through time into wholeness is neither

10 Ibid.

11 Ricoeur, »Life«, 436.

12 Plotinus, *The Enneads*, ed. and trans. by Lloyd P. Gerson, Cambridge 2017, I 1.6.2., 94.

13 Jean-Marc Narbonne, »Action, Contemplation and Interiority in the Thinking of Beauty in Plotinus«, in: Aphrodite Alexandrakis, Nicholas J. Moutafakis (ed.), *Neoplatonism and Western Aesthetics*, New York 2002, 3–18, here 5.

14 Ibid., 6.

15 Richard Harter Fogle, »Unity«, in: Alex Preminger (ed.), *Princeton Encyclopedia of Poetry and Poetics*, Princeton 1974, 880.

16 Erwin Panofsky, *Idea: A Concept in Art Theory*, Columbia, South Carolina 1968, 26. Cf. Karsten Harries, »Metaphor and Transcendence«, in *Critical Inquiry* 5 (1978), 73–90, for a discussion of »unity as an aesthetic criterion« and the »emphasis on unity of the aesthetic object« (ibid., 75).

the constitution nor the aesthetics of Paul Celan's poetry. In ways that would be radicalized later but which were already at work in his early writing, Celan's art breaks the phenomenological grasp as wholeness of understanding and the metaphysics of unity. His texts interrupt phenomenological time and its aesthetic and metaphysical implications. This alters aesthetics itself, enacting a different model from the phenomenologically classical one. Its increasingly severe and radical splintering of language has been read, and not wrongly, as a fracturing of language's referentiality to force attention back onto linguistic formation itself.[17] Yet, ultimately Celan's art refuses the closure that formalist aesthetics defines as art itself. Self-reference itself fractures. Text refuses to emplace all words and word parts into well-wrought formal urns reflecting on their own integrity as the emblem of beauty, and beauty as the integration of parts into harmonious balance.

Levinasian Aesthetics

To analyze art's time in Celan and contrast to a formalist one, I will turn to two essays by Emmanuel Levinas: one on aesthetics, »Reality and Its Shadow«,[18] and »Paul Celan: From Being to the Other«,[19] written as a tribute to Celan after his death. The title »Reality and Its Shadow« willfully invokes Plato, but to read Levinas's as a Platonist or Neoplatonist, as is often done, means to misread him.[20] As Richard Cohen argues in his discussion of the essay, it does not, despite the compelling invitation of its title, reproduce Platonist aesthetics, whether Plato's own counter-aesthetics, where art is a mere and misleading shadow of the true Reality of Ideas (*Republic* X), or Neoplatonist ascent out of time to the One.[21] Levinas is not, Cohen shows, repudiating art as such but specifically countering the claims of formalist aestheticism. This would be

17 Theodor W. Adorno, for example, calls Celan the foremost representative of a poetry intent on »the sealing of the artwork against empirical reality« *Aesthetic Theory*, New York 1984, 443; Cf. George Steiner (»In a post-culture«, in: id., *Extra-Territorial. Papers on Literature and the Language Revolution,* New York 1971, 155–171, here 164) who sees in Celan a »hermeticism« in which »language is focused on language in a circle of mirrors«.

18 Emmanuel Levinas, »Reality and Its Shadow«, trans. Alphonso Lingis, in: Sean Hand (ed.), *The Levinas Reader*, Oxford 1989, 129–143.

19 Emmanuel Levinas, »Paul Celan: From Being to the Other«, in: id., *Proper Names*, trans. Michael B. Smith, London 1996, 40–46.

20 Richard Cohen, »Levinas on Art and Aestheticism: Getting ›Reality and Its Shadow‹ Right«, in: *Levinas Studies* 11 (2016), 149–194.

21 Cf. Erwin Panofsky, *Idea as a Concept in Art Theory*, Columbia 1968, 29.

what Cohen calls an art of disengagement. But art in Levinas is also an art of engagement: »disengaged and engaged, at once a self-contained world and a part of the life world, becoming its own world, closing in upon itself, centripetally«; and yet art »is not ultimately closed off from the larger world, [...] from the history of art or from the larger lived world with its many layers of signification and significance, social, historical, political, economic, cultural, and so on«.[22]

Cohen associates these countering and ultimately encountering directions of art with two sorts of time. The artwork as disengaged formal enclosure »sets up its own sort of temporality, which is another factor of its detachment«, he writes, not as »continuous flow« but as »suspended instant«. This is a »moment without past and without future«, resembling Platonist »idealist presuppositions«, which refer to an unchanging »eternity detached in a structural amnesia from duration« but ultimately distinct from it.[23] The artwork does not point »toward the region of Platonic ideas and toward the eternal which towers above the world«.[24] Nor, in one of Levinas's persistent side-swipes at Heidegger, does art »disclose[ ] being in truth«.[25] Art, even when detached, is, according to Levinas, distinct from Platonist idealism and its basis in intelligibility. Even the »instant« of art as disengaged is not »detached from its own real conditions«, instead remaining »part of the temporal flow of duration but frozen«.[26] That is, it resists time, an »immobile statue of mobility«, yet it remains in relation to time. For, art remains »engaged« in the sense of always summoning criticism, a critical dimension that »pulls back from its own evasions«,[27] »centrifugal« against the »centripetal« pull into the artwork.[28] Art »inescapably and essentially includes criticism« in this sense as »engaged in world beyond its own as one of its irreducible dimensions«,[29] bound to a larger world.

Cohen here is pointing to ways in which Levinasian aesthetics crosses the fault line that has long separated formalist from historicist interpretation, essentially redefining aesthetics itself. He rejects aesthetics taken as »expression« of some truth, signifier of a prior, pregiven signified that art would merely con-

22 Cohen, »Levinas on Art and Aestheticism«, 160.

23 Ibid., 176.

24 Levinas, »Reality and Its Shadow«, 131.

25 Ibid., 135.

26 Cohen, »Levinas on Art and Aestheticism«, 187.

27 Ibid., 184.

28 Ibid., 187.

29 Ibid., 185.

vey; yet neither is art a self-referring signifier, not a self-enclosed »completion« in which art is »for art's sake«.[30]

I propose that what Levinas is offering is a *relational aesthetics*. Art performs the material formal configuration of given components, but not to »situate art above reality«[31] in its own world. As he writes, art refers to the world in which it resides, but not as »pure transparency nowise counting for itself«,[32] that is, not as correspondence to an external reality. Art is not, that is, in Platonist terms, a »metaphysical intuition«, pointing »toward the region of Platonic ideas and toward the eternal which towers above the world«.[33] Nor is art a »phenomenology of images«, as if images offer »transparency« where »the intention of one who contemplates an image is said to go directly through the image, as through a window, into the world it represents, and aims at an object«.[34] Art does not directly or mimetically represent the world in which art resides, as if it were a form of »cognition«.[35] It is not a »symbol« or a »sign« of something above or prior to it.[36] Yet neither in art does »thought stop on the image itself«, as claimed by pure formalism. If not transparent, neither does art offer a radical »opacity of the image«.[37] Levinas contests the displacement of reality, whether worldly or the higher realism of metaphysics, which he sees as »hypertrophy of art in our times when it is identified with spiritual life«.[38] This is what Levinas means when he says art is neither »revelation« of something outside it nor »creation« as something autonomous.[39]

Thus: neither transparent to an object signified, nor purely opaque as signifiers themselves, what art instead launches is an answerability between and amongst its own components and the world of experience. Levinas speaks of an image as »involving in the etymological sense, to be among things«, almost in the status of an »object«, »among things as a thing«.[40] It is among the objects we experience, or rather, it connects to them in what might be called a chain of signifiers that reach towards terms and experiences outside the frame of the text and that are also drawn then into the text, so that the frame becomes

30 Levinas, »Reality and Its Shadow«, 131.
31 Ibid., 131.
32 Ibid., 135.
33 Ibid., 131.
34 Ibid., 133.
35 Ibid., 132.
36 Ibid., 135.
37 Ibid., 135.
38 Ibid., 142.
39 Ibid., 131.
40 Ibid., 133.

permeable, what Derrida calls »parergon.«[41] As Cohen writes, »all the dimensions of life comprise an aesthetic dimension«.[42] Art thus brings into its orbit the experiences and events it resides among. There is »also an element of art in all human work«.[43]

Art and experience stand answerable to each other, resonating through each other. Answerability in this sense affirms both distinction and linkage. Using language that is spatial but above all temporal, Levinas speaks of »interruption«, opacity, obscurity, strangeness, a relationship across a break in representation and sequence. Art obscures, the »artist knows and expresses the very obscurity of the real«.[44] It is this obscurity, rather than any cognitive, phenomenological, or positivist reduction to any external history or ideology, that art insists upon. This is the meaning of Levinas's »shadow«, in stark distinction from Plato's. In Plato, the meaning of art as shadow is derived through »comparison between an image and the original«.[45] The shadow marks the descent into »the Platonic world of becoming« as »a lesser world, of appearances only«,[46] a faulty mimetic copy of a higher eternal reality. Levinas's shadow marks rather a break with such resemblance: »Resemblance is not a participation of a being in an idea [...] it is the very structure of the sensible as such«.[47] Art marks a relationship with the sensible world, as it is experienced, reordering how experience means. As »obscuring double« art neither copies reality at second remove, nor displaces reality into its own removal. Rather it »breaks up representation«.[48] It intrudes an »obscurity of the real«,[49] a »commerce with the obscure [...] irreducible to categories of cognition«.[50] Or, in temporal terms, art inserts »an interruption of time by a movement going on the hither side of time, in its interstices«.[51]

What emerges is a different »duality« than that of the Platonist shadow where reality is both »what it is disclosed to be in truth, but would be also its

41 Jacques Derrida, »The Parergon«, in *October* 9 (1979), pp. 3–41. It presupposes a discourse on the limit between the inside and the outside of the art object, in this case a discourse on the frame, ibid. 12.

42 Cohen, »Levinas on Art and Aestheticism«, 188.

43 Levinas, »Reality and Its Shadow«, 131.

44 Ibid., 131.

45 Ibid., 135.

46 Ibid., 136.

47 Ibid., 137.

48 Ibid., 134–135.

49 Ibid., 131.

50 Ibid., 132.

51 Ibid., 131.

double, its shadow, its image«.[52] Reality and its shadow exist on the same ontological plane: one is not higher and one lower, as in Plato's image. »The thing is itself and is its image«.[53] Yet the two mutually intervene, interrupt each other. In terms of temporality, time breaks in. Levinas admits and even affirms that a work of art requires »this formal structure of completion«. In this sense art is »disengaged«, as in »classical« aesthetic theory.[54] From this angle, time endures a »stoppage«,[55] »the immobile instant of a statue«.[56] Levinas, however, immediately retracts such final immobility, for there is a »delay behind itself«,[57] »its duration is not really an instant,[58] and the immobile statue must be put in movement and made to speak.[59] »Delay«, »movement«, »the very movement that engenders the image«[60] registers change in time within the experience of art.

Duality is, then, also of time: not-time and yet-time. And both point both ways, to what Levinas calls an »ambiguity« of art,[61] »its value is ambiguous«;[62] also art's »strangeness«,[63] its »distance from itself«,[64] its »withdrawing itself«.[65] Art's distance and withdrawal is from direct experience, into itself in disengagement. But art's distance and withdrawal also mark movement, its answerability to itself and into time: »[Art] is what it is and it is a stranger to itself, and there is a relationship between these two moments«.[66]

That opening of relationship and time turns art from disengagement to what Levinas calls »committed« art.[67] Art in its formal self-reference is not the »supreme value of civilization« as a timeless autonomous »instant« but has »its place, but only a place« in human experience.[68] This happens through what Levinas calls »criticism«: »Criticism integrates the inhuman work of the artist

52 Ibid., 131
53 Ibid., 135.
54 Ibid., 131.
55 Ibid., 137.
56 Ibid., 138.
57 Ibid., 137.
58 Ibid., 138.
59 Ibid., 142.
60 Ibid., 135.
61 Ibid., 140.
62 Ibid., 141.
63 Ibid., 136.
64 Ibid., 134.
65 Ibid., 134.
66 Ibid., 135.
67 Ibid., 142.
68 Ibid., 142.

into the human world«.[69] Criticism, which »grasps by interpretation«, »links this disengaged and proud man to real history«.[70] The disengaged completeness of art is reopened through critical engagement and response.

Art's tendency to completeness is always broken into through its situatedness inside history, inside society, in what emerges as art's defining enigma, or strangeness. For art is complete and incomplete, »completed in spite of the social or material causes that interrupt it«.[71] Art is interrupted, and also interrupting. It cuts into the phenomenological flow of time, its instant contrasting the »living instant open to the salvation of becoming«.[72] But criticism – which in Levinas is a mode of interpretation –[73] intervenes into the artwork, or rather pulls it into time's encounter. Yet neither is reduced to the other. Obscurity stands between artwork and criticism, which does not attempt a »simple reconstruction of the original from the copy«[74] as Platonist cognition, reducing artwork to mimetic reference. Criticism »put[s] the immobile statue in movement and [makes it] speak«.[75] Criticism as interpretation, criticism as »philosophical exegesis«,[76] interrupts the artwork into time. The artwork permits, invites this through the very obscurity that at the same time makes it withdraw into itself and yet open itself to time. By speaking »in enigmas, by allusions, by suggestions, in equivocations«, by moving »in a world of shadows«, the artist has precisely »committed himself further than he had decided to do«.[77] »Criticism in interpreting« thus »reintroduces art's world into the intelligible world in which it stands«.[78] These worlds remain answerable to each other, a »simultaneity of truth and image«[79] where answerability echoes back and forth reconfiguring each. That is how criticism, beyond the enchantment of art, opens the work to »all its possibles swarming about it«.[80] It is in this way that the »Beautiful is relative«.[81]

Ultimately, Levinas frames aesthetics in terms of ethical discourse, itself a mode of answerability that retains what he calls strangeness, obscurity, mys-

69 Ibid., 142.
70 Ibid., 142.
71 Ibid., 131.
72 Ibid., 141.
73 Cf. ibid., 142. For more on Levinas and interpretation, see Shira Wolosky, *The Sacred Power of Language in Modern Jewish Thought* (De Gruyter, 2003), chapter 1.
74 Ibid., 142.
75 Ibid., 142.
76 Ibid., 143.
77 Ibid., 143.
78 Ibid., 142.
79 Ibid., 136.
80 Ibid., 142.
81 Ibid., 142.

tery[82] – which art also provokes. Levinas here brings aesthetics into his critique of totality, which is traditional to both the aesthetic and metaphysical ideal, which, as Plotinus shows, are closely related. Art is at once answerable to itself and to criticism, both in-relation and counter-relational, en-/counteral: encountering as countering, facing but always across strangeness and interruption, within time's differentiation as well as continuity. As Levinas concludes »Reality and Its Shadow«: »For one would have to introduce the perspective of the relation with the other without which being could not be told in its reality, that is, in its time«.[83]

Celan's Aesthetics: Die »Pole«

Celan's poetry has characteristically balanced on the edge between Levinasian disengagement and engagement, completion and interruption, self-reflection and address to historical experiences. His linguistic ruptures, distributed spaces, and broken and constructed words and word parts seem to block reference and point back to the materiality of its signifiers.[84] This is an ongoing formal poetic dimension in Celan. But of course Celan is also a poet of the

82 Ibid., 136 and 142.

83 Ibid., 143.

84 Pierre Joris recounts that Celan »vehemently denied the critics' suggestion that his was a ›hermetic‹ poetry«; see Pierre Joris, »Introduction«, in: Paul Celan, *Breathturn into Timestead: The Collected Later Poetry: A Bilingual Edition*, trans. Pierre Joris, New York 2014, 44. He cites Celan: »But I don't give a damn for aesthetic construction« (Joris, »Introduction«, 60). Yet Joris takes this to mean Celan's is a »post-aesthetic, posthumanistic condition« (ibid.) which confirms hermeticism, as does the approval of Hamacher's view that »Celan's are not metaphors for representations but metaphors for metaphorization, not images of the world but images of the generation of images, not the transcription of voices but the production of the etched voices of the poem itself« (ibid., 57). This discussion reiterates the terms that have accompanied Celan throughout. These currents can be traced in Bianca Rosenthal's compendia of Celan criticism; see Bianca Rosenthal, *Pathways to Paul Celan*, New York 1995. James K. Lyon draws a distinction between German critical discussions of Celan, which tend to focus on »structure, linguistics, philosophy, and occasionally ideology«, and critical discussions in English, which tend to view the Holocaust as Celan's central experience; see James K. Lyon, »Introduction«, in: *Studies in 20th Century Literature* 8:1 (1983), 5–8, here 7. In Lyon's own essay in the volume, he pursues the interpretation of Celan's poetry as »primarily self-conscious reflections on the nature of language itself«, likening it to concrete poetry in which, as he cites Beda Allemann, »[l]anguage is viewed as something real in itself and does not confront extra-linguistic realities as a system of carriers of meaning«; see James K. Lyon, »Poetry and the Extremities of Language: From Concretism to Paul Celan«, in: *Studies in 20th Century Literature* 8:1 (1983), 40–62, here 42 and 46.

Holocaust, of historical trauma and assault, his poetry made of broken words of broken worlds.[85] Under historical pressure, Celan registers what happens to language when cultural norms and accounts break down: the ontological, epistemological, and ethical modes of interpreting the world across the Western ages, which Nietzsche pronounced dead with God, and which fascism immolated.

Celan etches this experience of metaphysical and ethical implosion into a poetry that challenges the tradition of aesthetic unity. In phenomenological terms, instead of consciousness back-looping through projective adjustments to reconfigure pieces and parts into integrated wholes, Celan's texts interrupt such projection. Consciousness is reflected through its resistance to its efforts to configure materials of experience as much as through its modes of configuration. Fragments of world penetrate his texts, which are in this sense far from disengaged. Various levels or dimensions initiated in the text encounter and challenge each other, in the Levinasian sense of both bringing together and propelling apart. To count, to account, to recount is to bring diverse dimensions of the text and its participants into inter-/counter-relationships with each other. This is an art never finalized or completed, but ongoingly interrupted as well as addressed to and inviting response. This address across distance, at once linking and separating, occurs among textual elements, but also from poet/speaker/addresser to reader, not as passive addressee but as active responder. The experience of the poem is itself en-/counteral: answerable across difference which defines Levinas's core ethical as well as linguistic model. It would be for the work to »give itself out as the beginning of dialogue«,[86] which, as Levinas says in »Reality and Its Shadow«, a purely self-enclosed aesthetic fails to do. In such dialogue, art's time is never monumentalized, never totalized. It interrupts aesthetic-metaphysical or phenomenological configuration and reconfiguration, leaving time scattered as well as recounted, registered but never grasped.

Celan himself hints at such answerable aesthetics. Hugo Huppert remembers a conversation during which Celan explained:

> I don't musicalize anymore […] As for my alleged encodings, I'd rather say: Polysemy without a mask, thus corresponding exactly to my sense of the intersection of ideas (*Begriffsüberschneidung*), the overlapping of relations. You are aware of the phenomenon of interference, the effect of waves of the same frequency coming together […] I try to reproduce cuttings from the spectral analysis of things, to show them in several aspects and perme-

85 See Shira Wolosky, *Language Mysticism* (Stanford: Stanford University Press, 1995), chapter 5.
86 Levinas, »Reality and Its Shadow«, 131.

> ations at once [...] I see my alleged abstractness and actual ambiguity as moments of realism.[87]

This description accords with Levinas's poetics as at once disengaged and engaged, as do some of Celan's most quoted comments from his speeches. In the Flinker Bookstore Questionnaire of 1958 he describes his poetry as being different from the French symbolists in its becoming »more sober, more factual«, and less aestheticist as incarnate »beauty« or »euphony«. It »does not transfigure or render poetical«. Rather, »it tries to be truthful«, it »names, it posits, it tries to measure the area of the given and the possible [...]. Reality is not there, Reality must be searched and won«.[88] Here language acts not as a separate reality but as a hermeneutic for charting experience. This is not to claim that poetic language is directly referential, that it documents history, although history may enter into relation with other poetic dimensions.

Like Levinas, Celan speaks of poetry's »encounter« as a mode of its »obscurity«, »strangeness, and distance« that marks both its approach to reality and its refusal to be reduced; its delineating reality precisely through reflecting and reflecting on its irreducibility. »Lonely« and »en route«, the poem takes place »in the mystery of encounter«.[89] And, again in language emphatically close to Levinas's, Celan pursues this encounter as »conversation«, »addressing and questioning«, where both what is addressed and the addresser are »established« in this linguistic interchange.[90] »This ›you‹ come[s] about by dint of being named and addressed«.[91] It is conversation – address and response – that does not possess or absorb into representation, but faces and indeed gives recognition but not cognition to the »strange« – that »speaks also on behalf of the strange, [...] the other«.[92] But, as Celan notes, conversation takes place in time: »Even in the here and now of the poem – and this poem has only this one, unique, momentary present – even in this immediacy and nearness, the otherness gives voice to what is most its own: its time«.[93] In time, which is ir-

87 Quoted in Pierre Joris, »Introduction: ›Polysemy without mask‹«, in: Paul Celan, *Selections*, trans. Pierre Joris et al, Berkeley 2005, 3–37, here 34–35. For the original German quotation, see Hugo Huppert, »Spirituell: Ein Gespräch mit Paul Celan«, in: Werner Hamacher and Winfried Menninghaus (eds.), *Paul Celan*, Frankfurt a. M. 1988, 319–324, here 320–321.

88 Celan, »The Meridian«, 15–16.

89 Ibid., 46.

90 Ibid., 50.

91 Ibid., 50.

92 Ibid., 48.

93 Ibid., 48 f.

revocably a mode of differentiation, of passing, language registers events and responses to them, and responses to responses, marked by and marking time.

Celan's answerable aesthetics is vivid in, and helps explicate, his late poem Die Pole.

Die Pole
sind in uns,
unübersteigbar
im Wachen,
wir schlafen hinüber, vors Tor
des Erbarmens,

ich verliere dich an dich, das
ist mein Schneetrost,

sag, dass Jerusalem i s t,

sag, als wäre ich dieses
dein Weiß,
als wärst du
meins,

als könnten wir ohne uns wir sein,
ich blättre dich auf, für immer,
du betest, du bettest
uns frei.

The Poles
are in us,
insurmountable
while awake,
we sleep across, to the Gate
of Mercy,

I lose you in you, that
is my snowcomfort,

say that Jerusalem *is*,

say it, as if I was this
your Whiteness
as if you were
mine

as if without us we could be we,
I leaf you open, forever,
You pray, you lay [bed]
us free.[94]

What is the time of this poem? and the relation of time to place? As Derrida puts it, as does Celan himself, poems must be »mindful of all our dates.«[95] As Celan said already years earlier in his Bremen Speech, poems are located in places and times that are concrete and specific.[96] In his *Meridian*-speech, which Levinas cites in his essay »Paul Celan: From Being to the Other«, Celan affirms: »the poem speaks! of the date that is its own – of the unique circumstance that properly concerns it«.[97] In DIE POLE, geography, which is to say the markers with which we chart it, is internal, »in uns«, but also external – or rather, as the way we make our way in the world around us. Like a meridian – one of Celan's pivotal tropes – poles help chart space, external and internal. Here they also imply oppositions: now/then, then/to come, now/to come, here/there, awake/asleep. These indeed are the »poles« through which humans interpret or configure their time and space, their interiority and exteriority, consciousness and memory, in ways that are »unübersteigbar«, unsurmoutable, unavoidable.

In the course of the poem, there seems to be a closing of the circle of time in redemptive ways. »[V]ors Tor des Erbarmens« strongly points this way: that is, toward the sealed Gate of Mercy, on the East side of the Temple Mount, awaiting or signaling the wait for the coming of the Messiah (Ezekiel 44:1–3).[98] »Schneetrost« is almost an oxymoron in Celan's lexicon, where snow is indelibly associated with the frozen past of loss and death, its remembering and

94 Celan, *Breathturn into Timestead*, 438.

95 See Derrida's discussion, in his essay »Shibboleth: For Paul Celan«, where he notes that »Celan dated all his poems«. Derrida, »Shibboleth: For Paul Celan«, trans. Joshua Wilner, in: id., *Sovereignties in Question: The Poetics of Paul Celan*, New York 2005, 1–64, here 15–16; Celan, »The Meridian«, 50.

96 Paul Celan, »Speech on the Occasion of Receiving the Literature Prize of the Free Hanseatic City of Bremen«, in: id., *Collected Prose*, 33–36.

97 Celan, »The Meridian«, 47 f. Cf. Levinas, »Paul Celan«, 42.

98 See John Felstiner, »Translating Paul Celan's ›Jerusalem‹ Poems«, in: *Religion and Literature* 16:1 (1984), 37–47, here 42.

its forgetting. Its whiteness is indelibly dark, as in SCHWARZE FLOCKEN and TODESFUGE (»Schwarze Milch«). In DIE POLE, snow is retrieved, as »Schneetrost« and then as »dein Weiß«, where whiteness is now associated with Jerusalem itself. Whiteness may evoke the garments of the Kohanim or Messiah, perhaps the white page of writing or the spaces between letters, also evoked in the image of »ich blättre dich auf«, a leafing that suggests the leaves of a book. On this level, Celan's poetics points back to itself, as if constituting its own formal object. Phenomenologically it seems then to invite or enact the enclosure of consciousness as it contains experience. This poetic movement concludes with images of prayer, of rest and release: »du betest, du bettest | uns frei«, a redemptive gesture as if freeing from the past and thus from history and time itself.

Levinas, writing in 1972 in a special memorial edition of *La Revue de Belles-Lettres* dedicated to Celan, offers instead of such formalist, aestheticist, and phenomenological enclosure a different course of Celan's texts, an »other voice« that breaks into and out of phenomenology. The »Meridian« image – so strongly evoked in the figure of DIE POLE – may seem to propose just such enclosure. But Levinas sees Celan's as a text »constantly interrupting itself in order to let through in the interruption his other voice as if two or more discourses were on top of each other, with a strange coherence« and, Levinas adds, »not that of dialogue, but woven in a counterpoint«[99], that is, answerability.

Dialogue is a term Levinas uses, as does Celan in the *Meridian*-speech, which Levinas quotes: »the poem becomes a dialogue, often a desparate dialogue«.[100] Levinas suggests that Celan refers here to »Buber's categories«. In this essay, as so often in Levinas, Heidegger lurks in the shadows, in its own answerability. »From Being to the Other«, the title of Levinas's essay, precisely announces Levinas's move, as he saw it, from Heideggerian Being to an Other that ruptures ontology. This rupture he sees in Celan. In this counter-Heideggerian way Celan's is not a »language […] that institutes the world in being« like the »radiance of the physis«;[101] nor is a poetry of the »interstellar space of Objectivity« or one where there is »no personal destiny«. There is instead precisely the historical, the personal, the particular: »the personal is the poetry of the poem«.[102] This »personal«, however, is defined not as self-reference, but as »from myself to the other«. Levinas again cites Celan's *Meridian*-speech: »the

99 Levinas, »Paul Celan«, 41.

100 Celan, »The Meridian«, 50; I have altered Waldorf's translation from »conversation« to »dialogue«.

101 Levinas, »Paul Celan«, 41.

102 Ibid., 42.

poem that spoke of me speaks of that which concerns another, someone entirely other«, already speaks »with another«.[103]

It is this »speaking with the other« that stands out as the strongest impetus of DIE POLE. The poem is, indeed formally, an address: to »du«, who, with »ich«, makes up an »uns«, a »wir«. The poem addresses: but whom, and in what way? What is the relation between »Ich« and »Du«? Who are »you« and »we«? The »du« and »wir« of the poem remain resolutely undetermined. In that sense the »du« remains strange, outside the nets of what is represented, thus breaking out of enclosure, out of the aesthetics of immobility and the enclosing phenomenology of time and into what Levinas cites as »the time of the other«.[104]

In discussing Celan, Levinas introduces his own language-theoretical terms: the Said and Saying. These terms do not correlate simply with either Saussure's sign-theory of signified/signifier, or Jakobson's poetic chart. Nor is what Levinas calls the Said opposed to or negating what he calls the Saying, although the two are distinguishable. The Said conveys meaning, although not by reducing signifiers to mere instruments of a pre-given signified. Said and signifiers themselves are made possible by, and happen through, Saying, the Levinasian answerability between addresser and responder that both links them to each other and sustains their difference. Saying is a specific mode of dialogue, a term »so abused today«, as Levinas remarks elsewhere,[105] that it can imply a mutual participation as consensus, as in Jürgen Habermas's communicative theory.[106] Levinas's answerability as address/response always presumes difference, dissensus, even as it affirms the connection of address. In his discussion of Celan, Levinas opposes a formalist self-referential view of text as pure signifier: »a sign that is its own signified«. This would miss the event of Saying. Yet neither is the text a »saying without a said«.[107] Levinas in fact values both what is Said, communication, and also, indeed as prior, the Saying that launches language from self to Other – launches without ever absorbing, responding without grasping. This is the language model of Levinasian ethics. Levinas affirms that there will be what he calls »the Said of this poetic say-

103 Ibid.

104 Ibid., 44.

105 Emmanuel Levinas, *Nine Talmudic Readings*, trans. Annette Aronowicz, Bloomington 1994, 91.

106 For an extended discussion of Habermasian communicative theory compared to Levinasian discourse ethics see Shira Wolosky, »Cosmopolitanism vs. Normative Difference: From Habermas to Levinas«, in Fania Oz-Salzberger, Yedidia Stern (ed.), *The Israeli Nation State: Political, Constitutional and Cultural Changes*, Brighton, MA 2014, 78–105.

107 Levinas, »Paul Celan«, 40.

ing«, that is, »things will indeed appear«. But they will appear within what he calls saying as »the movement that carries them toward the other«.[108] In this poetic event, »the fact of speaking to the other – the poem – precedes all thematization«, indeed makes possible the Said as representation but is not reducible to it.[109] Representation would thus enter movement. It is a »going toward the other« in which both self and other are confirmed, but not as unity. Rather there remains an »absolute break«,[110] a fracture, which Levinas sees as marking transcendence.

In DIE POLE, addresses to the »du« repeatedly involve erasure, breaking, or withdrawing from what is asserted. »Ich verliere dich an dich« expresses loss yet also relation, the relation of address itself. »[A]ls wärst du Meins« is a conditional that rejects possession: »you« are not »mine«. But neither can there be a »we« without »we«. The poem sustains the personal, the particular – without »us« as concrete persons and interlocutors we cannot »be« at all. And there is the command, or perhaps invitation, to *say*: »sag, als wäre ich dieses | dein Weiß« and »sag, daß Jerusalem *ist*«. The imperative »sag« moves these utterances from a declaration of fact to a language act, where the saying is the foundational event, opening a relationship with an ungraspable other outside the circle of consciousness, not to be recuperated but rather to be invited, addressed through language, not a present or stable whiteness or Jerusalem, but proposed and addressed ones.

Again averting Heidegger, Levinas introduces another term for an address that invites and is itself a response without convergence, without collectivity, what Levinas calls: »proximity«. He describes Celan's as a »language of proximity for proximity, older than that of [Heidegger's] ›truth of being‹, [as the first of all languages, response preceding the question, responsibility for one's neighbor, enabling, by its for the other, the whole marvel of giving«.[111] Proximity is not merging. Nor is it complete alienation. It marks the border between the two that Levinasian ethics inhabits, of linkage across difference and distance. Such proximity defines Saying as well, as address/response with »the response preceding the question«,[112] the language event already presupposing

108 Ibid., 43.

109 Ibid., 44.

110 Ibid. Here I differ with Werner Hamacher, who claims that in Celan »the you suspends the I, that of the I suspends the you, and along with it discourse itself is suspended.« Werner Hamacher, »The Second of Inversion: Movements of a Figure through Celan's Poetry«, in *Yale French Studies* 69 (1985), 276–314, here 294. Both I and You are sustained in distinction yet address to each other.

111 Levinas, »Paul Celan«, 41.

112 Ibid.

relationship in order to take place at all, but non-unification in order for language to even be called for. Telepathy, or unification of mind, requires no utterance, indeed ideally dispenses with language. But Levinas, and Celan as well, hold on to language, as the way – Celan's *Atemwende* – to enter and to be in the world, which is always also dispersed, temporalized without full reconstitution.

Levinas concludes in calling Celan's poetry an »interruption in [...] the play of the world« for an »interrogation of the Other, a seeking of the Other«.[113] This is a »signification older than ontology and the thought of being«.[114] »Dialogue« here is not a conjuncture of consciousness but an answerability of language toward an Other who thus is sought but never attained, never grasped in thought or in language: Levinas's »relation without relation«.[115] The freedom at the end is not one of recovery but of breaking out of a circle – out of one's own consciousness, one's own self-reference. Poles then point into infinity, into the meridian »utopia« as the unknowable beyond possession. But Jerusalem as it is – dass *es ist* – is not this utopia. »[S]ag, dass Jerusalem *ist*« formally stands at the center of the poem, dividing eight lines before and eight lines after, a kind of turn in the text, a kind of pause, a kind of pivot that points beyond itself. If there is confirmation, it is in the Saying – the »sag« that admits and points to – prays for – an unknown and unknowable future, opened via the address to a »du« rather than a self-enclosed I: not freedom from time but freedom from unity, from its closure and claim to total account.

113 Ibid., 46.

114 Ibid.

115 Emmanuel Levinas, *Totality and Infinity*, trans. Alphonso Lingis, Dordrecht 1980, 80.

Chiara Caradonna

Celan's Eternities

Verschränkte Zeit with Josef Koudelka and Walter Benjamin

Az Örökké-valóságot
elfelejteném:
olyan, mint az élet,
hosszú és kemény.[1]

L'eternité n'est guère plus longue que la vie.[2]

1.

Czech photographer Josef Koudelka (born 1938) became known in the West as a result of an impressive series of photographs that he took on August 1968 during the Soviet invasion of Czechoslovakia, while participating in the resistance against it.[3] One particular image, taken in Prague on August 22, 1968, stands out, and seems to carry particular significance for Koudelka. Not only did he include it in his more recent book *Invasion: Prague 1968*, published in 2008 on the 50th anniversary of the invasion, but it was also the opening image of an earlier volume entitled *Exiles* (1988).[4] The importance of the photograph seems to lie in the causal connection between it, the occupation of Czechoslovakia, and the photographer's exile from his native country, where his photographs would only be published for the first time decades later, in 1990.[5]

1 »The Eternal is what | I'd rather forget: | Like life itself, | unyielding, without end.« Szilárd Borbély, *Final Matters. Selected Poems 2004–2010*, trans. by Ottilie Mulzet, Princeton and Oxford 2018, 16–17.

2 René Char, »Feuillets d'Hypnos«, in: *Œuvres complètes*, Paris 1983, 201.

3 The photographs were published anonymously one year later in the *Sunday Times Magazine*, see Michel Frizot, »Wanderer in Non-Places«, in: *Josef Koudelka: The Making of Exiles*, ed. by Josef Koudelka and Clément Chéroux, 109–142, here: 114.

4 Josef Koudelka, *Exiles*, London 1988, 2.

5 See Clément Chéroux, »The Open Sky«, in: *Josef Koudelka: The Making of Exiles*, 28–31, here: 28. Chéroux reports that for Koudelka the image in question became »the photograph that was symbolic of *Exiles*.«

There is also, however, a more intimate relation between this specific image and the notion, experience, and specific temporality of exile and political resistance that, I maintain, is highly relevant to a discussion of Paul Celan's poetry in general and, more specifically, to his notion of eternity. In what follows, a brief analysis of the temporal peculiarity of Koudelka's photograph of 1968 will serve as a point of reference and visual accompaniment to Celan's poetical reflection on eternity, which was, I further opine, mediated by Walter Benjamin's 1929 essay »Image of Proust«. I will discuss the six poems written by Celan that begin with the word eternity/eternities, devoting particular attention to those written during the politically momentous years 1967/68, when the problem of halting, documenting, and preserving significant events in the present suddenly became particularly urgent for Celan. His reading of Benjamin's Proust essay falls within this period.

Koudelka's photograph shows an empty Wenceslas Square in Prague. Far in the back, at the exact vanishing point of this classically arranged perspective, is the silhouette of Prague's National Museum. A few cars are parked along the sides of the square, while in the left lower corner a small group of people is gathered in front of a shop. More or less at the midpoint of the square there is a darker spot on the pavement, which appears to be a concentration of vehicles that are not clearly identifiable. This Renaissance-like architectonic view from above over the square is violently disrupted by an arm stretching, or rather punching horizontally into the frame from the left, the closed fist perfectly aligned with the image's middle axis.[6]

The wristwatch does not fall exactly in the middle of the frame, but rather slightly to the left, according to an asymmetrical disposition that catches the eye's attention. The hands of the watch show the time to be a few minutes after six o' clock. Koudelka has repeatedly stated the importance of his photographs being published in book format rather than individually or in exhibits, and thus of their arrangement and textual framing within the book.[7] This

6 The arm in the photograph is not Koudelka's own. In *Exiles*, another image mirrors the one taken on August 22 – there, the fist and the wristwatch appear again, but this time shown against a natural backdrop, a field and trees: »[…] in Spain, it was his own watch that he placed in front of the camera. […] The hands of the watch do not pinpoint a historical moment, they indicate a personal temporality.« Ibid., 29. As for obedience to the aesthetic-architectural norms of perspective, which date to the Renaissance, compare the painting by Pietro Orioli *The Ideal City* (ca. 1492, Gemäldegalerie, Berlin).

7 »I believe that a photographer who wants to say something, must produce a book. At this moment, there are maybe already other forms, but I believe in this one. To make a book, a good book, it's almost a miracle.« Josef Koudelka during a Q&A held in Prague in 2017 after the image is positioned in the middle of the volume *Invasion*, where information is provided on the specific historical context in which it was taken, thereby enabling an understanding of the watch's meaning.[8]

During that day, crowds had been gathering on Wenceslas Square, soon filling it completely. The square was surrounded by Soviet tanks. There had been rumors spreading of a protest against Soviet occupation planned for five o' clock in the afternoon. At some point, however, the local radio began warning citizens that the rumor had been a provocation aimed at stirring up a protest that would be crushed by the invading military. The crowd was urged to disperse in order not to afford the occupying powers any chance for such a symbolic display of force. The citizens of Prague abandoned the square, which was soon left empty.[9]

Koudelka's photograph documents a significant absence, and the empty space testifies to a form of mute resistance that contrasts sharply with other, much more hectic images he took during those days. In the book, a few pages after this image is a photographic enlargement of a detail of the image itself.[10] There, the frame's center is occupied by the statue of Saint Wenceslas, but the eye falls again to the left side, on the now clearly recognizable vehicles. They occupy the point where the arm was in the previous image. The unshaped black patch on the previous image is revealed to be Soviet tanks, their turrets silently and symbolically aimed at Saint Wenceslas himself – the embodiment of the Czech people missing from the now eerie atmosphere of the empty square.

The haunting power of Koudelka's photograph, *1968* lies in the different layers of tension that it portrays and that are entangled with one another. The historical and political tension converges with the tension between conventional aesthetic harmony and its disruption in times of crisis. This, in turn, exposes a tension in the conception of time. If aesthetic harmony has traditionally been understood as representing an ideal of eternal beauty towards which to strive,[11]

screening of the film *Koudelka: Shooting Holy Land* (2015) by Gilad Baram. The film is available on DVD and contains the quoted Q&A (Extras, min. 19:20–19:40). My thanks to Gilad Baram for sharing the transcript of the Q&A with me. See also the note in Koudelka's personal notebook of 1971: »Your book must be a demonstration of your look on life and your idea about photography.« Quoted in: Frizot, »Wanderer in Non-Places«, 119. See also ibid., 134: »Koudelka saw the end purpose of his work only in terms of a book.«

8 Josef Koudelka, *Invasion 68: Prague*, Paris 2008, 173–183.

9 Ibid.

10 Ibid., 182 f.

11 Cfr. for example the following verses from Friedrich Schiller's poem »Das Reich der Schatten« (1795): »Werft die Angst | des Irdischen von euch, | Fliehet aus dem engen dumpfen Leben |

»On 22 and 23 August, Wenceslas Square was cleared of people«, Josef Koudelka, Invasion 68: Prague, Czechoslovakia. August, 1968.

in Koudelka's photograph this platonic notion of eternity is cast off in favor of the eternalization of a fleeting moment. Much like in Nicolaes Maes' 17th century painting *Old Woman in Prayer,* also known as the *Prayer without End,* time has been frozen in an instant that becomes everlasting.[12] Within the delimited space of the painting, the old woman is still saying grace, the food

In der Schönheit Schattenreich!« Friedrich Schiller, *Gedichte, Sämtliche Werke*, vol. 1, Berlin 2005, 233.

12 Emmanuel Levinas has described this 1656 painting (oil on canvas, 34 × 113 cm), which currently hangs at the Rijksmuseum in Amsterdam, as the eternalization of an instant in art: »Within the life, or rather the death, of a statue, an instant endures infinitely: eternally Laocoon will be caught up in the grip of serpents; the Mona Lisa will smile eternally. Eternally the future announced in the strained muscles of Laocoon will be unable to become present. Eternally, the smile of the Mona Lisa about to broaden will not broaden. An eternally suspended future floats around the congealed position of a statue like a future forever to come.« Emmanuel Levinas, »Reality and its Shadow«, in: id., *The Levinas Reader*, ed. by Seán Hand, Oxford 1989, 129–143, here: 138. However, Levinas subordinates this artistic eternalization to the conceptual or philosophical one: »Art brings about just this duration in the interval, in that sphere which a being is able to traverse, but in which its shadow is immobilized. The eternal duration of the interval in which a statue is immobilized differs radically from the eternity of a concept; it is the meanwhile, never finished, still enduring – something inhuman and

is still waiting to be eaten, and the tablecloth has not yet been torn down by the eager cat in the canvas's right corner, portraying, in Emmanuel Levinas's words, »a future forever to come«.[13]

Similarly, within the equally demarcated frame of Koudelka's photograph, it remains forever six o' clock on a summer afternoon, tanks are still occupying Prague's deserted main square, bullets could be fired at any minute, and the anonymous closed fist is still trying to break through this static, suspended situation in which the absence of visible human bodies crudely exposes the repressive instance's absurd and disproportionate violence. Commenting on Walter Benjamin's conception of history, Stéphane Mosès has noted – with an observation applicable to both Koudelka's photograph and Celan's poems – that »[i]t is not from the endless flow of moments that the new can surge forth, but from the arrest of time, from caesura, beyond which life then begins again in a form that, ever anew, eludes all expectation.«[14]

The image acquires an allegorical status, but it also asserts the simultaneous coexistence of different dimensions of time. The concrete date and time inside and outside the frame, both measured according to conventionally shared empirical systems (the Gregorian calendar, the watch) are rendered unique through isolation and exposure. They are both released from being part of a serial, recurring sequence and freed from their fleetingness and finitude. Rather than having left this past behind for good, we experience its present as being present to our own present. In Mosès' words: »For time to appear as history, its unfolding must in fact be interrupted.«[15]

Koudelka's image forces us to partake in this event, as the optical illusion invites us to view the arm in the photograph as our own, engaged in the simple, trivial, and recurring gesture of checking the time. The present of Prague's citizens silently and stubbornly resisting the abuse of power becomes our present, aptly illustrating a sentence from Walter Benjamin's *On the Concept of History* that we »take hold of memory as it flashed up in a moment of danger.«[16] In this sense, the image rises to a status that goes beyond its documentary function.

monstrous.« Ibid., 141. In contrast, the present article will show that this »deprivation of the future« is, in fact, neither inhuman nor monstrous.

13 Ibid., 138.

14 Stéphane Mosès, »The Theological-Political Model of History in the Thought of Walter Benjamin«, in *History and Memory* 2 (1989), 5–33, here: 15.

15 Ibid., 22.

16 »Sich einer Erinnerung bemächtigen, wie sie im Augenblick einer Gefahr aufblitzte.« Walter Benjamin, *Über den Begriff der Geschichte*, ed. by Gérard Raulet, Suhrkamp, Berlin 2010, 19, 33, 72, 85. Unless stated otherwise, all translation in the present article are mine.

»Soviet Tanks on Wenceslas Square«, Josef Koudelka, Invasion 68: Prague, Czechoslovakia. August, 1968. © Josef Koudelka | Magnum Photos

It does not simply fulfill the task of avoiding forgetting through remembrance. If anything, it exposes our own forgetfulness.

2.

In his essay on Marcel Proust, published in 1929, Walter Benjamin observes, quoting the French-Mexican critic Ramon Fernandez, that in the *Recherche* time unveils a »›new and previously unknown kind of eternity‹«[17] to anyone

17 Walter Benjamin, »Zum Bilde Prousts«, in: id., *Gesammelte Schriften*, vol. II.1, ed. by Rolf Tiedemann and Hermann Schweppenhäuser, Frankfurt a. M. 1977, 310–324, here: 320. Henceforth referenced in the body of the text as BP. Volumes from the *Gesammelte Schriften* are referenced as GS and the volume number. The passage from Fernandez's article quoted by Benjamin deserves to be quoted in full (emphasis mine): »L'individu proustien s'éparpille puis se déforme et se dissout dans le temps, qui est cependant le seul milieu où le réel puisse être perçu ; *mais le temps réserve à celui qui en épouse le rythme la découverte d'une éternité originale*, fille de la durée et du souvenir : une sorte de sensation générale, commune à différentes époques, à différents complexes d'une vie individuelle, qui permet à l'homme du temps de survoler le temps, qui l'élève un peu vers ces hauteurs où un Platon, un Spinoza atteignent

who immerses themselves in its stream. This formulation presupposes the awareness of a history of eternity in which different eternities disclose themselves to human understanding at different points in time. Proust's eternity therefore differs from theological or transcendental notions of eternity as they have been developed from Plato and Aristotle up to Kant and Kierkegaard. Neither platonic, nor utopic, nor ideal, this new eternity is, says Benjamin, »limited, not limitless time« (»Die Ewigkeit, in welche Proust Aspekte eröffnet, ist die verschränkte, nicht die grenzenlose Zeit«, BP 320).[18] Benjamin quotes Fernandez in order to contradict his assumption that Proust would, through his conception of time and eternity, be elevated »to the heights that a Plato, a Spinoza reached with a single coup d'aile«.[19]

The verb that Benjamin uses for »limited« is »verschränkt«. *Verschränken* means to limit a space by way of a barrier, fence, or gate (for example a street or a battlefield) but also to interlace, intertwine, or entangle (said also of crossing legs or folding arms).[20] Both meanings come to fruition in this passage

d'un seul coup d'aile.« Ramon Fernandez, »La vie sociale dans l'œuvre de Marcel Proust«, in: Charles Daudet (Hrsg.), *Répertoire des personnages de »À la recherche du temps perdu«*, *Les Cahiers Marcel Proust* 2 (1927), VII-XXIII, hier: XXI. Benjamin's translation is everything but literal, as the sentence »le temps réserve à celui qui en épouse le rythme la découverte d'une éternité originale« becomes »die Zeit [enthüllt] für jeden, der sich in ihren Verlauf vertieft, eine neue und bisher unbekannte Art der Ewigkeit«. Benjamin transforms it according to his own needs when he translates »épouser« (literally: to marry) with »vertiefen« (to deepen), »ryhme« with »Verlauf« (course, development), and »éternité originale« (original eternity) with »eine neue und bisher unbekannte Ewigkeit«. The avoidance of the adjective »original« in favor of the adjectives »new« and »thus far unknown« is significant if read in the context of Benjamin's later rejection of the »archaic image« and of any form of »Ursprungsdenken«. On time and eternity in Proust's thought see Gilbert Romeyer Dherbey, »Temps et éternité«, in: id., *La pensée de Marcel Proust*, Bibliotheque Proustienne, Paris 2015, 107–123.

18 The word »Aspekt« should be understood according to its etymological meaning from the Latin *aspicere*, to look. The paradoxality of Benjamin's formulation comes to the fore if compared to Aristotle's definition of time in *Physics, Books III and IV*, trans. by Edward Hussey, Oxford 1983, IV, 219a25, 44: »What is marked off by the now is thought to be time.« Mosès (»The Theological-Political Model of History«, 8) draws a comparison between Saint Augustine's and Benjamin's conception of time. John McCole (*Benjamin and the Antinomies of Tradition*, Ithaca and London 1993, 261) summarized Benjamin's stance as follows: »Benjamin rejected timelessness in all its forms, whether the stabilized eternity of ideas, Klages's schauendes Bewußtsein, or historicism's faith in the timeless accessibility of all moments in the past.«

19 Fernandez, »La vie sociale dans l'œuvre de Marcel Proust«, 21.

20 Cfr. Jacob und Wilhelm Grimm, *Deutsches Wörterbuch*, vol. 25 (Leipzig 1854–1960), Sp. 1147, s. v. verschränken. Commentators have tended to highlight the word's meaning as »entanglement« rather than »limitation«. Carole Jacobs (»Walter Benjamin: Image of Proust«, MLN 86 [1971], 910–932, here 919) renders »verschränkt« as »intertwined«. Beryl Schlossman lists different meanings of the word and translates the past participle as »clasped« (»Proust and

that Celan underlined when he read the essay either in the autumn of 1959 or in July 1968 – or both.[21] Indeed, Benjamin further specifies that we experience Proust's »Universum der Verschränkung« (universe of limitation *and* interlacement), when we observe the counterplay of remembrance (*Erinnern*) and aging (*Altern*) displayed in the novel. Both remembrance and aging make manifest, according to Benjamin, the experiences that we did not live fully in the present. Since in our conscious daily life we remember selectively and functionally, it is, says Benjamin in one of his elusive dialectical turns, actually forgetting that weaves the rug of memory, of which we are mostly able to grasp only the fringes (BP 311).

Benjamin makes it clear that *Verschränkung* should be understood as entanglement by indirectly quoting a passage from the last volume of the *Recherche, Les temps retrouvés*. There, Proust considers if, in order to recount our friendship with certain people, we should not position them in every part of our lives, also, or rather especially, in those in which they played no active role at all.[22] According to Benjamin, Proust thus discovers »die Verschlingung der Wege« (intertwining of roads, BP 320) that is the fruit of aging. The more we age, the more the experiences we missed or failed to acknowledge as such reveal themselves as being connected by »threads that life constantly severs«, as Proust observes, quoting Victor Hugo's 1837 poem *Tristesse d'Olympio*.[23]

Benjamin: The Invisible Image«, in: Rainer Nägele [ed.], *Benjamin's Ground. New Readings of Walter Benjamin*, Detroit 1988, 105–118, here 112). She concludes: »Benjamin's concept of ›Verschränkung‹ gives an account of the specifically Proustian image of *correspondance*: the interlace of invisibilia and the emergence of rapturous eternity within the framework of a lived life.« Ibid., 114. John McCole (*Benjamin and the Antinomies of Tradition*, 262) opts for »convoluted« and adds (ibid.) that for Benjamin »[t]rue eternity resulted not from lifting an event out of time but from tracing its entwinement with other events.«

21 Paul Celan, *La Bibliothèque philosophique. Catalogue raisonné des annotations*, ed. by Alexandra Richter, Patrik Alac, Bertrand Badiou, Paris 2004, 287. On Celan's readings of Benjamin and the latter's presence in Celan's poetry cfr. Werner Hamacher, »HÄM. Ein Gedicht Celans mit Motiven Benjamins«, in: *Jüdisches Denken in einer Welt ohne Gott. Festschrift für Stéphane Mosès*, ed. by Jens Mattern, Gabriel Motzkin, Shimon Sandbank, Berlin 2000, 173–197; Ulisse Dogà, *»Port Bou – deutsch?« Paul Celan liest Walter Benjamin*, Aachen 2009.

22 Cfr. Marcel Proust, *Le Temps retrouvé*, ed. by Pierre-Louis Rey and Brian Rogers, Paris 1989, 607. »Are there in fact among all our acquaintances any who, if we are to tell the story of our friendship with them, do not constrain us to place them successively in all the most different settings of our lives?« Marcel Proust, *Time regained*, trans. by Andreas Mayor, Terence Kilmartin, revised by D. J. Enright, New York 1992, 503 f.

23 »Certes, s'il s'agit uniquement de nos cœurs, le poète a eu raison de parler des ›fils mystérieux‹ que la vie brise. Mais il est encore plus vrai qu'elle en tisse sans cesse entre les êtres, entre les événements, qu'elle entre-croise ces fils, qu'elle les redouble pour épaissir la trame, si bien qu'entre le moindre point de notre passé et tous les autres un riche réseau de souvenirs ne laisse

By way of this entanglement of different, in their plain chronological succession heterogenous moments of the past in the present, time, says Proust, is suppressed.[24] We catch a glimpse of eternity as »verschränkte Zeit« when the conventional succession of past, present, and future dissolves in the entanglement of their recollection.

However, the paradoxical nature of the intuition that this kind of eternity is to be understood not only as entangled, but also as (spatially) limited time, emerges in one of Benjamin's preparatory notes for the essay. He observes that »in principle remembrance cannot be finalized/locked up (*ist unabschließbar*). An event that is lived is finite, limited, an event that is remembered is limitless (*schrankenlos*)«.[25] Considering the sheer extension of Proust's *Recherche*, this latter comment is more self-evident than the previous one, although the argument that potentially limitless remembrance should provide access to eternity as limited time still seems counterintuitive.

In the final version of his text, Benjamin took care to mitigate the contradiction by further explaining what he meant. Remembered experience knows no boundaries because it is »key to everything that came before it and everything that came after it«.[26] The adjective *schrankenlos* is thus to be taken literally. Whatever barriers there might be between one experience and another, in remembrance all gates can be opened – once an event is remembered, it provides access to all the others with which it is intertwined. The potential limitlessness of remembered experience turns out to be the condition under which

que le choix des communications.« Proust, *Le Temps retrouvé*, 607. »Certainly, if he was thinking purely of the human heart, the poet was right when he spoke of the ›mysterious threads‹ which are broken by life. But the truth, even more, is that life is perpetually weaving fresh threads which link one individual and one event to another, and that these threads are crossed and re-crossed, doubled and re-doubled to thicken the web, so that between any slightest point of our past and all the others a rich network of memories gives us an almost infinite variety of communicating paths to choose from.« Proust, *Time Regained*, 504. Cfr. Victor Hugo, »Tristesse d'Olympio«, in: id., *Œuvres poétiques*, vol. 1, ed. by Pierre Albouy, Paris 1964, 1095.

24 »[…] la mémoire, en introduisant le passé dans le présent sans le modifier, tel qu'il était au moment où il était le présent, supprime précisément cette grande dimension du Temps suivant laquelle la vie se réalise.« Proust, *Le Temps retrouvé*, 608. »[…] memory […], when it introduces the past, unmodified, into the present – the past just as it was at the moment when it was itself the present – suppresses the mighty dimension of Time which is the dimension in which life is lived.« Proust, *Time Regained*, 506.

25 GS II.3, 1056.

26 »Denn ein erlebtes Ereignis ist endlich, zumindest in der einen Sphäre des Erlebens beschlossen, ein erinnertes schrankenlos, weil nur Schlüssel zu allem was vor ihm und zu allem was nach ihm kam«. (For a lived event is finite, or at least it is enclosed in the one sphere of experience, a remembered event is limitless, because it is only the key to everything that came before and after it.) BP 312.

we can experience eternity as intertwined time. Nonetheless, this is true only »in principle« (*prinzipiell*),[27] as Benjamin emphasizes. In practice, the specific eternal time at which we gaze through the *Recherche* is, as Proust himself writes, surrounded by barriers. The most evident barrier is death; the structural barrier is its dependence on the *mémoire involontaire* – a barrier that does not open whenever we want but is lifted as a result of contingencies that are, themselves, beyond our control. The realization of time's entanglement provides access to a dimension »outside time« (»hors du temps«), writes Proust.[28] But, this »trompe l'œil ne durait pas«,[29] comments Proust drily – this deceptive, and therefore limited, image, does not last.

It is possibly for this reason that Benjamin, in whose œuvre the image plays a central role,[30] acknowledges its limitations, at the end of his essay entitled »On Proust's Image«, by admitting the isolation and enigmatic presence of visual images. It is instead our sense of smell – and, with Proust, our hearing –[31] that we should rely upon to measure the success of our catch when »immersing our nets into the sea of lost time« (BP 323). Benjamin, of course, uses a visual metaphor to point this out.[32]

3.

Celan seems to have taken a cue from this observation, when, in a poem written on August 9, 1966, he ends with a paronomasia of which Proust would have approved: »Gerüche, Geräusche«[33] (smells, noises). The poem, enti-

27 GS II.3, 1056.

28 »[…] situé hors du temps, que pourrait-il craindre de l'avenir ?« Proust, *Le Temps retrouvé*, 451; »[…] situated outside time, why should he fear the future?« Proust, *Time Regained*, 265. Dominik Finkelde (*Benjamin liest Proust: Mimesislehre, Sprachtheorie, Poetologie*, München, Fink 2003, 43) points to Benjamin's critical stance towards the *mémorie involontaire* as a purely private experience and to his search for »collective salvation in his philosophy of history« (ibid., 154). Finkelde does not, however, refer to the role that the category of eternity (and its revision) plays in this context.

29 Proust, *Le Temps retrouvé*, 452; *Time Regained*, 265.

30 On Benjamin's use of images see Henning Teschke, *Proust und Benjamin. Unwillkürliche Erinnerung und dialektisches Bild*, Würzburg 2000, 119–143; Sigrid Weigel, *Walter Benjamin: die Kreatur, das Heilige, die Bilder*, Frankfurt a. M. 2008.

31 Cfr. Proust, *Le temps retrouvé*, 451; *Time Regained*, 264.

32 Cfr. Robert Kahn, *Images, passages: Marcel Proust et Walter Benjamin* (Paris 1998), 79: »c'est l'absence d'images qui garantit l'émergence du sens, et qui livre la totalité. Absence qui ne peut être dite que par la métaphore.«

33 Paul Celan, *Die Gedichte*, ed. and commented by Barbara Wiedemann, Berlin 2018, 236. Henceforth cited as G with page number in the body of the text.

tled EWIGKEITEN, is one of six in Celan's œuvre that begin with the substantive »eternity«, or, as in this case, »eternities«. Of course, eternity appears in other poems as well,[34] but I am isolating these six poems because of the term's prominence at the poems' beginning. The earliest poem of the group, DIE EWIGKEIT, was probably written in 1951 and features in the early collection *Mohn und Gedächtnis* (1952):

DIE EWIGKEIT
Rinde des Nachtbaums, rostgeborene Messer
flüstern dir zu die Namen, die Zeit und die Herzen.
Ein Wort, das schlief, als wirs hörten,
schlüpft unters Laub:
beredt wird der Herbst sein,
beredter die Hand, die ihn aufliest,
frisch wie der Mohn des Vergessens der Mund, der sie küßt. (G 55)[35]

In many ways, the poem does not depart from conventional conceptions of eternity, though it does elaborate them anew. It describes a familiar literary and romantic trope – the discovery of the names of a pair of lovers carved on a tree trunk. Time and its passing are portrayed in multiple ways from the very first line. »[N]ight« alludes to the alternation of day and night according to which time can be measured, while the oxymoric adjective »rostgeboren« refers to both the radically innovative change brought about by birth and by the deterioration of metal over time through rust.

However, the most striking representation of time is in the poem's second section, where verbs in their present, past, and future tense follow one another.[36] It is the entry of the future tense that brings forgetting with it into the poem. In contrast, both the poem's first and last verb (*flüstern*, v. 3, and *küßt*, v. 8) build the frame (a margin, limit or border) of a continuous present that envelops temporal development. The initial image of love, a significant encounter immortalized and made public, gradually transforms into an allegory

34 See for example ERBLINDE (G 190); IN DER EWIGEN TEUFE (G 227); DAS VERGESSEN (G 552); DIE WEINBERGSMAUER ERSTÜRMT (G 560).

35 »ETERNITY || Rind of the nighttree, rustborn knives, | whisper the names, time, and hearts to you. | A word that slept, when we heard it, | slips under the foliage: | autumn will be eloquent, | more eloquent, the hand, that gathers it, | fresh like the poppy of forgetting, the mouth that kisses it.« Paul Celan, *Memory Rose Into Threshold Speech: The Collected Earlier Poetry*, trans. by Pierre Joris, New York 2022, 69.

36 Other references to time are the passage from sleep to waking (v. 4) and the mention of autumn (v. 6) and thus of the alternation of seasons.

of reading (*lesen*) – another significant encounter, but one beyond time and space – as an act of affection represented by the mouth kissing the hand that picks up the eloquent »autumn« (*auflesen*, v. 7).

Which word awakens when we hear the names of the lovers whispered by the mute signs they left behind? Is it possibly the word of the title? The portrayal of fugacity in the poem does not necessarily contradict its title, in accordance with a widespread conception of eternity as standing – just as the title does in relation to the poem – above and beyond time.[37] The only trace of eternity as eternal duration is, if at all, hinted at by the verbs in the present tense mentioned above. The poem draws a strong – if not entirely original – connection between eternity and time, remembrance and forgetting. It represents the language of *Mohn und Gedächtnis* as a whole, as summarized by Werner Hamacher, namely that it aspires »[t]o become one with the movement of time and of negativity, in such a way as to become itself the continuum of time«.[38]

The remaining five poems with eternity in their titles were all written between 1966 and 1969. Three were published in the collection *Fadensonnen* in 1968, indicating possibly a more acute concern with this issue around this time. Halfway between the early poem Die Ewigkeit and the later eternity poems, at the midpoint between 1951 and 1966, in 1960, Celan publicly stated his allegiance to the »acute of that which happens today« (*Akut des Heutigen*) rather than to the circumflex accent of the eternal.[39] This affirmation is political in nature. It comes immediately after the description of Lucile's rebellious act of creative speech that leads to her incarceration and death, and after the mention of the anarchist intellectuals Peter Kropotkin and Gustav Landauer, whose writings Celan claims to have grown up with (M 36). The last stanza of the 1964 poem Singbarer Rest (*Atemwende*) can be understood as a paraphrase of this stance: »Entmündigte Lippe, melde, | das etwas geschieht, noch immer, | unweit von dir.«[40] (G 186)

Celan's sharp criticism of art as an »eternal problem«, discussed in Büch-

37 Cfr. James G. Wilberding, »Eternity in Ancient Philosophy«, in: *Eternity: A History*, ed. By Yitzhak Y. Melamed, Oxford University Press, New York 2016, 14–55, here: 14.

38 Werner Hamacher, »The Second of Inversion: Movements of a Figure through Celan's Poetry«, *Yale French Studies* 69 (1985), 276–311, here: 286.

39 Paul Celan, *Prosa I. Zu Lebzeiten publizierte Prosa und Reden*, Historisch-kritische Ausgabe, vol. 15.1, ed. by Andreas Lohr and Heino Schmull, Frankfurt a. M. 2014, 36. Henceforth as M with page number in the body of the text. Cfr. Sandro Zanetti, *»zeitoffen«. Zur Chronographie Paul Celans*, Wilhelm Fink Verlag, München 2006, 108 f.

40 »Disenfranchised lip, announce, | that something happens, still, | not far from you.« Paul Celan, *Breathturn Into Timestead: The Collected Later Poetry*, trans. by Pierre Joris, New York 2014, 21.

ner's theatre piece on the French Revolution by two mortals imminently approaching their own violent deaths (Camille and Danton), also stems from his choice to favor das »Heutige«. Here, the adjective »eternal« is used – with bitter irony – in the sense of »everlasting«. It indicates an endless duration that defies and conceals the mortality of those who debate the issue of art's eternity; itself cruelly indifferent to their tragic destiny (M 34).[41]

Around the same time, Celan hints at eternity in a positive context, in a way that echoes Benjamin and Proust's »verschränkte Zeit«. In the preparatory notes for the radio feature on the Russian poet Osip Mandel'štam, Celan writes:

> Im Gedicht verklammern sich diese – verschiedenen – Zeiten, spricht die Stunde und der Äon, der Herzschlag und die Weltuhr.[42]

> In the poem these – different – times enclasp, the hour and the aeon, the heartbeat and the world's clock speak.

Despite the use of the Greek word for eternity (*aeon*), there is no sign of an agreement with the Platonic conception of time as the »moving image of eternity«.[43] The aeon is understood not as extra-temporal, but rather as a category of time itself, and while these different dimensions (succession and duration) are usually separated, in a poem they are intertwined, as is individual and collective experience. This note was not included in the feature, where Celan instead simply mentions the »tense relation between times«.[44] Celan's preferred accent was and remained the politically charged »Akut des Heutigen«. This is confirmed later, in a letter to Gisèle Celan-Lestrange written on August 23, 1968, a day after Koudelka shot his photograph of Wenceslas Square:

41 Commenting on this passage, Zanetti (*»zeitoffen«*, 97) observes that here Celan's »Zeit- und Geschichtskritik« meet those outlined by Benjamin's in his *On the Concept of History*.

42 Paul Celan, *Prosa I. Zu Lebzeiten publizierte Prosa und Reden*, Historisch-kritische Ausgabe, vol. 15.2, ed. by Andreas Lohr and Heino Schmull, Frankfurt a. M. 2014, 161.

43 Plato, *Timaeus*, 37d, in: id., *Complete Works*, ed. by John M. Cooper, Indianapolis/Cambridge 1997, 1241.

44 »Es ist dieses Spannungsverhältnis der Zeiten, der eigenen und der fremden, das dem mandelstamm'schen Gedicht jenes schmerzlich-stumme Vibrato verleiht, an dem wir es erkennen.« M 64.

> Poetry's problems pose themselves for me with utmost sharpness, the events – you can imagine how strongly those from Czechoslovakia touch me – occupy me in the midst of what I write, of what I try to write.[45]

At the beginning of the same month Celan had written to his eleven-year-old son that his poems try to be »actual«.[46] Later, on April 7, 1970, a few days before his death, he again vehemently affirmed in a letter to his publisher Siegfried Unseld that his poems »do not distance themselves even more from day to day life, they stand, also in their literality, in the present day« (»sie entfernen sich nicht noch weiter vom Alltag, sie stehen, auch in ihrer Wörtlichkeit [...] im Heute«).[47] Celan's ongoing engagement with the events of his time manifests itself not only in his poetic language, but also in the questions with which he is occupied, as the most salient events of the 1960s make headlines. They revolve around the relation between poetry and history, history and contingency, poetry and historiography, and between individual and collective experience, as well as their joint recollection.[48] These issues are entangled, and they are all profoundly immersed in time.

All this considered, where do the »eternity poems« stand in the framework and inside the limits posed by Celan's concern with present-day events, and with the presence and actualization of each poem? What is their significance in the context of his thought on time? The last poem of the last collection that Celan still, at least partially, prepared for print himself – *Schneepart* – is titled Die Ewigkeit, pointing towards the concept's relevance throughout his work.

4.

In a letter to Hugo von Hofmannsthal written in February 1928, Walter Benjamin defined his recently published volume *Einbahnstraße* (1928) as the result of an interior battle »to grasp actuality as the back side of the eternal in history and to take the imprint of this hidden side of the medal.« (»Die Aktualität als

45 Paul Celan, *»etwas ganz und gar Persönliches«. Briefe 1934–1970*, ed. by Barbara Wiedemann, Berlin 2019, 824.

46 Paul Celan, Gisèle Celan-Lestrange, *Correspondance (1951–1970)*, vol 1., ed. and commented by Bertrand Badiou with the participation of Eric Celan, Paris 2001, 629.

47 Celan, *»etwas ganz und gar Persönliches«*, 892.

48 I have discussed these issues in »Beyond Poetry: Celan's Red Folder, May 1968«, in: *Paul Celan Today. A Companion*, ed. by Michael Eskin, Karen Jane Leeder and Marko Pajević, Berlin, New York 2021, 201–219; see also Barbara Wiedemann, »›Vom Unbestattbaren her‹. Die Auseinandersetzung mit linkem Antisemitismus in Paul Celans Spätwerk«, in: *Internationales Archiv für Sozialgeschichte der Deutschen Literatur*, 40 (2015), 84–109.

den Revers des Ewigen in der Geschichte zu erfassen und von dieser verdeckten Seite der Medaille den Abdruck zu nehmen.«)[49] At first glance, Benjamin's formulation resembles a conception of time imitating eternity. The back side of a medal is the one that does not hold its most important information. It is the secondary side »opposed to the main side«, and can also be understood as meaning »the bad side of something«.[50] Yet this apparent similarity, and subordination of the actual to the eternal, is refuted by the contradictory nature of the formulation. To speak of a »covered side of the medal« is technically incorrect when speaking of one of its two sides. Its imprint is taken not by uncovering the medal, but rather by turning it.

Benjamin's use of the verb *verdecken* (to cover) is only apparently sloppy, since it is a hint to the other, covered meaning of the substantive *Revers*, which refers both to the blind side of a coin and to the lapel of a jacket.[51] The sentence's English translation, then, would be: »to grasp actuality as the lapel of

49 Walter Benjamin, *Gesammelte Briefe*, vol. 3, 1925–1930, ed. by Christoph Gödde and Henri Lonitz, Frankfurt a. M. 1997, 331. Benjamin uses the verb *verschränken* in *Einbahnstraße*, in the sense of crossing and exchanging: »Bücher und Dirnen verschränken die Zeit. Sie beherrschen die Nacht wie den Tag und den Tag wie die Nacht.« *Einbahnstraße*, in: GS IV.1, ed. by Tillman Rexroth, Suhrkamp, Frankfurt a. M. 1972, 109. Stéphane Mosès summarizes Benjamin's understanding of eternity as follows: »Die Ewigkeit fehlt, wie man sieht, keineswegs; sie bleibt, im Hintergrund dieses Denkens, der theologische Horizont, vor dem sich Fakten, Werke und Ereignisse abheben; mehr noch, wie im Trauerspielbuch ist das Geschichtliche nichts anderes als die Spur, die die Ewigkeit der Zeit einprägt.« Stéphane Mosès, »Geschichte und Subjektivität. Zur Konstitution der historischen Zeit bei Walter Benjamin«, in: *Das Subjekt der Dichtung. Festschrift für Gerhard Kaiser*, ed by Gerhard Buhr, Friedrich A. Kittler, Horst Turk, Würzburg 1990, 153–178, here: 174 f.

50 *Dictionnaire de l'Académie française*, 8e édition, Paris, 1932–35, s. v. revers, https://www.dictionnaire-academie.fr/article/A8R1573, last accessed 30 July 2023. The entry refers also to the use of »revers« or »revers de fortune« as indicating a misfortune. Benjamin uses the French term *revers* in a bilingual passage connected to the *Arcade Project* in which he refers both to Hofmannsthal and to Proust: »Man muss […] vielleicht überhaupt davon ausgehen, sein [Prousts] Gegenstand sei die Kehrseite, le revers – moins du monde que de la vie même.« GS V.2, 679. In his notes for the *Arcades Project* Benjamin later employed a similar sartorial analogy, again with a word of French origin, when he wrote that »the eternal is rather a ruche on the dress than an idea«, i. e. the most decorative and in practical terms superfluous piece of garment imaginable. »[…] das Ewige [ist] jedenfalls eher eine Rüsche am Kleid als eine Idee«, GS V.1, 578. Cfr. *Dictionnaire de l'Académie française*, s. v. ruche https://www.dictionnaire-academie.fr/article/A8R2001, last accessed 30 July 2023.

51 In Adelung's dictionary, the only reported meaning of *Revers*, a word of French and earlier Latin origin, is still the backside of a coin, cfr. Johann Christoph Adelung, *Grammatisch-Kritisches Wörterbuch der Hochdeutschen Mundart. Ausgabe letzter Hand*, Leipzig 1793–1801, vol. 3, Sp. 1095, s. v. Revers. In the Grimm dictionary there is no entry for the word. Kluge, instead, refers only to the sartorial meaning (»from the French *revers*, originally ›something turned‹«, »Umgedrehtes«) of »lapel«, and dates its use to the 19th century, i. e. to the time of the

eternity«. In this latter sense, actuality is the »ornamental part«[52] of the garment of eternity, the part that exposes the fabric's inner side. In history, eternity is always already partly (made) visible. Events or people are eternalized, for example, in official historiography, while fleeting actuality, caught in the miniatures of *Einbahnstraße* or in the palimpsest of the *Arcades Project*, reveals, by means of a fold, its other, inner, hidden and hence unknown side. The lapel offers, literally and simultaneously, a glimpse of the whole fabric of time – the representative outer side and the humbler inner side.

Against this backdrop, Celan's poems that engage explicitly with eternity constitute the necessary counterpart to those that engage directly with actuality. Celan's later poetry may be understood as an attempt to consider both sides of the medal of time, or to sew the jacket in its entirety. These poems present common, paradoxical features in their treatment of eternity. Among them is the use of the term in its plural form, which indicates the existence of more than one eternity. This form is grammatically possible, but theoretically problematic, since a multitude already implies limitation, in this case of something that is, by definition, unlimited. The plural hints at the history of eternity as discussed in Benjamin's essay on Proust, in which eternity presents itself in a variety of forms as a historicized concept in time. The allegorical personification of eternity in these poems goes hand in hand with its association with actions that indicate, again, limitation and change.

In the already mentioned EWIGKEITEN, written on August 9, 1966 and published two years later in the second cycle of *Fadensonnen*, eternities »have died away over you«:

EWIGKEITEN, über dich
hinweggestorben,
ein Brief berührt
deine noch un-
verletzten Finger,
die erglänzende Stirn
turnt herbei
und bettet sich in
Gerüche, Geräusche. (G 236)[53]

dictionary's first publication (1883). Cfr. Elmar Seebold (ed.), *Kluge. Etymologisches Wörterbuch der deutschen Sprache*, Berlin, Boston, 2011, 764, s. v. Revers.

52 TLFi: *Trésor de la langue Française informatisé*. ATILF (CNRS/Université de Lorraine), http://atilf.atilf.fr/tlf.htm, s. v. revers, last accessed 30 July 2023.

53 »ETERNITIES, died | over and above you, | a letter touches | your still un- | wounded fingers,

Eternities are subject to a change of position between the first and the second line, as they move from a superposed position (»über dich«) towards their displacement and decline (»hinweggestorben«). This same movement – approach and departure – is also present in the first stanza of an ›eternity poem‹ written the following year (20 September 1967) and later included in *Lichtzwang* (1970): »DIE EWIGKEITEN fuhren | ihm ins Gesicht und drüber | hinaus,« (G 293).[54] Despite being less radical than conceiving of dying eternities, this poem too imagines the encounter with a multitude of eternities in the context of destruction, death, and loss, as illustrated by the two remaining stanzas:

langsam löschte ein Brand
alles Gekerzte,

ein Grün, nicht von hier,
umflaumte das Kinn
des Steins, den die Waisen
begruben und wieder
begruben.[55]

In DIE EWIGKEIT, the early poem mentioned above, the traces of an encounter led to the possibility of another, mediated one. Remembrance was haunted by forgetting and the attempt at eternalization was caught in the net of time. Similarly, in EWIGKEITEN the passing and dying of eternities is interrupted by the arrival of a letter that suggests an encounter by way of touch that stirs memory through odor and sound. However, the contrast between Proust's potentially limitless remembrance and Celan's reserved verses could not be starker. Where Proust gives in to expansion and extension, Celan opts for concentration, preserving, and suspending the potentially harmful moment of contact (»your still un- | wounded finger«) over time and space.

Likewise, the poem DIE EWIGKEITEN TINGELN (G 244), written on January 18, 1967 and included in the same cycle of *Fadensonnen* as the previous poem, imagines the preservation and botanical reproduction of a specific, unnamed name which is passed on through yet another kind of communication, a greeting (*Gruß*). This greeting is stored in that central muscle that guarantees

| the shining forehead | vaults hither | and beds itself in | odors, noises.« Celan, *Breathturn Into Timestead*, 141, translation modified.

54 »The eternities went | for his face and beyond | it,« Ibid., 273.

55 »slowly a blaze put out | everything candled, || a green, not from here, | bedowned the chin of | the stone, which the orphans | buried and again | buried.« Ibid., 274.

life by stimulating circulation. In contrast to the 1951 poem, where the heart also featured prominently, it now can (also) not be named:

Die Ewigkeiten tingeln,
im abgebeugten Strahl,

ein Gruß steht kopf, zwischen zweien,

der dunkelblütige, sich
mitverschweigende
Muskel
kammert den Namen ein, den er mittrug,

und pflanzt sich fort

durch Knospung.[56]

Celan's operation consists in a linguistic reversal[57] by which scientific terminology (both medical and botanical) is poeticized and exposed in its poetic potential, while traditional poetically loaded terminology – such as the word ›heart‹ – is categorically excluded. Celan suggests that eternities wander and hang around the »abgebeugter Strahl« – another name for the aortic arch.[58] From having been located »over you«, the eternities are now internalized, located in the very heart of mortality.

The same procedure can be observed in the third ›eternity poem‹ from *Fadensonnen*, included in its third cycle and titled Die Ewigkeit (G 249):

Die Ewigkeit altert: in
Cerveteri die
Asphodelen
fragen einander weiß.

56 »The eternities honkytonk | in the bent beam, || a greeting goes wild, twixt to, || the darkblood | muscle, it too | concealing itself, | encapsulates the name it carried along || and reproduces itself || through budding.« Ibid., 163.

57 Cfr. Hamacher, »The Second of Inversion«, 281.

58 The aortic arch is named explicitly in a later poem from *Fadensonnen*, Nah, im Aortenbogen (G 257).

Mit mummelnder Kelle,
aus den Totenkesseln,
übern Stein, übern Stein,
löffeln sie Suppen
in alle Betten
und Lager.[59]

Here, eternity ages in the setting of the Etruscan necropolis of Cerveteri, where asphodeles, the white flowers of the dead according to ancient Greco-Roman mythology, are endlessly questioning each other. In the first stanza, the paradoxical change implied in an aging eternity, which is hence also bound to die sooner or later, is further substantiated by the process by which the flowers' color is described not as a static characteristic, but rather as the result of their questioning each other. The formulation »sich weiß fragen« is not idiomatic, but is built upon existing idiomatic formulations such as *sich schwarz ärgern* or *sich grün und blau ärgern* (to become very angry) or *sich scheckig lachen* (to laugh loudly and excessively), all implying a change of mood marked by a color. The change is open ended, meaning that the formulation does not refer to the action's own conclusion. Therefore, the questions of the asphodeles seem bound to receive no answer.

That knowledge, or the lack thereof, is at stake in these verses is made evident by the homophony between the color *weiß* (white) and *weiß* as in the conjugation of the verb *wissen* (to know, 1st, 2nd, and 3rd person singular),[60] as well as by the assonance with the verb *jemandem etwas weismachen* (to make someone believe something untrue). While the asphodeles seem to have no knowledge to hide or convey, the verse also begs the question of how long they can continue to »question each other white«, given that they are white already. The idiomatic formulations mentioned above all hold a connotation of death, as their meaning is tantamount to *sich zu Tode lachen, ärgern* (to laugh oneself to death). This dimension of consumption and exhaustion hovers above the asphodeles lining the Etruscan tombs in Cerveteri.

The top part of the urns in which ancient Etruscans buried their deceased were usually adorned with the statue of a human figure lying sideways, often stylized as the result of mass production. In some cases, however, the statues

59 »Eternity ages: in | Cerveteri the | asphodels | question each other white. || With mumbling ladle, | from the deads' cauldrons | o'er the stone, o'er the stone, | they spoon soups | into all the beds | and camps.« Celan, *Breathturn Into Timestead*, 177.

60 Compare the same wordplay in another poem from *Fadensonnen*: »Weiss, weiß, weiß | wie Gittertünche, | reihn die Gesetze sich ein | und marschieren | einwärts.« (G 262).

seem to accurately reproduce the features of the buried individual. One of the most renowned sarcophagi, known as »Of the Spouses«, displays a couple united in death as they might have been in life. Their hands suspended in the air, it is likely that they were originally holding cups.[61] Celan's poetic recollection conflates disparate events, places, and times in the narrow space of a handful of verses. What was once a banquet of wine and opulent food lasting into the afterlife transforms, through the simple mention of a »scoop« (*Kelle*) and »soups« (*Suppen*) into a scene that can be taking place in a hospital,[62] a shelter, or any place that in the 20th century has become infamously known for driving humans to starvation by serving them watered down soup barely adequate for basic sustenance.

At the time in which Celan wrote the poem, he was hospitalized in a psychiatric clinic.[63] Thus, the image of carts with pots of soup clacking down the hall to the rooms of bed bound patients by figures dressed in white does not seem farfetched. On the other hand, the poem's last word, »Lager«, »represents an example of how the *Unmensch* can turn an innocuous, sociable, one could almost say liberal word into its absolute opposite.«[64] From a place of rest and convivial social gathering the term came to indicate military camping sites, storage rooms, and, finally, the internment and extermination camps that, as Wilhelm Süskind, who penned the article on »Lager« in the *Wörterbuch des Unmenschen*, points out, »have increasingly become the organizational status quo of humankind.«[65] This murderous transformation has consequences for visions of the afterlife, as well, which is not left untouched by historical catastrophes in the world of the living. The paradoxical formulation of an »aging eternity« is a *Denkbild* in Benjamin's sense, as it condenses the history of eternity up to the point at which the concept itself, including all its theological connotations, becomes obsolete. If aging, as Benjamin maintains, has a part

61 Celan had visited the necropolis and knew of the sarcophagus of the spouses from a description that Gisèle Celan-Lestrange had sent to him two years earlier, on 19 January 1965 Cfr. Barbara Wiedemann's commentary in G 937 and Paul Celan, Gisèle Celan-Lestrange, *Correspondance (1951–1970)*, vol 1., ed. and commented by Bertrand Badiou with the participation of Eric Celan, Paris 2001, 203.

62 In her commentary (G 936), Wiedemann refers to the chapter »Ewigkeitssuppe und plötzliche Klarheit« in Thomas Mann's *Der Zauberberg*, which Celan was reading at the time.

63 Cfr. G 936 and Bertrand Badiou, »Chronologie«, in: Celan, Celan-Lestrange, *Correspondance*, vol. 2, 565.

64 »Das Wort ›Lager‹ bildet ein Beispiel dafür, wie der Unmensch auch aus einem harmlosen, geselligen, ja man möchte sagen freiheitlichen Wort das schiere Gegenteil hervorzieht.« Dolf Sternberger, Gerhard Storz, W. E. Süskind, *Aus dem Wörterbuch des Unmenschen*, Claassen, Hamburg 1957, 63.

65 Ibid., 66.

to play in accessing eternity as the entangled time of memory, then the poem illustrates what happens when eternity itself ages. The result is a potentiated entanglement of a higher degree.

The last poem of the group, also titled DIE EWIGKEIT (G 513), is suspended in a space of philological uncertainty due to contradictory evidence. In the folder containing the manuscripts, it is prominently positioned as the closing poem of the collection *Schneepart*, but the index that is considered more accurate does not include the final cycle to which it belongs.[66]

> DIE EWIGKEIT hält sich in Grenzen:
> leicht, in ihren
> gewaltigen Meß-Tentakeln,
> bedachtsam,
> rotiert die von Finger-
> nägeln durchleuchtbare
> Blutzucker-Erbse.[67]

The poem contains explicit references to both Benjamin's essay on Proust and to current events being reported by media outlets at the time. Particularly the space race that was at its height during this period, when the moon, traditionally associated with the eternal, enters, for the first time, the orbit of human history. From an article on the preparations for the Apollo 7 mission in the German weekly magazine *Der Spiegel* of October 14, 1968, Celan took a single word: »Meß-Tentakeln« (measure-tentacles).[68] In the article, these measurement tentacles are connected to the space rocket. In the poem, they become attributes of an eternity that holds itself within borders, reminiscent of Benjamin's »verschränkte Zeit«. Here too Celan employs an idiomatic formulation, »sich in Grenzen halten«, (usually said in reference to damage or happiness, as an indication that they are contained) which, in the space of this poem, is to be taken literally. The tentacles visually suggest the entanglement at hand, which is further exacerbated over the course of the poem. The borders, marked with such conviction in the first line, may well be those of the poem itself: eternity contained within the borders of the discourse that engages with it.

The grotesque, uncanny image of a monstrous entity frames the concept

66 Cfr. the description of the manuscripts in Paul Celan, *Schneepart*, Historisch-Kritische Ausgabe, vol. 10.2, ed. by Rolf Bücher with Axel Gellhaus and Andreas Lohr-Jasperneite, Suhrkamp, Frankfurt a. M. 1994, 23.

67 »ETERNITY stays within limits: | lightly, in its | powerful measure-tentacles, | deliberately, | the bloodsugar-pea, | x-rayable | by fingernails, | rotates.« Celan, *Breathturn Into Timestead*, 399.

68 »Bleiches Ziel«, *Der Spiegel* 42 (1968), 182.

of eternity, which is traditionally thought of as limitless. The poem operates with continuous grammatical shifts, as the adjectives (»leicht«, »bedachtsam«) appear to belong to eternity, but then turn out to characterize the final substantive, the »bloodsugar-pea«. Sudden shifts from massive proportions (»gewaltig«) to smaller (»Finger- | nägeln«), and, finally, miniscule dimensions (»Blutzucker-Erbse«) destabilize our perception and comprehension of what we are reading. It is a disturbing image straight out of either a science fiction movie or of a nightmare that nonetheless contains – as most nightmares do – an insight.

In the enclosed perimeter of this one-sentence-poem we witness the powerful, disconcerting, effect of the technical, instrumental language that surrounds us, but to which we are so accustomed that we have become deaf to its uncanny clatter. The term »Meß-Tentakeln« seems absurdly out of place in the article to begin with, where it is already used as a metaphor that refers to the octopus's arms. The latter have in turn traditionally been associated with negative, menacing, and uncontrollable pervasiveness. The image of these huge convoluted arms holding a sphere of glucose the size of a pea yet vital to our body's functioning, could not be more paradoxical. The passage from cosmic proportions to an invisible physiological element is part of a vision in which the vast extensions of space and time are – similarly to mystical conceptions of nature and the universe – reflected in its smallest parts.

But the poem does not just leave us with a vision that retains, as every respectable vision does, a high degree of opaqueness. This kernel, this nucleus, rotating in the arms of eternity, can also be x-rayed (*durchleuchtbar*), as we learn in the penultimate line. We can illuminate it further, penetrate deeper, into its mystery. This is within human power; it is in the hands of man as evoked metonymically by the fingernails. The latter are exposed – through the enjambement – as nails that pierce through the kernel supplying our brains with nourishment.

In this vertiginous reversal, the residual theological value of the term eternity – if in the second half of the 20th century it has still retained any – is annulled once and for all. The poem may in fact be reiterating an old warning against hubris and the perils arising from a creature that thinks of itself as godly, as possessing God's attributes, such as that of eternity. There is, in this sense, some irony to the fact that, according to the author of the *Spiegel* article, in 1962, when the first circumnavigation of the earth took place, loudspeakers all over the country encouraged the American people to pray for the astronaut on board the spaceship.[69]

69 Ibid., 182.

Celan's eternities form part of the history of eternity and show eternity as part of a history that is infinitely intertwined, but that is also far from free of breaks, caesurae, limitations, and barriers. This group of poems reveals a keen awareness of the philosophical assumption that we need to understand eternity in order to understand time, for both complement each other. In their spirit and aspiration Celan's condensed later poems share more with Koudelka's image from August 1968 (as well as his political stance) than with Proust's endless meanderings in the back alleys of individual memory. However, each of these works constitutes an example of a »Universum der Verschränkung« (universe of limitation *and* interlacement). They demonstrate, in their reciprocal entanglement, how the readiness and disposition to capture a decisive moment may not only enable us to perceive the eternal presence of different times and places, but also, and perhaps more importantly in today's reality, to recognize in them an eternal, eternally immanent task, the stamp, as Benjamin famously stated, of the »critical, dangerous moment that lies at the basis of every reading.«[70]

70 Walter Benjamin, *Das Passagen-Werk*, GS V.1, 577 f. In this sense, Celan's stance resonates with Benjamin's understanding of time as formulated by Peter Szondi in an essay he wrote on Benjamin's reading of Proust: »Proust sucht die Vergangenheit, um in deren Koinzidenz mit der Gegenwart […] der Zeit zu entrinnen […]. Benjamin dagegen sucht in der Vergangenheit gerade die Zukunft.« Peter Szondi, »Hoffnung im Vergangenen. Walter Benjamin und die Suche nach der verlorenen Zeit«, in: *Zeugnisse. Theodor W. Adorno zum sechzigsten Geburtstag*, ed. By Max Horkheimer, Frankfurt a. M. 1963, 241–256, here: 249.

Celans späte Übersetzungen | Celan's Late Translations

Alexandra Richter

Späte Zäsur

Paul Celans Dichten und Übersetzen in den letzten Lebensjahren

Der mehrwöchige Aufenthalt in Israel vom 30. September bis zum 17. Oktober 1969 verschaffte Paul Celan Momente des intimen Zusammenseins mit Ilana Shmueli, Begegnungen mit Bekannten aus Czernowitz, Schriftstellern und Freunden, sowie einen Einblick in das Alltagsleben im jüdischen Staat. Dass dieser kaum Aussicht auf ein vor antisemitischen Angriffen sicheres Leben bot und für ihn keine Alternative zu Frankreich sein würde, wusste Celan schon vor Antritt der Reise. Auch flog er vorzeitig nach Paris zurück, nachdem eine Lesung in Tel Aviv offenbar unangenehm verlaufen war.[1] Seine Lage in der französischen Hauptstadt war äußerst verzweifelt, wie es die Briefe an Ilana teilweise ansprechen und öfter noch durch ihr stockendes Eintreffen verschweigen. Paul litt an den durch psychiatrische Behandlungen in wiederholten Klinikaufenthalten verursachten Gedächtnis- und Konzentrationsstörungen, die sein dichterisches Schaffen nachhaltig beeinträchtigten. Aber auch an der zunehmenden Angst, durch die von Claire Goll ab 1960 öffentlich geführte Verleumdungskampagne als jüdischer Dichter im Deutschland der Nachkriegsjahre totgeschwiegen zu werden. Dennoch bezeichnet er in seinem Brief an Ilana Shmueli vom 21. Oktober 1969 aus Paris seinen Jerusalem-Besuch im Rückblick als eine ebenso erwartete wie eingetroffene Zäsur.[2]

Was hatte sich Einschneidendes ereignet, da doch die Reise keine Lösung der existentiellen Probleme herbeiführen konnte? Wenn Celan schreibt: »Dass Jerusalem eine Wende, eine Zäsur sein würde in meinem Leben – das wusste ich«, ist die Zäsur vielleicht nicht nur auf einen biographischen Einschnitt zu beziehen, den die Begegnung mit Ilana und Israel bewirkt hat. Offensichtlich kann sie auf einen weiteren, Leben und Werk verschränkenden Zusammenhang bezogen werden. Denn in einer werkgeschichtlichen Perspektive lässt sich in Celans letzten Lebensjahren durchaus eine (auch politisch zu verstehende) Wende hin zur Zäsur feststellen, eine Wende von der Haltung der Ge-

1 David Seidmann berichtete an Gisèle Celan am 26.10.1969, Celan habe zu ihm gesagt: »Ich habe Furchtbares erlebt heute abend«. Paul Celan/Gisèle Celan-Lestrange, *Correspondance (1951–1970)*, Paris 2001 [=PC/GCL], 592.

2 Paul Celan, Ilana Shmueli, *Briefwechsel,* Ilana Shmueli, Thomas Sparr (Hrsg.), Frankfurt a. M. 2004, [=PC/IS], Brief 9, 14: »Dass Jerusalem eine Wende, eine Zäsur sein würde in meinem Leben – das wusste ich. Aber ich wusste nicht, dass ich dort beschenkt werden sollte mit Dir.«

dichte der 1960er Jahre[3] hin zur »Zäsur« als einem stillen Innehalten, einem – auch wiederum politisch zu lesenden – wort- und vielleicht sogar sprachlosen »Stehen«.

Da Celan selbst nicht angab, wie diese Zäsur ihren Niederschlag finden würde – in besagtem Brief heißt es: »Aber wie wird aussehen, was ich jetzt, nach Jerusalem, aufschreibe?«[4] –, so soll im Folgenden untersucht werden, ob sie sich als ein Merkmal seines »Spätstils« fassen lässt. Einen solchen hatte Theodor W. Adorno in einer lebenslangen Arbeit zu Beethoven[5] und einer Studie zu Hölderlin[6] zu beschreiben und definieren versucht. Entgegen der damals musik- und literaturhistorisch geläufigen Auffassung sah er im Spätstil nicht den Ausdruck einer vollendeten Reife, sondern die Katastrophen der Musik- bzw. Literaturgeschichtsschreibung.[7] Gemeint war damit allerdings nicht das Hervorbringen revolutionärer Werke gealterter Autoren, wie es Edward Said[8] verstand und auslegte. Einen »Avantgardismus der Greise«[9] lehnte Adorno ausdrücklich ab. Seiner Ansicht nach würden späte Werke im werkgeschichtlichen Sinn die herkömmliche teleologische Ästhetik unterwandern, die sie von innen aushöhlen.

Ein solcher Spätstil im Sinne Adornos lässt sich auch bei Celan ausmachen, nicht zuletzt über das Einbauen von Zäsuren in seine Gedichte und in die späten Übersetzungen aus dem Französischen, die in zeitlicher Nähe zur Israelreise stehen. Das am 19. November 1969 geschriebene Gedicht ICH TRINK WEIN (wo die Zäsuren schon im Titel zu hören sind) scheint diese Arbeit an der Zäsur in der Übersetzung (das Trinken aus zwei Sprachquellen/-gläsern) anzusprechen:

3 Siehe dazu Alexandra Richter, »Die politische Dimension der Aufmerksamkeit in Paul Celans *Meridian*«, in: *Deutsche Vierteljahrsschrift*, 4 (2003), 659–676; bzw. Alexandra Richter, »Prier pour le petit bossu – La dimension politique de l'attention dans *Le Méridien* de Paul Celan«, in: *Po&sie* 159 (2017), 111–121.

4 PC/IS 14.

5 Zuerst in dem 1934 geschriebenen und 1937 veröffentlichten Aufsatz *Spätstil Beethovens*, in: Theodor W. Adorno, *Gesammelte Schriften*, Bd. 17, Musikalische Schriften IV (Frankfurt a. M. 1982), 13–17. Dann in Theodor W. Adorno, *Beethoven. Philosophie der Musik. Fragmente und Texte*, Frankfurt a. M. 1982.

6 Theodor W. Adorno, »Parataxis. Zur späten Lyrik Hölderlins« (1963/1964), in: ders., *Noten zur Literatur*, Frankfurt a. M. 1974, 447–491.

7 Adorno, »Spätstil Beethovens«, 184.

8 Edward Said, *On late style. Music and Literature Against the Grain*, New York 2007.

9 Theodor W. Adorno und Hans Mayer, »Über Spätstil in Musik und Literatur. Ein Rundfunkgespräch«, in: *Frankfurter Adorno Blätter* 7 (2001), 135–145. Das Gespräch wurde am 7. Januar 1966 im Hessischen Rundfunk in Frankfurt aufgenommen und am 27. Januar 1966 vom Norddeutschen Rundfunk, Hamburg, unter dem Titel »Avantgardismus der Greise« gesendet.

Ich trink Wein aus zwei Gläsern
und zackere an
der Königszäsur
wie Jener
am Pindar.[10]

Im Kommentar der Hellingrathschen Ausgabe hatte Celan gelesen, dass Hölderlins Pindar-Übersetzung abfällig als »Zackern« bezeichnet wurde,[11] nachdem beim Dichter der Hymnen 1805 ein Zustand der geistigen Zerrüttung diagnostiziert und er im Tübinger Universitätsklinikum zwangsbehandelt worden war. Die Parallele zur eigenen lebensgeschichtlichen Situation ist offensichtlich und auch mehrfach belegt.[12] Allerdings wandelt Celan das dem für verrückt erklärten Dichter entgegengebrachte Unverständnis um in eine positive Aneignung der Stigmatisierung, wie er dies auch für antisemitische Stereotype in seiner Dichtung immer wieder getan hat. Das »Zackern« wird so im Gedicht zu einer ganz spezifischen, durch Parataxen und Zäsuren bestimmten Art des Dichtens (und dichtenden Übersetzens). Ein Vergleich von frühen und späten Übersetzungen aus dem Französischen zeigt eine ähnliche Entwicklung von einem aktiven, widerständigen Übersetzen hin zu einem »zackernden«, bei dem der »Königszäsur« als »gegenrhythmische[r] Unterbrechung«,[13] wie es in Hölderlins *Anmerkungen zum Ödipus* heißt, eine entscheidende Rolle zufällt, da das rhythmische Element es ermöglicht, die tragische Handlung zur Darstellung zu

10 Paul Celan, *Gesammelte Werke*, Band III [=GW III], Frankfurt a. M. 1983, 108.

11 Im Dokumententeil des 6. Bandes der Hellingrathschen Hölderlinausgabe steht, dass der Homburger Hofrat Johann Isaak Gerning am 11. Juli 1805 in einem Brief nach Weimar berichtet habe: »Hölderlin, der immer halb verrückt ist, zackert auch am Pindar.«

12 Auf die Israelreise folgte das Hölderlinjahr 1970, in dem Celan als Gast Bernhard Böschensteins vor der Hölderlin-Gesellschaft in Stuttgart las und zusammen mit André du Bouchet den Hölderlinturm in Tübingen besuchte. Dies alles nur wenige Monate vor seinem Selbstmord im April 1970. Bernhard Böschenstein, unmittelbarer Zeuge, hielt bezüglich Celans Verhältnis zu Hölderlin fest: »Gewiss gab es, insbesondere am Ende seines Lebens, eine Annäherung an Hölderlin über dessen Homburger Jahre 1804–1806, jenen Moment, wo höchste Geisteskraft und sich häufende Zeichen von Krankheit zusammentreffen.« Bernhard Böschenstein, »Celan als Leser Hölderlins und Jean Pauls«, in: *Argumentum e Silentio* (Berlin, Boston 2011), 185. Angeblich fand man nach Celans Tod in der Seine Michels Biographie an der Stelle über das Zackern aufgeschlagen, dreifach am Rande angestrichen, ebenso wie Brentanos Bemerkung über Hölderlin an Philipp Otto Runge: »Manchmal wird dieser Genius dunkel und versinkt in den bitteren Brunnen seines Herzens.« Vgl. Bernhard Böschenstein, »Friedrich Hölderlin«, in: Markus May, Peter Goßens, Jürgen Lehmann (Hrsg.), *Celan-Handbuch. Leben – Werk – Wirkung*, Stuttgart, Weimar 2008, 293–296.

13 J. Ch. F. Hölderlin, »Anmerkungen zum Ödipus«, in: *Theoretische Schriften*, Hamburg 1998, 95.

bringen. Dabei fällt die Zäsur auf der Darstellungsebene nicht mit dem Wendepunkt des tragischen Geschehens zusammen (der Erkenntnis des Ödipus). Die Zäsur liegt für Hölderlin bei der Rede des Tiresias und schützt den ersten Teil gegen den fortreißenden Rhythmus des zweiten Teils, der auf den Tod zuläuft.[14]

Als einer der ersten interessierte sich Bernhard Böschenstein für Celans Übersetzungen aus dem Französischen. In einem Artikel aus dem Jahr 1973[15] arbeitete er einen Unterschied zwischen dem übersetzerischen Früh- und Spätwerk heraus, zwischen den frühen »Umdichtungen« Rimbauds und Valérys,[16] in denen Celan die Gedichte in seine eigene dichterische Sprache umschreibe, und den späten »skrupulösen Umschriften«[17] bei Henri Michaux, André du Bouchet, Jacques Dupin und Jean Daive.[18] Bei den Letztgenannten finde »eine sich dem Original oft unterwerfende Wortfürwortübersetzung«[19] statt. Es handle sich, so Böschenstein weiter, um »wörtliche Nachschrift«,[20] um »Texte mit wenig Widerstand«. Dieser Befund scheint erst einmal die These von der Wende zur Zäsur zu bestätigen.

Schaut man sich Celans Übersetzungen im Einzelnen an und vergleicht frühe und späte Arbeiten, so lässt sich diese Entwicklung durch weitere Beispiele ergänzen. Zu Recht können auch die Char-Übersetzungen von *Der Schlange zum Wohl* und von *Hypnos* als frühe Übersetzungen gelten, da sie zeitgleich mit den von Böschenstein zitierten und als früh eingestuften Rimbaud- und Valéry-Gedichten publiziert wurden.[21] Vier Verfahrensweisen der »Umdichtung« sind dabei besonders augenfällig: die parataktische Verwendung von Doppelpunkten, die Übertragung in das eigene dichterische Idiom, das Schaffen von verdichtenden Neologismen und die Wiederbelebung archai-

14 Diesen entscheidenden Hinweis verdanke ich Lisa Memmeler.

15 Bernhard Böschenstein, »Paul Celan und die französische Dichtung« (1973), in: ders., *Leuchttürme. Von Hölderlin zu Celan. Wirkung und Vergleich. Studien*, Frankfurt a. M. 1977, 307–330. Vgl. auch den Artikel »Unpublizierte Übersetzungen aus dem Nachlass«, in: *Celan-Handbuch*, 213–214.

16 Böschenstein, »Anmerkung zu Celans letzter Übersetzung«, 69.

17 Bernhard Böschenstein, »Supervielle in Celans Fügung«, in: Werner Hamacher, Winfried Menninghaus (Hrsg.), *Paul Celan*, Frankfurt a. M. 1988, 222.

18 Diese Unterscheidung wurde auch aufgegriffen von Leonard M. Olschner, *Der feste Buchstab: Erläuterungen zu Paul Celans Gedichtübertragungen* (Göttingen, Zürich 1985), 304, sowie Florence Pennone in ihrem Artikel »Übersetzungen aus dem Französischen« in: *Celan-Handbuch*, 187–197.

19 Ibid.

20 Ibid.

21 *Der Schlange zum Wohl* wurde 1955 in *Texte und Zeichen* publiziert, *Hypnos* 1958 in der *Neuen Rundschau* und *Einer harschen Heiterkeit* 1959 in einer zweisprachigen, von Jean-Pierre Wilhelm herausgegebenen Ausgabe bei Fischer. *Das trunkene Schiff* erschien 1958 zweisprachig, ein erster Teil *Der jungen Parze* erstmals 1959 in der *Neuen Rundschau.*

scher Ausdrucksweisen, deren metaphorische Kraft verblasst ist.[22] Hierzu einige Beispiele:

> *La poésie est* de toutes les eaux claires celle qui s'attarde le moins aux reflets de ses ponts.
> *Poésie,* la vie future à l'intérieur de l'homme requalifié.
>
> *Dichtung:* unter allen klaren Gewässern ist sie's, deren Verweilen am kürzesten währt, wenn sie der Spiegelung der Brücken begegnet. *Dichtung:* künftiges Leben im Innern des wieder zum Menschsein befähigten Menschen.[23]

Durch das Kolon schafft Celan eine Unterbrechung, die für die deutsche Sprache untypisch ist. Das Wort »Dichtung« wird rhythmisch hervorgehoben, zusätzlich noch durch eine vom Original her nicht motivierte Wiederholung dieser Struktur im zweiten Satz. Im Französischen ist es durchaus üblich, durch einen Doppelpunkt zwei Sinneinheiten zu trennen, deren Verbindung kausal, konsekutiv oder näher bestimmend sein kann. Celan übersetzt also quasi über Kreuz, indem er sich der französischen Zeichensetzung bedient, um einen Effekt zu erzeugen, der das im Original Gemeinte performativ[24] einbringt, sodass die Identität des Gemeinten in der Differenz der Art des Meinens aufscheint.[25]

> Mon frère *l'Élagueur,* dont je suis sans nouvelles, se disait plaisamment un familier des chats de Pompéi. Quand nous apprîmes la déportation de *cet être généreux,* sa prison ne pouvait plus s'entr'ouvrir; des chaînes défiaient son courage, l'Autriche le tenait.

22 Rainer Lengeler hat in einer vergleichenden Analyse des von George und Celan übersetzten 5. Shakespeare-Sonetts die folgenden drei Züge als charakteristisch für Celans sprachliche Intention herausgestellt: Die Verwandlung einer gegenständlich-distanzierten Welterfahrung in eine phänomenologische, eine Versinnlichung des Gegenstandes durch die Sprachmaterialien und den zeitlichen Ablauf im Gedicht sowie das Verstecken von Deutungshilfen in Redefiguren wie dem Chiasmus. Rainer Lengeler, *Shakespeares Sonette in deutscher Übersetzung: Stefan George und Paul Celan,* Opladen 1989. Celans Shakespeare-Übersetzungen stammen aus den frühen 1960er Jahren.

23 René Char, *Der Schlange zum Wohl,* in: Paul Celan, GW IV, 434–435, meine Hervorhebung.

24 Zu Celans performativem Übersetzen vgl. Larisa Cercel, »Die Performanz des rhetorischen Wortes«, in: Marco Agnetta, Larisa Cercel (Hrsg.), *Textperformances und Kulturtransfer* (St. Ingbert 2021), 165–180.

25 Mit diesen von Walter Benjamin eingeführten Termini beschreibt Peter Szondi Celans Übersetzung von Shakespeares Sonett 105. Peter Szondi, »Poetry of Constancy – Poetik der Beständigkeit. Celans Übertragung von Shakespeares Sonett 105«, in: ders., *Schriften II* (Frankfurt a.M. 1978), 321–389.

> Mein Bruder, der *Baumputzer,* von dem ich ohne Nachricht bin, pflegte sich scherzend einen Hausfreund der Katzen von Pompeji zu nennen. Als wir erfuhren, dass sie *ihn, den Weitherzigen*, deportiert hatten, ließ sein Kerker sich nicht mehr auftun; Ketten trotzten seinem Mut, Österreich hielt ihn fest.[26]

> Être stoïque, c'est se figer, avec les beaux yeux de Narcisse. Nous avons recensé toute la douleur qu'éventuellement le bourreau pouvait prélever sur chaque pouce de notre corps; puis, le cœur serré, nous sommes allés et avons *fait face.*

> Stoisch sein heißt erstarren; erstarren mit den schönen Augen des Narziss. Wir haben den Schmerz errechnet, den der Henker jedem Zoll unseres Körpers abgewinnen könnte; dann gingen wir hin, gepreßten Herzens, und *standen dagegen.*[27]

Die übersetzerische Freiheit, die Celan hier an den Tag legt, wurde von Schriftstellerkollegen und Übersetzern als »Celanisieren«[28] kritisiert, das dem Original nicht gerecht werde. Richtet man stattdessen wie Peter Szondi[29] das Augenmerk auf das Aufscheinen der Intention der Sprache im Benjaminschen Sinn und nimmt vom Primat des Originals Abstand, eröffnet sich ein anderes Verständnis dieser Praxis, das Einblick in Celans eigenes Dichten gewährt. Sehr eindrücklich hat Bernhard Böschenstein dies an Celans Übersetzung von Valérys *Junger Parze* gezeigt, die er als regelrechten »Gegengesang«[30] auffasst. Doch geht es dabei nicht um eine unversöhnliche Opposition – sonst hätte Celan das Gedicht nicht übertragen –, sondern (wieder im Benjaminschen Sinn) um ein Hör- und Lesbarmachen geschichtlicher Differenzen. Deshalb ist das Celansche Idiom unverkennbar. Man kann im »Weitherzigen« und im »dagegen stehen« nachvollziehen, wie sich Celan zwar in Chars Poetik einschreibt, diese zugleich aber auch durch seine eigene überschreibt und sich dadurch im Übersetzen von Chars Voraussetzungen abhebt. So notierte Celan für sein Vortragsprojekt *Von der Dunkelheit der Dichtung*:

26 Char, *Hypnos*, GW IV, 442–443, meine Hervorhebung.

27 Ibid., 438–439, meine Hervorhebung.

28 Karl Dedecius, »Slawische Lyrik. Übersetzt – übertragen – nachgedichtet«, in: *Osteuropa* (März 1961), 174. Horst Bienek, »Der Dandy aus Rjasan«, in: *Frankfurter Allgemeine Zeitung* (20.5.1961).

29 Szondi, »Poetry of Constancy«, 436.

30 Bernhard Böschenstein, »Übersetzung als Selbstfindung. George, Rilke, Celan zwischen Nachgesang und Gegengesang«, in: Martin Meyer (Hrsg.), *Vom Übersetzen*, München 1990, 37–57.

> Die Zeit, da, wie in der Jungen Parze, das Gedicht sich als ein Théâtre de l'Intellect gab, eine Bühne, auf der der Geist sich ein Schauspiel gab, – diese Zeit ist vorbei. Das Denken, die Sprache bleibt, ohne sich verkörpern zu wollen und vor ein Auge zu treten, das zuerst Auge und als solches geistig ist, in ihrem eigenen Bereich, einem Bereich, in dem die Worte mit dem sie Denkenden Fühlungen halten, mit ihm und vor allem mit ihm.[31]

Auch in der Übersetzung bleibt Celans Sprache in ihrem eigenen Bereich, wie diese Beispiele zeigen:

> Je regrette à demi cette vaine puissance …
> […]
> *Dies Kraft-und-nichts-als-Kraft-Sein*, halb traur ich ihm noch nach …[32]

> Salut! *Divinités* par la rose et le sel,
> […]
> Vom Salz ihr und der Rose *Durchgötterte* –: gegrüßt![33]

> O Paris, ville ouverte
> Ainsi qu'une blessure
> […]
> Et ses eaux jour et nuit
> Coulent emprisonnées.

> Du offene Stadt, du *wunden-*
> *offene* Stadt Paris
> […]
> *nachtaus, tagein*, ihr Wasser,
> es wälzt Gefangenschaft.[34]

Besonders eindrücklich ist hier die Übertragung von »jour et nuit«, eine Verkehrung der im Französischen geläufigen Reihenfolge »nuit et jour«. Celan nimmt auch im Deutschen eine solche Verkehrung vor, indem zuerst die Nacht und dann der Tag kommt und schafft darüber hinaus noch, analog zur

31 Paul Celan, »*Mikrolithen sind's, Steinchen*«. *Die Prosa aus dem Nachlaß* (Frankfurt a. M. 2005), 133.

32 Paul Valéry, »Die junge Parze«, GW IV, 128–129, meine Hervorhebung.

33 Ibid., 148–149, meine Hervorhebung.

34 Jules Supervielle, »Paris«, GW IV, 412–413, meine Hervorhebung.

Wendung »tagaus, tagein«, den Neologismus »nachtaus«. So spiegelt diese Über-Übersetzung das Kreuz-Verhältnis der beiden Sprachen zueinander und macht es performativ wahrnehmbar. Wird in der französischen Wortstellung das wichtigste Element zu Beginn benannt (hier: »Ô Paris«), so hebt sich die deutsche Satzkonstruktion das Wichtigste für den Schluss auf. Auch damit spielt Celan durch Einhalten bzw. Brechen der üblichen Satzstruktur.

Eine weitere Eigenart betrifft das Übersetzen umgangssprachlicher oder zumindest sehr geläufiger, idiomatischer Ausdrücke durch gewählte, nicht mehr gebräuchliche, manchmal archaisch anmutende Wendungen.

> J'ai toujours le cœur content de m'arrêter à Forcalquier, de *prendre un repas* chez les Bardouin, de serrer les mains de Marius l'imprimeur et de Figuière. Ce rocher de braves gens est la citadelle de l'amitié. Tout ce qui entrave la lucidité et ralentit la confiance est banni d'ici. *Nous nous sommes épousés* une fois pour toutes *devant* l'essentiel.

> Freunde des Herzens, sooft ich in Forcalquier haltmache, bei den Bardouins *zu Tisch bin*, Marius, dem Buchdrucker, und Figuière die Hand drücke. Dieser Fels anständiger Leute ist eine Zitadelle der Freundschaft. Alles, was die Klarsicht trübt und das Vertrauen hemmt, ist von hier verbannt. *Wir haben* ein für allemal *die Ringe getauscht, im Angesicht* des Wichtigsten.[35]

»Zu Tische sein« und »die Ringe tauschen« sind veraltete Ausdrucksformen, und die Übersetzung der Präposition »devant« (*vor*) mit »im Angesicht« ist eine poetische Steigerung. Diese Aktualisierung und Akzentuierung des sprachlichen Spektrums, das auch zeitlich zurückliegende Formen einschließt, geht einher mit einer »Neigung zu einem seltenen und spezialisierten Wortschatz«,[36] die auch aus Celans eigener Dichtung bekannt ist, wo er immer wieder als »Perlentaucher« unterwegs ist (wie Hannah Arendt Walter Benjamin bezeichnete[37]). So weist Rimbauds *Trunkenes Schiff* eine Vielzahl an technischen Bezeichnungen und Fachtermini auf wie Treidler, Draggen, Spante, Klipper und Koggen. Manchmal, wie in einer Übersetzung von Supervieille, werden auch ältere Sprachschichten bewusst in Szene gesetzt.[38]

35 Char, *Feuillets d'Hypnos*, GW IV, 446–447, meine Hervorhebung.

36 Böschenstein, »Paul Celan und die französische Dichtung«, 308.

37 Hannah Arendt, »Walter Benjamin III. Der Perlentaucher«, in: *Merkur* 240 (April 1968).

38 Larisa Cercel verweist in ihrer Analyse von Celans Supervielle-Übersetzung des Gedichts *Attendre que la Nuit / Warten* (GW IV, 398–399) auf »Fischerbarke« (*barques de pêcheur*) statt des geläufigen und umgangssprachlicheren »Fischerboote«. Cercel, »Die Performanz des rhetorischen Wortes«, 174.

Lektüre- und Notizhefte zeigen, wie Celan solche Wörter und teilweise seltene Wendungen aufspürt, die dann Eingang in seine Übersetzungen und Gedichte finden. In langen Wortlisten hält er den jeweiligen Ertrag seiner Wortschatzsuche fest. So finden sich z.B. in Theodor Gomperz' Standardwerk der Philosophiegeschichte *Griechische Denker* neben Wortanstreichungen zusätzliche Querverweise zu der offensichtlich gleichzeitig in Bearbeitung sich befindenden Char-Übersetzung. Neben die Stelle »hat Platon dem *hippias* so zutreffende Einwürfe gegen die als Beweis dafür verwendete Lügenhaftigkeit Achills geliehen« schreibt Celan: »Char Einwürfe: objections«.[39] Das Wort »Einwurf« im Sinne einer spontanen Zwischenbemerkung ist eher selten. Eine entsprechende Stelle bei Char (»S'il n'y avait pas d'objections«) wird dann folgendermaßen übersetzt: »Gäbe es keine Einwürfe«.[40]

Wendet man sich nun den späten Übersetzungen aus dem Französischen zu – also den Gedichten von Henri Michaux,[41] Jean Daive[42] und Jacques Dupin[43] – so sind die für die frühen Übertragungen benannten Verfahrensweisen weiterhin am Werk. Allerdings tritt das »Celanisieren« zurück, ohne jedoch ganz zu verschwinden, wie die folgenden Beispiele zeigen:

39 Paul Celan, *Die philosophische Bibliothek. La bibliothèque philosophique*, Catalogue raisonné des annotations établi par Alexandra Richter, Patrik Alac, Bertrand Badiou, Paris 2004, 55. [PhB]

40 GW IV, 588. In diesem Zusammenhang ist noch einmal ausdrücklich festzuhalten, dass die »These«, Celans Interesse an Vokabeln sei mangelnden Deutschkenntnissen zuzuschreiben, ein antisemitisches Klischee bedient. Noch 2006 hat der amerikanische Literaturwissenschaftler und bekennende Mormone James K. Lyon dies behauptet in: *Paul Celan & Martin Heidegger. An Unresolved Conversation, 1951–1970*, Baltimore 2006, 26: Celan is »Learning German from Heidegger«, who is »a model for writing in German« and »Celan eagerly tried to compensate for this perceived deficiency«.

41 Celan hatte am 4. Juli 1969 bei einer Lesung in Bonn daraus vorgetragen. Eine eingehende Studie dieser Übersetzungen findet sich bei Mathilde Lefebvre, *Paul Celan traducteur d'Henri Michaux*, Mémoire de D.E.A. en littérature comparée, Université de Paris-Sorbonne, Oktober 1997. Zu den späten Übersetzungen gehören auch die Gedichte von Chlebnikov, David Rokeah und John Donne.

42 Am 14. Dezember 1969 erschienen fünf Gedichte in Celans Übersetzung in der NZZ: *Aufgereiht, Er behielt, Der Horizont, Drei Hänge, Der ununterbrochene.*

43 Der Zyklus *Die Nacht, größer und größer* (GW IV, 716–747) wird im April 1970 veröffentlicht.

Veillez
Kein Auge zu![44]

Entre la diane du poème et son tarissement
Zwischen des Gedichts
Reveille und Neige,[45]

La nuit séparée des constellations
uneins Nacht und *Sternbild*[46]

Auch die sprachlichen Neuschöpfungen sind weiterhin da. Sie sind wohl unumgänglich beim Übersetzen, da sie es erlauben, ungewöhnliche Wortkonstellationen ins Deutsche zu übertragen, ebenso Wortspiele, Assonanzen und akustische Verschränkungen.

ce bougre de client
je fais de l'insomnie
Henkerspatient
ich *ohneschlafe*[47]

La *j*eune *n*uit à *j*eun
die *n*üchterne *J*[ung]*n*[acht][48]

La proximité du murmure
die *Flüsternähe*

rien n'inachève le gant
Nichts *entvollendet* den Handschuh[49]

44 Henri Michaux, »Tels des conseils d'hygiène a l'âme | Alswie der Seele erteilte Ratschläge für ihre Hygiene«, GW IV, 638–639.

45 Jacques Dupin, »Entre la diane ... | Zwischen des Gedichts«, GW IV, 744–745, meine Hervorhebung.

46 Jacques Dupin, »Malgré l'étoile ... | Dem Stern zum Trotz«, GW IV, 736–737, meine Hervorhebung.

47 Henri Michaux, »Tels des conseils d'hygiène a l'âme | Alswie der Seele erteilte Ratschläge für ihre Hygiene«, GW IV, S. 640–641, meine Hervorhebung.

48 Jacques Dupin, »Entre la diane ... | Zwischen des Gedichts«, GW IV, 744–745.

49 Jean Daive, »tous les doigts sont alignés | Aufgereiht«, GW IV, 828–829, meine Hervorhebung.

Mémoires digitales
Fingergedächtnis[50]

Sa forme successive d'arbres
seine ununterbrochene Bäumlichkeit[51]

Was in den späten Übersetzungen fast vollständig wegfällt, sind die altertümelnden Wendungen. Die Sprache ist nun konzise und einfach, oft minimalistisch, was den gewählten Autoren entgegenkommt.

Malgré l'étoile fraîchement meutrie
Dem Stern *zum Trotz*, dem eben so schwer angeschlagnen[52]

C'est l'heure où il faut se nourrir
Jetzt heißt es sich nähren[53]

Neu in der Art der Verwendung des Kolons ist nun die im Hölderlinschen Sinne zu verstehende Schaffung einer »gegenrhythmischen Unterbrechung«. Sie ist weniger ein aus der französischen Syntax entlehntes Strukturelement, als eine eigenständige Sprachhandlung, die das Moment des Stehens verkörpert, da sie den Fluss des Sprechens unterbricht und zum Stocken bringt.

Ouverte en peu de mots,
comme par un remous, dans quelque mur,
une embrasure, pas même une fenêtre

Aufgetan mit wenig Worten,
wie aufgeströmt in einer Wand, irgendeiner:
ein Offenes, kaum ein Fenster,

pour maintenir à bout de bras
cette contrée de nuit où le chemin se perd,

50 Ibid.
51 Jean Daive, »l'arbre ininterrompu | Der ununterbrochene«, GW IV, 836–837, meine Hervorhebung.
52 Jacques Dupin, Malgré l'étoile … | Dem Stern zum Trotz, GW IV, 736–737, meine Hervorhebung.
53 Henri Michaux, »Tels des conseils d'hygiène a l'âme | Alswie der Seele erteilte Ratschläge für ihre Hygiene«, GW IV, 638–639.

um es zu stützen, mit Armen,
das Nachtland, darin der Weg sich verliert,[54]

Zweimal wird der Rhythmus durch eine Zäsur unterbrochen, zuerst zwischen »Wand« und dem nachgestellten »irgendeiner«, dann in »Nachtland«, in dem zwei einsilbige und dadurch betonte Wörter aneinandergeraten. Der »Minimalismus« der späten Übersetzungen hängt sicherlich auch mit der bewussten Wahl einer solchen Einsilbigkeit[55] zusammen, die man auch in Celans Gedichten erkennen kann. Auch »aufgetan«, »aufgeströmt« und »mit Armen« lassen sich als Aneinanderreihung von drei betonten, ins Stocken geratenen Silben lesen, als so genannte »harte Fügung[en]«,[56] wie Norbert von Hellingrath die Zäsur bei Hölderlins Pindar-Übersetzungen beschrieb. In Hölderlins Spätwerk (zu dem nebst den Pindar- auch die Sophokles-Übersetzungen und die *Anmerkungen zum Ödipus* zählen) kommt der Unterbrechung des Rhythmus eine sinntragende Funktion zu,[57] er bildet »ein[en] autonome[n] Wortkörper«[58].

Ziel und Zweck der harten Fügung bestehen laut Hellingrath darin, die Aufmerksamkeit von der gewöhnlichen Bedeutung weg auf das Wort hin zu richten, auf das Sagen mehr als auf das Gesagte,[59] auf die Art des Meinens mehr als auf das Gemeinte[60]. Was sie von der glatten Fügung unterscheidet, sei, dass »in harter Fügung möglichst das einzelne Wort selbst taktische Einheit sei, in glatter dagegen das Bild oder ein gedanklicher Zusammenhang«.[61] Auch handelt es sich darum, dass das Wesentliche sinnlich wahrnehmbar in den Worten selber liege, während es bei der glatten Fügung um »etwas nicht eigentlich in

54 Jacques Dupin, »La nuit grandissante | Die Nacht, grösser und grösser«, GW IV, 722–723.

55 Vgl. das Gedicht DIE SILBE SCHMERZ, das Celan am 9.10.1969 in Jerusalem im Rundfunk las (Paul Celan, *Die Gedichte. Neue kommentierte Gesamtausgabe*, Frankfurt a. M. 2018, [NKG], 163–164). Auch der Titel und Beginn des Gedichts ICH TRINK WEIN besteht nur aus einsilbigen Wörtern.

56 Norbert von Hellingrath, *Pindarübertragungen von Hölderlin. Prolegomena zu einer Erstausgabe* (Jena 1911), 1.

57 Vgl. dazu Monika Kasper, *»Das Gesez von allen der König«. Hölderlins Anmerkungen zum Oedipus und zur Antigonä*, Würzburg 2000, Jean Luc Nancy, »Calcul de poète«, in: *Des lieux divins suivi de calcul de poète*, Mauvezin 1997, 1–50, sowie Eva Koczisky (Hrsg.), *Wozu Dichter? Hundert Jahre Poetologien nach Hölderlin*, Berlin 2016.

58 Hellingrath, zitiert bei Ronzheimer. Vgl. zu diesem Aspekt Elisa Ronzheimer, *Poetologie des Rhythmus um 1800: Metrum und Versform bei Klopstock, Hölderlin, Novalis, Tieck und Goethe*, Berlin, Boston 2020, 2.

59 Gemäß der Levinasschen Unterscheidung von *dire* und *dit*. Vgl. Emmanuel Levinas, *Paul Celan de l'être à l'autre*, Paris 2004, 15.

60 Laut der Benjamischen Unterscheidung in *Die Aufgabe des Übersetzers*, in: Walter Benjamin, *Gesammelte Schriften*, Band IV, Frankfurt a. M. 1972, 14.

61 Hellingrath, »Pindarübertragungen von Hölderlin«, 2.

den Worten Liegendes – mochten sie es nun Inhalt oder Stimmung oder das Poetische oder sonstwie nennen«[62] – geht.

In den zitierten Beispielen, aber auch, wenn Celan, wie Thomas Schestag es ausführlich analysiert hat, in einer Übersetzungsübung für die ENS »insecte« mit »Kerf« wiedergibt,[63] lässt sich eine analoge Bildung solcher harten Fügungen erkennen durch die Wahl einsilbiger Wörter, die ein rhythmisches »Stehen« erzeugen (Kraft, Wand, Weg, Fels). Schließlich wird auch durch Wörter, deren übertragene Bedeutung verblasst ist und bei denen dadurch der wörtliche Sinn wieder im Vordergrund steht, die Aufmerksamkeit vom Bezeichneten (dem Insekt) zurück auf das bezeichnende Wort selbst gelenkt. Man kann auf Celans letztes Gedicht verweisen, in dem der Ausdruck »Rebleute« (mit einer inneren Zäsur!) anstelle des geläufigeren »Winzer« steht. Dieses »Überschreiben«[64] eigener Wörter kann darüber hinaus auch als ein Merkmal des Spätstils gesehen werden, wenn man Sandro Zanetti folgt, für den nebst Verknappung und Reduktion der Bezug aufs Frühwerk dafür ebenfalls entscheidend ist.[65]

Die von Hellingrath beschriebene Absicht Hölderlins, die Aufmerksamkeit des Lesers und Hörers auf das Wort selbst zu richten und ihn durch »ungewohnte und fremde Sprache«[66] aus Gewohnheiten des Assoziierens zu reißen, lässt sich auch in Celans Dichten und Übersetzen nachvollziehen. Sei es, wenn er durch Assonanzen, durch in Silben und Laute auseinanderfallende Wörter, durch Polyphonien und Polysemien (teilweise auch zwischen den Sprachen) in der Sprache selbst einen Widerstand gegen ein vorschnelles Verstehen aufbaut. Auch die weiteren von Hellingrath aufgezählten dichterischen Umsetzungsmittel der harten Fügung (Anakoluth[67] – auch Satzbruch genannt –, prädikat-

62 Hellingrath, »Pindarübertragungen von Hölderlin«, 3.

63 Thomas Schestag, »Ikten. Paul Celans Dossier zu Jean-Henri Fabre« [Edition und Kommentierung einiger bisher unpublizierter Seiten aus Celans Nachlaß als *lecteur d'allemand* an der École Normale Supérieure, Paris], in: *Zwischen den Zeilen* 23 (2004), 205–233.

64 Rebbe ist ein anderes Wort für Rabbi(ner). Dieser Bezug der Überschreibung wird auch dadurch nahegelegt, dass Celan das 1953 geschriebene Gedicht *Winzer* am 9. Oktober 1969 in Jerusalem im Rundfunk las.

65 Vgl. dazu Sandro Zanetti, *Avantgardismus der Greise? Spätwerke und ihre Poetik* (München 2012).

66 Hellingrath, »Pindarübertragungen von Hölderlin«, 3.

67 Ibid., 5: »anakoluthe | bald prädicatlos hingestellte worte | in deren kürze ein satz zusammengedrängt ist | bald weitgespannte perioden| die zwei drei mal neu einsetzen und dann doch überraschend abbrechen: nur niemals die widerstandlose folge des logischen Zusammenhangs | stets voll jähen wechsels in der construction und im widerstreit mit den perioden der metrik«.

los hingestellte Worte, mehrmaliges Einsetzen, jähe Wechsel des Metrums)[68] finden ihre Entsprechungen bei Celan. Der Leser soll gar nicht erst die Gelegenheit haben, Worte in ihm bekannte und vertraute Zusammenhänge einzuordnen.[69] So heißt es bei Hellingrath, diese Dichtart reiße den Hörer »von schwerem Wort zu schwerem Wort«, lasse »ihn nie zu sich kommen, nie im eignen Sinn etwas verstehen, vorstellen, fühlen: von Wort zu Wort muss er dem Strome folgen«. Und weiter: »wenn bei glatter Fügung der Hörer zunächst von einer Vorstellung erfüllt war, so sehr, dass im äußersten Falle er das Wort selbst kaum noch erfasst, so erfüllt ihn hier so sehr das Tönende und Prangende des Wortes, dass er im äußersten Falle dessen Bedeutung und was damit zusammenhängt kaum noch erfasst«.[70] Ziel dieser »herben Dichtart« sei die »Isolierung des Wortes«, das häufig in seiner Grundbedeutung gebraucht werde, sowie, auf syntaktischer Ebene, das Vermeiden logischer Zusammenhänge durch Parataxe statt Syntax.

Von diesen Überlegungen her ergibt sich ein mögliches Verständnis dessen, was für Celan das Zackern an der Zäsur heißen könnte, nämlich eine Art des Dichtens und Übersetzens, das harte Fügungen erzeugt. Die folgenden Beispiele geben eine solche Intention zu erkennen, wenn Celan durch das Komma eine harte Fügung in der Übersetzung schafft, während das Original im Modus der glatten Fügung verfährt:

Pays indescriptible
Les fleurs lorsqu'elles ne sont plus
Et la volupté de respirer s'affine

Land, nicht zu beschreiben
Die Blumen, sind sie nicht mehr,
die Atem*lust*, *feiner* wird sie und feiner[71]

La nuit grandissante
Die *Nacht, grösser* und grösser

68 Ibid., 3.

69 Was Gadamer nicht daran gehindert hat, in Celans Gedicht WEISSGRAU aus dem Zyklus *Atemkristall* ein gemütliches Kaminfeuer auf die apokalyptischen Krematorien zu projizieren. Vgl. Ursula Sarrazin, »Porter la voûte étoilée. Celan, Gadamer, Derrida«, in: *Po&sie* 108 (2004), 114–125.

70 Hellingrath, »Pindarübertragungen von Hölderlin«, 5.

71 Jacques Dupin, »La nuit grandissante | Die Nacht, grösser und grösser«, GW IV, 724–725, meine Hervorhebungen.

De retour parmi vous
[…]
Parmi vous, et ne servant à rien
Qu'au désordre,
qu'aux semailles …

In eurer Mitte, wieder
[…]
In eurer Mitte, zu nichts nütze.
Als zur *Nichtordnung*,
als zur *Aussaat* …[72]

Ein weiteres Merkmal des von Adorno beschriebenen Spätstils ist (neben der Parataxe) die Ausdruckslosigkeit,[73] die Bernhard Böschenstein schon sehr früh Celans späten Gedichten und Übersetzungen attestiert hat. Folgt man Walter Benjamin, der sich eingehend mit Hölderlin auseinandergesetzt hat, so ist »das Ausdruckslose« eine »Kategorie der Sprache und Kunst, […] welche in ihrer über die Theorie der Tragödie hinaus für jene der Kunst schlechthin grundlegende Bedeutung noch nicht erkannt zu sein scheint«.[74] Bei Hölderlin, dessen *Anmerkungen zum Ödipus* Benjamin an dieser Stelle seines Aufsatzes *Goethes Wahlverwandtschaften* zitiert, fallen Zäsur und Ausdruckslosigkeit zusammen, insofern, als durch die gegenrhythmische Unterbrechung statt des Wechsels der Vorstellungen plötzlich die Vorstellung selber erscheint. So wird im Moment der Zäsur das Ausdruckslose als Ausdrucksloses wahrnehmbar, oder in Benjamins Formulierung: etwas fällt »jenseits des Dichters der Dichtung ins Wort«.[75]

In Adornos Analyse ist die Ausdruckslosigkeit in ähnlicher Weise Ausdruck der Verstörtheit des Subjekts, wobei diese auf eine allgemeinere, geschichtliche und gesellschaftliche Verstörung verweist.[76] »Hölderlins Sprachkritik bewegt sich darum in der Gegenrichtung zum Subjektivierungsprozeß.«[77] Auch Pe-

72 Ibid., 716–717, meine Hervorhebungen.

73 »Vom letzten Beethoven gibt es höchst ausdruckslose, distanzierte Gebilde«, Theodor W. Adorno, »Spätstil Beethovens«, 181.

74 Walter Benjamin, »Goethes Wahlverwandtschaften«, in: *Gesammelte Schriften*, I.1, 182. Vgl. Sigrid Weigel, »Die Dichtung als Einbruchstelle. Zur Dialektik von göttlicher und menschlicher Ordnung in Goethes *Wahlverwandtschaften*«, in: dies., *Walter Benjamin. Die Kreatur, das Heilige, die Bilder*, Frankfurt a. M. 2008, 113–140.

75 Walter Benjamin, »Goethes Wahlverwandtschaften«, in: *Gesammelte Schriften*, I.1, 182.

76 Vgl. Adorno, »Parataxis«, 478.

77 Ibid., 477: »Indem die Sprache die Fäden zum Subjekt durchschneidet, redet sie für das Sub-

ter Szondis bahnbrechende, 1962 geschriebene und 1963 veröffentlichte Studie *Der andere Pfeil. Zur Entstehungsgeschichte des hymnischen Spätstils*, der Adorno entscheidende Impulse verdankt, geht auf die Problematik des verstörten, geistig umnachteten Subjekts ein.[78] Allerdings richtet sich Szondis Deutung auf eine historische Traumatisierung, eine geschichtliche Wunde, von der her die Ausdruckslosigkeit nachvollziehbar wird.[79] In diesem Sinne versteht Szondi auch das Spätwerk als einen »eher stilkritisch denn biographisch verwendeten Begriff«[80].

Für Adorno macht sich die Verstörtheit durch einen anderen Umgang mit den Konventionen bemerkbar. Der Künstler lehnt sich nicht mehr gegen sie auf, sondern gibt sie in repetitiver Weise als Konventionen zu erkennen. Für den späten Beethoven hält Adorno fest: »Überall sind in seine Formensprache […] Formeln und Wendungen der Konvention eingesprengt. […] oftmals wird kahl, unverhüllt, anverwandelt die Konvention sichtbar«.[81] Das Verhältnis der Konventionen zur Subjektivität müsse daher »als das Formgesetz verstanden werden, aus welchem der Gehalt der Spätwerke entspringt«.[82] Während der jugendliche Künstler in seinem Drang nach Ausdruck keine Konventionen dulde und die unvermeidlichen umschmelze, so zeige der Spätstil ein Feld von Konventionstrümmern.[83] Dies führe zu einem Vorherrschen von Abstrakta, in

jekt, das von sich aus – Hölderlin war wohl der erste, dessen Kunst das ahnte – nicht mehr reden kann.«

78 Zu diesem Aspekt des Opaken s. Chiara Caradonna, *Opak. Schatten der Erkenntnis in Paul Celans »Meridian« und im Gedicht »Schwanengefahr«*, Göttingen 2020, besonders das Kapitel zum Daimon, in dem auch Celans Lektüre von Maurice Blanchots Text über Hölderlin *Der Wahnsinn par excellence* diskutiert wird, der als Vorwort zur französischen Übersetzung von Karl Jaspers Buch *Strindberg und Van Gogh* veröffentlicht wurde.

79 Peter Szondi, »Der andere Pfeil. Zur Entstehungsgeschichte des hymnischen Spätstils«, in: *Hölderlin-Studien. Mit einem Traktat über philologische Erkenntnis*, Frankfurt a. M. 1970, S. 39–40: »Zu zeigen wäre, wie Hölderlins Hymnensprache […] teilhat an jener paradoxen Verschränkung von Entschlossenheit zum Äußersten und von Zaghaftigkeit, von Kühnheit und Demut, Kraft und Schwäche, die für die Spätwerke von Künstlern kennzeichnend ist, die ihr Werk nicht der abgeklärten Heiterkeit zuführen, sondern mit weltabgewandtem Eigensinn über einen Schatten zu springen trachten, der nicht nur der ihre ist, sondern auch der ihrer Zeit.«

80 Ibid., 39.

81 Adorno, »Spätstil Beethovens«, 182.

82 Ibid.

83 Ibid., 183: »Die Gewalt der Subjektivität in den späten Kunstwerken ist die auffahrende Geste, mit welcher sie die Kunstwerke verlässt. Sie sprengt sie, nicht um sich auszudrücken, sondern um ausdruckslos den Schein der Kunst abzuwerfen. Von den Werken lässt sie Trümmer zurück und teilt sich, wie mit Chiffren, nur vermöge der Hohlstellen mit, aus welchen sie ausbricht.«

denen Adorno eine »Konkretion zweiter Potenz« erkennen will, eine »Sehnsucht nach dem fehlenden Namen«.[84] Dieses Formgesetz werde, so Adorno, »gerade im Gedanken an den Tod offenbar«.[85]

Das Verhältnis des Dichters zum Tod ist – in diesem Sinne – auch für Celan bestimmend.[86] In den vorbereitenden Materialien zum *Meridian*[87] notierte er sich Verschiedenes zur Involution,[88] der sprachlichen Rückbildung, wie auch zu einer überkreuzten Lektüre von Freud und Hölderlin bezüglich des Anorganischen, bzw. des Aorgischen. Während für Freud in *Jenseits des Lustprinzips* der Tod der Zielpunkt ist, zu dem alles Leben hinstrebt,[89] ist für Hölderlin das Aorgische der »reine Negationsbegriff«[90] zum »Organischen«, mit dem Hölderlin im *Grund zum Empedocles* das menschliche Organisieren bezeichnet, »das eigene positive Wesen des Naturhaften«. Als Gegenpol zeichnet sich die aorgische Natur dadurch aus, dass sie diesem menschlichen Bestreben gegenüber unverfügbar ist. Bei Hölderlin heißt es, dass in der Begegnung von Natur und Kunst »durch den Fortgang der entgegengesetzten Wechselwirkungen die beiden ursprünglich einigen sich wie anfangs begegnen, nur daß die Natur organischer durch den bildenden kultivierenden Menschen, […] hingegen der Mensch aorgischer, allgemeiner unendlicher geworden ist, wenn er mehr bei sich selber ist«.[91]

Diese Begegnung von Mensch und Natur in ihrer Beziehung aufs Dichten klingt auch in Celans Gedicht *Unter ein Bild* aus dem Band *Sprachgitter* an.[92] Das Gedicht entstand 1955 im Zusammenhang mit einer Lektüre des Aufsatzes von Meyer Schapiro »Über ein Bild von Vincent van Gogh«. Celans Gedichttitel bezieht sich direkt darauf, da er nicht über sondern unter das Bild schreibt. In seinem Text behandelt Schapiro van Goghs letztes Bild *Krähen über dem Weizenfeld*, anhand dessen »[d]er Zusammenbruch eines großen schöpferischen Geistes« – so der Untertitel der Studie – erläutert werden soll. Der Autor behauptet in Bezug auf van Goghs spätes Schaffen: »Die Linien

84 Adorno, »Parataxis«, 464–465.

85 Ibid.

86 Vgl. Böschenstein, »Paul Celan und die französische Dichtung«, 308.

87 Paul Celan, *Der Meridian. Endfassung – Entwürfe – Materialien*, hrsg. von Bernhard Böschenstein, Heino Schmull, Suhrkamp, 1999, 123 f.

88 Zur Involution vgl. Alexandra Richter, »›Mais le poème parle!‹ – Parler du poème«, in: Antoine Bonnet, Frédéric Marteau (Hrsg.), *Paul Celan, la poésie, la musique. Avec une clé changeante*, Paris 2015, 81.

89 Vgl. Sigmund Freud, *Jenseits des Lustprinzips*, in: ders., *Gesammelte Werke*, Bd. XIII, Frankfurt a. M. 1940, 40.

90 Ernst Mögel, *Natur als Revolution. Hölderlins Empedocles-Tragödie*, Stuttgart, Weimar 1994, 246.

91 Friedrich Hölderlin, »Grund zum Empedocles«, in: *Theoretische Schriften*, Hamburg 1998, 82.

92 Ibid., 82–83.

der Dächer und Dachrinnen schießen wie Pfeile von einem Bogen weg in die Ferne; sie werden ohne Zögern abgeschossen. In seinem späten Schaffen ist dieses Zufliegen auf ein Ziel selten ungehindert oder erfüllt; es bieten sich sehr oft Gegenziele; es entstehen Abweichungen.«[93] In Celans Gedicht heißt es nun: »Später Pfeil, der von der Seele schnellte«,[94] wobei »Seele schnellte« sich nicht richtig auf »Beide Welten« reimt. Auch würde man das Wort »Sehne« statt »Seele« erwarten. Ob Celan beim Pfeil auch an Hölderlins *Wie wenn am Feiertage* denkt? Dort war in einer Prosafassung von einem »anderen Pfeil« die Rede, der dann korrigiert wurde zu »selbstgeschlagener Wunde«. Für Peter Szondi ist diese Umschreibung Grundlage und Ausgangspunkt für sein Verständnis des Spätstils bei Hölderlin. In einem Vergleich der beiden Fassungen kommt er zum Schluss, dass der andere Pfeil, die selbstgeschlagene Wunde, die Verletzung durch die Liebe ist, die Klage um die verlorene Geliebte Susette Gontard.[95] Nur der dürfe den Weg des Hymnischen beschreiten, so die Hypothese, »dessen Wunde genesen«[96] ist. Solange der Dichter noch ans eigene Leid gebunden sei, an die Wunde, die ihm der andere Pfeil geschlagen habe, solange könne der qualitative Sprung von der Elegie zur Hymne nicht vollzogen werden, so Szondi weiter. Das persönliche Leid sei aus dem hymnischen Raum, in dem der Dichter nur Dienender ist, verbannt. »Dass Hölderlin, als er die Feiertagshymne zu schreiben unternahm, sich davon noch nicht ganz befreit hatte, geht daraus hervor, dass es dem hymnischen Ich am Ende ins Wort fällt und sein Recht verlangt.«[97] Daran scheitere die Vollendung der Hymne, ein Scheitern, das für Szondi zum Beginn der Hymnendichtung des Spätwerks werden konnte, in dem das Ich diesen anderen Pfeil nicht mehr kenne.

Wenn Celan am Ende des Gedichts Walter Benjamins Studie »Zwei Gedichte von Hölderlin« zitiert, scheint sich der Kreis zu schließen. Dort heißt es: »Später ist die Zweiheit der Welten verschwunden«.[98] Diese Stelle wurde von Celan durch eine doppelte Randanstreichung markiert, sowie durch die Marginalie »Beide Welten!«[99] wohl in Erinnerung an sein Gedicht.

Celans späte Gedichte erinnern an dieses Aufgeben des anderen Pfeils. So

93 Vgl. »Kommentar«, in: NKG, 743.

94 Ibid., 98.

95 Szondi, »Der andere Pfeil«, 58.

96 Ibid., 60.

97 Ibid., 61.

98 PhB, DII, 446.

99 Die Lektüre ist datiert auf den 21. September 1959. Zur speziellen Chronologie von Dichten und Lesen unter dem Zeichen des Valéryschen Implex, vgl. Alexandra Richter, »Les annotations – i- dans les lectures de Celan«, in: Bertrand Badiou, Clément Fradin, Werner Wögerbauer (Hrsg.), *Cahier de l'Herne. Paul Celan*, Paris 2020, 174–178.

schreibt Bernhard Böschenstein: »Das Gedicht, bisher getragen vom Gegendruck feindlicher Bilder, ist jetzt eher bei sich selber, der Widerstände weithin beraubt, oft fast gegenstandslos, fast spannungslos, und dann von einer großen Einfachheit, die erst nach aller Bereinigung möglich wird.«[100] Auch für das Übersetzen von *La décimale blanche*, das 1967 in der Zeitschrift *L'Ephémère* vom nur 26-jährigen Jean Daive veröffentlicht wurde, spreche eine verwandte »winterliche, weiße Abwesenheit«, eine »Unbezogenheit auf empirisch-deskriptiv oder psychisch erfassbare Erfahrungen«,[101] während er für die Gedichte des Zyklus *Zeitgehöft* »weniger Welt-Materialien«[102] konstatierte und ein Ankommen am »Weltende [...] um endlich frei zu sein für Jerusalem«.[103]

So ist denn in Hölderlins wie in Celans spätem Dichten und Übersetzen das oft behauptete Verstummen nicht festzustellen.[104] Genausowenig wie die Übernahme der (politischen) Rolle, die Heidegger dem Dichter der Deutschen in *Wozu Dichter?* zugedacht hatte. Ihm zufolge sollten die Dichter, den Weingott singend und die Spur der Götter spürend, eine Schicksals-Wende herbeiführen: »Dichter sind die Sterblichen, die mit Ernst den Weingott singend, die Spur der entflohenen Götter spüren, auf deren Spur bleiben und so den verwandten Sterblichen den Weg spuren zur Wende.«[105]

Das Gedicht *Ich trink Wein* sieht, im Gegensatz dazu, den Dichter nicht als Wegspurer der Wende, sondern als wackeren Weintrinker und tapferen Zäsur-Zackerer. Die Zäsur ist Aussetzen von Atem, von Sprache, von Leben, ein kurzes Stocken und Innehalten, bei dem niemand weiß, ob es danach weitergehen wird. Ein Augenblick des Einstehens, des Einhaltens, des Stehens *tout court.* Dieses Aussetzen findet sich auch in der kaum als Satz und noch weniger als Gedicht zu bezeichnenden Publikation in der von Yves Bonnefoy, Louis-René Des Forêts, Jacques Dupin und André Du Bouchet gegründeten Zeitschrift *L'Ephémère* vom 26. März 1969:

100 Böschenstein, »Erste Notizen zu Celans letzten Gedichten«, 56.

101 Bernhard Böschenstein, »Anmerkung zu Celans letzter Übersetzung. Jean Daive: Weiße Dezimale«, in: *Text + Kritik*, Heft 53/54 (1977), 69–73, hier 69.

102 Bernhard Böschenstein, »Erste Notizen zu Celans letzten Gedichten. Zur zweiten Abteilung von *Zeitgehöft*«, in: *Text + Kritik*, Heft 53/54 (1977), 55–61, hier 55: »Paul Celans letzte, jetzt aus dem Nachlass herausgegebene Gedichte sind nicht nach anderen Gesetzen hervorgebracht als die gleichfalls posthum erschienenen Texte aus den Bänden *Lichtzwang* und *Schneepart*. Aber sie lassen weniger Welt-Materialien ein als die früheren.«

103 »Jetzt scheint der Dichter an den Ort des Weltendes gelangt und bereit zu sein, sein Leben, das ihn von der Wahrheit trennt, im Tod abzulegen, um endlich frei zu sein für Jerusalem.« Ibid.

104 Hans Georg Gadamer, »Verstummen die Dichter?«, in: ders., *Ästhetik und Poetik II, Gesammelte Werke Band 9*, Tübingen 1993, 362–366.

105 Martin Heidegger, »Wozu Dichter?«, in: ders., *Holzwege*, Frankfurt a. M. 1950, 271.

La poésie ne s'impose plus, elle s'expose.

26.3.69[106]

Diese späte Bestimmung der Dichtung, von der her nochmal ein anderes Licht auf die Zäsur fällt, rückt das Aussetzen (des Rhythmus, des Atems), das Ausgesetztsein, und das Sich-Aussetzen und auch »die gesteigerte Ausgesetztheit«[107] der Dichtung und des Dichters ins Zentrum der Aufmerksamkeit. Rilkes Gedicht *Ausgesetzt auf den Bergen des Herzens* klingt hier an, das 1914 entstand, zu einer Zeit, als auch für Rilke Hölderlin zum »Sprachrohr gegenwärtigster Erfahrung«[108] geworden war:

Ausgesetzt auf den Bergen des Herzens. Siehe, wie klein dort,
siehe: die letzte Ortschaft der Worte, und höher,
aber wie klein auch, noch ein letztes
Gehöft von Gefühl. Erkennst du's?
Ausgesetzt auf den Bergen des Herzens. Steingrund
unter den Händen. Hier blüht wohl einiges auf; aus stummem Absturz
blüht ein unwissendes Kraut singend hervor.
Aber der Wissende? Ach, der zu wissen begann
und schweigt nun, ausgesetzt auf den Bergen des Herzens.
Da geht wohl, heilen Bewußtseins,
manches umher, manches gesicherte Bergtier,
wechselt und weilt. Und der große geborgene Vogel
kreist um der Gipfel reine Verweigerung. – Aber
ungeborgen, hier auf den Bergen des Herzens … [109]

Ein letztes Gehöft von Gefühl, höher als die letzte Ortschaft der Worte, ausgesetzt: Das letzte Konvolut mit den zwischen dem 25. Februar 1969 und dem 15. April 1970 entstandenen Gedichten, darunter die Jerusalem-Gedichte, trägt den Titel *Zeitgehöft*.

106 GW III, 181. [Ü: Dichtung: kein Sich-Aufdrängen mehr, ein Sich-Aussetzen. 26.3.69]

107 Bernhard Böschenstein, »Lesestationen im Spätwerk. Zwei Gedichte aus Celans *Lichtzwang*«, in: ders., *Leuchttürme*, 297.

108 Bernhard Böschenstein, »Hölderlin in der deutschen und französischen Dichtung des 20. Jahrhunderts«, in: ders., *Leuchttürme*, 68. Aus dem Jahr 1914 stammt auch Rilkes Huldigungsgedicht *An Hölderlin*.

109 Erstdruck: *Die Erhebung. Jahrbuch für neue Dichtung und Wertung*, 1 (1919), 43–44.

Thomas C. Connolly

Paul Celan's Other Tongue

David Rokeah, Hebrew, and the Problem of Bilingualism[1]

»bei Alpha und Aleph …«[2]

It goes without saying that for Paul Celan the practice of translating was an integral part of his poetic activity. Like the poem, translation is dialogic, an intimate encounter with the Other. It, too, is directed »[a]uf etwas Offenstehendes, Besetzbares, auf ein ansprechbares Du vielleicht, auf eine ansprechbare Wirklichkeit« [toward something standing open, occupiable, an addressable You perhaps, toward an addressable reality].[3] Elmar Tophoven, translator of Samuel Beckett, and Celan's successor as Lektor in German at the École normale supérieure, notes that »[a]s a translator of lyrical works, Paul Celan possessed registers that had been tested and refined in creative translations from at least six languages«.[4] Given this uncommon linguistic versatility, it is tempting to conjecture that the poet enjoyed a series of bilingual relationships with each of the languages from which he translated, with German at the fulcrum. But when, in 1961, in the second of two responses to the Librairie Flinker, Celan was invited to discuss the »Problem der Zweisprachigkeit« [problem of bilingualism], he dismissed any such notion: »An Zweisprachigkeit in der Dichtung glaube ich nicht« [Bilingualism in poetry is not something I believe in].[5]

As Bertrand Badiou has shown, Celan's rejection of the bilingual here is almost certainly tempered by his close friendship and collaboration with the Franco-German, bilingual poet Yvan Goll, whose widow, Claire, would pub-

1 This article is dedicated to the memory of Pessia (Paulina) Shrager (1920–2021).

2 All subtitles are drawn from Hüttenfenster, Paul Celan, *Die Gedichte: Neue kommentierte Gesamtausgabe in einem Band*, ed. Barbara Wiedemann, Frankfurt a. M. 2018, 161–163.

3 Paul Celan, *Gesammelte Werke in sieben Bänden*, ed. Beda Allemann, Stefan Reichert, and Rolf Bücher, 7 vols (Frankfurt a. M. 2000), 3.186. Unless otherwise stated, all translations are my own.

4 Elmar Tophoven, »Translating Celan Translating«, in: Amy D. Colin (ed.), *Argumentum e Silentio. International Paul Celan Symposium / Internationales Paul Celan-Symposium*, Berlin / New York 1987, 377–383, here 379.

5 Celan, *Gesammelte Werke*, 3.175.

licly accuse Celan of having plagiarized her late husband's work.[6] This may explain why Celan pursues a word play on the double, shifting from the duo-lingual to the duplicitous, from »Zweisprachigkeit« to: »Doppelzüngigkeit — ja, das gibt es …« [double-tonguedness — yes, that exists …].[7] In subsequent correspondence, there are several moments where Celan elaborates on the proximity of bilingualism and duplicity. In a letter to René Char, written on March 22, 1962, but never sent, he writes: »J'en connais qui vous citent St-John Perse et son poète ›bilingue‹ — : là encore, ils croient pouvoir se procurer un argument pour leur vile duplicité …« [I know some who quote St-John Perse and his ›bilingual‹ poet — : even there, they think they can find backing for their vile duplicity …].[8] Celan refers here to a line in Perse's prose poem VENTS, written on Seven Hundred Acre Island in Maine in 1945: »Ô Poète, ô bilingue, entre toutes choses bisaiguës« [O Poet, O bilingual one, among all things two-pronged].[9] In bilingualism, Perse perceives the infinite potential of linguistic ambiguity: »homme assailli du dieu! homme parlant dans l'équivoque!… ah! comme un homme fourvoyé dans une mêlée d'ailes et de ronces, parmi des noces de busaigles!« [man assailed by the god! man speaking in the equivocal!… ah! like a man caught up in a fracas of wings and brambles, among nuptials of harrier eagles!].[10] But for Celan, the poetic is uniterable, inevitably married to the language of its expression: »Dichtung — das ist das schicksalshaft Einmalige der Sprache. Also nicht […] das Zweimalige« [Poetry — that is the fatefully unique in language. So not […] what is double].[11] The poem – to quote from notes written in preparation for the Büchner Prize speech – is »der Ort, wo das Synonyme unmöglich wird: es hat nur seine Sprach- und damit Bedeu-

6 Paul Celan, René Char, *Correspondance 1954–1968. Avec des lettres de Gisèle Celan-Lestrange, Jean Delay, Marie-Madeleine Delay et Pierre Deniker. Suivi de la Correspondance René Char–Gisèle Celan-Lestrange (1969–1977)*, ed. Bertrand Badiou, Paris 2015, 153. These charges are disproved in *Paul Celan, die Goll-Affäre: Dokumente zu einer ›Infamie‹*, ed. Barbara Wiedemann, Frankfurt a. M. 2000.

7 Celan, *Gesammelte Werke*, 3.175.

8 Celan, Char, *Correspondance*, 152. See also the letter to Char dated February 6, 1962 (140, 145). Celan did not know that Char remained on friendly terms with Claire Goll. For more on their relationship and collaborations, see: Thomas C. Connolly, »Translating the Night: On Paul Celan and Fragment 178 of René Char's *Feuillets d'Hypnos*«, in: *Paul Celan Today: A Companion*, ed. Michael Eskin, Karen Leeder, and Marko Pajević, Berlin 2021, 57–77.

9 Saint-John Perse: VENTS, in: Saint-John Perse, *Œuvres complètes*, Paris 1982, 175–251, here 213.

10 Ibid.

11 Celan, *Gesammelte Werke*, 3.175.

tungsebene« [the place, where synonyms are impossible: it possesses its own level of language and meaning].[12]

In spite of the polyglossic networks that subtend and inform his poetry, Celan remains a monolingual, German-language poet, who (on the whole) neither sought to write in another language nor to translate his own poems out of German. Jacques Derrida evokes a »poet-translator who, writing in the language of the other and of the Holocaust, inscribing Babel in the very body of each poem, nevertheless expressly claimed, signed, and sealed the poetic monolingualism of his work«.[13] Some maintain that Celan's self-portrayal as a monolingual poet »stands in sharp contrast to his translingual writing, his work as a translator, and the translational interactions in his work«.[14] But besides equating bilingualism and duplicity, Celan's statement could also be read as reaffirming the indispensability of translation. Bilingualism confuses the strangeness between languages, the same strangeness that inheres between people, a strangeness that translation – and the poem, as well as the handshake – require and, briefly, repair. When Celan says he does not believe in bilingualism, he is also saying that he does not believe in a literature in which the translation of other authors would not be a most pressing task.

»geht zu Aleph und Jud und geht weiter«

Celan's infrequent translations from Hebrew offer a unique perspective on questions of monolingualism and bilingualism as they relate to his poems and poetic translations, as well as providing a privileged position from which to measure his relation to the German language specifically. Given Celan's philology, his love of language, as well as his projection, through poetry, of a secular, post-Shoah, Jewish identity, not to mention his growing Zionism, and firm support for the State of Israel, his modest interaction with Hebrew language and literature may at first seem surprising.[15] The late Nathan Zach, who claims

12 Paul Celan, *Der Meridian: Endfassung, Entwürfe, Materialien*, ed. Bernhard Böschenstein, Heino Schmull, Michael Schwarzkopf, and Christiane Wittkop, Frankfurt a. M. 1999, 104.

13 Jacques Derrida, *Le monolinguisme de l'autre ou la prothèse d'origine*, Paris 1996, 129–130.

14 Dirk Weissmann, »Paul Celan's (M)Other Tongue(s): On the (Self-)Portrait of the Artist as a Monolingual Poet«, in: Juliane Prade (ed.), *(M)Other Tongues: Literary Reflexions on a Difficult Distinction*, Newcastle u. T. 2013, 142–152, here 150.

15 Emmanuel Rais looked back at his interactions with Celan in a letter written November 1, 1975: »Initially he was a militant atheist, but he did develop an interest in the cabbala […]. Gradually, under the influence of our conversations, he got closer to Zionism and even visited Israel shortly before his death (he did not know the language and never could make up his mind to

to have been the first to translate a poem by Celan into Hebrew, recalls meeting Celan in Paris in 1967 to go through his translation of DENK DIR [JUST THINK] when they were unable to come up with a satisfactory translation of »Moorsoldat« [marshland soldier].[16] Celan did not like Zach's first version (»חיילי הערבות« [ḥayyaley ha'aravot], soldiers of the steppes), nor his second (»חיילי הקיר האחרון« [ḥayyaley haḳir ha'aḥaron], soldiers of the final wall), but Zach affirms that Celan was unable to provide an alternative »due to his poor knowledge of Hebrew,« although he notes that Celan had »complete control« in Yiddish.[17] Others have nevertheless sought to stress Celan's competence in Hebrew: »Celan's preoccupation with Hebrew is hardly surprising«, asserts Barbara Wiedemann, »[i]t was, after all, one of the languages of his childhood«.[18] In 1962, in an unsent letter to Theodor Adorno, Celan also protested his ability: »ich darf auch kein Hebräisch gelernt haben« [I'm supposed to not have learned any Hebrew either], but then signed his name »פאול זלן« [pa'ul zelan], omitting the now customary »aleph« in »צלאן« [tsela'n], and mis-writing the first letter of Celan with a »ז« [zayin] instead of a »צ« [tsade].[19] Toward the end of his life, to Yehuda Amichai, he wrote: »Ich bin recht beschämt, mich in Ihren hebräischen Gedichten nur mit Hilfe der englischen Übersetzung orientieren zu können, aber das: mich orientieren, das gelingt mir …« [I am honestly ashamed that I can only orient myself in your Hebrew poems with the help of the English translation, but this, orienting myself, I can manage …].[20]

As a boy, Celan was a reluctant student of Hebrew at the school »Safah Iv-

start learning it) and established contact with some *littérateurs* there. The poet Rokeach [sic] tried to translate him into Hebrew, but not particularly successfully, in my opinion«, quoted in: Victor Terras, Karl S. Weimar, »Mandelstamm and Celan: A Postscript«, *Germano-Slavica* 2.5 (1978), 353–370, here 369.

16 Nathan Zach, *Mishanah leshanah zeh: pirḳey biyografiyah sifrutit umuva'ot*, Tel Aviv 2009, 94. Wolf Biermann later explained to Zach the source of the term in »Die Moorsoldaten«, a popular resistance song written and composed in 1933 in the Börgermoor concentration camp.

17 Ibid., 95.

18 Barbara Wiedemann, »›Im Osten weilt mein Herz‹: Gedichte von Jehuda Halevi in der Übersetzung Paul Celans«, *Arcadia: Internationale Zeitschrift für Literaturwissenschaft* 32 (1997), 28–37, here 29.

19 Theodor W. Adorno, Paul Celan, »Briefwechsel 1960–1968«, ed. Joachim Seng, in: Rolf Tiedemann (ed.), *Frankfurter Adorno Blätter VIII* (Göttingen 2003), 177–200, here 192. Wiedemann explains this discrepancy as a slip of the pen (*Die Goll-Affäre*, 554), while Seng silently corrects it (193).

20 Paul Celan, *Letter to Yehuda Amichai*, November 7, 1969. Yehuda Amichai Papers, The Beinecke Rare Book and Manuscript Library, Yale University, New Haven, Box 3, Folder 106, 1–2. For John Felstiner, »this linguistic genius makes a point of playing down his competent Hebrew« (»Writing Zion: An Exchange Between Two Great Poets«, *The New Republic*, June 5, 2006. Available at: https://newrepublic.com/article/65477/writing-zion)

riah«, but continued lessons with a private tutor,[21] and was reportedly able to read texts by Bialik and Tchernichovsky.[22] Throughout the 1940s and early 1950s, Celan's engagement with Hebrew is limited. There is little to suggest – in contrast to Franz Kafka for instance – that as a young adult Celan did much to maintain and improve his skills in Hebrew.[23] Neither did he develop the »intense, cultivated, refined, engaged relationship with Hebrew« that Derrida attributes to Franz Rosenzweig and Gershom Scholem, for both of whom Hebrew was not a mother tongue, but an »archi-mother or patriarchic language«.[24] Lydia Koelle, who has written extensively on Celan's relation to Judaism, goes so far as to argue that the poet neither fully mastered Hebrew, nor made any real effort to do so.[25]

Hebrew vocabulary – mostly sacred – begins to feature with some regularity in Celan's German poetry from the mid 1950s onward. Take SCHIBBOLETH, written sometime before October 1954, which draws on Judges 12: »Ruf's, das Schibboleth hinaus | in die Fremde der Heimat« [Call it out, the shibboleth, | into the foreignness of home].[26] Celan repeats the term – »Im Herzmund | erwachtes Schibboleth« [Shibboleth awakened | in the heart-mouth] – in IN EINS written in 1962, although in both cases, the password is called upon less for its Hebrew origins, than for its revolutionary echoes with the present.[27] As Celan explains to Isac Chiva: »c'est un mot d'origine hébreue [sic] qui se trouve dans l'Ancien Testament […], et là j'ai mis, tu le vois, le souvenir de l'insurrection ouvrière de Vienne et celui de Madrid révolutionnaire« [it's a Hebrew word from the Old Testament […], and I added, as you can see, the mem-

21 Israel Chalfen, *Paul Celan: eine Biographie seiner Jugend*, Frankfurt a. M. 1979, 40.

22 Jehoshua Tira, »Ein Gespräch mit Paul Celan«, trans. Lydia Böhmer, in: Paul Celan, Ilana Shmueli, *Briefwechsel*, ed. Ilana Shmueli, Thomas Sparr, Frankfurt a. M. 2004, 144–148, here 146.

23 »From May 1917, Kafka learned Hebrew intensively« (Amir Eshel, »Von Kafka zu Celan: Deutsch-Jüdische Schriftsteller und ihr Verhältnis zum Hebräischen und Jiddischen«, in: Michael Brenner (ed.), *Jüdische Sprachen in deutscher Umwelt: Hebräisch und Jiddisch von der Aufklärung bis ins 20. Jahrhundert* (Göttingen 2002), 96–127, here 97. See also Kafka's eight booklets of handwritten Hebrew notes and vocabulary, probably dating from 1922, preserved at the National Library of Israel, Jerusalem: https://www.nli.org.il/en/archives/NNL_ARCHIVE_AL003561085/NLI (Consulted June 1, 2021).

24 Jacques Derrida, *Les yeux de la langue. L'abîme et le volcan*, Paris 2012, 31. Chalfen says that Hebrew may have been the »second mother-tongue« [zweite Muttersprache] of Leo Teitler Antschel, but for Paul is was always the »Vatersprache« [father-tongue] (*Paul Celan*, 41).

25 Lydia Koelle, *Paul Celans pneumatisches Judentum: Gottrede und menschliche Existenz nach der Shoah*, Mainz 1997, 101.

26 Celan, *Die Gedichte*, 87.

27 *Ibid.*, 157.

ory of the workers' insurrection in Vienna as well as that of revolutionary Madrid].[28]

Other Hebrew words retain their religious force. In DIE SCHLEUSE [THE SLUICE] composed in Paris on September 13, 1960, shortly after his return from a visit to Stockholm, the names of Jewish prayers for the dead are retrieved from the poet's perceived apostasy: »An | die Vielgötterei | verlor ich ein Wort, das mich suchte: | *Kaddisch.* || Durch | die Schleuse mußt ich, | das Wort in die Salzflut zurück- | und hinaus- und hinüberzuretten: | *Jiskor*« [To | polytheism | I lost a word, that sought me: | *Kaddish.* || Through | the sluice I had to pass | to save the word back into | and out of and over the open sea].[29] The poem entitled HAWDALAH, from »הבדלה« [havdalah] (separation), refers to the ceremony marking the passage from Shabbat to the first day of the week.[30] In ES IST ALLES ANDERS [EVERYTHING IS DIFFERENT], »ein Widderhorn hebt dich | – *Tekiah!* – | wie ein Posaunenschall über die Nächte hinweg in den Tag« [a ram's horn lifts you up | – *Tekiah!* – | like a trumpet blast up past the nights and into the day] where »תקיעה« [teḳiʿah] is a long blast of the shofar, and whose root includes such meanings as to blow, as in a horn, but also to interject and, more physically, to thrust or insert. In the December 1967 poem DU SEI WIE DU [YOU BE LIKE YOU] we encounter »*kumi* | *ori*« [arise | shine], a transcription of the opening words of Isaiah 60.[31] In MANDELNDE [ALMONDING ONE], from September 1968, the line »hachnissini« [bring (f.sing.) me in; introduce me into] comes not from scripture, but from a love poem by Bialik that Celan is said to have recalled from his childhood Hebrew lessons.[32]

Hebrew also appears in Celan's verse in a variety of covert modes, or what David Suchoff calls – in the context of Kafka's more intensive relation to this language – »foreign borrowings and secret translations«.[33] In the late 1970s, Elizabeth Petuchowski showed how verses that appear obscure in German reveal – when translated literally into Hebrew – underlying homophonic struc-

28 Paul Celan, Isac Chiva, »Lettres inédites de Paul Celan«, ed. Isac Chiva, *Les Cahiers du Judaïsme* 9 (2001), 132–135, here 135.

29 Celan, *Die Gedichte*, 135.

30 Ibid., 153.

31 Ibid., 309.

32 Ilana Shmueli, »Nachwort«, in: Paul Celan, Ilana Shmueli, *Briefwechsel*, ed. Ilana Shmueli and Thomas Sparr, Frankfurt a. M. 2004, 153–178: here 171. Written in 1905, this poem begins and ends with the same stanza: »Bring me in under your wing | and be mother and sister to me, | and let your breast shelter my head, | a nest for my thrust-out prayers« (H. N. Bialik, *Kol shirey Ḥ. N. Biʾaliḳ: shirim, mizmorim ufizmonot, shirot*, Tel Aviv 1953, 185).

33 David Suchoff, *Kafka's Jewish Languages: The Hidden Openness of Tradition*, Philadelphia 2012, 3.

tures.[34] The »schwarz« [black] and »Frühe« [dawn] that open »Todesfuge« [Death-Fugue],[35] are »שחור« [shaḥor] and »שחר« [shaḥar] in Hebrew, such that »Schwarze Milch der Frühe …« [Black milk of dawn] becomes, in Benjamin Harshav's translation: »חלב שחור של השחר« [ḥalav shaḥor shel ha-shaḥar].[36] »Unstetes Herz« [Unsteady heart], composed in London in August 1951, includes the words »Pappel« [poplar] and »Flöte« [flute] which in Hebrew are, respectively, »צַפְצָפָה« [tsaftsafah] and »צַפְצֵפָה« [tsaftsefah].[37] Concealed Hebrew assonances can be detected in the 1952 poem Zähle die Mandeln [Count the almonds], where the identical consonants of the Hebrew for »almond« and »watch over« (»שקד«, that is »shaḳed« and »shoḳed«) – a pun that goes back to Jeremiah – provide an explanation for: »zähle, was bitter war und dich wachhielt« [count, what was bitter and kept you awake].[38] In each of these instances, where Celan's German dissipates and disseminates, a hidden Hebrew *sous-texte*, an imagined safety net of Hebrew translation, draws language together, repairing the centrifugal in German with what is centripetal in Hebrew.

Besides these more or less visible transcriptions of individual words, Celan occasionally draws attention to the practice of reading and writing in Hebrew. A poem from November 1967, that begins »Die rückwärtsgesprochenen | Namen« [The names spoken | backward], invites its reader to pursue identity by reading from right to left.[39] Kleide die Worthöhlen aus [Line the word-hollows] recasts the anatomical term »Herzhöhlen« [heart-hollows] as Hebrew consonants, such that one who reads with care might add breath and blood to what is a consonantal – or skeletal – text.[40] The poem concludes: »und lausch ihrem zweiten | und jeweils zweiten und zweiten | Ton« [and listen to their second | and each time second and second | tone], which is an exhortation to listen beyond German, to listen after German, to the second coming of language, to the other tongue that underpins this œuvre.[41] When

34 Elizabeth Petuchowski, »Bilingual and Multilingual *Wortspiele* in the Poetry of Paul Celan«. *Deutsche Vierteljahrsschrift für Literaturwissenschaft und Geistesgeschichte* 52.4 (1978), 635–651, here 640.

35 Celan, *Die Gedichte*, 46.

36 Paul Celan, »Fugah shel maṿet«, trans. H. Benyamin, *Siman ḳeri ʾah* 7 (1977), 267–268, here 267. Benjamin Harshav, born Hrushovski, here gives his name as »ה. ב נימין« [H. Benyamin] (ibid., 251).

37 Celan, *Die Gedichte*, 56.

38 Ibid., 59; *The Scofield Study Bible, King James Version*, ed. C. I. Scofield and Doris W. Rikkers, New York 2003, Jeremiah 1:11–12, 958.

39 Ibid., 302–303.

40 Ibid., 256.

41 Ibid.

in the *Sprachgitter* poem UNTEN [UNDERNEATH] composed in the late 1950s, we read of »das Zuviel meiner Rede« [the too-much of my speech] and of being »Heimgeführt Silbe um Silbe« [borne home syllable by syllable], it is specifically Celan's slow syllabic progression through Hebrew text that appears as a hidden supplement to his German poems.[42] In short, it is Hebrew that is »mit[ge]meint«, what is »also intended«.[43]

Although Hebrew is merely one of several foreign languages that appear within Celan's poetry, critics have often attributed particular significance to its presence. For Sidra DeKoven Ezrahi, Hebrew alone has the capacity to remain »truly inscrutable«, and as such serves as a metonym for Celan's work, being »as salient, as resonant, and as unassimilated in his poetry as his poems are in German culture«.[44] With reference to a note in the Meridian materials in which Celan speaks of his poetry as a mode of »Verjudung« (Jewification) and an »Ärgernis« (irritant),[45] Amir Eshel identifies Hebrew as a vehicle of »*poetic* provocation« that points »to the specific historical experience of the Jews, to the explicit archive of Jewish cultural memory«, leading the reader »beyond the limits of his or her monolingualism, beyond the hegemonic power of the majority's language«.[46] John Felstiner similarly sees the presence of Hebrew words in Celan's poems as »inalienable«, that is, »untranslatable«.[47] He adds that in the later poems, Hebrew provides Celan with a bolder tone than is usual: »for a brief moment, his voice seems whole and syntactically free«.[48] But even as Hebrew marks and encourages defiance, and perhaps even evokes »the aura of a prewar Jewish childhood«,[49] it also denotes, as DeKoven Ezrahi puts it, not only a now absent and therefore un-

42 Ibid., 99.

43 Ibid., 302.

44 Sidra DeKoven Ezrahi, *Booking Passage: Exile and Homecoming in the Modern Jewish Imagination*, Berkeley 2000, 152.

45 Celan, *Der Meridian*, 131.

46 Amir Eshel, »Paul Celan's Other: History, Poetics, and Ethics«, *New German Critique* 91 (2004), 57–77, here 67.

47 John Felstiner, »Mother Tongue, Holy Tongue: On Translating and Not Translating Paul Celan«, in: Beth Hawkins Benedix (ed.), *Subverting Scriptures: Critical Reflections on the Use of the Bible*, New York 2009, 67–94, here 67. On March 10, 1921, Rosenzweig writes to Scholem: »Only someone who is deeply convinced of its impossibility can translate. Convinced not about the impossibility of translating in general […] but about the impossibility of the particular translation that the translator is about to undertake«, Franz Rosenzweig, *Briefe und Tagebücher*, ed. Rachel Rosenzweig, Edith Rosenzweig-Scheinmann, and Bernhard Casper, 2 vols, Haag 1979, 698.

48 Felstiner, »Mother Tongue, Holy Tongue«, 84.

49 Ibid., 76.

decipherable Jewish culture, but the absent Jewish reader within German literature.[50]

Stéphane Mallarmé conceives of verse as mending »les langues imparfaites en cela que plusieurs« [languages imperfect in that they are many],[51] which notion Walter Benjamin adopts – untranslated – into »The Task of the Translator«.[52] For Celan, though, Hebrew appears to respond specifically to the German language in which he writes. In his acceptance speech for the Prize in Literature of the Free Hanseatic City of Bremen, in January 1958, Celan spoke of the persistent presence of »die Sprache«, by which he intended not language in general, but German in particular: »In dieser Sprache habe ich […] Gedichte zu schreiben versucht« [In this language […] I have tried to write poems].[53] Hebrew begins to manifest itself more regularly in Celan's poetry at about the time he gives this speech, as if this poet turns to Hebrew only once he has reached what he perceives to be the limits of his German monolingualism or – perhaps more accurately – the limits of German without Hebrew. For Mallarmé, poetry »philosophiquement rémunère le défaut des langues« [philosophically remunerates what languages lack].[54] In the case of Celan, Hebrew specifically repairs the German of his poems, uniquely introducing a bilingualism otherwise absent from his work.

»Beth, – das ist | das Haus«

If Hebrew comes to permeate Celan's German – Eshel speaks of a »deliberate embrace«[55] – Celan's translations from Hebrew are infrequent and limited in scope. In 1944 or 1945, before he moved to Bucharest, Celan translated two poems by Yehuda Halevi – »עבדי זמן« [ʿavdey zeman] and »לבי במזרח« [libi bemizraḥ] – which remained unpublished until the late nineties.[56] Celan makes no

50 DeKoven Ezrahi, *Booking Passage*, 152.

51 Stéphane Mallarmé, *Œuvres complètes*, ed. Bertrand Marchal, 2 vols, Paris 1998–2003, 2.208.

52 Walter Benjamin, *Gesammelte Schriften*, ed. Theodor W. Adorno, Gershom Scholem, Rolf Tiedemann, and Hermann Schweppenhäuser, 7 vols, Frankfurt a. M. 1972–1989, 4.17.

53 3.185–186.

54 Mallarmé, *Œuvres complètes*, 2.208.

55 Eshel, »Paul Celan's Other«, 76.

56 Wiedemann, »›Im Osten weilt mein Herz‹«, 29, 31. The drafts of this project are preserved in Alfred Margul-Sperber's archives at the Muzeul Național al Literaturii Române in Bucharest. Reflecting on this period of Celan's life, David Seidmann is reported as saying: »For the first time, Paul was heard to speak about the beauty of the Hebrew language, and of the years he had spent learning it«, quoted in Chalfen, *Paul Celan*, 140.

subsequent mention of these poems, but must have been reminded of them when he received a copy of Rosenzweig's translation of Halevi in 1960.[57] Celan's only translations from modern Hebrew are of five poems by the Israeli poet David Rokeah (1916–1985). In contrast to the urgent ways individual Hebrew words seem married – visibly and invisibly – to Celan's German, in direct engagement with modern Hebrew, this German-language Jewish poet clearly hesitates.

David Rokeah was born into a Yiddish-speaking family in Lemberg (now Lviv), and emigrated to Palestine as an eighteen-year-old in 1934. He studied Hebrew literature, then law, and then electrical engineering, which became his profession, supporting his studies as a laborer and orange-picker.[58] His first book of poems appeared in 1939, followed by another two years later.[59] Despite going on to produce another ten collections, Rokeah has remained a spectral presence in scholarship on Hebrew literature, and any renown is owed to the regularity with which his works were published in translation. He was extensively translated into French by the late Claude Vigée, who identified Rokeah as »one of the most original poets of the new generation in Israel«.[60] Rokeah's poems were translated into English by Christopher Middleton and Michael Hamburger, both of whom were early, influential translators of Celan. The author and academic Anton Shammas translated מקיץ אל קיץ [Miḳayits ʾel ḳayits] (From summer to summer) into Arabic in the late 1970s.[61] But Rokeah enjoyed his greatest readership in German thanks to translations by prominent authors including – besides Celan – Hans Magnus Enzensberger, Erich Fried, Nelly Sachs, and Friedrich Dürrenmatt. As Michael Krüger recently explained: »whilst in Israel his poems appeared in print runs of two hundred

57 Celan acquired Halevi's *Zweiundneunzig Hymnen und Gedichte* (trans. and ed. Franz Rosenzweig, Berlin, 1927) on January 30, 1960. The edition includes KNECHTE [Servants] (71) and ZWISCHEN OST UND WEST [Between East and West] (129), versions of the two poems translated by Celan. See: Barbara Wiedemann, »Richtungsweisende Anfänge in Czernowitz und Bukarest«, in: Axel Gellhaus et al., *»Fremde Nähe«: Celan als Übersetzer*, Marbach am Neckar 1998, 109–121, here 116.

58 Hans Magnus Enzensberger, »Nachwort«, in: David Rokeah, *Poesie*, trans. Werner Bukofzer, Paul Celan, Friedrich Dürrenmatt, Hans Magnus Enzensberger, Erich Fried, Sibylle Hunzinger, Wera Lewin, Nelly Sachs, Miriam Scheuer, and Werner Weber; ed. Hans Magnus Enzensberger, Frankfurt a. M. 1962, 107–114, here 112–113.

59 David Rokeah, *Begesher haye ʿud*, Tel Aviv 1939; *Yamim ʿashenim*, Jerusalem 1941.

60 Claude Vigée, »David Rokeah«, in: David Rokeah, »Ijarah«, trans. Claude Vigée, *Preuves* 183, 1966, 36–38, here 36.

61 David Rokeah, *Miḳayits ʾel ḳayits*, Jerusalem 1964; *Min ṣayf ilá ṣayf*, trans. Anton Shammas, Jerusalem 1977.

copies, in Germany they were published by the most prestigious presses«.[62] A German edition of his selected works, published just months after his death in 1986, declared: »Today, Rokeah is [...] one of the most widely read and most quoted Israeli poets«.[63]

Rokeah's poems are often short, in blank verse, and observe the physical world, above all the landscape of the eastern Mediterranean. As Hamburger put it: »Rokeah experiences things in their thing-ness [...]. In his hands, everything becomes physical and concrete«.[64] Jean Starobinski spoke of »a deliberately muted Hebrew, a beautiful and sonorous language that limits itself through brevity and discretion, refusing excessive brilliance«.[65] Enzensberger also noted the poet's verbal management: »this language is extraordinarily economical, concise, and unadorned«, as well as his remove from European traditions: »you might find yourself wondering if Rokeah is even familiar with the inescapable figures of the modern canon, Eliot and Apollinaire, Pound and Neruda«.[66] Krüger similarly notes that where a contemporary such as Amichai »could immediately refer to Heine«, Rokeah instead had »at his disposal the rich, intricate Jewish tradition, organized according to the complex rules required for survival, of his ancestors«.[67]

Rokeah first wrote to Celan in 1955, but it was not until 1958 that a more sustained correspondence developed between the poets.[68] Celan translates Rokeah in the late 1950s and then again in early 1970. Of the five known translations, I limit my examination to the three that were published while Celan was alive. On August 12, 1959, Celan received the text of »בין אביב לקיץ« [beyn

62 Michael Krüger, »Sie kamen aus dem Osten und wurden Israels Dichter«, *Neue Zürcher Zeitung*, April 24, 2021, 36–37, here 37.

63 David Rokeah, *Nicht Tag nicht Nacht. Ausgewählte Gedichte*, trans. Henriette Beese, Paul Celan, Johanna Doering, Friedrich Dürrenmatt, Hans Magnus Enzensberger, Erich Fried, Heinz Holliger, Michael Krüger, Nelly Sachs, and Gerhard Schoenberner, ed. and afterword Michael Krüger, Frankfurt a. M. 1986, 3.

64 Qtd. in Vigée, »David Rokeah«, 36.

65 Jean Starobinki, »Préface«, in: David Rokeah, *Les yeux dans le rocher*, trans. Claude Vigée, pref. Jean Starobinski, Paris 1968, 7–10, here 8.

66 Enzensberger, »Nachwort«, 109, 114.

67 Krüger, »Sie kamen aus dem Osten ...«, 36.

68 Celan's library included dedicated copies of the following collections by Rokeah: *Mo 'adey 'ergah: shirim*, Jerusalem 1954; *'Ar 'ar 'aley shaḥam*, Jerusalem 1958; *Ḳeyno shel yam*, Jerusalem 1963; *'Eynayim basela '*, Tel Aviv 1967. Also included were: *Poesie*, ed. Hans Magnus Enzensberger, Frankfurt a. M. 1962; *Les yeux dans le rocher*, trans. Claude Vigée, pref. Jean Starobinski (Paris 1968), and several cuttings of Rokeah's work from German- and English-language publications. For a reproduction of Rokeah's dedications, see: Elke Günzel, *Das wandernde Zitat: Paul Celan im jüdischen Kontext*, Würzburg 1995, 344–345.

aviv laḳayits] (Between spring and summer), a poem that had appeared in the press and would be included in Rokeah's קינו של ים [ḳeyno shel yam] (Sea nest).[69] On September 24, the translation was sent to Werner Weber at the *Neue Zürcher Zeitung*, where it appeared later that fall. The poem's opening stanza is followed by Celan's translation:

בחגו-הכף יונתי,
הסכרים החדשים
מלאו מים.
החול העתיק
מוסיף נדד
אל עיניך.

[My dove | in the crevice of the cliff, | the new sluices | are full of water. | The ancient sand | adds wandering | to your eyes.][70]

Meine
Taube
dort, zwischen Klippe und Klippe.
Die Schleusen — neu,
voll Wasser.
Der Sand
älter als alt,
unterwegs, nach wie vor,
zu deinen Augen.

[My | dove | there, between cliff and cliff. | The sluices – new, | full of water. | The sand | older than old, | on the way, as before, | to your eyes.][71]

69 For a facsimile of the unidentified newspaper cutting of Rokeah's poem, with annotations by Celan, see: Barbara Wiedemann, »31 David Rokeah – Korrekturen«, in: *»Fremde Nähe«: Celan als Übersetzer*, 491–501, here 497.

70 Rokeah, *Ḳeyno shel yam*, 55. In David Saraph's translation, this stanza reads: »My dove in the crevice of a cliff, | the new-built dam | filled with water. | Sand, immemorial, | continues to drift | towards your eyes« (*Eyes in the Rock. Selected Poems of David Rokeah*, trans. Bernard Lewis, Tamar Sachs, David Saraph, Margaret Benaya, Uzi Hystahr, Colin Falck, Michael Hamburger, Christopher Middleton, Alan Brownjohn, Michael Bullock and Jon Silkin, Chicago 1968, 37). Vigée translates: »Ma colombe | dans la fente de la falaise, | Les écluses nouvelles, | pleines d'eau. | Le sable immémorial | ne cesse pas d'errer | vers tes yeux«, *Les yeux dans le rocher*, 39.

71 »Zwischen Frühling und Sommer«, trans. Paul Celan, *Neue Zürcher Zeitung*, October 17, 1959, 11; Celan, *Gesammelte Werke*, 5.598 f.

The poem opens with reference to a verse in the *Song of Songs* in which the lover sings of his beloved: »יונתי בחגוי הסלע בסתר המדרגה« [yonati beḥagỵey hasela' beseter hamadregah] (O my dove, that art in the clefts of the rock, in the secret places of the stairs).[72] »ḥagaỵ« is a cleft, crack, or ravine, that occurs on only two other occasions in the Tanakh, also in plural form. In Obadiah's lone chapter, the prophet takes aim at those whose pride has distanced them from God and other men: »thou that dwellest in the clefts of the rock [beḥagỵey hasela']«.[73] Similarly in Jeremiah: »Thy terribleness hath deceived thee [...] O thou that dwellest in the clefts of the rock [beḥagỵey hasela']«.[74] In each instance – and depending on the gender of the subject – »ḥagỵey hasela'« denotes either the proper seclusion of the beloved or the heights of hubris. But in Albert Schultens's 1706 thesis, as part of his broader appeal to Arabic to explain Hebrew's obscurities – »Arabismus expediet nos« – the Dutch philologist traced the source of »ḥagaỵ« to »لجأ« [laja'a], »to take refuge«.[75] »ḥagaỵ« is therefore above all a rock that provides asylum, similar to those fled to in Judges: »and because of the Midianites the children of Israel made them the dens (המנהרות) [haminharot] which are in the mountains, and caves, and strong holds«.[76]

The second part of the »smikhut« or genitive construct in Rokeah's opening verse is not »סלע« [sela'], as in the *Song of Songs*, but »כף« [kef],[77] a word that appears only twice in the Tanakh and, like »ḥagaỵ«, only as a plural noun: »To dwell in the clifts of the valleys, in caves of the earth, and in the rocks [ỵekhefim]«,[78] and: »The whole city shall flee for the noise of the horsemen and bowmen; they shall go into thickets, and climb up upon the rocks [uỵakefim]«.[79] In both cases, »kefim« also indicates a place of refuge, a remote dwelling place for when the city becomes too dangerous to inhabit. Rokeah's »ḥagaỵ hakef«, therefore includes a strong element of repetition if not redundancy. It could be read as a refuge within a refuge, a dwelling within a dwelling, a doubled hollowing in the rock. But where the Biblical antecedents of both

72 *Study Bible*, Song of Solomon 2:14, 878.

73 Ibid., Obadiah 1:3, 1169. Written after the siege of Jerusalem in 597 BCE, the prophet outlines a territorial claim for Israel's restoration (ibid., 1:19–21, 1170).

74 Ibid., Jeremiah 49:16, 1023.

75 Alberto Schultens, *Animadversiones philologicae et criticae ad varia loca veteris testamenti*, Amstelaedami 1709, 334 f.

76 *Study Bible*, Judges 6:2, 356.

77 Cognate with »كهف« [kahf], »cave«, as in the legend of the sleepers of the cave, recounted in *al-Qur'ān* (18:9–26).

78 *Study Bible*, Job 30:6, 736.

79 Ibid., Jeremiah 4:29, 963.

»ḥagaỵ« and »kef« are always plural, in this opening verse of Rokeah's poem they are both singular, narrowing the range of references, creating a singular fissure in the rock, and in the process drawing us close to an anatomical definition of »kef« – as the »mons (pubis or veneris)« – thereby whetting the erotic tone of the initial intertextual source.[80]

Rokeah's citation means that something like this opening verse already has a rich history of translation into German. Consider Martin Luther's 1545 version: »Meine Taube in den Felslöchern, in den Steinritzen«.[81] The »literal« translation provided in the Bertelsmann edition reads: »Meine Taube im Geklüft des Felsens, im Versteck der Felsenstiege«.[82] Dopke's 1829 version (later partially adopted in the 1912 Luther translation) proposes: »Meine Taube in den Felsklüften, | Im Schlupfwinkel der Klippen«.[83] And later Martin Buber translates: » – Meine Taube in den Felsenschlüften, | im Verstecke des Steigs«.[84] In turning Rokeah's Hebrew to German, Paul Celan also turns away from these illustrious models. »beḥagaỵ hakef« [in the crevice of the cliff] becomes »dort, zwischen Klippe und Klippe« [there, between cliff and cliff]. Given that »Klippe« originates on the German coast,[85] and does not appear anywhere in Luther's translation, for instance, Celan consciously removes Rokeah's line from its Biblical, if not meridional, frame of reference. Rokeah evokes desert hollows and sexes, asylums and rocky hideouts, but Celan simplifies the play between »ḥagaỵ« and »kef«, and through the repetition of »Klippe« projects both an equivalence and a similitude absent from the original syntagma.

It is revealing to compare the reduction of semantic texture, the dilution of literary and historical consciousness, as well as the weakening of the original's theological and perhaps even erotic charge here, to another, much grander, translation from Hebrew into German. When, in February 1961, Scholem congratulates Martin Buber on concluding his German version of the Scriptures, he commends his approach to translation: »Nothing has been

80 Reuben Sivan, Edward A. Levenston (ed.), *The Megiddo Modern Dictionary. Hebrew-English*, Tel Aviv 1965, 337.

81 *Parallel-Bibel: oder die heilige Schrift*, Alten und Neuen Testaments in der Verdeutschung durch D. Martin Luther nach der Originalausgabe von 1545, mit nebenstehender wortgetreuer Übersetzung nach dem Grundtext, 3 vols, Gütersloh 1887–1888, 2.267.

82 Ibid.

83 Johann Christian Carl Dopke, *Philologisch-critischer Commentar zum Hohen Liede Salomo's*, Leipzig 1829, 100.

84 *Die Schriftwerke. Das Buch der Preisungen*, trans. Martin Buber, Köln / Olten 1962, 347.

85 »Klippe« in: *Etymologisches Wörterbuch des Deutschen* (1993), ed. Wolfgang Pfeifer. Available at: <https://www.dwds.de/wb/etymwb/Klippe> (Consulted June 9, 2021).

smoothed out, nothing has been made easy. Quite the contrary. You have a special ear for where the cliffs and difficulties lie [wo […] die Klippen und Schwierigkeiten stecken] in the seemingly unproblematic flow of prose or poetry. I would almost say that you made the text rougher so as to make it all the more immediate for the reader«.[86] As we learn from ספר יצירה [sefer yetsirah], according to Kabbalah, this roughness was in the Hebrew characters with which God created the universe: »Twenty-two foundation letters, he carved them [חקקן], hewed them [חצבן], weighed them [שקלן], refined them [צרפן], and substituted them [והמירן]«.[87] This in turn echoes Isaiah: »look unto the rock whence ye are hewn, and to the hole of the pit whence ye are digged«.[88] But even as he deploys »Klippe« [cliff], Celan moves away from the cliffs and difficulties of Hebrew. In Scholem's evaluation, Buber »had a particular conception of the quarried structure of the Hebrew language [vom Quaderbau der hebräischen Sprache] and sought to express it through [his] translation«.[89] In »dort, zwischen Klippe und Klippe« there is little sign of the hewing associated with Hebrew, nor the asperities of the foundational alephbet, nor even those commonly associated with Celan's poems and translations.

It is possible that in these opening lines, Celan is simply commenting on Rokeah and his modern Hebrew verse. Notwithstanding the merits of this œuvre, there is not much evidence to rebuff Wiedemann's assertion that »Celan does not appear to show a great deal of interest in Rokeah's poetry«.[90] But it is also possible that Celan is concerned less with Rokeah than with the opportunity to make a broader statement about modern Hebrew and its relation to post-Shoah German. In its opening stanza, this poem juxtaposes figures for ancient and modern forms of the Hebrew language – on the one hand, new sluices full of water and operational and, on the other, ancient sand that brings

86 Gerschom Scholem, »An einem denkwürdigen Tage«, *Neue Zürcher Zeitung*, March 31, 1963, 6.

87 J. Hershy Worch (ed.), *Sefer Yetzira: Chronicles of Desire: A New Hebrew/English Translation & Commentary*, Lanham 2010, 150, 153.

88 *Study Bible*, Isaiah 51:1, 941.

89 Scholem, »An einem denkwürdigen Tage«, 6. In English translation, »Quaderbau« is given as »rough-hewn structure« (Gershom Scholem, »At the Completion of Buber's Translation of the Bible«, in: id., *The Messianic Idea in Judaism and Other Essays on Jewish Spirituality*, New York 1971, 314–319, here 315).

90 Wiedemann, »31 David Rokeah – Korrekturen«, 491. Olschner excludes Celan's translations of Rokeah from his study, claiming they are »of only limited signifiance for his translation work« (Leonard Moore Olschner, *Der feste Buchstab: Erläuterungen zu Paul Celans Gedichtübertragungen* (Göttingen 1985), 42).

dream, wandering, and mysticism into the secular present.[91] For someone like Scholem, though, as Annabel Herzog says, »[t]here are not two Hebrews, a sacred one and a secular one, but only one Hebrew, and it is degraded in secular contexts«,[92] or as Derrida glosses, »at the bottom of the abyss, there is only sacred language«.[93]

If in Rokeah's poem we see a similar continuity between old and new forms of Hebrew, then in Celan's translation – his first translational encounter with modern Hebrew – this continuity has been displaced onto modern Hebrew and post-Shoah German. Just as modern Hebrew might be said to relate to earlier forms as »an almost ontological degradation of language«,[94] in this new mapping, German appears as a kenosis of Hebrew. In his 1926 letter marking Rosenzweig's fortieth birthday, Scholem portrayed nascent modern Hebrew as »a ghostly language«.[95] Although this letter was not published until after his death, in this translation, Celan appears to both appropriate and reverse Scholem's statement. In translation from Hebrew, after the Shoah, it is German that becomes rudimentary and spectral, with each »Klippe« ghostlier and less substantial than the other.

Zwischen Frühling und Sommer appeared in the *Neue Zürcher Zeitung* on October 17, 1959.[96] The two poets had met for the first time in July of that year, in Switzerland, but any initial goodwill between them was short-lived. In early 1960, Werner Kraft revealed in a letter that Rokeah had described Celan's most recent poems – probably a reference to *Sprachgitter* [Speech-Grille] – as »banal«.[97] In May 1960, Rokeah wrote to Celan demand-

91 Celan may have in mind Rokeah's »הסכרים החדשים | מלאו מים« [hasekharim haḥadashim | male᾽u mayim] (»the new sluices | full of water«) when he composes Die Schleuse [The Sluice] on September 13, 1960, a poem which includes two transcribed Hebrew words (Celan, *Die Gedichte*, 135 f.).

92 Annabel Herzog, »›Monolingualism‹ or the Language of God: Scholem and Derrida on Hebrew and Politics«, *Modern Judaism* 29 (2009), 226–238, here 231.

93 Derrida, *Les yeux de la langue*, 33.

94 Stéphane Mosès, »Langage et sécularisation chez Gershom Scholem«, *Archives de sciences sociales des religions* 60 (1985), 85–96, here 91.

95 Quoted in William Cutter, »Ghostly Hebrew, Ghastly Speech: Scholem to Rosenzweig, 1926«, *Prooftexts* 10 (1990), 413–433, here 416.

96 In a letter from Zürich dated September 24, 1959, Rokeah writes: »I was truly thrilled by your translation. I agree, it's difficult to convey the two-dimensionality [die biedimensioniertheit] of the Hebrew. I read it again and again – and could see how you were able to come very close to the original precisely by rearranging & inserting the auxiliary words«, quoted in Wiedemann, »31 David Rokeah – Korrekturen«, 498. The poem also appeared in *Du* (Zürich) (22.2, 1962, 49), *Poesie* (70–73) and *Nicht Tag nicht Nacht* (33 f.).

97 *Die Goll-Affäre*, 444.

ing changes to »Der Monat Cheschwan« [The month of Cheshvan], Celan's translation of »חשון« [ḥeshṿan].[98] Then, in November 1961, Celan's name was mentioned in *Merkur* as one of the contributing translators to a forthcoming volume of Rokeah's poetry in German, without Celan having given his consent.[99] The following note provides a sense of Celan's disposition toward the Israeli poet at around this time: »Was Herrn Rokeah betrifft, so habe ich mich zur Erkenntnis durchgerungen, daß er zu jenen ungemein ambulanten Lyrikern gehört, die wenig von wirklichen Vaganten, dafür aber manches vom Handlungsreisenden haben« [As for Mr. Rokeah, I have come to the realization that he is one of those purely ambulant lyricists who have little in common with real vagabonds, but instead something of the traveling salesman].[100]

» – ein Atem? ein Name? – «

Celan does not meet Rokeah again until his visit to Israel in late autumn 1969. An advertisement for Celan's reading in Beit Lessin in Tel Aviv on Wednesday, October 15, shows that he was to be introduced by his Israeli counterpart.[101]

98 Wiedemann, »31 David Rokeah – Korrekturen«, 500. The changes suggested by Rokeah closely resemble the literal German translation he had initially sent to Celan. »חשון« [ḥeshṿan] first appears in *'Ar'ar 'aley shaḥam* (71). »Der Monat Cheschwan« is published in: »Fünf Gedichte«, trans. Paul Celan, Erich Fried, and Michael Krüger, *Akzente* 27 (1980), 57–59, here 57 and Celan, *Gesammelte Werke*, 5.608f. For a facsimile of a draft of Celan's translation, see: *»Fremde Nähe«: Celan als Übersetzer*, 408. On this translation, Nouss concludes: »What is presented as sweet melancholia by Rokeah becomes somber pain in Celan«, Alexis Nouss, *Paul Celan: les lieux d'un déplacement*, Lormont 2010, 233.

99 The biography reads: »Due to a lack of knowledge of the Hebrew language, almost all of the translations were undertaken in close collaboration with the author, who, as required, provided etymological and grammatical explanations of the Hebrew words in either English or German«, *Merkur* 15.11, 1961, 1099. Celan perceived this statement as slighting his ability in Hebrew, especially as it coincided with the intensification of Goll's attack on his authorial integrity. Wiedemann says: »Celan was probably the only author – of all those mentioned – able to write and read Hebrew since childhood«. She adds: »Adequate knowledge of the source language was, for Celan, an indispensable prerequisite for any translation in the real sense of the term«, *Die Goll-Affäre*, 553.

100 Quoted in ibid., 440; Paul Celan, *Mikrolithen sinds, Steinchen: die Prosa aus dem Nachlass*, ed. Barbara Wiedemann, Bertrand Badiou, Frankfurt a.M. 2005, 897.

101 Koelle, *Paul Celans pneumatisches Judentum*, 252. After this recital, Schocken observed »within the intricate German of these poems, with numerous concealed echoes of purest German poetry, appeared a number of words from the Hebrew prayerbook: havdalah, tekiah, kad-

Rokeah subsequently visited Celan in Paris, in February 1970.[102] It was then that Celan translated two recent poems by Rokeah — »בנכר« [banekhar] and »אמן« [ʾamen]:

אמן להר ואמן לים כפחזות שבי
להיות את השיר בכל אברי.
לטבל בכל מים. הו, נדודים
בלי קץ בגשם ,בחול גועש, בשמש בלי קץ.

[Amen to the mountain and amen to the sea, like the wantonness that is in me | To be the poem in all my limbs. | To immerse in all water. Oh, wandering | Without end in rain, in quaking sand, in sun without end.][103]

Ein Amen dem Berg, eines dem Meer:
Solcherart drängts mich
auszuleben das Lied in all meinen Gliedern,
einzutauchen in jederlei Wasser.
Wandrung und Wandrung im Regen, endlos.
Und so auch im Sand, der da wirbelt, so in ihr,
der unendlichen Sonne.

[One amen to the mountain, one to the sea: | this is how it urges me | to live out the song in all my limbs, | to plunge into all kinds of water. | Wandering and | wandering in rain, endlessly. | And thus also in the sand, which swirls there, and thus in it, | the infinite sun][104]

A decade separates this translation from Zwischen Frühling und Sommer, but as before – when Celan often doubled what was singular in the Hebrew (»zwichen Klippe und Klippe«; »älter als alt«; »laß sie […] Und laß«) – here »נדודים« [nedudim] becomes »Wandrung und Wandrung« [wandering

dish, gebenscht, and also the names of Hebrew women: Shulamith, Naomi, Ruth, Esther«, Gershom Schocken, »Paul Celan in Tel Aviv«, *Die Neue Rundschau* 91 (1980), 256–259, here 258.

102 In his tribute to Celan, Rokeah recalls: »Our last meeting in Paris, the end of February earlier this year. Hours in conversation about poems, his and mine; about possibilities and impossibilities of translation; about Jerusalem, his and mine«, »Gedenkblatt für Paul Celan«, *Neue Zürcher Zeitung*, July 12, 1970, 49.

103 David Rokeah, *Ṿelo' ba' yom 'aḥer*, Tel-Aviv 1969, 60.

104 David Rokeah, »Tage …« and »Ein Amen …«, trans. Paul Celan, *Neue Zürcher Zeitung*, March 8, 1970, 49; Celan, *Gesammelte Werke*, 5.605.

and wandering].[105] Beyond recalling the context of their fraught relationship, and Celan's description of Rokeah as one of those »purely ambulant lyricists«, within the verbal economy of such a short poem, the introduction of repetition appears to signal a problem. The impression that this problem relates to the particular modes of Celan's commitment to modern Hebrew and post-Shoah German is enhanced by signs that the translator attemps to banalize the Hebrew text as he transposes it into German.

By this, I do not intend Celan's use of punctuation, which more than doubles the number of commas and periods in the poem, a commonplace in his poetics of translation.[106] It is instead the presence of features such as »solcherart« [this is how], an adverb that occurs on only one occasion in Celan's own poetry,[107] and that here dominates the syllable count of the second line, despite being what Olschner might call »semantically weak«.[108] In the final two syllables of the line, »drängts mich«, Celan turns down the invitation to explore »פחזות« [paḥazut], which has come to mean »haste« or »fickleness« in recent times, but which in its more colorful Biblical manifestations can signify »recklessness, extravagance, unbridled license«. The dying Jacob, for instance, describes Reuben, his first-born – guilty of incest with Bilhah, his concubine – as »פחז כמים« [paḥaz kamayim] or »unstable as the water«.[109] Celan switches the force and historical richness of a Hebrew substantive that saturates the speaker (»שבי« [shebi] »that is in me«) for a verbal phrase which relegates the speaker to a passive role as direct object: »Solcherart drängts mich« – »This is how it urges me«.

The most striking element of this translation, though, may be its opening words: »Ein Amen«. Reflecting on his own translations of Celan into Hebrew, Shimon Sandbank draws on Roman Jakobson's »On Linguistic Aspects of Translation« to distinguish between what Hebrew may convey and what it must convey.[110] He points to the difference between »niemand« [nobody] and »Niemand« [Nobody] – itself drawn from the French »personne« (both »no-

105 In the Tanakh, »nedudim« is a hapax legomenon that describes not wandering but the tossing and turning of sleeplessness (*Study Bible*, Job 7:4, 719).

106 Consider RONDEL, Celan's lone translation from Mallarmé, which apart from a single period is unpunctuated, and into the translation of which Celan inserts a total of twenty-eight periods and commas (Celan, *Gesammelte Werke*, 4.816–817). For a reading of the poem and its translation, see: Thomas C. Connolly, *Paul Celan's Unfinished Poetics: Readings in the Sous-Oeuvre*, Cambridge 2018, 112–127.

107 Cf. Celan, LE PÉRIGORD, in: *Die Gedichte*, 479.

108 Olschner, *Der feste Buchstab*, 75.

109 *Study Bible*, Genesis 49.4, 82.

110 Shimon Sandbank, »Being and Indeterminacy: Celan in Hebrew«, in: Alfred Bodenheimer, Shimon Sandbank (ed.), *Poetik der Transformation: Paul Celan, Übersetzer und übersetzt*, Tübingen 1999, 175–181, here 175.

body« and »person«, ie. »somebody«) – in the opening lines of Psalm.[111] The divergence between these two forms of the same word cannot be transferred to Hebrew, which has no capital letters to mark proper nouns or the beginning of a phrase. Similarly, there is no indefinite article in Hebrew, and so – in the case of »ʾamen« – it is unclear, when considered from the perspective of German, if »an amen«, »one amen« or just »amen« is intended. Felstiner maintains that »Amen« is »an ecumenical term that can pass unnoticed within a German translation«.[112] But when Celan deploys the indefinite article here, he also substantivizes this interjection that signals agreement with what has been said – »Amen!« – thereby stiffening its ritual suppleness and attenuating its spiritual force. In making what is unnumbered if not indefinite in Hebrew singular in German, and then repeating it, he firmly pushes »ʾamen« from the infinite into the temporal, dislocating the religious into the secular. A similar design and method can be detected in Vor einer Kerze [Before A Candle], a poem probably written in the early 1950s: »… sprech ich dich frei | vom Amen, das uns übertäubt« [I speak you free | from the Amen that deafens us].[113]

The neuter indefinite article in the nominative case – »Ein« – also opens the poem to a new field of (in-)significance. »Ein« could serve as the approximate transliteration of »עין« [ʿayin] which means »eye«, but which can also be a knot in wood, a stitch in knitting, and a spring of water.[114] »Ein« could also stand for »אין« which, when vocalized »ʾayin«, is a masculine noun meaning »nothingness«, »nihility«, and as »ʾeyin« is an adverb used in negation.[115] If Celan's »Ein Amen« affirms a new, secular, singular »Amen«, at the same time it could be seen to negate not only this word, but the rest of the line, perhaps the entire poem, or even all of Celan's efforts to translate from Hebrew. It seems that Rokeah may have had a sense of the destructive potential of this opening »Ein«. In the 1986 German edition of his selected poems, which includes four translations by Celan, this line has been modified without explanation. In place

111 Celan, *Die Gedichte*, 136.

112 Felstiner, »Mother Tongue, Holy Tongue«, 86.

113 Celan, *Die Gedichte*, 78.

114 When vocalized »ʿiyyen«, it names the letter »ע«, the sixteenth letter in the alephbet.

115 Celan avails himself of the paronomastic potential between »ʿayin« and »ʾayin« in his May 1961 poem Mandorla: »Und dein Aug – wohin steht dein Auge? […] Dein Aug, dem Nichts stehts entgegen« [And your eye – what does your eye stand against? […] Your eye, it stands opposite Nothing]. Celan, *Die Gedichte*, 146. This has given rise to unavoidably assonant translations such as »העין שלך עומדת לקראת האין« [haʿayin shelakh ʿomedet liḳraʾt haʾayin] (Paul Celan, *Shoshanat haʾayin: mivḥar shirim*, trans. Manfred Winkler, Tel Aviv 1983, 75), and »העין עומדת אל מול האין« [haʿayin ʿomedet ʾel mul haʾayin] (Paul Celan, *Tafnit-neshimah: mivḥar shirim*, trans. Shimon Sandbank, Tel Aviv 2013, 153).

of »Ein Amen dem Berg, eines dem Meer« [One amen to the mountain, one to the sea] we now read: »Amen dem Berge, Amen dem Meer« [Amen to the mountain, amen to the sea].[116]

»sucht | mit dem Auge«

Speaking to the Association of Hebrew Writers in Tel Aviv on October 14, 1969, Celan has recourse to two terms that echo the opening word of »Ein Amen«, namely »Einsamkeit« [loneliness] and »Einmaligkeit« [uniqueness]. First: »Ich glaube, einen Begriff zu haben von dem, was jüdische Einsamkeit sein kann« [I think I have an idea of what Jewish loneliness can be], a loneliness that the visit to Israel does not appear to alleviate and may exacerbate.[117] Second, he claims to have encountered, in Israel, a state of poetry, so to speak: »ich finde hier, in dieser äußeren und inneren Landschaft, viel von den Wahrheitszwängen, der Selbstevidenz und der weltoffenen Einmaligkeit großer Poesie« [I find here, in this external and internal landscape, many compulsions to truth, much self-evidence, and much of the open-minded uniqueness of great poetry].[118] Although both of the poems by Rokeah that Celan translates in February 1970 are undertaken with Israel in mind – with the notion of Jewish loneliness as much as that of poetry's singularity, traced here to the play on »Ein«, »ʿayin«, »ʾayin« and »ʾeyin« – »banekhar« in particular aligns itself with the translator's recent experiences:

ימים בנכר כעמות
עם דפים מיומן ילדות. סוסי
הדהירה עוצרים ליד מלון:
שלום לרוכב הזה. בצקלוני:
שאלות שלא השבתי לרעי
בבקורי הקודם

116 Rokeah, *Nicht Tag nicht Nacht*, 36.

117 Celan, *Gesammelte Werke*, 3.203. Rokeah reflects on Celan's visit to Israel in October 1969, and his death the following April, in a poem entitled »פאול צלאן« [paʾul tselaʾn], *Ṭoḥen ʾavanim: shirim*, Tel-Aviv 1981, 52, translated into German by Erich Fried (»Fünf Gedichte«, 58; *Nicht Tag nicht Nacht*, 23). See also Yehuda Amichai's poem »מותו של צלאן« [moto shel tselaʾn] *Ṿeloʾ ʿal menat lizḳor*, Jerusalem / Tel Aviv 1971, 106) and its English translation, »Death of Celan«, trans. Barbara and Benjamin Harshav, *New German Critique* 91 (2004), 191.

118 Celan, *Gesammelte Werke*, 3.203.

[Days in a foreign land like a debate | with pages from a childhood diary. Horses | galloping stop beside an inn: | peace to the foreign rider. In my saddlebag: | questions of a friend that I did not answer | on my previous visit][119]

Tage, in der
Fremde – Blättern
entgegengehalten
aus einem Kindheits-
Diarium. Schnelle
Pferde, die vor der Herberge halten:
Schalom dem Herbei-
gerittenen. In meiner
Satteltasche: Fragen,
die zu beantworten ich
unterließ, neulich, bei den
Freunden.

[Days, in a | foreign land – held up | against pages | from a childhood- | diary. Quick | horses that stop in front of the inn: | shalom to the one who rode | up. In my | saddlebag: questions, | that I neglected | to answer, recently, to the | friends.][120]

Of the five poems by Rokeah translated by Celan, this most resembles his own work, and may be an instance of Rokeah emulating the translator-poet.[121] The poem's three phrases are interrupted by two colons, often used by Celan to break up both his own texts and his translations, as they abridge and compress the text.[122] Celan retains the colons and adds a dash in the second line, which has a similar condensing effect. There are even echoes of Celan's own

119 Rokeah, *Ṿeloʾ baʾ yom ʾaḥer*, 64.

120 Rokeah, »Tage …«, 49; Celan, *Gesammelte Werke*, 5.603.

121 Besides the three poems reproduced in whole or in part here, and »Der Monat Cheschwan« mentioned *supra*, Celan also translates »צמתי חלום« [tsamtey ḥalom] (*Ḳeshet* 17.3, 1975, 50–51), published as »Traumknoten« [Dream knots] in *Neue Zürcher Zeitung* (November 28, 1971, 50). Included in Celan's archives is a list of Hebrew vocabulary with German equivalents for Rokeah's poem »טל-שעת« [sheʿat ṭal] (Dew hour) (Rokeah, *Moʿadey ʿergah*, 30), but no other documents to suggest that Celan pursued the translation (Wiedemann, »31 David Rokeah – Korrekturen«, 494–495).

122 Leonard Moore Olschner, »Anamnesis: Paul Celan's Translations of Poetry«, *Studies in 20th Century Literature* 12 (1988), 163–197, here 183.

poems, including Das Fremde [The foreign] written on January 20, 1970.[123] »Blättern« [pages] may recall the 1967 poem that begins: »Der von den Unbeschriebenen | Blättern | abgelesene Brief« [The letter read out | by the unwritten | pages].[124]

If we instead identify those parts of the translation that remain most foreign to Celan, we might point to »Diarium« [diary] (for »yoman«) or »Herberge« [inn] (for »malon«), neither of which are terms found elsewhere in Celan's poetic œuvre. »Herberge« in particular merits further scrutiny, as it is a word Celan deliberately avoids in his translation of Charles Baudelaire's La mort des pauvres [The death of the poor], which includes the line: »C'est l'auberge fameuse inscrite sur le livre« [It is the famous inn inscribed on the book].[125] Instead of responding with a cognate, or even a single word, Celan splits »auberge« into two new substantives: »ist er der Krug, die Gaststatt, von der geschrieben steht« [it is the pitcher, the tavern, of which it is written].[126] In the case of Rokeah's poem, though, »Herberge«, together with »Herbei-« [to here], acoustically insist on the language from which the poem has come: »Hebraïsch« or »hébreu«.

Something similar occurs in Scholem's 1926 letter to Rosenzweig on the topic of modern Hebrew, which begins: »Dies Land ist ein Vulkan: Es beherbergt die Sprache« [This country is a volcano: It houses language].[127] The verb »beherbergen« [host, accommodate] itself illustrates just how Hebrew is housed in the land of Israel, as it roughly transcribes the root of »עברית« [ʿivrit], namely »ʿayin«, »beth«, and »resh«. That is, Hebrew is housed confusedly in Palestine, as if it were over a volcano. The tri-consonantal root that provides the word »ʿivrit« and related terms is broadly associated with vocabulary that describes crossings, passages, and physical translations. In a passage from Judges well-known to Celan, the Ephraimites are told to pronounce »שבלת« [shibbolet] (»stream« or »ear of grain«) if they wish to cross the Jordan, but say »סבלת« [sibbolet] instead, a different word that means »ear of grain« but

123 Celan, *Die Gedichte*, 573.

124 Ibid., 290.

125 Charles Baudelaire, *Œuvres complètes*, ed. Claude Pichois, 2 vols, Paris 1975–1976, 1.127.

126 Charles Baudelaire, Der Tod der Armen, trans. Paul Celan, *Almanach S. Fischer* 74 (1960), 80; Celan, *Gesammelte Werke*, 4.821.

127 Quoted in: Cutter, »Ghostly Hebrew, Ghastly Speech«, 415. Note that the initial publication of this text in Mosès's French translation – used by Derrida in *Les yeux de la langue* – omits the sense of »beherbergt«: »Ce pays est pareil à un volcan où bouillonnerait le langage« [This country is like a volcano where language bubbles] (Gershom Scholem, »Une lettre inédite de Gerschom Scholem à Franz Rosenzweig. A propos de notre langue. Une confession«, trans. Stéphane Mosès, *Archives de sciences sociales des religions* 60 (1985), 83–84, here 83).

not »stream«. The passages of the Jordan captured by Gilead, and which become the site not only of this test, but also – when the Ephraimites fail in their pronunciation – of their death, are »מעברות« [maʿberot] (crossings).[128] Similarly, when the Ephraimite asks to cross the river, he uses the verb »אעברה« [ʾeʿevorah] (»let me cross«),[129] both words that share a root with »ʿivrit«.

In Celan's translation, though, Rokeah's Hebrew is not denied passage. It rings out not only in »Herberge« and »Herbei-« but also in »Schalom«, another word that otherwise does not occur in Celan's œuvre. Unlike most other Hebrew terms that feature in Celan's verse, »Schalom« is easily recognizable as both a greeting and a form of leave-taking. It succinctly conjures up Celan's visit to Israel in 1969, which was not only a reunion with childhood friends and acquaintances, but also his final farewell. It may also further capture Celan's undecidable encounter with Hebrew, as it is difficult to know if it represents a homecoming or an exile for this German-language poet. Finally, »Schalom« is the preeminent instance of bilingualism in this poem, a moment that requires transcription, but no actual translation. There is no question of being unable to cross the Jordan here. There are no soldiers, the ford is shallow, and no questions are asked: »*pasarán*« [they shall pass]!

Yet we might ask how much of »shalom« remains in »Schalom«. After three years in Palestine, Scholem writes to tell Rosenzweig that he may have been right to suspect the dangers of secularizing Hebrew, and that he now fears less the volcano over which Hebrew is housed, than the abyss that is within it: »Won't this abyss in sacred language, which is being deposited in our children, break open again? […] one day won't the religious violence of this language erupt?«.[130] »Shalom« comes from a root that provides terms for wholeness, prosperity, peace, and good health. If Scholem is right that modern Hebrew houses an abyss, and if Celan's German further secularizes Rokeah's Hebrew, then translation may reveal the abyss within »shalom«. Just as modern Hebrew can be perceived as a regression of its sacred model, what Scholem calls – in French – a »façon de parler«,[131] so too, in Celan's translation, »Schalom« empties »שלום« [shalom], making of it a mere figure of speech, a manner of speaking, perhaps an instance of what Michal Ben-Naftali calls the »emptied-out form of revelation which becomes the inheritance of poets«.[132]

In the three translations from Rokeah's Hebrew considered here, Celan dis-

128 *Study Bible*, Judges 12.5–6, 369.

129 Ibid., 12.5.

130 Quoted in: Cutter »Ghostly Hebrew, Ghastly Speech«, 416.

131 Ibid., 415.

132 Michal Ben-Naftali, »Scholem, Derrida and the Literary Space«, *Derrida Today* 8 (2015), 136–155, 147.

creetly but persistently points to the abyss. In ZWISCHEN FRÜHLING UND SOMMER, it lies »dort, zwischen Klippe und Klippe«, even as we continue to read with what Scholem calls »the certainty of the blind«.[133] In »Ein Amen« it is in the negation of the poem through its opening indefinite article. And in »Tage, in der Fremde« it is in the emptiness of what appears most wholesome and mundane, the act of greeting and leave-taking in a newly secular tongue.

»dem Licht und dem Licht«

After meeting Rokeah and translating these two poems in February 1970, Celan wrote to Ilana Shmueli: »David Rokeah war zwei Tage hier, ich habe ihm zwei Gedichte übersetzt, Mittelmässiges, und ihm zu anderen deutschen Übersetzungen Bemerkungen gemacht, Verbesserungen vorgeschlagen« [David Rokeah was here for two days, I translated two poems for him, mediocre stuff, and made comments and suggested improvements to other German translations].[134] He adds: »als er weg war, meldete sich, wie schon vor Jahren einmal, ein starkes Unbehagen« [when he had left, there was a strong feeling of discomfort, as was the case years ago].[135] In a subsequent letter Celan retracted these comments, blaming new medication, adding: »Gern würde ich mehr jüngere hebräische Poesie übersetzen, einiges von Amichai – in englischer Übersetzung – hat mir, Du weißt es ja, gut gefallen; aber jemand müßte mir beim Aufschlüsseln – so muß ichs, meiner so erlahmten Hebräisch-Kenntnisse wegen, nennen – helfen« [I would love to translate more recent Hebrew poetry, I liked a lot of the Amichai – in English translation – as you know; but someone would have to help me break it down – I have no choice but to put it that way, given how much my knowledge of Hebrew has dwindled].[136] Shmueli responded by dismissing Rokeah as »a ›travelling salesman‹ with his

133 Quoted in: Cutter, »Ghostly Hebrew, Ghastly Speech«, 416.

134 Paul Celan, Ilana Shmueli, *Briefwechsel*, ed. Ilana Shmueli, Thomas Sparr, Frankfurt a.M. 2004, 104.

135 Ibid., 105.

136 Ibid., 107. Celan repeats this wish on March 11, 1970: »Gerne würde ich etwas von Jehuda Amichaï übersetzen, er hat, nach einer englischen Übersetzung zu urteilen, etwas Trockenes, das mich anspricht« [I would be interested to translate something by Yehuda Amichai. Judging from an English translation, there is something dry there that appeals to me] (ibid., 121). In the copy of *ʿAkhshav bara ʿash: shirim 1963–1968*, Jerusalem 1968, that Amichai dedicates to Celan after their meeting in Israel, »some twenty-five titles of poems are underlined« in the table of contents, likely indicating a plan to translate. Na'ama Rokem, »German-Hebrew Encounters in the Poetry and Correspondence of Yehuda Amichai and Paul Celan«, *Prooftexts* 30 (2010), 97–127, here 126.

not very good products«, echoing, in English, the words Celan had used privately ten years previously.[137] She also copied by hand and sent four poems by the poet Amir Gilbo'a, from the collection »שירים בבוקר בבוקר« [shirim baboḳer baboḳer].[138] Celan never translated these poems, and may not even have read them, as he was unable to decipher his lover's Hebrew handwriting.[139]

To explain Celan's rare translational encounters with modern Hebrew, we have to look beyond the merits of Rokeah's poetry, the circumstances under which Celan came to translate this handful of poems, and the extent of Celan's abilities in Hebrew. It seems likely – for various reasons adumbrated here – that the adult Celan's knowledge of what Derrida calls the »poetic economy of the idiom«[140] in Hebrew was uneven and incomplete. But, uniquely among the several languages from which Celan translates into German, it is in Hebrew alone that Celan encounters the monolingual poet he might once have become. The vestiges of his Hebrew monolingualism combine with his German to create a phantom bilingualism, a bilingualism that enables the myriad incorporation of Hebrew terms into his German poems, but that at the same time impedes attempts to negotiate between German and Hebrew as between distinct languages.

This latent bilingualism not only discourages Celan from undertaking sustained translation projects from Hebrew. It also helps to explain Celan's alienation from the German in which he mostly writes. Amichai, for instance, introducing Celan in Jerusalem on October 9, 1969, said – in Hebrew – that Celan's German was »neither the German of the Germans nor the language of Bukowina«.[141] George Steiner declares that it is through translation that Celan is able to »displace German into a position of salutary strangeness«, such that »[a]ll of Celan's own poetry is translated *into* German«.[142] And when Yves Bonnefoy recounts how Celan once said to him, in French: »*Vous* (il s'agissait des poètes français, occidentaux) *êtes chez vous, dans votre langue, vos références, parmi les livres, les œuvres que vous aimez. Moi, je suis dehors …*« [You (he meant French, Western poets) are at home, in your language, your references, among your books, the works you love. I am on the outside …], it

137 Celan, Shmueli, *Briefwechsel*, 110.

138 Amir Gilbo'a, »Shirim baboḳer baboḳer«, in: *Keḥulim ṿa-adumim*, Tel-Aviv 1963, 273–308. One of the four poems sent was »היינו כחוזרים« [hayinu keḥozrim] (We were like those returning), ibid., 274.

139 Cf. Celan, Shmueli, *Briefwechsel*, 121.

140 Derrida, *Le monolinguisme de l'autre*, 100.

141 Israel Chalfen, »Paul Celan in Jerusalem«, *Die Stimme* 238 (November 1969), 5, here 5.

142 George Steiner, *After Babel: Aspects of Language and Translation*, New York 1975, 389.

is possible that Celan was not only speaking of his alienation from German, but also from Hebrew.[143]

Hebrew is a language that Celan mostly does not inhabit (»Herberge«), that he deploys only in fleeting moments within his own German poems (»Herbei-«), but that – when he encounters it in the more sustained context of translation – reveals an abyss that runs between modern Hebrew and post-Shoah German. Hebrew is a language that (to come back to Celan's first response to the Librairie Flinker in 1958) also lies in the »besonderen Neigungswinkel seiner Existenz« [particular angle of inclination of his existence] just as German does.[144] Most of the time, though, this poet does not seek to make Hebrew into the reality that must be won over, that must be »gesucht und gewonnen« [sought and won].[145] Mostly, Celan declines to seek out and win over the reality of what remains his other tongue.

143 Quoted in: Yves Bonnefoy, *Le Nuage rouge: essais sur la poétique*, Paris 1984, 306.
144 Celan, *Gesammelte Werke*, 3.168.
145 Ibid.

Zu den AutorInnen | The Authors

Shy Abady was born and raised in Jerusalem (1965). He studied art at Hamidrasha Art College and earned his MA in History of Art at Tel Aviv University. Over the years, Abady has created ›biographical‹ series that follow individual figures such as the Russian dancer and choreographer Vaslav Nijinsky, Hannah Arendt, and Paul Celan as well as less known figures, including the Romanian-Israeli poet Radu Klapper. Other series address historical-political themes, including German-Jewish issues, such as in »My Other Germany«, which was created in Berlin, »Augusta Victoria«, »Back to the Levant« and »A Boomerang on Breath-Routes«. In other series (»Icon – the Golden Age«, »Marcuse, Pontormo and Me«) Abady examines the language of art itself and the aesthetic relationships between Western-Christian art and Jewish-Israeli art. His artworks often combine drawing and mixed media on plywood, sometimes using the technique of electric etching. Abady's work has been exhibited in galleries and museums in Israel and abroad in solo and group exhibitions. Nine artworks from his series »Paul Celan – The Burning Heat and the Donkey's Scream« were shown in 2022 at the Nahum Gutman Museum in Tel Aviv in the exhibition »Paul Celan/69 – A Visit«.

Bertrand Badiou (geb. 1957) ist Leiter der Paul-Celan-Arbeitsstelle der École normale supérieure in Paris, Herausgeber von Werken und Briefen Celans in Deutschland (Suhrkamp Verlag) und in Frankreich (Editions du Seuil und Gallimard). Gemeinsam mit Eric Celan betreut er den Nachlass des Dichters.

Yarden Ben-Zur is a Ph.D. candidate in the Program of Comparative Literature at the School of Cultural Studies at Tel Aviv University. His dissertation, titled *The Rose Garden: Poetic Encounters, World Literature – A Comparative Reading in German, Persian, and Hebrew*, is written under the supervision of Prof. Galili Shahar and offers a comparative reading of the concept of the garden in those three poetic cultures. His M.A. thesis (summa cum laude) dealt with the poetics of revolution in the critical writings of the German-Jewish anarchist thinker Gustav Landauer. Ben-Zur also writes prose and poetry and translates from German and Persian into Hebrew. His debut collection of poetry, *Suburbs of Blue Sleep*, was published recently with the publishing house Tangier (2023).

Agata Bielik-Robson is Professor of Jewish Studies at the University of Nottingham and Professor of Philosophy at the Polish Academy of Sciences. She works on philosophical aspects of psychoanalysis, romantic subjectivity, and

Jewish philosophical theology. Her publications include books: *The Saving Lie. Harold Bloom and Deconstruction* (2011), *Judaism in Contemporary Thought. Traces and Influence* (coedited with Adam Lipszyc, 2014), *Philosophical Marranos. Jewish Cryptotheologies of Late Modernity* (2014), *Another Finitude: Messianic Vitalism and Philosophy* (2019), and *Derrida's Marrano Passover. Exile, Survival, Betrayal and the Metaphysics of Non-Identity* (2022).

Chiara Caradonna is Senior Lecturer at the Departments of Romance Studies and of Comparative Literature at the Hebrew University of Jerusalem. She works on the intersections between literature, philosophy, anthropology, photography and cinema. In her book, *Opak. Schatten der Erkenntnis in Paul Celans »Meridian« und im Gedicht »Schwanengefahr«* (2020) she analyzes epistemological and hermeneutic aspects in Paul Celan's later poetry. She has published on Paul Valéry and Edmund Husserl, Pier Paolo Pasolini and Osip Mandelštam, Hannah Arendt and Gustav Landauer, and on the German contemporary poet Rainer René Mueller, whose complete poetry she edited and commented in 2021. Lately she has been focusing on the modern and contemporary literature of Sicily, investigating both the modern reception of its Arab-Muslim past, and the depiction of fishermen communities in literature and film.

Thomas C. Connolly is Associate Professor in French at Yale University, which he specializes in nineteenth- and twentieth-century French and francophone poetry and poetics. He is the author of *Paul Celan's Unfinished Poetics: Readings in the Sous-Oeuvre* (2018) and *A Poetic Genealogy of North African Literature* (2024). He is also editor of a double issue of *Yale French Studies* entitled »North African Poetry in French« (2020).

Sidra DeKoven Ezrahi is Professor Emerita of Comparative Literature at the Hebrew University of Jerusalem. She has written on subjects ranging from representations of the Holocaust in postwar American, Israeli and European culture to the configurations of exile and homecoming in modern Jewish literature. In 2007 she became a Guggenheim Fellow. Her Hebrew book, *Shlosha Paytanim* (Three Poets of the Sacred Quotidian, 2020) is a study of the work of Paul Celan, Dan Pagis and Yehuda Amichai. Her most recent publication, *Figuring Jerusalem: Politics and Poetics in the Sacred Center* (2022) won the National Jewish Book Award in 2023.

Christine Frank (vormals Ivanovic) vertritt derzeit den Lehrstuhl für Neugermanistik (Peter-André Alt) an der FU Berlin, lehrt Komparatistik an der Universität Wien und arbeitet an einer Monographie zur Rezeption Celans in Nordamerika. Zahlreiche Publikationen zum Werk Paul Celans, zuletzt (zus. mit Klaus Weissenberger): *Lifelines. Paul Celan's Poetry and Poetics After 100/50 Years* (2022).

Michael G. Levine is Professor of German and Comparative Literature at Rutgers University. His publications include *A Weak Messianic Power: Figures of a Time to Come in Benjamin, Derrida and Celan* (2013), *Atomzertrümmerung. Zu einem Gedicht Paul Celans* (2018), and *Interventionen. Die Dichtung Paul Celans* (2022).

Adam Lipszyc is the head of the Center for Psychoanalytic Thought in the Insitute of Philosophy and Sociology of the Polish Academy of Science. He teaches in the Graduate School for Social Research and at the Franz Kafka University of Muri. He has published seven books in Polish and a number of papers in Polish and English. In his work, he focuses on the philosophical implications of psychoanalysis, philosophy of literature, as well as on the 20th century Jewish thought. His most recent publications include a philosophical analysis of Freudian thought (*Freud: Logic of Experience*, 2019; in Polish), a collection of essays on world literature and psychoanalysis (*The Paper Nose of Literature*, 2024; in Polish) as well as a co-edited volume of essays on psychoanalysis and space (*Space in Psychoanalysis, Psychoanalysis in Space*, 2024; in English). He edited and co-translated into Polish two volumes of essays, one by Gershom Scholem and one by Walter Benjamin.

Vivian Liska is Professor of German literature and Director of the Institute of Jewish Studies at the University of Antwerp, Belgium. She is also Distinguished Visiting Professor in the Faculty of the Humanities at The Hebrew University of Jerusalem. In the fall of 2022 she was Max Kade Visiting Professor at Yale University. She is the editor of the book series »Perspectives on Jewish Texts and Contexts« (De Gruyter) and the co-editor of the *Yearbook of the Society for European-Jewish Literature* and of *Arcadia. International Journal of Literary Studies*. Her book publications as author include: *Die Nacht der Hymnen* (on Paul Celan's early poetry), *Die Dichterin und das schelmische Erhabene* (on Else Lasker Schüler); *»Die Moderne – ein Weib«* (on turn of the century women novelists); *Giorgio Agambens leerer Messianismus* (2008), translated into Hebrew (2010); *When Kafka Says We. Uncommon Communities in German-Jewish Literature* (2009), translated into Hebrew (2023); *Fremde Gemeinschaft. Deutsch-jüdische Literatur der Moderne* (2011); *German-Jewish Thought and its Afterlife. A Tenuous Legacy* (2017), translated into German as *Prekäres Erbe* (2021).

Camilla Miglio ist Professorin für Neuere Deutsche Literatur an der Universität Sapienza in Rom. Sie hat an den Universitäten Pisa und Neapel »L'Orientale« gelehrt. Sie hat Bände und Aufsätze zum Werk von Paul Celan und Ingeborg Bachmann, zur Theorie und Geschichte der Übersetzung, zu Dichtern und zur Poetik des 20. Jahrhunderts veröffentlicht. Sie hat sich mit Aspekten und Formen der Poesie, des Märchens und des Geschichtenerzählens von der klassisch-romantischen bis zur modernen und zeitgenössischen Epoche beschäftigt. Sie hat sich auch mit Aspekten der Theorie, Geschichte und Poetik der Übersetzung befasst; mit Fragen der Beziehung zwischen Geografie, Topografie und Literatur; mit dem polyphonen, multi- und translinguistischen Charakter der modernen und zeitgenössischen Literatur. Sie übersetzte u.a. Franz Kafka, Hans Magnus Enzensberger, August Jacob Liebeskind, Jacob und Wilhelm Grimm; Clemens Brentano, Peter Waterhouse, Ulrike Draesner. Auszeichnungen: Ladislao-Mittner-Preis für Deutschlandstudien (2005); Bundesverdienstkreuz der Bundesrepublik Deutschland (2010). Von 2021 bis 2024 leitete sie die Abteilung für Europäische, Amerikanische und Interkulturelle Studien an der Sapienza Universität Rom. Seit 2023 ist sie Mitglied der Accademia Nazionale dei Lincei.

Paweł Piszczatowski is a Faculty of Modern Languages professor at the University of Warsaw. In his research, he combines German studies and environmental humanities. He is a recognized expert on the poetry of Paul Celan (»Znacze//nie wiersza. Apofazy Paula Celana«, 2015), having published numerous articles in journals and anthologies, most recently »Building a Homestead: An Ecopoetic Reading of the Poetry of Paul Celan« in: *The Routledge Companion to Ecopoetics*, 2023). He is also interested in literary discourses of trauma as well as mysticism in a post-secular context. His recent work has been transdisciplinary, engaging questions on the intersection of culture, ecology, and natural sciences. He is co-editor of the book series »Culture – Environment – Society. Humanities and Beyond« (Brill/Vandenhoeck & Ruprecht) and the editor-in-chief of the bilingual (English and German) journal »TRANSPOSITIONES. Journal for Transdisciplinary and Intermedial Cultural Studies« (Brill/Vandenhoeck & Ruprecht). He recently co-edited (with Julia Fiedorczuk) a hybrid collection of essays and poems *Places that the map can't contain: Poetics in the Anthropocene* (2023). He heads the Environmental Humanities Center at the University of Warsaw.

Asif Rahamim is Minerva postdoctoral fellow at the Department of Philosophy of the Freie Universität Berlin. His areas of specialization include continental philosophy, critical theory, and comparative literature, focusing particularly on German, Hebrew, and English modernism. He has written on Heidegger, Adorno, and Levinas, as well as on the poetry of Paul Celan, T. S. Eliot, and Ted Hughes. His book, *Poetic Cartography: Space and Place in German-Hebrew Thought*, is forthcoming in 2024 with De Gruyter.

Alexandra Richter ist seit 2006 Dozentin (Maître de conférences) für deutsche Literatur und Ideengeschichte an der Universität Rouen. Als assoziierte Forscherin am deutsch-französischen Centre Marc Bloch in Berlin und von 2016 bis 2019 als Alexander-von-Humboldt-Stipendiatin hat sie auf Deutsch, Französisch und Englisch zu Autoren wie Paul Celan, Walter Benjamin, Robert Walser und Johann Wolfgang von Goethe publiziert. Zu ihren Forschungsschwerpunkten gehören insbesondere die Beziehungen zwischen Dichten und Denken sowie Literatur und Philosophie. Im Jahr 2004 veröffentlichte sie den Katalog sämtlicher Lesespuren in Paul Celans philosophischer Bibliothek. Außerdem hat sie Werke von Theodor W. Adorno und Walter Benjamin ins Französische übersetzt und kritisch ediert. Sie ist Mitherausgeberin der *New Benjamin Studies* bei Brill.

Thomas Schestag, Autor und Übersetzer. Professor am German Department der Brown University, Providence, Rhode Island (USA). Zuletzt erschienen: *philía* (2024), *erlaubt, entlaubt* (2021), *Namenlose* (2020), und, als Herausgeber und Übersetzer: Francis Ponge, *Le Soleil / Die Sonne* (2020).

Galili Shahar ist Professor für Komparatistik und German Studies an der Universität Tel Aviv. Zu seinen Forschungsschwerpunkten zählen die deutsche, jüdische und hebräische sowie die klassische persische Literatur. Zuletzt erschienen: *Der Stern, das Gebet, ein Narr. Zur Dialektik der Tradition bei Benjamin, Rosenzweig und Kafka* (2021); *Disseminating Jewish Literatures. Knowledge, Research, Curricula* (Mithrsg., 2020).

Bernd Witte† unterrichtete Neuere Deutsche Literatur in Düsseldorf und betreute die Martin Buber Werkausgabe. Er hat zahlreiche Arbeiten zu Johann Wolfgang von Goethe, Heinrich Heine, Walter Benjamin, Franz Kafka und Paul Celan veröffentlicht und Gesamtausgaben der Werke von C. F. Gellert und Franz Hessel herausgegeben. Erschienen sind u. a. die monographische Arbeit *Walter Benjamin* (1985), das *Goethe Handbuch* (1997), *Jüdische Tradition und literarische Moderne* (2007), *Martin Buber und die Deutschen* (2021).

Shira Wolosky (Princeton Ph.D.) was Associate Professor of English at Yale University before moving to the Hebrew University, where she is Professor

Emerita. Her books include: *Emily Dickinson: A Voice of War; Language Mysticism; The Art of Poetry; The Cambridge History of American Literature, Vol IV; Poetry and Public Discourse; Feminist Theory Across Disciplines; Major Voices: Nineteenth Century American Women's Poetry; The Sacred Power of Language in Modern Jewish Thought;* and *The Bible in American Poetic Culture,* with other essays on poetics, and religious and Jewish subjects. Her awards include a Guggenheim, ACLS, Fulbright, Whiting and Tikvah Fellowships, Fellowships at the Institutes for Advanced Studies at Princeton and Jerusalem, Drue Heinz Visiting Professorships at Oxford, Katz Center Fellowships.

Sandro Zanetti ist ordentlicher Professor für Allgemeine und Vergleichende Literaturwissenschaft (AVL) an der Universität Zürich (UZH). Nach dem Studium der Germanistik, Geschichte und Philosophie in Basel, Freiburg im Breisgau und Tübingen (1993-1999) komparatistische Weiterbildung sowie Forschungs- und Lehrtätigkeiten in Frankfurt am Main (1999-2001), Basel (2001-2007, Promotion 2005), Berlin (2006-2008) und Hildesheim (Juniorprofessur 2008-2011, Habilitation 2010). Seit 2011 Programmdirektor und Seminar- bzw. (seit 2015) Abteilungsleiter für AVL an der UZH. Mitglied im *Zentrum Künste und Kulturtheorie* (ZKK), im Kuratorium der Masterstudiengänge *Kulturanalyse* und *Literary Studies / Literaturwissenschaft* sowie Mitherausgeber der Internetplattform *Geschichte der Gegenwart.* Forschungsinteressen: künstlerische Produktionsprozesse, Avantgardeforschung, Poetiken der (Un-)Wahrscheinlichkeit. Buchpublikationen zu Celan: *»zeitoffen«. Zur Chronographie Paul Celans* (2006); *Celans Lanzen. Entwürfe, Spitzen, Wortkörper* (2020); (Mithrsg.) *Mitdenken. Paul Celans Theorie der Dichtung heute* (2022). Weitere Buchpublikationen (Auswahl): *Literarisches Schreiben. Grundlagen und Möglichkeiten* (2022); *Was bleibt, was kommt? Die Zeit der Literatur* (2023).